Klaus Hoffmann
Als wenn es
gar nichts wär

Klaus Hoffmann

Als wenn es gar nichts wär

Aus meinem Leben

Ullstein

Wir danken allen Rechteinhabern für die Erlaubnis zum Abdruck der Abbildungen. Trotz intensiver Bemühungen war es nicht möglich, alle Rechtinhaber zu ermitteln. Wir bitten diese, sich gegebenenfalls an den Verlag zu wenden.

Like a Rolling Stone
Music & Lyrics: Bob Dylan
© Sony/ATV Music Publishing/Benzner Publishing

3. Auflage 2019

ISBN: 978-3-550-08851-3

© Ullstein Buchverlage GmbH, Berlin 2012
Alle Rechte vorbehalten
Lektorat: Julia Kühn
Gesetzt aus der Aldus
Satz: LVD GmbH, Berlin
Druck und Bindearbeiten: GGP Media GmbH, Pößneck
Printed in Germany

Für Malene

Vorwort

Ursprünglich sollte dieses Buch ein Sängerhandbuch werden. Eine Anleitung für alle, die in einem Lied Trost, Ermutigung und Lebensfreude suchen. So, als ginge man pfeifend durch den Wald.

Nun ist es eine Autobiographie geworden. Erinnerungen aus meinem Leben. Lebensspuren, die mir halfen, die eigene Geschichte besser zu verstehen.

Der Weg war nicht immer freiwillig gewählt, oft holprig und steinig, manches Mal durch Zwänge und Ängste versperrt. Aber ich wollte unbedingt über den Zaun hinaus, und die Lieder halfen mir dabei. Sie retteten mir buchstäblich das Leben.

Wenn ich es heute bedenke, ist es doch eher ein Buch der Versöhnung geworden.

Eines, das von einem Jungen erzählt, der lebenslang auf der Flucht vor seiner eigenen Geschichte war und nach Hause fand.

Man vergisst eben nichts, gar nichts. Keine Stimme, kein Gesicht. Nicht die Kindheit, nicht die Fragen, man gewöhnt sich nur daran.

Klaus Hoffmann, 15. März 2012

September

Ich sitze an meinem Schreibtisch, einem spanischen Esstisch aus braunem Holz. Mein Blick folgt den Linien und Kreisen seiner Maserung. Seit Tagen hängt das Vorhaben, mein bisheriges Leben aufzuschreiben, wie eine Wolke über unserem Haus. Mal kommt das Wettermännchen mit dem Regenschirm heraus, mal die nette Frau im Sommerkleid.

Im Moment fühle ich mich wie früher als Schüler vor dem Verteilen der Aufgabenhefte für die bevorstehende Mathearbeit. Ich hoffte damals, das Glück käme und alles Erforderliche klärte sich von selbst, ohne dass ich etwas dazu tun müsste. Leider war es nicht so, ich war ein schlechter Schüler. Die Knef schrieb einmal in einem Lied: »Das Glück kennt nur Minuten.« Ich denke, sie hatte recht damit.

Noch heute glaube ich an das Glück und sehne es mit kindlichen Augen herbei. Als etwas Wunderbares, das irgendwie von selbst geschieht, aber sich auf Dauer nicht halten lässt. Meine Erfahrung lehrte mich, besser man ruft nicht nach ihm, sondern lässt sich überraschen.

Eben ist unten die Tür zugefallen, Malene ist zur Krankengymnastik gefahren, vielleicht auch zu einer Freundin. Ich will mir noch etwas Zeit geben und stöbere in den Dingen, die vor mir auf dem Tisch liegen und mich seit Jahren so freundschaftlich begleitet haben.

Die Manuskripte, Schreibstifte, die kleinen Figürchen, die meine Träume bewachen: der Clown mit dem blauen Akkordeon, der schwarze Diener, die Buddhas aus Sandstein, die auf jede Reise mitmüssen, und der kleine, dicke Mann aus Ton mit schütterem

Haar und großen Augen, den Dimitri, der Sohn unserer Freunde aus Athen, für mich erfunden hat.

»Für die Träume, für die Wahrheit, mein Freund.«

Dann natürlich die Fotogalerie meiner Lieben: Mutter mit Hans, ihrem verstorbenen dritten Mann, Malene, auf einer Mauer in Lanzarote, und Laura, meine Tochter, als sie noch frei durch Spanien stromerte, fernab von jedem Leistungsdruck. Daneben zehn, zwölf kleine und große Steine, die mich an die Welt draußen erinnern sollen.

Alles steht hübsch angeordnet auf dem Schreibtisch, ein wenig zu geordnet, wie ich jetzt finde. Aber das gibt mir die Ruhe, die ich in den nächsten Tagen brauchen werde. Viele wichtige Entscheidungen in meinem Leben habe ich am Küchentisch oder an einem Schreibtisch wie diesem getroffen.

Vor meinem Fenster steht eine Linde. Noch ist Spätsommer, die Blätter bewegen sich im Wind. Vielleicht setzt sich ein Baumläufer in das Geäst und zeigt mir, wie man es macht. Ein Vogel, den man nur wahrnimmt, wenn man still bleibt und sich ganz und gar auf ihn einlässt. Ein fixer Vogel, in kurzen Schritten hetzt er den Stamm auf und ab, unermüdlich. Ein Glück, so einen Vogel vor dem Fenster zu erwischen. Heute muss ich allerdings auf ihn warten.

Noch vor ein paar Tagen hatten Malene und ich einem jungen Vogel in die Freiheit geholfen. Er hatte sich in mein Zimmer verirrt und auf allen Manuskripten und Blättern, auf den Stiften, sogar auf dem Bildschirm meines Computers seine Spuren hinterlassen. Ich war verwundert, was ein junger Vogel alles zumisten kann, wenn er in Panik gerät. Nach einer Stunde hatte es Malene geschafft, ihn, ohne ihn zu verletzen, aus dem Fenster zu stupsen. Er flog in die Freiheit hinaus, es war ein schönes Bild.

So wie der Baumläufer bin auch ich angetrieben von einer inneren Unruhe, die mich bewegt und gleichzeitig quält. Als hätte ich nicht genug Lebenszeit zur Verfügung. Vielleicht habe ich auch nichts anderes getan, als versucht, so meiner Einsamkeit zu entfliehen, selten stand ich still. Aber ich bereue es nicht. Die Arbeit auf der Bühne, an den Liedern, die Auftritte, die ganze Gaukelei hat mich bis heute enorm erfüllt und letzten Endes glücklich gemacht. Mit der anderen Welt ging ich da schon geiziger um, zum Glück holte sie mich immer wieder ein.

Vor mir auf dem Tisch liegt die neue CD »Das süße Leben«. Nach wie vor finde ich mich auf Coverfotos schrecklich lieb bis eigenartig fremd. Dabei wollte ich immer eigenartig sein. Das Eigenartige war mir näher als das Beliebige. Aber wenn es dann so weit war und wir mein Konterfei für die Außenwelt verabschiedet hatten, brauchte ich lange, bis ich mich an mein Gesicht gewöhnt hatte.

Als wir in München mit dieser Produktion fertig waren, hatte ich unsere Band in den Gockel geladen. Einen gemütlichen, bayerischen Biergarten, wo wir seit Tagen abendlich abhingen: Stephan Genze, Peter Keiser, Micha Brandt, Hawo Bleich und Berthold Weindorf, unser Toningenieur. Es war schon später Abend, wir tranken Bier aus Eimern und sprachen so wenig wie möglich über Musik. Als wir mit den Schnitzeln durch waren, bestellte ich für alle noch einmal dasselbe, und alle zogen mit. Der Druck ließ endlich nach. Dieser elende, furchtbare, über die Monate anhaltende Leistungsdruck, unbedingt das Beste aus uns herausholen zu wollen. Wir ließen den Kessel pfeifen, aßen und tranken, und alle waren nach ein paar Stunden befreit. Ich war begeistert von uns.

Gegen Mitternacht zogen wir in den Lechner Hof zurück, ein kleines Hotel. Dort feierten wir weiter, hängten sämtliche Bilder in der Lobby um, riefen unsere Freunde an, benahmen uns wie alternde Rockstars und konnten nicht voneinander lassen. Wie man es eben nach der Geburt eines Kindes macht. Stolz, verschwitzt, erschöpft, etwas wirr, aber glücklich.

Nun liegt die neue CD vor mir, und ich weiß nicht, was ich empfinde. Mit den Jahren habe ich widersprüchliche Gefühle unterscheiden gelernt, aber der innere Sensor ist geblieben. Und an diesem letzten Abend schlug er wie verrückt aus.

Es war nicht nur meine Begeisterung für die vollbrachte Arbeit, es war eher eine Mischung aus Traurigkeit und Erleichterung darüber, die Lieder endlich in die Welt hinauszulassen. Wobei die Traurigkeit überwog. Sie legte sich wie eine große Melancholie auf mein Herz und erzählte von immerwährendem Abschied, diesen inneren Vorgängen, die mir schon als Kind so vertraut waren. Man glaubt als Musiker ohnehin jedes Mal, die letzte Platte zu machen, schon beim Einspielen der ersten Demos.

Wenn ich jetzt in mich hineinhorche, klopft da meine alte Angst an, von den Leuten nicht angenommen zu werden. Sie ist mir vertraut, sie ist immer da, gerade wenn mein Baby in die Welt hinaussoll.

Zwei Jahre hatten Hawo Bleich und ich die Lieder vorproduziert. Es fehlten nur noch die Streicher und die Bläser, ich würde noch einmal singen, und wir würden gemeinsam an den Tracks herumwerkeln, dann würden der Mix und die ganze Masterei losgehen, die Zusammenstellung der Lieder, und wir würden gemeinsam alle Titel immer wieder hören, bis endlich die innere Stimme sagt: Es ist genug, mehr geht nicht. Der Weg war ja nun da, wir mussten ihn nur weitergehen.

Dann war Schluss. Wir verabschiedeten uns voneinander. Stephan war der Erste, der auf sein Zimmer wollte, weil er am nächsten Tag einen Termin für seine Schlagzeugklasse in Berlin hatte. Er weckte Micha, der mit seinem Mandolinenkoffer im Arm in der Lobby eingeschlafen war. Peter wollte früh raus und deshalb längst im Bett sein. Er war innerlich bereits auf der Autobahn, zurück in die Schweiz. Seine Bässe hatte er schon am Nachmittag im Auto verstaut. Hawo wollte noch an den Partituren für den nächsten Tag arbeiten. Ich glaube, es war ein Vorwand. Um diese Zeit hing er gewöhnlich vor einer DVD ab, oder er sah sich eine Wiederholung seiner Lieblingssendung »Total daneben« an.

So waren plötzlich alle weg, und als ich das in meinem Hotelzimmer vor dem Fernseher realisierte, kam die Gewissheit: Ich bin allein. Meine Freunde und Vertrauten waren gegangen, die Stille zog ein und kroch mir ins innere Geäst.

1

»Ne me quitte pas«
(Song von Jacques Brel)

Ich lief an der Hand meiner Mutter. Es war sechs Uhr früh an einem Oktobermorgen des Jahres 1957. Es nieselte. Der Herbst hatte begonnen. Die Kälte machte mir nichts aus, auch nicht die Dunkelheit, nur dass es so still war. Die Luft war einzigartig, es roch nach Kohle und Laub. Kein Mensch kam uns entgegen, keiner lief hinter uns, nur das Klacken unserer Schritte hallte über die Straße.

Ich sah zum Himmel hinauf. Feine Rauchfahnen stiegen von den Dächern auf und verbündeten sich mit den Wolken, die nach Irgendwo flogen. Da die Bewohner in unserem Kiez ihre Wohnungen mit Kohle heizten, qualmte es schon aus allen Schornsteinen. Ich blickte in den Himmel, zögernd brach das Morgenlicht hervor.

Mutter und ich liefen die Straße entlang. Hier war mir alles vertraut, hier kannte ich jedes Haus, jede Ecke, jeden Stein – durch meine Schuhe hindurch spürte ich ihre schmalen Begrenzungen. Hier hätte ich mit geschlossenen Augen laufen können. Hätte ich irgendwem den Namen meiner Straße nennen sollen, so hätte ich sicher gesagt, es sei die Kaiser-Friedrich-Straße und der Bezirk heiße Berlin-Charlottenburg. Aber für mich spielte ihr Name keine Rolle. Es war meine Straße, und sie brauchte keinen Namen, sie gehörte mir und meinen Leuten.

Alles, was mir hier wichtig war, der Kaufmannsladen, die Parfümerie, die Wäscherei, das kleine Kino gegenüber und die Bäckerei an der nächsten Ecke gehörte zu uns, zu meiner Familie, die in dem großen, grauen, durchlöcherten alten Mietshaus Nummer 3 A im zweiten Stock wohnte. Da, wo der Balkon bis an die Äste der Linde heranreichte, die vor dem Haus stand.

An diesem Morgen stürmte meine Mutter energisch voran, als hätte sie Angst, zu spät zur Arbeit zu kommen. Was völlig unmöglich war, denn Mutter und ich kamen nie irgendwohin zu spät. Eigentlich stürmte sie jeden Morgen so voran, ich konnte kaum Schritt halten. Was sie umtrieb, spürte ich am Druck ihrer Hand. War er stark, wusste ich, dass sie an meinen Vater und seine Krankheit dachte. War er leicht, dann ging es ihr für den Rest des Tages gut, und ich brauchte mir um sie und um Vater, der zu Hause noch schlief, keine Sorgen zu machen.

Meine Mutter sah sehr hübsch aus, obwohl sie heute früh genau wie ich noch müde war, aber diese Müdigkeit sah man ihr nicht an. Ihr Herbstmantel umwehte sie wie ein Zelt. Das blondgelockte Haar hing ihr bis auf die Schultern, und auch das bunte Kopftuch, das sie darüber trug, stand ihr gut. Es gefiel mir, sie so zu sehen. Ich fand, meine Mutter war hübscher als alle Frauen in unserer Straße, und ich war stolz, an ihrer Hand zu gehen. Selbst wenn sie wie heute früh in die Fabrik musste, trug sie immer seidene Nylonstrümpfe und hochhackige, elegante Pumps, die sie dann in der Fabrik gegen ein paar flache Schuhe eintauschte, und sie schminkte sich jeden Morgen. Meine Mutter war überhaupt die hübscheste Frau, die ich kannte.

Heute früh war ich vor allen anderen wach gewesen. Bis auf Oma Müller, die schon seit Stunden in ihrem Zimmer herumwerkelte. Es grenzte an meines, und wenn das Licht unter ihrer Tür durchschimmerte, wusste ich, dass sie an ihrer Nähmaschine saß, Kaffee gemacht hatte und sich mit ihren Deckchen und Stickereien beschäftigte. Sie war nicht meine richtige Oma, Mutter und Vater hatten sie als Untermieterin aufgenommen, das half uns, die Miete zu zahlen. Vater sprach mit ihr nur in der Küche. Kann sein, dass sie ihn an seine eigene Mutter erinnerte.

Oma Müller war weit über achtzig, von kleiner Gestalt, ungemein zäh und hatte das Gesicht eines Vogels. Ihr Blick war scharf und durchdringend, aber ihre Augen wirkten immer sanft, wenn sie mit mir sprach. Soweit ich mich an sie erinnern kann, trug sie stets schwarze Kleider und Hüte aus der Zeit der Jahrhundert-

Einschulung
© *privat*

wende. Der einzige Schmuck, den sie anlegte, war eine silberne Brosche, die ihren Kragen zusammenhielt. Sie war eine resolute Person, sehr streng sich selbst und anderen gegenüber. Je älter sie wurde, umso größer wurden ihre Ohren und auch die Nase, die wie ein Schnabel aus ihrem zerknitterten Gesicht ragte.

Oma Müller war eine wunderbare, auf Ordnung, Disziplin und Sauberkeit bedachte alte Dame, vor der die Mieter in unserem Haus ausnahmslos Respekt hatten. Eine echte Preußin eben. Sie bemerkte alles in unserem Haus, notierte sich jede Bewegung in unserer Wohnung und hielt sich dennoch höflich zurück, um meinen Eltern nicht auf die Nerven zu gehen.

Ich war ihr Schüler, von Anfang an. Ich lernte unbewusst von ihr, was gut und schlecht war in den Nachkriegsjahren. Sie lehrte mich, die harte Welt außerhalb unserer Wohnung mit Lust zu entdecken. Sie hörte meinen Geschichten zu, gab mir einen Apfel, wenn ich ihr Zimmer verließ, und beugte sich nachts über mich, um nachzuschauen, ob ich schlief. Oma Müller machte nie viele Worte, aber ich war Kind genug, um zu verstehen, was sie mir über das Leben und wie sie die Welt sah sagen wollte.

Sie wusste, wann ihre Zimmertür offen zu stehen hatte. War sie verschlossen, beruhigte mich das Licht, das unter der Tür durch die Ritzen drang. Hörte ich das Rattern ihrer Nähmaschine, schlief ich sofort ein. War es still, erwachte ich und sehnte mich nach den Geräuschen. Sie war eine Oma wie aus dem Bilderbuch, sie war immer für mich da, Tag und Nacht, Gott hatte mich reich beschenkt.

Hier also wohnten wir: Vater, Mutter, Oma Müller und ich. Es war eine Altberliner Wohnung aus der Gründerzeit, und sie hatte fünfzehn Türen sowie sechs große und kleinere Zimmer, die ein langer, dunkler Flur verband.

Hinten lag die Küche, wie es bei allen Berliner Wohnungen in dieser Zeit üblich war. Ein dunkler, schmaler Flur führte dorthin. Die Küche war sehr groß, hatte einen mächtigen Herd mit Kochplatten und Messinggriffen, der mit Gas betrieben wurde, Vitrinen und einen Holztisch, auf dem Mutter das Huhn zubereitete. Erst für den samstäglichen Eintopf, dann für den Sonntagsbraten. Neben dem Herd ging eine Tür ab zur Kammer. Der Mädchenkammer, in der wir die Vergangenheit in Kisten aufbewahrten. Dutzende dicker Ordner mit Vaters Papieren, mit Zahlen und Bilanzen aus seinem Finanzamt, Notenberge und Bücher aus einem anderen Jahrhundert. Auch Vaters Rad stand dort. Ein blaues Herrenfahrrad mit einem Schwalbenlenker und einem Sitz, auf dem ich Platz fand, wenn Vater mich mitnahm. Er saß hinter mir, und vor mir war die Straße.

Die Kammer war meine Zuflucht, sooft ich konnte, schlich ich mich hinein und schloss die Tür hinter mir. Es gab dort für mich so vieles zu entdecken, es war aufregend, in den alten Büchern meiner Großeltern zu schnüffeln, und die Enge machte mir damals eigenartigerweise noch nichts aus. Das kam erst später.

Dann gab es noch eine Tür in der Küche, den ehemaligen Dienstboteneingang. Jede Altberliner Wohnung besaß so einen Hinteraufgang. Diese Tür galt als verschlossen, solange ich denken kann. Dabei musste man nur einen kleinen Riegel zur Seite schieben, um sie zu öffnen, mehr war es nicht. Aber weder Mutter noch Oma Müller interessierten sich dafür. Ich habe sie einmal heimlich geöffnet, hatte aber Angst hinauszugehen. Das Treppenhaus dahinter war feucht und roch modrig, und die Luft war so abgestanden, als hätte es seit dem Krieg niemand mehr benutzt. Am Geländer hingen Spinnweben, und der Boden war zerlöchert.

Die Tür erschien mir wie ein Ausweg, der jedem von uns versperrt war. Ich habe sie bis heute nicht vergessen. Ich stellte mir vor, was passieren würde, wenn ich mich einfach davonstehlen würde, ob sie mich vermissen würden, ob sie nach mir suchen würden. Ich habe es nie getan, aber oft daran gedacht. Dass es da eine verborgene Welt gibt, gäbe, die nur mir gehören würde. Es war ein bisschen schauerlich, wenn ich es mir ausmalte, also beließ ich es dabei.

In unserer Wohnung in der Kaiser-Friedrich-Straße 3 A entstand meine ganze Welt. Die großen und kleinen Räume, die Kachelöfen in jedem Zimmer, der lange Flur, die unzähligen Fenster waren mein Reich. War ich mit mir allein, so halfen die Stühle und Tische, das alte Buffet, die Lampen und Vorhänge, meine Einsamkeit auszufüllen.

Vater war zu wenig da, und er war krank, todkrank. Er litt an Diabetes und hatte einen Herzfehler und war nicht der, den Mutter gemeint hatte, als sie sich kennenlernten. Trotzdem schleppte er sich an den meisten Tagen ins Büro. Mutter selbst ging jeden Morgen in die Fabrik, eine Retouchierfabrik, die sich unweit von unserem Block in der Seelingstraße befand. Dort saß sie den ganzen Tag an einer riesigen Stanze und stanzte Muster in die Verkleidungen für Tischfeuerzeuge, die damals Mode waren. Also war ich meist allein zu Hause, nur mit Oma Müller und meinen Geistern.

Unzählige Bilder entwarf ich mir aus dem Schattenreich, wenn die Dunkelheit kam. Ich sprach mit Stühlen und dem Tisch, der fast bis an mein Bett heranreichte. Der riesige Ofen in der Ecke meines Zimmers wurde zum Turm, in dem ich meine Zuflucht fand, die Stühle und Tischchen wurden meine Mitwisser und Ritter, die große Wohnung mein Palast. War ich gegen eine elterliche Übermacht unterwegs, war das mächtige Buffet, das wir als Anrichte benutzten und in dem Vater seine Akten und Dokumente aufbewahrte, meine feste Burg. In den unteren Fächern gab es ein Versteck. Ich klemmte mich hinein und verschloss die Tür. Niemand konnte mich dort aufspüren. War ich auf der Flucht vor Oma Müllers Bekehrungen und Mutters Ermahnungen, verwandelte ich das Berliner Buffet in ein Schiff, eine Galeere, einen Dampfer, so wie ich es gerade brauchte.

Alles hing davon ab, wie gut die Eltern miteinander waren. Von den Schwingungen, die durch die Wände drangen, den kleinen bis großen Streitereien und heiteren Anlässen, die urplötzlich über mein Kinderreich kommen konnten. Schlug das Seelenwetter um, verschwand ich entweder im Buffet oder versteckte mich unter Tage.

»Unter Tage« hieß, ich verkroch mich unter dem großen Tisch, wenn sie sich stritten oder die Luft dünne wurde, weil die Sorgen um Geld und Vaters Krankheit überhandnahmen. Eine Tischdecke half mir, mich zu verbergen, ein Teller mit belegten Broten und eine Flasche Sirup reichten völlig aus, um die nächsten zwei, drei Jahre über die Runden zu kommen. So lange, bis sie wieder zueinander gefunden hatten. Waren Vater und Mutter aufs Neue vereint, kippten meine Selbstgespräche in heitere Episoden um, und andere, abenteuerlustige Geschichten entstanden aus den toten Dingen, die mich umgaben, den Tischen, Stühlen, Kommoden und dem Altberliner Buffet. Ich ging auf die Jagd und überquerte Flüsse und Meere.

Ich war ein einsames Kind. Ich war der Junge, der sich selbst erzog, wie Mutter mir einmal sagte. Meine Einsamkeit machte mir nichts aus. Im Gegenteil, sie war meine Verbündete und deshalb nicht unangenehm. Sie war mein Spielgefährte, von Anfang an, als ich mich und meine Welt entdeckte, gehörte sie zu mir. Erst nach Vaters Tod wurde sie für mich bedrohlich.

Mein Zimmer war das mittlere Zimmer, das sogenannte Berliner Zimmer. Durch das alle hindurchmussten, wenn sie in die Küche oder in unser Badezimmer wollten. Es hatte vier Türen, ein Fenster zum Hinterhof hinaus, und Oma Müllers Tür grenzte an mein Bett an der hinteren Wand.

Wenn ich morgens erwachte, konnte ich direkt in den Hof sehen, wo die Mülltonnen standen und die Mauer mit den abgebrochenen Flaschenhälsen aufragte, die das Grundstück zum Nachbarhaus begrenzte. Zum Spielen war er ungeeignet. Es war ein trister Nachkriegshinterhof, der in einen anderen führte. Es gab eine kümmerlich bewachsene Grünfläche, doch kein Sonnenstrahl gelangte dorthin, es gab ein paar Hagebuttensträucher und knorrige Bäumchen, die aber kaum eine Chance hatten, in den Himmel zu wachsen.

Im nächsten Hinterhof stand die eiserne Stange, auf der die Mieter unseres Hauses am Sonnabend ihre Teppiche und Decken ausklopften. Das war nur samstags gestattet, und nur am Vormittag. Dann klopfte der ganze Hinterhof, und das Pochpoch der Ausklopfer hallte von Wand zu Wand. Danach schlich sich wieder die Stille ein.

An manchen Tagen, besonders wenn der Frühling schon zu spüren war, tauchten plötzlich Leierkastenspieler auf dem Hinterhof auf. Männer, die sich ein paar Groschen verdienen wollten. Erklang die Musik und einer sang dazu, öffneten Mutter und ich das Küchenfenster, um nichts zu verpassen. War der Musiker mit dem ersten Lied fertig, durfte ich ein paar Groschen hinunterwerfen, die ich vorher in Zeitungspapier eingewickelt hatte. Das war das pure Glück. Ich war immer vollkommen aufgekratzt und hing am offenen Fenster, solange der Mann sang.

Die Leierkastenmänner waren die ersten Entertainer in meinem Leben. Ich fürchtete mich vor ihnen, weil sie abgerissen und müde aussahen. Sie rochen nach bitterer Armut. Ich stellte mir diese zerlumpten Gestalten vor, wie sie von Haus zu Haus zogen und nur ein paar Groschen für den Abend hatten. Wo wohnten diese Männer, und wer kümmerte sich um sie? Es gab Dutzende, die tags durch die Kaiser-Friedrich-Straße ihre Leierkästen zogen.

Männer, alte, arme, ausgebrannte Seelen, die den Übergang von der Kriegs- in die Friedenszeit nicht geschafft hatten.

Im Unterschied zu den Bettlern, die ich ebenso jeden Tag bei uns in der Straße von Tür zu Tür gehen sah, bettelten die Leierkastenmänner nicht. Sie verdienten sich etwas Geld, indem sie in den Hinterhöfen ihre Lieder sangen und dazu an der Leier kurbelten. Einem Kasten, der auf vier Rädern stand und meistens mit bunten Verzierungen bemalt war. Manche hatten einen Hund dabei, einmal erblickte ich einen, der einen Affen auf der Schulter trug. Die meisten sangen schlecht. Es waren Volksweisen, Altberliner Lieder, einfach gestrickte Refrains, zum Mitsingen gemacht. Mutter und ich nutzten jeden Auftritt, um ihnen zuzuhören.

Wenn Mutter morgens in mein Zimmer kam, um mich zu wecken, war ich längst wach. Ich brauchte kein Licht zu machen, ich fand mich auch im Dunkeln zurecht. Während sie hin und her lief, sich schminkte, das Haar bürstete, ging ich ins Bad und wusch mich an dem kleinen Handwaschbecken, putzte mir die Zähne und kämmte mir das Haar ordentlich. Dann erst zog ich mich an. Wir verrichteten alles so leise wie möglich, um Vater nicht aufzuwecken. Ich griff dann, so schnell ich konnte, meine Sachen, die sie mir am Vorabend über den Stuhl gelegt hatte, die Cordhosen, das karierte Hemd und die festen Schuhe, und zog mich in Windeseile an. Noch vor ein paar Wochen wäre ich in meine kurzen Lederhosen geschlüpft, aber dafür war es jetzt zu kalt.

Ich mochte meine Sachen, besonders die karierten Hemden. Ich besaß zwei davon. Eines in Blau und eines mit roten Karos. Alle Kinder aus dem Hort trugen grobe Hosen und karierte Hemden und dazu feste Schuhe. Und natürlich den grauen Anorak, den mit der Kapuze. Die ich aber nie aufsetzte, auch nicht, wenn es noch so sehr regnete. Ich brauchte keine Kapuze, ich mochte den Regen auf meinem Gesicht.

Alle Kinder aus meinem Kiez lebten in ähnlichen Umständen, und es war uns egal, wie wir gekleidet waren. Die meisten kamen aus Familien, wo die Väter krank waren, ausgebrannt, vom Krieg verbraucht, ohne Arbeit, und wo die Mütter die Familie ernähren mussten. Was man trug, musste nur praktisch und nützlich und für die Mütter leicht zu pflegen sein.

Das frühe Aufstehen machte mir nichts aus. Der Morgen war meine stärkste Zeit. Wenn alles noch still war, wenn zögernd das Tageslicht in die Fenster schien, wenn die Dielen knarrten und der Wind an den Fenstern rüttelte. Wenn meine Gedanken noch nicht geordnet waren, wenn ich Stimmen hörte, die mir Filme erzählten, Geschichten. Ohne die Kontrollen einer Erwachsenenwelt, die ich immer fürchtete, weil sie aus Zurechtweisungen und Strenge bestand.

Ich liebe es immer noch, so früh wie möglich aus dem Bett zu springen. Jeden Morgen werde ich von selber wach, egal, ob mich ein wichtiger Termin erwartet oder ein freier Tag. Pünktlich um fünf Uhr weckt mich meine innere Uhr. Es ist die antrainierte Energie von damals. Ich kann sie auch heute nicht vollständig zähmen, sie bestimmt meinen inneren Haushalt, und wenn ich Pech habe, gewinnt sie die Oberhand. Vielleicht liegt es daran, dass ich um fünf Uhr früh geboren wurde. Mutter hatte es mir irgendwann erzählt:

»Ich konnte auf die Uhr sehen, die vor mir an der Wand hing. Du kamst um fünf Uhr.«

»Früh oder nachmittags?«

»Natürlich früh. Du kamst am 26. März 1951 im Martin-Luther-Krankenhaus in Berlin-Schmargendorf zur Welt, und du warst ein lautes Kind. Durch die Scheibe hast du nach mir gerufen. Mit einer kräftigen Stimme. Du hast regelrecht krakeelt.«

»Ich habe nach dir gerufen?«

»Ja. Die Säuglinge wurden am Abend eingesammelt und am nächsten Morgen wieder unter den Müttern verteilt. Das war so üblich. Pinsel nannten wir dich, weil dein Haar an einer Stelle pechschwarz war und wie ein Pinsel abstand.«

Ich konnte schon um fünf Uhr früh aus dem Bett springen und in meinen Büchern stöbern. Oder ich blieb einfach liegen und träumte vor mich hin. Wenn meine Mutter mit den belegten Broten aus der Küche kam, dazu der obligatorische Apfel, schnappte ich mir den Tornister, und los ging es. Mutter trug ihre Tasche und den Knirps genannten Regenschirm. So leise wir konnten, schlichen wir an der Tür zum Schlafzimmer vorbei, in dem Vater noch schlief. Aus seinem Zimmer drang morgens kein Laut. Es gab Tage, da konnte ich mir nicht vorstellen, dass er überhaupt da war, so still war es hinter seiner Tür.

Vom Luisenplatz ertönte das Geläut der Kirche, ich lief an Mutters Hand. Nasskalt war es, die Feuchtigkeit drang durch meine Kleidung, und aus den Häusern kam der Geruch von Kohle, Fäulnis und Rost. Es roch beinahe so wie in Onkel Rolfs und Tante Ilschens Garten in Kaulsdorf, die wir jeden Samstag besuchten. Meine Mutter sagte immer, wenn sie Ilschen nicht hätte, wäre sie schon völlig plemplem geworden.

Onkel Rolf versorgte mich mit Büchern. Jedes Wochenende gab er mir einen ganzen Stapel mit. Indianer- und Siedlergeschichten liebte ich besonders, aber sie mussten echt sein. Sie mussten das wahre Leben zeigen, von dem ich ja schon eine Ahnung hatte. In meinem Lieblingsbuch ging es um das Geschwisterpaar Schneller Fuß und Pfeilmädchen, das von Sioux-Indianern entführt wurde, sich mit den Kindern des Stammes anfreundete und besondere Mutproben bestand. Vor allem aber handelte es von Freundschaft und Ehre und von Tapferkeit.

Ich war besessen von den Geschichten über das Leben in den Wäldern Nordamerikas, einer Welt, die mir frei und grenzenlos schien. Jeden Abend las ich in meinen Büchern, manchmal bis spät in die Nacht unter der Bettdecke, wenn alle schon schliefen. Mutter hatte mir dafür eigens eine Leselampe besorgt, die man an den Buchdeckel stecken konnte und an der ich mich einmal böse am Unterarm verbrannte, weil ich darüber eingeschlafen war.

Aber die wirklich besonderen Geschichten, die mir im Kopf hängenblieben, holte ich mir aus den Filmen, die ich an den Sonntagnachmittagen im Amor-Kino gegenüber an der Ecke Lohmeyer Straße sah. Über dem Eingang hing der große Schriftzug »Amor«. Sobald es dunkel wurde, leuchteten die Buchstaben in einem wunderbaren Neonrot. Es hatte zwei Schaukästen, in denen die Schwarzweißfotos der deutschen Schauspielsterne und der amerikanischen Hollywoodstars hingen. Die meisten interessierten mich nicht, wenn sie aber in einer Geschichte mitspielten, die ich mochte, dann merkte ich mir das Gesicht und den Namen.

Ich war sieben oder acht, als Vater mich das erste Mal ins Kino mitnahm. Einer der seltenen Spaziergänge mit gutem Ausgang. Meistens endeten unsere Ausflüge in einer Eckkneipe mit nachträglichem Ehekrach und bitteren Vorwürfen meiner Mutter.

Das Amor-Kino war klitzeklein. Die Eingangshalle, das Kassenhäuschen, die Stuhlreihen, die Leinwand, alles wirkte wie in einem Puppenhaus. Hinter dem Kassenhäuschen saß eine dicke, nette Frau mit schwarzem, krausem Haar. Sie hatte die Allmacht über den Vorführraum, der nicht größer als unser Wohnzimmer war. Nie bekam ich den Filmvorführer zu Gesicht. Ich wäre gerne einmal in den Projektorraum gegangen, nur um ihn zu sehen. Aber er blieb ein Geheimnis.

Im Amor sah ich alle wichtigen Filme. Stan und Ollie, Fuzzy St. Jones, die Operettenfilme meiner Eltern und nach Vaters Tod den furchterregenden »Citizen Kane« mit Orson Welles, der meinem Vater so ähnlich war. Das schüttere Haar, die massige Gestalt, der unbedingte Wille, geliebt zu werden. Aber auch Fritz Langs »Der Tiger von Eschnapur« und viele andere Endlosstreifen. Ich sog jede Minute förmlich auf. Es sollte nie zu Ende gehen.

In dem Kinosaal war für fünfzig bis sechzig Personen Platz. War die Vorstellung ausverkauft, stellte die kleine Frau ein paar Stühle in den Gang. Bevor der Film anlief, knipste sie die beiden Stehlampen aus, die rechts und links vor der Leinwand standen. Es folgte ein ohrenbetäubendes Geschrei. Doch die Dunkelheit stellte sich als Heilsbringer heraus. Aus der Nacht wurde Tag, und ein Wunder geschah, wenn die Leinwand sich mit Bildern füllte.

Denke ich heute an das Amor-Kino zurück, habe ich sofort den Geschmack von Maoam im Mund und den eines bestimmten Eis am Stiel. Es war aus Vanille und hatte einen sauren Orangenüberzug. Wenn man den vorsichtig abnagte, zerschmolz alles zu einer süßsauren Masse und bekam einen eigenen, bittersüßen Geschmack. Das Eis hieß Split und löste in mir unglaubliche Glücksgefühle aus. Wir warfen die Aluminiumverpackungen in die Luft, und im Projektorlicht glitzerte es silbern, und der Dunst, der vom Projektor ausging, gab den nötigen Nebel, um die Wunderdinge sichtbar zu machen.

Jeder Film war mir recht. Schon angesichts des Plakats wurde ich nervös, und drinnen konnte ich es kaum erwarten, bis der Vorfilm begann. Stan und Ollie liebte ich besonders, ja, ich war vollkommen vernarrt in sie. Verstand nie, warum sie Dick und Doof genannt wurden. Schon wenn die hupende Eingangsmusik ertönte, musste ich lachen. Es war so saukomisch, wenn sie beide in Anzug und Schlips am Frühstückstisch saßen und ihren Frauen, die eine klein, dominant und zickig, die andere schmal und leidend, die Teetassen reichten. Immer im Kreis herum, bis die eine den Unsinn streng unterbrach. Stan und Ollie blieben in jeder Situation freundlich, sie waren für mich Engel, die man anfassen konnte. Sie hatten immer eine Lösung parat, in welcher noch so furchtbaren Klemme sie sich auch befanden, und immer ein Lachen.

Aber das Wichtigste an diesen Sonntagen war der Film mit dem weißen Reiter. Das war ein eitler Cowboy, gänzlich in Weiß gekleidet, mit neckischem Halstuch und silberbeschlagenen Revolvern. Er saß auf seinem Schimmel und spähte von einem Hügel aus nach einer Postkutsche, die von einer Horde düster aussehender Schurken auf abgemagerten Mähren verfolgt wurde. Die Kerle wollten ein Mädchen entführen, das in der Kutsche saß. Man sah sein ängstliches Gesicht, das ab und zu aus der Kutsche hervorlugte, dann wieder das energische Gesicht des mutigen weißen Reiters, der immer wie frisch gebadet aussah. Dann wieder die düster aussehenden Kerle, die komischerweise in schlechtsitzenden Jacketts ritten.

Ich habe lange darüber nachgedacht, warum die Schurken alle graue Anzüge trugen. Nur der weiße Reiter nicht, er sah picobello aus, vor allem sein neckisches Halstuch imponierte mir, weil es nie verrutschte. Sobald er also auf dem Hügel erschien, schrien und johlten alle Kinder. Alle Arme flogen hoch, und hundert Hände reckten sich wie wild zu ihm hinauf, dem Erlöser von allem Übel, zum Olymp, zur Leinwand, wo das wirkliche Leben war. Nach einer wilden Schießerei stoppte der weiße Reiter die Kutsche, befreite das Mädchen, zog es zu sich aufs Pferd und ritt mit ihm irgendwohin, begleitet vom Geschrei der jubelnden Kinder unseres Bezirks.

Ganz schnell begriff ich, dass ich der weiße Reiter war, natürlich nicht wirklich, aber ich schlüpfte in seine Montur und nahm mir vor, wie er zu werden. Nicht ganz, ich glaube, ich wollte anders, irgendwie besser, mutiger und auch sanfter werden. Das waren ganz entscheidende Verabredungen, die ich erst sehr viel später verstand. Bis in meine Pubertät hinein und auch noch länger spielte ich diesen Cowboy, handelte nach seinen Gesetzen und befreite ängstliche Damen aus Postkutschen.

Das Amor-Kino war mein zweites Zuhause. Ich war immer der Erste, der am Sonntagnachmittag vor der Kasse stand. Ich konnte es kaum erwarten, eingelassen zu werden. Eine Karte kostete fünfzig Pfennig. Sobald die Türen geöffnet wurden, stürmte ich hinein und setzte mich in die letzte Reihe, erster Sitz, gleich neben der Toilettentür. Von dort konnte ich den Zuschauerraum überblicken und notfalls sofort türmen, sollte etwas Unvorhergesehenes passieren.

Da saß ich nun auf meinem Sperrsitz und verfolgte gebannt eine simple Geschichte von Liebe und Verrat, litt mit den Frauen beim Überfall und sorgte mich um Viehtreiber. Diese Geschichten waren für mich das echte Leben. Sie packten mich und auch meine Kumpels aus dem Hort. Was in der Welt draußen passierte, war nur notwendiges Übel. Das hier war das pure Glück für mich. Es gab Kinder, die vor Nervosität nicht stillsitzen konnten, die während des Films in den Gängen auf und ab rannten, alle naselang aufs Klo mussten, an meinem Platz vorbei, ein ständiges Hin und Her.

Es machte mir nichts aus. Ich war völlig gebannt vom Geschehen auf der Leinwand. Ich sog jede Sequenz, jede Szene eines Films wie ein Verdurstender auf. Das war meine Welt. Das mit der Liebe und dem Leid und dem Verabschieden und Stan und Ollie und ihren Keilereien und dem weißen Reiter und dem Tod und dem Ende.

Der Kinobesuch war abhängig von der Befindlichkeit meines Vaters und von der Stimmung bei uns zu Hause. Wenn schon zu Mittag der Haussegen schiefhing, standen meine Chancen schlecht. Dann brauchte ich meine ganze Überredungskunst, um das Kinogeld von meiner Mutter zu bekommen.

Ich hatte eine Antenne entwickelt für ihre Gemütszustände. Wenn sich Gewitter anbahnten, Störungen, die kleinen Streitereien, dann sträubten sich mir die Nackenhaare. Ganz instinktiv. Ich sah es an ihrem Gesicht, ich roch die Spannungen zwischen den beiden. Ich gab acht, auf alles. Erst ein strenger Blick, ein hartes Wort, mit dem Mutter die Spannung ableitete, die sie mit Vater teilte, dann die harte Hand. Mein Vater hätte nie die Hand gegen mich erhoben.

Ein uraltes Trauma, eine uralte Kränkung: Vater ist im Krankenhaus Westend, sie haben ihn zu einer der vielen Untersuchungen dorthin gebracht. Mutter ist allein, ich bin bei meinem Freund Waldi, dem Sohn des Hausmeisters aus dem Haus Nummer 3. Der für seine Familie ackert, Tag und Nacht.

Ich schaue mit Waldi Comicheftchen an. In einem kleinen, dunklen, vermiefen Kinderzimmer, das er mit seinen drei jüngeren Geschwistern teilt. Ich bin zu spät dran, ich habe die Zeit verspielt. Ich renne los, ich muss nach nebenan, zu uns nach Haus. Ich bin völlig kopflos, ich muss garantiert gleich auf die Toilette, ich mach mir sonst in die Hose, ich habe die Zeit verpennt, verspielt, ich habe furchtbare Angst.

Mit Riesensprüngen hetze ich die zwei Treppen zu unserer Wohnung hoch. Mutter reißt die Tür auf, sie hat bestimmt schon seit einer halben Stunde auf mich gewartet, ich stürme heulend und atemlos hinein. Sie zerrt mich am Arm. Sie schreit, sie spuckt Gift und Galle, sie ist eine andere, sie ist nicht die Mutter, die ich kenne. Sie ist außer sich. Wenn sie so wütend ist, entkomme ich ihr nicht. Sie zerrt mich durch den Flur zum Badezimmer.

»Mutti, Mutti, ich will es nie wieder tun.«

Sie schreit mich an. Ich kann sie nicht beruhigen und flenne und flehe, und bald kann ich nichts mehr orten. Ich kann nichts mehr sehen, mir wird übel, ich muss gleich kotzen. Bloß nicht noch in die Hosen machen, denke ich. Ihre Klammerhand spüre ich an meinem Arm wie ein Eisen, sie hat so viel Kraft, jetzt nimmt sie den kleinen Spazierstock von der Wand, der neben der Kuckucksuhr hängt, mit dem ich an besseren Tagen »Hänschen klein« spiele, wirft die Badezimmertür auf, schubst mich hinein, drängt hinterher, zerrt mir die Hose herunter und drischt mit dem Stöckchen auf meinen blanken Hintern.

Ich stehe gebeugt über dem Klo, halte mich an der Brille fest, immer wieder versuche ich, mit den Händen schützend meinen Hintern zu bedecken, sie zerrt sie weg, spuckt mir ihre Angst und ihre Wut über mein Versagen in den Nacken. Das ist der Tod, das muss er sein, ich heule und bitte um Vergebung. Mutters Wut ist so mächtig. Sie schreit, ich zetere und spüre die Hiebe auf meinen Handrücken.

»Nimm die Hände weg, nimm sie weg!«

Ein paarmal noch, dann ist es vorbei. Wäre ich nur größer, älter, erwachsener, ich hätte sie fortgestoßen und auf der Stelle verlassen. Für immer.

Aber so halte ich durch, bis Mutter erschöpft von mir lässt, und ziehe mich heulend an. Ich spüre Schmach, Schuld, unterdrückte Wut und eine grenzenlose Ohnmacht. Weinend folge ich meiner Mutter ins Zimmer. Sie sitzt erschöpft irgendwo im Dunkeln, und ich fliehe in ihren Schoß.

»Mutti, Mutti, ich will es nie wieder tun. Ich versprech's.«

Sie streicht mir übers Haar, vergibt mir, ist gut zu mir, schenkt mir das Leben zurück, das mir beinahe genommen wurde. Dem Sünder, auf den sie sich verlassen hatte, der aber unpünktlich war. Ich bin glücklich, sie nicht mehr wütend zu sehen.

Es kam nur zwei- oder dreimal vor, dass meine Mutter sich derart vergaß, aber es prägte mein Verhalten Frauen gegenüber, meine Scheu, meine Ängste vor Strafen, vor Entgleisungen und Übergriffen. Es bestimmte meinen Schuld-und-Sühne-Katalog.

Ich brauchte sehr lange, um zu verstehen. Mutter und ich sprachen später oft über ihre eigene Angst zu versagen, ihre Bemühungen, den Vater zu ersetzen, den sie selbst nie hatte. Auch sie hatte unter der Strenge ihrer Mutter gelitten, war zum BdM gegangen, jederzeit bereit, einem Führer zu folgen, der den Weg vorgibt. Der verlässlich und immer für sie da war, was mein Vater nie war. Ich habe es später verstanden, bis heute türme ich vor maßlosen Menschen, vor Grenzübertretern.

Die Anlässe ihrer Ausbrüche waren immer die innere Sorgenburg und eine enorme ungezügelte Lebensenergie. Ich habe ihr diese Bestrafungsrituale sehr lange nicht verzeihen können. Das Schlimmste waren nicht die Hiebe, sondern das Gefühl, ihr nicht zu genügen.

Noch Jahre später verstellte ich zu Hause meine Stimme, setzte sie höher an, damit sie kleiner, kindlicher klang. Bis mich mein bester Freund Michael Dallichow einmal darauf aufmerksam machte: »Du sprichst wie ein Mädchen.«

Wir tobten die Treppe hinunter, und ich nahm ein anderes Wesen an. Draußen auf der Straße wurde ich zu dem, der ich wirklich war. Zu Hause spielte ich das Mädchen. Bis zu dem Zeitpunkt, als Vater starb.

Es waren unausgesprochene Abmachungen. Ich wusste instinktiv, wenn sie mich nicht gehen lassen wollte. Wenn zum Beispiel Vater krank auf dem Sofa im vorderen Zimmer lag. Oder wenn ich morgens Spuren seiner Krankheit im Waschbecken sah, die wegzuwischen sie versäumt hatte. Wenn sich die Luft veränderte, ein Hauch von Tod unsere Wohnung durchzog. Säuerlich, feucht, regelrecht fiebrig. Dann läuteten bei mir alle Warnsignale, in Sekundenschnelle passte ich mich an und schlich den ganzen Tag auf leisen Sohlen.

Wenn sie ihn abholten, um ihn ins Krankenhaus zu bringen, lag er im Bett und weinte. Und ich stand hinter der angelehnten Tür und lauschte, wie Frau von Raben, die Tochter Oma Müllers, und ein paar mir fremde Tanten ihm aus einem Buch von Meister Eckhardt vorlasen. Ich hatte dann eine Riesenangst, er würde für immer weggehen, und ich könnte nichts dagegen tun. Ich sah meinen schwachen, sterbenden Vater erst, wenn sie ihn schlussendlich auf einer Trage aus der Tür schoben.

Die Sonntage waren für mich furchtbare Tage, die schlimmsten in der Woche. Wäre das Kino nicht gewesen. Mir fehlten ja sowieso beide, Vater und Mutter, die ganze Woche über fehlten sie mir, aber sonntags waren sie zusammen da und trafen aufeinander. Wie zwei Geschütze, deren Munition noch nicht verschossen war. Also bettelte ich um die 50 Pfennig für das Kino, und es bedurfte meines ganzen Geschicks, sie ihnen abzuluchsen.

Sie stritten fast jeden Sonntag. Es ging um Vaters Fehlverhalten, seine ungezügelte Fresserei und natürlich um Geld, irgendwie auch um Leben und Tod. Deshalb musste ich ins Kino, koste es, was es wolle, deshalb begann ich mich in dieser Zeit vor aller Welt zu verbergen. Ich wollte hinaus und für ein paar Stunden im Dunkel des kleinen Kinos verschwinden, um dann mit einer neuen Geschichte wieder aufzutauchen, und alles würde gut sein. Für die beiden, für mich, für die ganze Welt.

Fallen mir die ersten Bilder zu meinen Eltern ein, denke ich an den ersten fühlbaren Kontakt zu meiner Mutter, dann erinnere ich mich an wohlige Momente der Aufgehobenheit. Wenn sie mich in einer Zinkwanne wusch, im Handtuch hin und her schwenkte, die frische Sommerluft durchs geöffnete Balkonfenster hereinströmte, dazu Vaters Lachen, dann empfand ich mich geborgen, inmitten meiner Familie: Vater, Mutter, Kind. Sein Lachen war immer erst ein stilles Glucksen, gefolgt von einem unübertroffenen Ausbruch seiner Lebensfreude. Wenn Vater lachte, kannte er keine Grenzen, nichts konnte ihn bewahren, nicht einmal, wenn Mutter ihn beruhigen wollte. Obgleich sie es genoss. Sie konnten sich so wunderbar ineinander verlieren. Als er krank wurde, war es damit vorbei.

Unvergessen die Momente, wenn ich seine Hand hielt. Der

Stoff seiner Hosen, den ich befühlte, die Schuhe, das Leder, das ich roch. Er war ein übergewichtiger, großer Mann, aber alles war weich an ihm, sein Gesicht, seine Hände, die Arme und Beine, und er hatte blassblaue Augen. Sein Haar war immer weiß gewesen. Ich fand später Fotos von ihm, als Soldat, als Kaufmannsgehilfe, in Uniform und maßgeschneidertem Anzug. Er liebte diese Dinge, konnte sich morgens wie zu einer Feierlichkeit anziehen, verließ das Haus nie, ohne perfekt gekleidet zu sein. Vater trug stets breite gebügelte Anzughosen und ein weites Jackett, so wie es in der Nachkriegszeit für Männer üblich war. Dazu blütenweiße Hemden und eine korrekt gebundene Krawatte. Obwohl es uns an fast allem fehlte, ging er immer wie aus dem Ei gepellt auf die Straße.

Mutter und Vater hatten sich nach Kriegsende 1945 vor den Toren Berlins an einem Brunnen kennengelernt. Er war älter als meine Mutter, weltgewandt, humorvoll und sensibler als die anderen Kriegsheimkehrer. Sie war mit siebzehn Jahren aus Penkun, einem Dorf an der polnischen Grenze, nach Berlin gekommen. Ihren Vater hatte man nach Kriegsende erschlagen im Graben gefunden. Einen Kommunisten, den sie nie kennengelernt hatte. Ihre Mutter war klein, streng, besaß eine schier grenzenlose Lebensenergie, und Mutter wollte nur weg vom Bauernhof, ihren beiden Brüdern, der dominanten Schwester. Sie wollte nach Berlin, hegte diesen Mädchentraum, seit sie laufen konnte. Sie wählte meinen Vater, weil sie nie einen gehabt hatte, und Vater erblickte in ihr das Abbild seiner Träume: Ein bezauberndes junges Mädchen, schlank, mit langen blondgelockten Haaren, das einen starken Mann suchte, an dessen Schulter es sich anlehnen konnte.

Vor dem Krieg hatte mein Vater Kaufmann im damals größten jüdischen Kaufhaus Berlins gelernt. Nachdem die Nationalsozialisten es geschlossen hatten, der Eigentümer nach London geflohen war und mein Vater auf der Straße stand, kam sein Wunsch auf, Inspizient am Theater zu werden. Er hatte oft das kleine Kabarett im Horstweg besucht, wo sein Vater, ein Hutmacher, einen kleinen Hutladen betrieb, und sie hätten ihn auch beinahe genommen. Werner Fink trat dort auf und viele andere berühmte

Vater Erich, Mutter Waldtraud
beide © privat

Kabarettisten, die in der Nazizeit kein Blatt vor den Mund genommen und überlebt hatten.

Manchmal kamen Schauspieler zu uns, die bis in die Nacht blieben. Hagere, ausgehungerte Gestalten, Männer in gestreiften Anzügen, die Frauen in knielangen Kostümen oder Zweiteilern. Es wurde viel gegessen und getrunken und geredet und gestritten. Ich erinnere mich an einen, der ein rotes Rennauto mitbrachte. Ein Tretauto mit lenkbaren Rädern und einer Windschutzscheibe aus Glas. Ich weiß bis heute nicht, wie der Mann es fertiggebracht hatte, dieses Auto aus unzähligen Konservenbüchsen zusammenzubauen. Aber eines Tages stand es in der Mitte des Wohnzimmers, und es sollte mir gehören. Es war wahrhaftig ein Wunder. Diese Schauspieler konnten aus dem Nichts heraus etwas Verrücktes erfinden. Ihre Virtuosität bewiesen sie nicht nur mit Blechdosen oder Zeitungen, die einer zu Schiffen und Hüten faltete, sondern auch mit Worten. Fix im Kopf und schnell in den kleinen Späßen, nahmen diese eigenartigen Menschen einen mit auf eine Berg-und-Talfahrt.

Wenn Vater improvisierte, war ich dabei. Ich zögerte den Schlaf hinaus. Trat Stille ein, wusste ich, dass er etwas Besonderes erfand, eine Geschichte, ein Gedicht, ein paar blöde Ansichten über das Amt, die Politiker, eine Szene aus dem Theater. Dann folgten seine Bemerkungen, deren Inhalt ich nicht verstand. Und dann platzte es aus allen heraus. Ein großes Lachen, vielstimmig, und Vater legte noch eins drauf und noch eins drauf, und ihr Lachen wurde größer und größer, und er war der König, der absolute König.

Vater erfand aus dem Stegreif Spiele, wenn er in Gesellschaft war. Er konnte ungemein schnell einen Faden aufgreifen. Alle Sorgen waren vergessen, wenn er loslegte. Er imitierte irgendeinen aus seinem Finanzamt, einen Chef, einen verknitterten Angestellten. Er konnte herrliche Gesichter ziehen, die ich mir nur nach dem Gelächter unserer Freunde ausmalte. Ich schlief nie, wenn Vater etwas vorführte. Durch die Türen hörte ich, wie er seine Pointen verschoss.

Vaters Fertigkeit habe ich nur bei den Großen meines und seines Fachs ähnlich gesehen. Bei W. C. Fields oder Charles Chaplin, obwohl ich den als Kind nie mochte, weil er mir zu echt war, zu grausam, zu wenig versöhnlich. Bei Marlon Brando sowieso, da verschmolz ich aber bereits mit Vaters Abbild, da rebellierte ich zum Glück schon gegen alles Aufgezwungene.

Wenn Vater loslegte, wenn er frei war, ohne das Reglement meiner Mutter, dann war er ein Zauberer, ein Komödiant. Später, viel später tauschte ich sein Bild gegen die Gaukler ein, die ich in meinen Filmen lieben lernte. Allen voran Stan Laurel, Oliver Hardy, W. C. Fields und Orson Welles. Ich fand viele Sterne, die ihn ersetzen sollten. Auch Federico Fellini. Alles, was an Vaters Resten für mich blieb, an Mimik und Darstellkunst, an intellektuellem Witz, verkörperte er für mich.

Wenn Vater loslegte, wenn sein Lachen und das seiner Zuhörer durch die Tür drangen, war die Welt schön. Alles andere vergaß ich. Ich lag unter meiner Decke, und er war mir nah. Absichtlich ließen sie an diesen Abenden die Tür zu meinem Zimmer auf, und so war ich in ihrer Mitte.

Diese Abende machten jeden Streit meiner Eltern wett. Mutter kochte für alle Gäste einen deftigen Eintopf, es gab meist Erbsen oder Linsen, mit sehr viel Wursteinlage und Suppenfleisch, und alle aßen und konnten gar nicht genug davon bekommen. Oder sie machte Reibepfannkuchen, und Vater bewirtete die Runde mit Wein und Cognac.

Die Gespräche dieser mir meist fremden Leute drehten sich immer um das Theater und die Musik. Um Politik, um Arbeitslosigkeit und natürlich um Geld. Alle litten unter ihrer Geldnot. Und ich hörte heftige Auseinandersetzungen, die mir aber nie gefährlich erschienen. Es ging dabei immer um die Zeit nach 1945 und wer von den Nazis in welchem Amt noch vorhanden war. Ich verstand davon fast nichts. Ich orientierte mich nur an meinem Gefühl, nahm jedes Wort, das durch die Türen drang, spannungsgeladen auf und gehörte irgendwie dazu.

Wenn Vater die Balkontüren öffnete, war das das Zeichen zum Aufbruch. Alle hatten zu gehen, jeder fügte sich. Er brauchte gar keine Worte zu verlieren. Die Zeit war gekommen, adieu zu sagen, und man verabschiedete sich mit den alten Berliner Sätzen, die ich nie vergessen werde:

»Ich bring dich noch um die Ecke …«

»Na denne, macht's gut!«

Man gab sich mürrisch und meinte doch »Auf bald!«.

Es waren immer verklemmte Gesten, ein scheues Streicheln über den Rücken, ein verhaltener Blick, zu größeren Gefühlsäußerungen waren nur Vater und seine Schwester Trudchen fähig. »Werd bloß nicht sentimental«, hieß es immer, wenn einer seine Gefühle zeigte. Mein Vater war völlig anders, er hielt sich in seinen Gefühlen nie zurück. Über eine Filmszene konnte er hemmungslos weinen, und sein Lachen übertraf alles, was an Spott und heller Freude von unseren Nachbarn geäußert wurde. Mein Vater war ein großer Mime, und wenn es auch sicher von mir überhöht und nach seinem Tod durch die Augen eines Zehnjährigen idealisiert wurde, dieses Erlebnis, sein Innerstes nach außen kehren zu dürfen und dafür noch den Beifall der Umstehenden zu bekommen, war derart faszinierend für mich, dass ich es aufbewahrte wie einen wertvollen Stein.

Irgendwann muss Vater seinen Traum vom Theater aufgegeben haben. Vielleicht, als er wusste, dass er nicht mehr lange zu leben hatte. Eine große Traurigkeit beschwerte später sein Herz. Obwohl er in meinen Augen der König aller Zauberer war, sich selbst vertraute er nicht. Er traute sich keine Künstlerexistenz zu. Die Zeit war nicht so.

Vater nahm mich zwei-, dreimal zu Rogacki mit, dem Delikatessengeschäft in der Wilmersdorfer Straße. Er hatte den Hut im Nacken, der Mantel wehte um ihn wie ein Zelt, der picobello gebügelte Anzug, sein weiches, breites Gesicht, es war ganz herrlich, neben ihm durch die Straßen unseres Kiezes zu wandern, vorbei am Fotoladen mit den lustigen Hochzeitsfotos, am Spielzeugladen mit den Märklin-Eisenbahnen und Modellautos, der Kneipe Hoek, wo es nach Bier und Pisse stank, dann weiter und durch die Flügeltüren, und schon umhüllte uns der Wasserdampf der kochenden Wursteinlagen bei Rogacki. Vater lief an all den köstlich duftenden Speisen, den üppigen Schalen mit Salaten, den Auslagen mit Aufschnitt, Geflügel, Kaninchen, Wild und den zur Schau gestellten Braten vorbei, als wollte er alles kaufen. Für einen Diabetiker mit enorm hohem Blutdruck und Übergewicht eine Folter, aber er war wie berauscht, und ich folgte ihm, er war der Meister, ich sein Zauberlehrling.

Am Ende der Einkaufshalle befand sich der Fischmarkt, hier gab es Fisch in allen Variationen, aufgeschnittenes Filet, Rotbarsch, Forelle, Bratfisch, Räucherhering und Makrelen. Als wäre es ein Angebot des Himmels. Hinter den Tresen waren die dicken Männer und Frauen in den ölverschmierten Schürzen eifrig dabei, die Ware anzupreisen, abzuwiegen und in Thermopapier einzupacken. Gleich daneben war die Bratküche, wo man für wenig Geld essen konnte. Hier standen die Leute an Stehtischen und verputzten mit großer Gier und Lebensfreude tellerweise Bratfisch, Kartoffelsalat, Eisbein, Kassler, Rippchen. Dazwischen all jene, die, wie wir, nur guckten, die Bilder und Gerüche aufsogen und den wunderbaren Trubel genossen.

Da wir schmale Kasse hatten, kaufte Vater lediglich Sprotten oder gepökelte Sardinen. Dann liefen wir, jeder eine Tüte aus braunem Packpapier in der Hand, Seite an Seite fröhlich nach Hause und hatten unbändigen Spaß daran, die Sprotten zu verspeisen, den Kopf biss ich ab, spuckte wie Vater das Zeug aus, mümmelte auf einer weiteren herum. So lange, bis die Tüte leer war. Vater pfiff ein Liedchen, und ich war glücklich mit Vater an meiner Seite. Wenn er nur glücklich war, wenn er nur mit der Welt zufrieden war.

Ich glaubte schon zu seinen Lebzeiten, dass er lieber frei und unabhängig gewesen wäre. Weg von uns, von meiner Mutter, von mir. Diese Annahme war beständig, sein Schweigen war doch Beweis dafür. Lange habe ich mich deshalb schuldig gefühlt, war überzeugt, ich sei sein Hemmschuh für alles, was er sich erträumt und wegen Mutter und mir aufgegeben hatte.

Nach Kriegsende hatte ihm mein Onkel Bruno eine Arbeit als Buchprüfer beim Finanzamt vermittelt. Aber Vater litt unter dem geregelten Tagesablauf, der Büroarbeit. Die Bilanzen und Buchhaltungen waren ihm zuwider, sein Geigenspiel war ihm näher als die Zahlen aus dem Büro. Er war ein Sonnyboy, einer, der die Frauen liebte, von seinem Muttchen und seiner Schwester, meiner dicken Tante Trudchen, auserkoren, aber auch zeit seines Lebens unter deren Knute stehend.

Mein Vater war anders als die Väter meiner Kameraden aus dem Hort, und ich bewunderte ihn dafür. Er konnte stundenlang über dem Entwurf einer Hochzeitszeitung sitzen, sich hinter die Errechnung der monatlichen Einnahmen und Ausgaben verkriechen, und sprach dann tagelang kein Wort mit uns. Vater hatte ein zu weiches Herz, wie Mutter sagte. Sie schimpfte oft über sein kindisches Benehmen den Nachbarn gegenüber, wenn er sich nach Einzelheiten ihrer Lebensführung erkundigte, und natürlich über seinen Alkoholkonsum. Wenn sie sich stritten, zerschlugen sie das gemeinsame Porzellan. Ein Wunder, dass wir überhaupt noch Geschirr besaßen.

Geschirrzerdeppern stand in den Fünfzigern hoch im Kurs. Geschirr flog zu jeder Tages- und Nachtzeit. Bei uns wie bei den Nachbarn. Alle stritten sich so. Vielleicht stammt daher der Altberliner Spruch: »Du hast ja nicht alle Tassen im Schrank.«

Mutter konnte fuchsteufelswild werden, wenn Vater gegen seine Diät verstieß oder wenn er nicht mehr zur Arbeit gehen wollte. Eigentlich stritten sie über alles. Über das fehlende Geld, über fehlende Haushaltssachen. Einer begann mit einer Tasse zu werfen, und der andere legte nach. Ich fürchtete diese Gewaltausbrüche und rannte aufgelöst in der Wohnung umher, bis mich Oma Müller in ihr Zimmer zog. Erst bei ihr kam ich zur Ruhe. War der Streit vorüber, wurden die Scherben sorgfältig und mit verkniffenen Gesichtern zusammengefegt.

So schnell, wie diese Kräche kamen, so schnell gingen sie auch wieder vorbei. Alle paar Wochen trugen meine Eltern diese Streits aus, und immer war der Grund mein Vater. Ich hielt mich abseits, wurde nur selten hineingezogen, ich wusste, wann das Thermometer anstieg und wann die Luft wieder sauber war.

Aber wenn sie tanzten, war aller Streit vergessen. Die Tanzerei war für mich das Zeichen, dass sie sich wieder versöhnt hatten. Mein Vater nahm meine Mutter in den Arm und führte sie mit leichtem Schritt ins Wohnzimmer, wo sich die Flügeltür hinter ihnen schloss. Und ich lauschte in meinem Bett den Melodien, die durch die Wände drangen, und ihren Gesprächen, den Vorwürfen, ihren Sorgen und dem Gekicher, das irgendwann einsetzte, wenn Vater meine Mutter endlich auf seiner Seite hatte. Ich blieb so lange wach, bis sie ganz still waren und ich beruhigt einschlafen konnte.

Das Glockengeläut hatte aufgehört. Mutter und ich liefen die Kaiser-Friedrich-Straße hinunter. Kusch erschien in der Tür seines Kaufmannsladens, fuchtelte aufgeregt mit den Händen in der Luft und rief theatralisch:

»Guten Morgen, Frau Hoffmann! Wenn Sie wollen, lege ich Ihnen heute Nachmittag ein paar Sachen raus. Kläuschen kann sie ja dann abholen.«

Und meine Mutter erwiderte:

»Ja, ja, Herr Kusch. Ich schick Ihnen meinen Jungen runter. Guten Morgen!«

Alle in unserer Straße ließen bei Kusch anschreiben und zahlten am Ende der Woche. Wer einen besonderen Status bei Kusch hatte, am Ende des Monats. Es musste an meiner Mutter liegen, dass Kusch uns immer aushalf, wir zahlten am Ende des Monats.

Jeden zweiten Tag lief ich hinunter in den kleinen Laden, der alles hatte, was wir zum täglichen Leben brauchten. Ich machte mir ein Spiel daraus, mir die Dinge zu merken, die mir Mutter aufgetragen hatte:

»Einen Liter Milch in der Kanne und zweihundert Gramm Butter, hundert Gramm Cervelatwurst in Scheiben und Teewurst und Leberwurst und ein ganzes Brot und und« – den Rest hatte ich schon vergessen, wenn ich im Laden stand. Kusch schickte mich jedes Mal wieder hinauf. Ich nahm die zwei Treppen wie im Flug und schrie schon in die Tür:

»Mutti, ich habe wieder alles vergessen!«

»Du wirst noch mal deinen Kopf vergessen.«

Und dann zählte sie mir die Dinge noch einmal auf. Da war ich schon wieder raus und jagte in großen Sprüngen die Stufen hinunter, und wenn ich Glück hatte, war diesmal alles so, wie es sein sollte, und ich hatte nichts vergessen und traf mit meinem ersten auswendig gelernten Text beim Kaufmann ein.

Ein paar Frühaufsteher kamen aus den Häusern und liefen vor uns die Straße hinunter. Dunkle, mir fremde Gestalten, mit vermummten Gesichtern in langen Mänteln und dicken Jacken. Sie hetzten zur Arbeit. Der Herbst hatte begonnen, und bald würde es nötig sein, Tag und Nacht zu heizen. Das hieß für mich, jeden Sonnabend Briketts aus dem Keller heraufzuholen und in der Kammer zu stapeln, was ich an sich gerne tat. Nur der Keller machte mir Angst, weil ich mit einer Kerze bewaffnet ganz allein durch die dunklen Gänge gehen und auf die Ratten achten musste, die sich dort herumtrieben. Es hieß, sie würden sich von der Decke lösen und einem in den Nacken springen, sich dort verbeißen.

Mutter zog mich weiter, mir fielen immer wieder die Augen zu. Der Kaufmann an der Ecke Lohmeyer hatte bestimmt schon auf. Bei ihm kauften wir jeden Morgen einen Maggiwürfel, den mir die Tanten im Hort in einer Tasse kochendem Wasser auflösten. Um sieben Uhr würden die ersten Leute kommen, um frische Milch zu holen und frisches Brot, das der Kaufmann vom Bäcker ein paar Häuser weiter bezog. Sie würden große Milchkannen mitbringen, in die zwei Liter hineinpassten, und das Klappern der Kannen würde über die ganze Straße hallen. Ich dachte an die Aufgaben, die am Nachmittag für mich anfielen. Wenn ich aus dem Hort zurückkam, stand unsere Kanne schon im Laden, ich musste sie nur noch mit nach oben nehmen. Ich achtete darauf, dass ich nichts von der Milch verschüttete, sonst erzählte Kusch meiner Mutter davon oder den Nachbarn, die es ihr dann weitererzählten. Ich mochte den Kaufmann nicht.

Die Tratscherei in den Hauseingängen und vor den Geschäften war ein fester Bestandteil unserer Straße. Alle Nachbarn tratschten untereinander und mit den Ladenbesitzern, dem Kaufmann oder der kleinen buckligen Frau aus der Parfümerie nebenan, dem alten Herrn Krause aus dem Radiogeschäft, den dicken Frauen in der Wäscherei, wo Mutter und ich unsere Bettwäsche mangelten, und dem Frisör, bei dem ich einmal mit Vater war.

Sie sprachen auch über meinen Vater. Dass Herr Hoffmann todkrank sei. Dass Mutter sich so wenig auf ihn verlassen könne. Dass die Frau doch für Zwölfe schaffe, während ihr Mann im teuren Anzug zum Finanzamt ginge und man nicht sicher sei, ob er überhaupt dort ankäme. Aber sobald ich auftauchte, verstummten sie und sahen mich vielsagend an. Mit der Zeit wurde ich für diese Dinge hellhörig. Mein Vater stand in meinem Schutz. Egal, was er versäumte oder anstellte, ich hielt zu ihm. Keiner sollte schlecht über ihn reden.

Ich entwickelte eine innere Stimme, die mich vor falschen Tönen unter den Leuten warnte, mir signalisierte, was echt und was unecht war. Es war eine reine Intuition, der ich unbewusst folgte. Auch meine Kumpels aus Schule und Hort hatten eine solche Antenne, mehr oder weniger. Es gab eine innere moralische Uhr, nach der wir alle tickten. Beim Spiel auf den Höfen konnten wir einander einschätzen, wer zu einem stand, wer falschspielte, wer Anführer sein sollte oder sich immer nur unterordnete. Wir waren kleine Detektive im Beurteilen von Zusammenhängen, und es dauerte lange, ehe wir uns auf einen einließen, den wir nicht kannten. Diese antrainierte Skepsis half uns später, besser durchzukommen.

Meine Kumpels kamen aus Familien, in denen ein Elternteil fehlte. Die Familien unserer Nachbarschaft waren beschädigt wie der Asphalt unserer Straße. Fast alles, was an die Kriegszeit erinnern sollte, war verschwunden, aber der Putz war noch genauso zerlöchert wie an dem Tag, als die Alliierten in Berlin einzogen. So waren auch wir, die Kinder aus der Nachbarschaft, alle irgendwie innerlich zerlöchert, alle mit den Geschichten unserer Eltern unterwegs.

Es war die Nachkriegszeit, und die Leute hatten wenig Geld. Die Häuser waren nicht restauriert, der Putz bröckelte überall von den Mauern, die Türen zeigten Risse und Narben und ein zerlöchertes Mietshaus grenzte an das andere. Alle Häuser in unserem Block stammten aus der Jahrhundertwende, und im Eingangsflur war es sogar im Sommer kalt und unheimlich. In jedem Winkel lauerte die böse Kriegsvergangenheit, die doch vorbei sein sollte, aber bei keinem Nachbarn vergessen war. Nur sprach niemand darüber.

Der legendäre Berliner Mief und Ruß der späten Kriegsjahre steckte in jeder Ritze, im Linoleum der Treppenaufgänge, im Holz der alten Möbel und Garnituren, die in jeder Wohnung standen. Unauslöschlich schien er mir, man musste damit leben, wie meine Leute mit dieser Vergangenheit leben mussten, und jeder tat es auf seine Weise, die meisten verdrängten, was sie Fürchterliches erlebt und gesehen hatten.

Ich habe später diese Atmosphäre in meine Lieder und Geschichten hinübergerettet, als wäre sie ein immerwährender Text, der mich ein Leben lang begleiten sollte. Wie eine Melodie, die man nicht vergisst. Sie gehört zu mir. Alle Geschichtenerzähler, die ich später bewunderte, von Mark Twain bis Charles Dickens, von den Sängern ganz und gar Paul Simon oder Bruce Springsteen, Bob Dylan und Jacques Brel, die Knef und, und ... sie alle nahmen ihre eigene Geschichte mit. Es sind Fingerabdrücke, Fußspuren. Vielleicht etwas, das nicht erklärt werden muss. Der Ton einer einzelnen Geige, der aus der Vergangenheit kommt, egal, wie heiter oder traurig. Etwas, das nicht auszulöschen ist.

Von unserem Balkon im zweiten Stock hatte ich einen prächtigen Ausblick über die gesamte Straße und ihre Häuser. Und wenn ich nach links zur Otto-Suhr-Allee guckte, brauchte ich nur noch in Gedanken um die Ecke zu laufen, und da war es, das Glück: das Schloss Charlottenburg, mit dem ihn umgebenden Schlosspark. Er war meine Tür zu einer anderen Welt. Mit sorgfältig angelegten Wegen, Wiesen, Hügeln und Inseln und mit unzähligen uralten Linden und Eichen und Kastanien.

Kaiser-Friedrich-Str. 3 A
© privat

Sobald der erste Schnee kam, zog ich in den Schlosspark. Stundenlang klebte ich auf dem viel zu großen Schlitten, der einmal meinem Vater gehört hatte, wo ein Holm fehlte, auf dem drei Kinder Platz fanden, den ich aber immer alleine fuhr. Mit tropfender Nase und geballter Zuversicht rodelte ich einen Idiotenhügel hinunter, am Ende des Parks, wo die Bahngleise angrenzen, und lief erst bei Einbruch der Dunkelheit zurück. Allein, immer allein, aber glücklich, unbeschadet nach Hause zu kommen, mit diesen Erfahrungen und voller Geschichten, Melodien und Filme im Kopf.

Es war mein Park, hier kannte ich mich aus, hier war ich frei von allen Sorgen und Nöten. An jedem Baum hinterließ ich meine Spuren, lief wie ein Hund durch die Sträucher und Farne. Sobald der Frühling anbrach, rannte ich über die vertrauten Wege. Alles gehörte hier zu mir. Die Hecken und Sträucher, der Entensee, die Wege und Buchsbäumchen, das wilde Gras und die Steine und Krähen und Spatzen und anderen Viecher.

Je älter ich wurde, desto schöner wurde der Park. Meine Leute und die vielen anderen Überlebenden hatten es geschafft, in die malträtierte Erde das Grün zu säen und die Wege vom Kriegsschutt zu befreien, hatten aus diesem Rost der Kummerzeit etwas Neues, Fruchtbares gemacht. Mir wurde erst sehr viel später bewusst, wie viel Überlebenswillen in meinen Leuten gesteckt haben musste, wie viel Kraft und positives Denken.

Von Anfang an ahnte ich diese Kraft, die wirklich ein Leben verändern kann. Ich guckte sie mir von der Straße ab. Von den Nachbarn, von ihren sorgenvollen Gesichtern, von der Eifrigkeit, mit der sie in den Tag eilten, um etwas Wesentliches zu unternehmen. Ich stahl sie mir unbewusst aus ihren Gesprächen und den Filmen, die ich sonntags im Kino sah. Mutter war es, die mir wortlos vermittelte, dass man etwas aus seinem Leben machen musste, dass die Zweifel sowieso kämen und das Leben hart sein würde. Dass man, wie wir, nichts wegzuwerfen hatte, kein Brot, keine Klamotten, keinen Pfennig. Und dass jeder Tag eine Menge Mühsal mit sich brachte.

»Wo nichts ist, musst du es dir bauen, musst es selber schaffen.«

Vielleicht hat Vater das einmal gesagt. Vielleicht bei einem Kinobesuch, oder ich las es im sehnsüchtigen Blick meiner Mutter, wenn sie zusammensaßen. Ich entnahm es den von ihr geliebten Liedern. Einmal die Woche, immer abends zur gleichen Zeit, setzte sich Mutter vor die Musiktruhe, schlug die Beine übereinander, rauchte nervös eine Zigarette, lackierte sich dabei die Nägel und hörte die Schlager der Woche. Wir waren die Ersten in unserem Haus, die eine Musiktruhe mit Wechselplattenspieler und Radio gekauft hatten. Auf Pump natürlich, aber sie war lebensnotwendig für uns.

Es waren Schlager, einfach gestrickte Lieder, die von der Sehnsucht nach fernen Ländern handelten. Nach Italien, Griechenland, Spanien, wo die Sonne endlos schien, wo es das Meer gab und Sänger, die von Liebe sangen.

Mutter liebte ihre Musiktruhe. Oft donnerten italienische Opernballaden durch unsere Wohnung, wie der Gefangenenchor aus »Nabucco« oder eine Arie aus »Aida«. Wenn Vater mit seiner Geige in der Küche übte, stellte Mutter das Radio an. Sie trugen regelrechte Wettkämpfe aus, Vater mit seiner Geige und Mutter mit ihrer Musiktruhe. Sonntagmorgens erklangen die Chöre, einmal in der Woche lud Fred Bertelmann zum Tango ein, und zwischendurch war das traurige Gewimmer einer einzelnen Geige zu hören.

Ein paar Schritte noch, und der Tag sollte beginnen. Sobald wir in die Nithackstraße einbogen, an deren Ende die Eosander-Grundschule und der dazugehörige Hort warteten, war ich hellwach. Ich ging gerne dorthin. Ich war immer der Erste im Hort. Wenn Mutter mich gegen sechs Uhr dreißig bei den Tanten abgeliefert hatte, blieb ich mit Frau Kriewitz allein, bis die anderen Kinder eintrudelten.

Frau Kriewitz war älter als die anderen Erzieherinnen, sehr klug, sie förderte meine Talente, glaubte an meine Begabungen und formte meine Begeisterung für alles Spiel, das nicht zu sehen ist. Sie war sehr resolut, eine Dame in langen Röcken und mit einem

Dutt, nicht üblich für diese Zeit. Sie animierte uns zu malen und zu werkeln. Vor den Festtagen bastelten alle Kinder etwas für ihre Eltern, stellten Mosaike zusammen, Windspiele, bemalten Glas und formten Männchen aus Knete und Kastanien.

Sie erfand die Maskentage, die Faschings- und Lampionnachmittage, wo sich alle zu verkleiden hatten, und ließ uns kleine Szenen auf einer eigens von ihr dafür eingerichteten Bühne improvisieren. Ich war ihr Lieblingskind, aber sie zog mich den anderen Kindern nie vor. Im Gegenteil, wenn es eine Überraschung gab, und die gab es immer in den Tagen vor Weihnachten, dann wurde ich in die letzte Reihe geschickt und musste den anderen den Vortritt lassen. Ich verstand es nicht und heulte innerlich.

Waren genug Kinder zusammen, rückte mir Frau Kriewitz einen Stuhl vor das Fenster, das auf den Schulhof hinausging. Und ich stellte mich auf den Stuhl, machte ein paar theatralische Gesten, und dann ging es los. Jeden Morgen aufs Neue. Ich erzählte den Kindern alle Filme, die ich gesehen hatte, von Fuzzy St. Jones und dem weißen und schwarzen Reiter. Ich entwickelte eine Welt, die es nicht gab. An den staunenden, mehr oder weniger entzückten Gesichtern merkte ich blitzschnell, was wichtig an einer Geschichte sein musste. Ich erfand einfach etwas, obwohl ich es nie gelernt hatte und mir auch bei keinem Kind meiner Umgebung abgeschaut haben konnte. Ich sprang innerlich über Zäune, meisterte Hürden und Gefahren, baute kleine, aus dem Stand erfundene Szenen ein und jonglierte mit meinen Worten.

»Sie können mich doch nicht in den Arm nehmen?!«

»Doch, gnädiges Fräulein, das tu ich einfach.«

Und raus aus der Kutsche und rauf auf den Sattel und weg und hopp und auf die Verfolger geschossen und den Hügel hinauf und, und, und. Es war eine Art Kopfkino, das ich mir erfunden hatte und meinem Publikum jeden Morgen vorführte, und die Tanten dankten es mir.

Ich weiß nicht, ob meine Kameraden wirklich so beeindruckt davon waren, wie ich es von mir selbst war. Auf jeden Fall imponierte ich meinen Kumpels, die morgens müde und verschlossen auf den Stühlen klebten, wenn ich mich wach in Rage spielte. Je tiefer ich mich auf die Geschichte einließ, umso mehr sprudelte aus mir heraus. Ich machte ihnen einfach vor, was ich innerlich sah, was ich von meinen Leuten abgeguckt hatte. Ich kopierte meinen Vater.

Mein Vater war die Insel meines Herzens, von der ich mein Leben lang träumen sollte. Alles hatte ich ihm abgeguckt. Wenn er die Geige spielte oder Mutter zum Tanz aufforderte. Alles liebte ich an ihm. Seine Aktentasche, den weiten Ledermantel, den Hut, die gestärkten Hemdkragen, seine Armbanduhr, die ich Jahre später auf dem Dach eines Citroëns irgendwo in Südfrankreich ablegte und im Fahrtwind verlor. Seinen Füllfederhalter, die Tintenfässchen, die großen Kontobücher.

Er war besonders, mich faszinierte sein Spiel. Wie er von einem Augenblick auf den anderen sein Gesicht wechseln konnte, im Kreis der Freunde, beim Wein, bei ihren gemeinsamen Treffen im Osten. Da war mein Vater der große Zauberer. Nicht der traurige Koloss, der stumm vor seinen Zahlen saß und mit Mutter stritt. Er war anders als die anderen, seine Geschichten zogen alle in ihren Bann. Selbst mich, obwohl ich sie nicht verstand.

Dieses Erschaffen aus dem Nichts war es, was mich faszinierte. Einfach etwas aus dem Hut zaubern, das keiner für möglich hält. Eine Geschichte, einen Wunsch, einen verrückten Traum oder irgendeinen Quatsch erzählen, Szenen, die ich sonntags im Kino gesehen hatte, mit meinem eigenen Film verbinden. Und das so lange durcheinanderzuwirbeln, bis ich nicht mehr wusste, was zu wem gehörte. Nur spinnen, nur träumen, mit offenen Augen. Ich hatte das drauf, von Anfang an. Ich war einer, der Mätzchen machen und sich seine eigene kleine Welt aus der Phantasie heraus erschaffen konnte.

Es war bei Oma Neumann, Vaters Lehrerin, einer alten Dame, die mit ihrem Mann und einer übriggebliebenen Tochter in einer Seitenstraße irgendwo in Ostberlin wohnte. Ich erinnere mich an einen Sonntag, der alles in mir veränderte. Ich muss fünf oder

*Oma und Opa
Neumann*
© privat

sechs gewesen sein. Vater war aufgekratzt, und der Nachmittag versprach Geselligkeit und fröhliche Stunden. Mutter trug ein schönes Frühlingskleid und Vater seinen immer gleichen Anzug mit fein gebundener Krawatte und Übermantel. Wir fuhren am Bahnhof Friedrichstraße hinüber.

Der Geruch von Eisen und Rost auf der staubigen Straße, die Gaslaternen aus der Gründerzeit, die nachts ihr mildes gelbes Licht aufs Kopfsteinpflaster warfen, das unverputzte Haus, die Einschusslöcher in der Fassade, der muffige Flur, das dunkle Treppenhaus mit den kleinen Fenstern und den Toiletten auf halber Stiege – all das kannte ich auch aus dem Westen. Doch die kleine, mit Stühlen, Tischen und Vitrinen aus der Kaiserzeit vollgestopfte Dreizimmerwohnung war für mich eine andere Welt.

Oma Neumann residierte an einem langen, mit Deckchen verzierten Tisch, inmitten ihrer Freunde, Verwandten und ehemaligen Schüler. Ich kannte keinen von ihnen. Der Duft von Kaffee, warmem Pflaumenkuchen und süßem Likör, der Zigarrenrauch, das feine Porzellan, die schön geschliffenen alten Gläser, die silbernen Bestecke und bestickten Servietten, dazu das Gemurmel und Lachen der Gesellschaft, die sich an diesen Nachmittagsgelagen erfreute, nahmen mich völlig ein. Ich klebte an Mutters Seite, die mich an sich drückte, während alle lachten, schwatzten und manchmal auch sangen.

45

»Lass den Jungen mal los, Waldtraud«, sagte Oma Neumann zu meiner Mutter, und zu mir: »Geh mal, nimm dir, was du willst!«

In der Ecke am Fenster stand ein Tretharmonium. Irgendwer musste mir die Funktion der Heimorgel erklärt haben, denn an diesem Nachmittag schaffte ich es, mit den Füßen an die Tretschemel heranzukommen und mit meinen Fingern ein paar Tasten anzuschlagen. Es war reiner Zufall, dass ich etwas traf, das wie Musik klang. Als ich den ersten Akkord fand, war es ein goldener Moment. Ich hatte aus purer Entdeckerlust den traurigsten Akkord erwischt, der mich ein Leben lang begleitet hat. Ich erinnere mich genau, es war a-Moll. Jedenfalls sorgte mein simples Spiel für Aufruhr, und nach der Stille kamen der Applaus und dann die Bemerkungen und das Lachen meiner Leute, als hätte ich das Helium erfunden.

»Er ist ein Herrschaftskind.«

Von diesem Tag an war ich der geschätzte Sohn meines allseits bewunderten Vaters.

Fuhren wir in den Garten von Oma und Opa Neumann, dann schnappte ich mir die Kaiserfahne, die Opa Neumann unterm Bett versteckt hielt, und zog, sie schwingend, damit durch den Garten. Ich sammelte Preiselbeeren und Stachelbeeren und schnupperte dabei wie ein Hund die Gerüche der Natur. Und ich liebte es, mich zu verkleiden. Wenn keiner damit rechnete, erschien ich wie aus einem anderen Jahrhundert gefallen: ein kleiner schmucker Prinz mit Gehrock, Zylinder und Silberstöckchen, einem Schnurrbart aus Ruß und rot gefärbten Wangen. Ich erfand sofort ein Spiel, irgendetwas hatte ich von ihnen aufgeschnappt, und damit jonglierte ich mich durch einen harmlosen Sketch, den sie alle beklatschten.

Auch in Kaulsdorf waren wir eine glückliche Familie. Wenn wir an den Wochenenden zu Onkel Rolf und Tante Ilschen, ihrer Tochter Bärbel und Rolfs Mutter, Tante Mimchen, fuhren, dann vergaßen meine Eltern die täglichen Sorgen. Hatten wir die Zonengrenze passiert, atmeten wir auf, und rumpelte die Bahn in

Kaulsdorf ein, legte sich Harmonie auf ihre Gesichter. Ich konnte es gar nicht erwarten. Dort angekommen, schnappte ich mir meine Eltern, und wir rannten ausgelassen wie Kinder, Hand in Hand, vom S-Bahnhof bis zu dem kleinen Haus, das in einer abgelegenen Seitenstraße lag. Vater machte mit und summte ein schlüpfriges Lied, und Mutters Gesicht war so entspannt, wie ich es an keinem Tag in der Woche sah. Kaulsdorf, eine Stunde mit der S-Bahn von der Friedrichstraße entfernt, war unsere Landflucht.

Bei unseren Verwandten in Kaulsdorf gab es nur Sonnentage für mich, auch wenn es mal regnete. Die kleinen Wochenendhäuser hatten die Leute zu ihren Hauptwohnsitzen umgebaut. Jeder, so gut er das Material beschaffen konnte, mit sorgsam gepflegten Vorgärten und einer dazugehörigen Sickergrube. Und Stachelbeersträuchern neben dem Eingangstor und Johannisbeeren und Apfelbäumen und Pflaumen. Aus dem Obst machten sie Wein. Wenn dann die Abschmeckzeit gekommen war, wurde es besonders lustig. Die riesigen Gallonen erfreuten sich bei unserer Familie großer Beliebtheit.

Im Grunde ging es um Essen, Trinken und Vergessen und wenig um Politik. Obwohl sie von der Mauer ahnten, obwohl sie Westfernsehen guckten, obwohl der Nachbar bei der Staatssicherheit war. Stundenlang saßen sie am großen Esstisch im Wohnzimmer und aßen und sangen und lachten.

Auch wenn die Völlerei für Vater Gift war, es kümmerte ihn nicht. Für Stunden frei zu sein, dem Finanzamt zu entfliehen, bedeutete für meinen Vater alles, und da meine Mutter mit Ilschen abgelenkt war, waren alle glücklich. Ilschen und Mutter verstanden sich prächtig. Die Rollenverteilung war klar, Rolf war der Gesprächsführer. Wenn er von seinem Job erzählte, spielte Vater die zweite Geige. Mein Onkel war ein wortgewandter, cleverer Versicherungsvertreter, konnte sehr gut formulieren und hatte immer einen Witz parat. Die Frauen mochten Rolf, und mein Vater bewunderte ihn für seine Fähigkeit, den Frauen zu gefallen.

Mutter und Ilschen schwärmten vom Schuchteln, so nannten die Altberliner das heutige Shoppengehen am Ku'damm. Überhaupt drehten sich ihre Gespräche immer um Glanz und Opulenz des Kurfürstendamms. Und die bunten Geschäfte und das KaDeWe. Rolf erzählte von seinen Kunden im Westen, Vater hörte meistens nur zu, und Mutter war heiter und ausgelassen und für ein paar Stunden von meinem Vater abgelenkt.

Während sie bei Tisch saßen, lief ich zum nahegelegenen Weiher und spielte mit meinen Geschichten. Ich rannte wie aufgezogen in den angrenzenden Wiesen und Feldern umher, watete in dem kleinen Tümpel, der am Ende der Straße lag, und sprach vor mich hin, kämpfte gegen Phantome, focht mit dem Stecken Schlachten aus und vergaß Zeit und Raum.

»Nimm die Hände hoch!«

»Stell dich an die Wand!«

»Ich vergebe dir, aber pass auf, Früchtchen!«

Meine Feinde bekamen Namen: Prinz Gurgo und Ritter Hohenburg. Jack, der kumpelhafte Cowboy, der mir zur Seite war, oder Mätzchen, wenn ich mich selbst meinte. Mätzchen, mein Hortname, mein gehasster Hortname. Einer, der Mätzchen macht. Ich wehrte mich nie, wenn sie mich so riefen, aber ich mochte meinen Spitznamen nicht.

Hier war ich sicher, hier konnte mich keine Macht der Welt mahnen, maßregeln oder einfangen. Die Mittagssonne und meine Freiheit in den Wiesen und Feldern, der Geruch der Straße, der Staub, der Rost und der klebrige Teer, wenn die Temperaturen bis dreißig Grad anstiegen. Es sind die Bilder und Gerüche aus der Landschaft rings um Kaulsdorf, die mich bis heute genährt haben.

Unsere Sonntage im Osten vergingen wie im Traum. Als Vater noch lebte, als er noch fröhlich war, gaben sie Mutter und mir Kraft und Lachen für die ganze Woche. Nie wollte ich von da wieder weg. Nie mehr zurück in unsere Charlottenburger Wohnung, bloß nicht durch die Nacht fahren müssen mit der grausigen, leeren S- und U-Bahn. Immer sollte alles so bleiben, wie es an diesen Wochenenden war. Mit Vater und Mutter an der Hand. Ich hätte alles dafür getan, wenn sie nur glücklich miteinander waren.

Vater starb 1961, im selben Jahr, in dem sie die Mauer bauten. Ein verteufeltes Jahr. Als hinge es zusammen. Sein Gesundheitszustand hatte sich immer mehr verschlechtert, und kurz vor Weihnachten 1959 musste er ins Krankenhaus. An diesem Tag wusste ich, er kommt nicht mehr wieder. Sie hatten ihn mit einem Krankenwagen abgeholt, und Mutter war mitgefahren. Oma Müller redete mit mir. Mutter versuchte, alles von mir fernzuhalten, und ich stellte keine Fragen.

Über Monate schickten ihn die Ärzte von Klinik zu Klinik. Verwendeten neue Medikamente, um seinen Zuckerspiegel zu senken, probierten Elektroschocks an ihm aus. Wir folgten ihm, und ich begann die Krankenhäuser und Ärzte zu hassen. Die langen Gänge und die weißen Kittel und Laken und die Ausdünstungen von Urin, zu lang gekochtem Kohl, Medizin und Tod, die in jedem Zimmer hingen.

Irgendwann vor Weihnachten 1960 kam Vater völlig unerwartet in den Hort. Sie hatten ihm für ein paar Tage freigegeben, und er überraschte uns als Nikolaus. Alle Kinder waren ganz aus dem Häuschen. Er trug einen weiten roten Umhang und als Kopfbedeckung eine Kaffeemütze. Er hatte sich einen langen Bart angeklebt, und in der rechten Hand hielt er einen gedrechselten Stock.

Ich stand als Knecht Ruprecht verkleidet an seiner Seite auf der kleinen Bühne, die Frau Kriewitz extra dafür eingerichtet hatte, und schaute zu ihm auf. Alle Kinder des Horts waren an dem Tag

Weihnachts-
feier im Hort
mit Vater als
Nikolaus
© *privat*

49

versammelt und kamen aus dem Staunen nicht mehr heraus. Es sollte das Foto meines Lebens sein, der große Papa und sein Zauberlehrling.

»Was staunst du so, Ruprecht?«

»Ich bin doch dein Knecht.«

»Dann hol mir die Geschenke. Pack sie aus und verteile sie an diejenigen, die immer brav und fleißig und lieb zu ihren Eltern waren.«

An einem Tag nach Weihnachten soll er im Zuckerschock aus dem Fenster gesprungen sein und sich dabei den Rücken angebrochen haben. Ich konnte nie Genaueres darüber erfahren und malte mir lange Zeit Schreckliches aus. Seine letzte Station war ein katholisches Hospiz, bei sehr liebevollen Schwestern, die ihn in die Nacht begleiteten.

An jenem Morgen, als sie im Hort anriefen, ich solle sofort nach Hause kommen, wusste ich mit traumwandlerischer Sicherheit, dass mein Vater gerade gestorben war. Ich nahm meine Schultasche und ging langsam einmal um unseren Block. Ich verstand, dass ab jetzt alles anders für mich werden sollte. Und so kam es dann auch.

Ich weiß bis heute nicht, wie mein Vater wirklich gestorben ist. Ich wollte es herausfinden, ließ es aber immer wieder sein. Herzversagen soll auf dem Totenschein gestanden haben. Ich quälte mich durch Wahrheiten, die zu Lügen wurden, durch Fakten, die keine waren, durch Fragen, die ich mir selber stellte, ein Leben lang. Wollte er weg von uns? Türmte er, um frei von uns zu sein? Vor Mutter, vor mir, vor seiner eigenen Courage?

Ich war zehn, als mein Vater starb, aber im Grunde begann sein Sterben schon viel früher. Der Tod war immer anwesend, sogar wenn wir bei fremden Leuten waren, was selten vorkam. Ich beobachtete ihn. Sooft ich konnte, war ich in seiner Nähe. Ich guckte ihm zu, wenn er seine Medizin nahm, wenn er den Kasten mit den Spritzen öffnete, einen Gürtel um den Arm band, sah Mutters besorgten Blick, wenn sie ihm dabei half, und versuchte zu verstehen, was sie tuschelten. Ich spürte immer etwas von der Zeit, die vergeht, so klein ich auch war. Die Gewissheit, dass die Welt auseinanderfällt und nichts für immer ist, wenn der Vater das Haus verlässt, um nach einer Stunde wiederzukommen, weil er seinen Weg nicht mehr gefunden hat. Als er gestorben war, blieben mir seine Träume und ein paar Erinnerungen an wunderbare Radfahrten auf seinem blauen Herrenfahrrad kreuz und quer durch Charlottenburg. Und an den einsamen Klang seiner Geige.

Er hatte an der rechten Hand nur vier Finger. Obwohl er damit Wunder vollbringen konnte, locker den Geigenbogen hielt und die Finger seiner anderen Hand geschmeidig über die Saiten flitzen ließ, trage ich dieses Bild, die Behinderung, seine Verletzung zeitlebens mit mir.

Erst sehr viel später verstand ich den Reichtum seiner Musik und sein Erbe an mich. Er spielte Bach und Chopin und Mozart, ja alle großen Komponisten, nichts war ihm zu schwer, das jedenfalls baute ich mir in meinem kindlichen Schatz der Erinnerungen auf. Die Partituren hatte er zwischen grünen Pappdeckeln verwahrt, sorgfältig zu Stapeln gebunden und in der Kammer in Kisten gelagert. Ich verbrachte dort Stunden, stöberte in den Noten herum, versuchte, seine Anweisungen zu Tempi und Bogenstrichen zu entziffern, die er in penibler altdeutscher Schrift an den Rändern notiert hatte, obwohl ich nichts davon verstand. Ich suchte Vaters Fingerabdrücke, wollte Spuren finden, die zu ihm führten.

Nach seinem Tod warf ich die Partituren weg, und seine Geige verkaufte ich an einen Trödler, als wäre sie das Gift, das ihn umgebracht hatte. Ich bekam 200 Mark dafür, eine riesige Summe, und ich dachte, ich sei reich. Ich wollte etwas von ihm besitzen, mit dem ich neu beginnen konnte, und mit seiner Geige konnte ich nicht leben.

Ich habe es später sehr bereut. Ich weiß nicht, was in mich gefahren war, vielleicht wollte ich die Dinge loswerden, die mich an ihn erinnerten. Er war weg, von einem Tag auf den anderen war er verschwunden. Keiner meiner Leute hatte es mir erklärt. Keiner hatte mir gesagt, wohin Vater gegangen war. Wo war Vater jetzt? Würde er wiederkommen? Oder war er für immer fort?

Vater
© *privat*

Die Stille nach seinem Tod ertrug ich nicht. Ich gewöhnte mich daran, sie zu füllen, mit seiner Stimme, seinem Lachen, seinem Gesicht – und mit Musik. Oft wusste ich nicht, woher eine Melodie kam, und sicher spann ich mir viel Ungereimtes zurecht. Fetzen aus Klängen und Zufälligkeiten. Bilder, die ich nicht verstand. Es klingt paradox, aber ich baute mir in meinem Innern aus dieser Lücke etwas auf, eine Art Niemandsland, und wo er mir fehlte, schuf ich mir so eine eigene Welt. Es geschah von ganz allein, ich konnte gar nichts dagegen tun.

Dachte ich tagsüber an Vater, sein Gesicht, seinen Anzug, die Krawatte, die Schuhe, die Mappe, mit der er ins Finanzamt ging, die Thermoskanne, seinen Füller, seine Uhr, dann fühlte ich mich schlecht. Dann brauchte ich meine Filme und Bücher, die Geschichten, Phantasiegestalten, Ritter, Cowboys und Siegertypen, um mich abzulenken. Das Bedürfnis danach war tiefer als bei meinen Hortkameraden, ich war irgendwie anders als sie, lebte mehr in meiner eigenen Welt.

Ich verstand nicht, was in mir vorging, aber mit der Zeit gewöhnte ich mich an meine Gefühle. Ich erzählte niemandem davon, auch Mutter nicht. Wir lebten mit diesen Dingen, jeder auf seine Weise. Es war eine Art ungeschriebenes Gesetz. Alle waren so, man sprach nicht darüber, es musste ja irgendwie weitergehen.

Jahrelang schleppte ich die unbewusste Schuld mit mir herum, nicht genug an Vaters Seite gewesen zu sein, gerade in den letzten Jahren, wo er mich doch gebraucht hätte. Wo alle Welt ihn schon verlassen hatte. Die Ärzte, die Leute auf der Straße, seine Arbeitskollegen. Es war für mich völlig normal, mit ihm zu sprechen, ihn nach etwas zu fragen, ihm zu erzählen, was mich bedrückte und mir seine Antworten selbst zu geben. Vielleicht war das das Beste an seiner Abwesenheit.

Ich träumte selten von Vater, aber wenn, dann sah ich ihn als einen abgerissenen Bettler, der mir nachlief und immer wieder forderte, ich solle ihm etwas geben, etwas Einzigartiges, etwas, das nur ihm gehöre. Und ich lief jedes Mal vor ihm weg.

Mein Vater ist der Urgrund meines Herzens, meine Phantasie. Von dort kommt alles wie von selbst, meine Erfindungen, meine Bilder. Was ich mir geschaffen habe, speist sich aus diesem Quell. Ich brauche ihn nur anzuzapfen, dann bin ich nicht mehr allein.

Ein Leben lang versuche ich schon, seine Lücke zu schließen, es gelingt mir manchmal, meistens aber nicht. Am besten, man versucht es erst gar nicht, dann ist es gut, so wie es ist.

stille-music

Die neue CD »Das süße Leben« ist gestern auf Platz 34 in die Gesamtcharts eingestiegen. Wir haben es im Büro der stille-music am Kurfürstendamm gefeiert, nur Malene, Natalie und ich. Natalie Liverakos, die unsere stille-music verwaltet, könnte meine Tochter sein. Wir fieberten den Zahlen nach. Sie schreckte uns mit dem Chartseinstieg auf. Sie jaulte wie ein Hund, und ich verlor die erste Wette. Ich bin überglücklich und stolz auf das Ergebnis, aber auch vorsichtig. Immerhin ist es die 37. CD, die ich in die Welt hinausgebracht habe.

Das Telefon steht nicht mehr still. Heute früh rief Udo Lange an, den ich gestern Nacht wegen des Chartseinstiegs angesimst hatte. Ich kenne Udo, er ist scheu, will nicht nerven. Weiß um das Fieber, das sich einstellt, wenn eine CD in die Öffentlichkeit geht. Er hatte sich schon vor Tagen bei mir für das Booklet bedankt, das zu Pfingsten in Kladow entstanden war.

Malene hatte die Innenfotos geschossen, auf geblümter Wiese und mit weitem Blick. Ein gedeckter Tisch für die Band und dazu ein paar Stühle. Immer wieder Stühle. Die Pusteblumen hatten uns wie Hochzeitsgäste zur Wiesenernte begrüßt. Es war ein wunderbarer Frühlingstag, wie gemacht für »Das süße Leben«.

Und das fand Udo Lange heute früh am Telefon noch einmal ganz fabelhaft, und ich möge Malene dafür grüßen.

Ich mag Udo. Ich habe ihn immer gemocht. Nach Georg Baum, meinem ersten Vater und Mentor, der mich 1974 zur RCA Hamburg gelockt hatte, war es Udo Lange, der Direktor des Independentlabels Virgin in München, der meine Lieder mit in die Öffentlichkeit trug.

Richard Branson, der Ballonfahrer, hatte die Virgin München von Großbritannien aus lanciert, und Ende der Siebziger wurde sie von Udo und ein paar ambitionierten jungen Frauen offiziell gegründet. Sie mieteten eine Wohnung in Schwabing, kauften ein paar Ikea-Tische und -Stühle, stellten ein Team zusammen und begannen Musikgeschichte zu schreiben. Zumindest, was Deutschland betraf. Denn der Weltmarkt war den großen Firmen wie Warner, Polydor und EMI überlassen.

Als Georg Baum die RCA verlassen musste, da wackelte die Branche schon. Er ging aufrecht, in seinem Holzfällerhemd, und begann neu. Er gründete den berühmten Hamburger Plattenladen am Neuen Wall und verkaufte Platten, so wie er es immer gemacht hatte.

Ein Jahr später, 1985, flog ich bei der RCA Hamburg raus. Michael Anders, ein schmaler, freundlicher, immer gutgekleideter, mit allen Wassern gewaschener Plattenchef, der Georg ersetzte, versuchte noch, die Verkäufe hochzuziehen. Scheiterte dann aber auch an dem kommerziellen Druck und der Konkurrenz der anderen Firmen. Es kam zu viel aus Amerika, und es war zu wenig Eigenes aus deutschen Landen da. Michael konnte nicht mehr mithalten. Der Tag, an dem ich mit ihm in meinem ersten Lieblingsauto, einem zwölfzylindrigen Jaguar in British Green, saß, und er sagte:

»Geh einen anderen Weg, Klaus! Ich kann dir den Vertrag nicht verlängern. Du verkaufst zu wenig.«

Da kamen mir wirklich die Tränen.

»Versuch's doch, du kannst bestimmt was drehen. Mach es wie Georg!«

»Es geht nicht. Ich schmeiß auch bald hin.«

Er hatte es versucht. Immer wieder hatten mir Männer geholfen, meine Eigenart zu bewahren. Ob Georg Baum, Michael Anders oder auch der verrückte Leon Dean, der die beiden Baccara-Mädels aus Spanien nach Deutschland holte, die dann einen Hit mit meinem damaligen Arrangeur Rolf Soja landeten. Das Lied hieß »Yes Sir, I Can Boogie«, und Rolf hatte es in einer Viertelstunde auf dem Klo geschrieben. Keiner konnte mich davor schützen, wieder in diese andere Welt hinauszupurzeln, ohne die väterliche Hand.

Michael hat die RCA noch eine Weile geführt damals, mehr schlecht als recht. Dann übernahm Eckhart Gundel, ein cleverer Plattenmann, der sich auf Filmmusik spezialisierte. Ich traf ihn erst auf der Beerdigung von Georg, in der schönen lichtdurchfluteten Kirche im hohen Norden, die Georg so liebte, und danach immer wieder in Hamburg, meiner Stadt fürs große Fenster.

Michael Anders starb viel zu früh. Wie Vater. Wie Georg. Sie starben alle zu früh und hinterließen gerade noch ihren Fingerabdruck. Verrückte, verkehrte Welt.

»Du musst wissen, was du willst. Schlager oder Rock.«

Hatte Michael noch gesagt, dann fuhr ich ihn zum Flieger. Es war das letzte Mal, dass ich einen dermaßen freundlichen Rat von einem Geschäftsmann bekam. Ich habe ihn nicht befolgt, habe meine eigenen Lieder vorgezogen, eigenartig, deutsch. Etwas ängstlich und eben allein.

Nachdem mich kein großes Plattenlabel mehr wollte, irrte ich eine Zeitlang umher, bis ich in einer Musikzeitschrift von dem Ballonfahrer Branson und seinen verrückten Ideen las und mich wagemutig bei dem damaligen Independentlabel Virgin München bewarb. Ich folgte einfach der Eingebung, dass die Typen dort offen für Sänger wie mich wären.

An einem Frühlingsmorgen saß ich in einem kleinen Büro vor Michael Beck, dem zweiten Mann der Virgin, einem Großstadtindianer mit langen Haaren und kleinem Bauch, der mit mir durch mein Leben ging und echtes Interesse an meinen Liedern zeigte. Es war ihm egal, wie viele Platten ich nach dem RCA-Rausschmiss verkauft hatte.

»Was ist das Credo der Virgin?«

Mir fiel nichts Gescheites ein.

»Nichts ist unmöglich!«

Beck strich sich über die schulterlangen Haare, rückte sein Jackett zurecht und forderte mich auf, ihn auf einer Tour durch die Firma zu begleiten. Ich fühlte mich sofort zu Hause.

Udo Lange hatte es in den Achtzigern geschafft, mit ein paar ehrgeizigen Promotionfrauen aus diesem Label eine wirkliche Alternative zu den Majorfirmen zu machen. Innerhalb eines halben Jahres hatte er der Virgin enorme Umsätze beschert. Er hatte junge Bands wie Die Toten Hosen und nationale Künstler wie Nicki und Sandra gefördert und erfolgreich auf den Markt geschickt. Udo war ein eloquenter, gewitzter, durchtrainierter Kaufmann, der mich unterstützte und förderte, wie es Georg Baum in den Anfängen getan hatte, und der mein Floß werden sollte, nachdem Georg von den Amerikanern gefeuert worden war.

Ich habe mein Leben lang unwahrscheinliches Glück gehabt. Wo mir einer die Unterstützung entzog, tat sich etwas Neues für mich auf. Ich musste nur diese Zwischenzeit aushalten, was mir am schwersten fiel. In allen Übergängen erlebte ich mich zutiefst verunsichert, vaterlos und auf mich selbst zurückgeworfen. Die besten Lieder entstanden in dieser unsicheren Zeit.

»Was fang ich an in dieser Stadt?«

»Was bleibt?«

Schon als Kind fehlte mir dieses Grundvertrauen, um das ich Sänger wie Herbert Grönemeyer und Reinhard Mey beneidete. Ein Vatervertrauen, ein Selbstvertrauen, das mir bis heute fehlt. Ich musste es mühsam aufbauen und im Grunde wurde ich mir selbst später aus dieser Lücke heraus bewusst.

»Wenn dir etwas fehlt, musst du es dir selbst ersetzen.«

Sigi Schmidt-Joos, der berühmte und kluge Musikkritiker, der Erschaffer des Rock-Lexikons, der mich in Hamburg seit Ende der Siebziger erst streng, dann liebevoll begleiten sollte, hatte mir diesen Satz auf einer Autofahrt ins Ohr geraunt. Wir kamen aus Brandenburg und wollten nach Berlin, und er übergab mir feierlich diesen Zaubersatz. Es war eine legendäre Fahrt, nie hatte ich Sigi derart offen über sich selbst sprechen gehört. Später drehte ich ihn mir um: Wo nichts mehr geht, fängt alles an. Es war das alte Credo meiner Leute gewesen. Sigis Satz war besser, er funktioniert, wenn du selbst etwas tust und nicht auf Geschenke des Himmels wartest.

Ich wollte mir oft aus dem Wege gehen, um nicht neu beginnen zu müssen. Zum Glück gab es immer wieder Männer und Frauen in meinem Leben, die es besser wussten, die mich ein paar Meter an die Hand nahmen, und ich lief allein weiter. Vielleicht ist der Weg wahrhaftig das Ziel, wie sie in den Siebzigern sagten.

Denke ich an die erste Virgin-CD von 1987, die ich wie auf meiner ersten Platte nur mit meinem Namen versah – »Klaus Hoffmann« –, dann kommen mir dieselben Gefühle hoch: Ich war immer wieder der absolute Beginner.

Ich wollte klassisch sein, in meiner Musik und in jeglichem Ausdruck. So wie ich es bei den Franzosen und Hilde Knef gesehen hatte. Udo Lange ließ mich machen. Mein Gott war ich glücklich, völlig überwältigt von der Sicherheit und Gewissheit, bei der Virgin ein neues künstlerisches Zuhause gefunden zu haben. Endlich war da eine Company, die mich annahm, so wie ich war, mit Typen und Frauen, die mich und meine Musik wollten.

Wir saßen im Wohnraum unseres Hauses in Kladow, das Malene über eine Anzeige gefunden hatte, und Brigitte Dörner, meine Freundin aus den Anfangsjahren, weit vor der RCA, mit der ich unser eigenes Label stille-music aufgebaut hatte, ließ die Verträge kreisen. Udo hätte mich liebend gerne als zweiten Grönemeyer gesehen. Begriff aber schnell, dass ich eben kein Rock 'n' Roller war. Ich kam, wie Herbert, vom europäischen Lied, ein Rocker war ich nie. Ich sah mich eher französisch im Ausdruck. Theatralisch zwar, aber liedhaft und nicht in rockigen Posen.

Herbert mochte wie ich das französische Chanson. Ich finde, seine ersten Lieder lehnen sich Charles Aznavour an, auch wenn er das Chanson später verließ. Als ausgebildeter Pianist und Theatermusiker hatte er bei Peter Zadek alles mitgenommen, was er brauchte, um die Bühnenfigur Grönemeyer zu erfinden. Ich schätze ihn sehr, wie auch Elton John. Man kann sie beide vergleichen, sie kommen vom Klavier, von der Klassik, der Rest ist Ausdruck und Identität.

Alle Liedermacher waren und sind sich ähnlich, ob John Lennon oder Franz Schubert, aber wenn die Eigenart fehlt, was Bob Dylan immer mit seinen drei Akkorden meinte, dann gehst du unter in Beliebigkeit und musikalischer Völlerei. Lieber man selbst und unfertig sein, als ein anderer. Ich folgte immer dieser Spur, und Udo sah es ein.

Mit der RCA war das nicht mehr möglich gewesen. Nach der »Veränderungen«-LP fielen wir in den kommerziellen Keller. 100 000 hatte Georg noch in den Handel rausgestellt. Ich mochte das Album nie. Matthias Raue, der damals meine Lieder arrangierte, wollte Doobie-Brothers-Arrangements, ich wollte aber Chansons, wie sie die alten Herren in Frankreich machten. Im Vaudeville-Stil. Mit echter Klassik und einem Häppchen Jazz. Wir werkelten mit der damaligen Band, mit Stefan Warmuth am Kontrabass und Thomas Holm an den Drums und der Percussion und mit David Kreitner, einem Amerikaner, der als GI in Berlin hängengeblieben war. Er spielte wunderbar das Saxophon, hatte einen eigenen Willen, war literaturbegeistert, sah klasse aus, und ich steckte ihn für die Bühne in einen Anzug. Er sollte der Lockvogel für die Band sein. Später übernahm ich das und trat nie mehr ohne einen entsprechenden Anzug auf. David war die Brücke zu der musikalischen Qualität, die ich suchte. Als er wieder zurück in die Staaten ging, war ich sehr traurig.

Aber unsere Musik war Schrott. Die Bänder klangen wie Jazzrock, und ich hasste Jazzrock, gestand es mir aber nicht ein. Bevor ich aus der RCA flog, verkauften wir magere 50 000 Platten – eine Irrsinnszahl für den heutigen Markt. Ich war kommerziell gesehen im Souterrain, aber auch in meiner künstlerischen Entwicklung als Sänger und Schreiber in einem Zwischenland. So war es immer. Das Alte war noch nicht vorbei und das Neue noch nicht zu sehen. Mein ganzes Leben war von diesen Übergängen bestimmt. Als ich an einem dieser unsicheren Tage über den Kurfürstendamm lief und mein Cover bei Saturn in den Regalen stehen sah, wusste ich, dass wir die Stapel, die dort lagen, niemals verkaufen würden.

Bei der Virgin steigerten wir die Zahlen. Ich wurde kein Grönemeyer, sondern sang meine Lieder, und wir nannten sie Chansons.

Udo steckte viel Geld in die Werbung. In die endlosen Presse-
reisen, wo ich von Bielefeld bis Luxemburg in einem klapprigen
Ford an der Seite einer hübschen Promoterin namens Jane Smith
von Sendestation zu Sendestation fuhr und am Tag manchmal bis
zu fünfzig Interviews gab. Ich war unterwegs mit mir, meinen
Liedern, der Musik, die ich zögernd meinte. Und bemerkte meine
Veränderung nicht. Aber wir zogen die Umsätze hoch. Eine Platte
nach der anderen.

Als ich mit Udo Lange vor der riesigen Leinwand hinter dem
Hamburger Schauspielhaus stand, nachdem wir stundenlang durch
die Stadt geirrt waren, um sie zu finden, da war auch wieder so
eine Grenze erreicht. Es war die »Zeit zu leben«-CD. Udo hatte
die Plakatwand finanziert. Er hatte eine enorme Summe inves-
tiert, weil er daran glaubte. Ich mit einem Gaul an der Hand in der
roten Abendsonne auf einem hauswandgroßen Plakat.

»Dich erkennt keine Sau.«

»Da hast du recht. Aber es ist irre groß.«

»Ja, ist es. Könnte aber auch eine Zigarettenwerbung sein.«

»Ja, könnte, ist doch aber toll.«

»Ja, bloß erkennt dich keiner.«

»Aber eine Riesenwerbung.«

Da machten wir uns vor Lachen beinahe in die Hosen. Er hatte
die Großfläche für drei Wochen gemietet, hunderttausend Mark
für die Werbung verpulvert, aber mich erkannte niemand auf dem
Plakat. Wir ließen es hängen, wo es war, gingen auf der Reeperbahn bei einem kleinen Vietnamesen etwas essen, und er erzählte
mir von Abba und den Erfolgen seiner Firma.

Heute prophezeite mir Udo Lange telefonisch den weiteren Einbruch der Schallplattenindustrie und lobte meine Eigenständig-
keit und die Klassik und die zeitlosen Lieder.

Sich an den Zahlen zu messen, war immer Irrsinn. Wir verkauften meine Lieder nie in den hohen Positionen, aber immer noch
so gut, dass ich mich kaufmännisch stark fühlte. Reinhard Mey,

mit dem mich bis auf den heutigen Tag eine Freundschaft, auch mit seiner Frau Hella und den Kindern Max, Frederik und Luzie, verbindet, hat mich immer vor der Tücke der Zahlen gewarnt. Vor den eigenen Ansprüchen, den Vergleichen mit Sängern aus Kentucky oder Großbritannien. Was hatte ich mit Baumwollfeldern zu tun? Ich kam wie er aus Berlin, dazu noch aus Charlottenburg. Ich brauchte eine Zeit, das zu begreifen.

Ein eigenes Lied erfinden, den eigenen unverwechselbaren Ton treffen, seinen eigenen Weg gehen, unabhängig sein. Singen, nicht weil du es darfst, sondern weil du es musst, weil du eine Geschichte in dir trägst, die du unbedingt jemandem in drei Minuten erzählen willst. Deine eigene Welt kreieren, gegen den Strom, rebellisch, warm, kitschig, selbstverloren, zweifelnd, mit tausend Fragezeichen und unverblümt, meinetwegen auch altmodisch, mit einer verkratzten Stimme. Aber aus dir selbst heraus. Darum ging es.

Reinhard, den ich mit sechzehn in den Berliner Clubs kennenlernte, der mein Freund wurde, der immer plötzlich da ist, wenn mir der Vater fehlt, Reinhard ist ein Himmelsgeschenk. Er hat mich stets vom Rockzirkus weg- und zu mir selbst geschubst und war feinsinnig genug, es nicht mit der Keule zu machen. Auch wenn wir nicht immer gleicher Meinung sind, was die Ausführung oder auch die Tiefe eines Liedes angeht, da ist er viel versöhnlicher, und ich krabbele gerne in den Brunnen – wir haben es mit weiblichem Instinkt und männlicher Solidarität ausgetragen. Hella ist ein Geschenk, wie Reinhard. Ich habe Glück gehabt, Freunde unter meinen Kollegen zu finden. Gott war großzügig zu mir.

Heute Morgen mailte mir Reinhard, sie hätten »Das süße Leben« gehört, Wort für Wort, und Hella und er hätten die Lieder für Lebensmittel befunden. Ich habe Vertrauen zu ihnen. Lob ist schön, aber es geht um mehr. Ums Gesehenwerden. Wie damals, 1975, als es anfing, als Georg mir das erste Mal in seinem Büro die Hand gab, in seinem eigenartigen Holzfällerhemd und den ausgebeulten Hosen. Bescheiden, aufrecht, und auf dem Schreibtisch stand ein Bild seiner Frau neben dem Foto von John Denver, den er bewunderte und mit dem er ein paarmal durch Kanada geflo-

Mit Reinhard

gen war, bevor Denver eines Tages mit seinem Flugzeug abstürzte, sinnbildlich auf den Boden runterfiel und starb.

Georg war der Erste, der mir einen Vertrag angeboten hat. Die finanzielle Sicherheit, ein paar Jahre lang meine Lieder zu veröffentlichen und zu verkaufen. Ein väterlicher Freund, wie Michael Anders, wie Udo Lange und die anderen Männer, die mich bis heute begleiten. Männer, die eigene Wege gehen. Manchmal etwas verschroben und holprig, aber verrückt genug, sich nicht zu verstellen und der Welt draußen zu versichern, dass es sie gibt.

Alfred Biolek hat geschrieben, einen echten Brief, mit Füller, wer schreibt heute noch Briefe? Der gute Alfred. Ich mag ihn sehr, er ist ein feiner, schwuler Mann mit unendlich viel Kunstverstand. Im vorigen Jahr machten wir ein paar Benefizveranstaltungen zusammen, dann kam Herman van Veens 65. in Köln, dann mal wieder ein gemeinsames Essen.

Alfred findet den Vorläufer vom »Süßen Leben« besser. In die »Spirit« hatte er sich von Anfang an verliebt. Aber das ist immer so. Der erste Augenblick, die ersten Momente der Annäherung entscheiden über Glück und Langeweile. So war es mit Malene, so war es mit den Frauen vor ihr, den Rollen, die für mich wichtig waren, den Gauklern auf der Bühne. Der erste Augenblick, das erste Mal sehen, was wesentlich ist.

Mit Reinhard
© Erika Rabou

Als ich 1974 bei der RCA begann, schleppte mich ein Presse-mann der Firma zu ihm nach Köln, ich machte meine Aufwartung, und Alfred, damals noch Redakteur bei der ARD, gewährte mir eine Viertelstunde.

Er saß an einem Schreibtisch in der hintersten Ecke des Redak-tionsraums. Ich nahm meinen ganzen Mut zusammen, stellte mich vor und sang ihm sofort und ohne Vorwarnung den Anfang eines Liedes vor. Es war eines meiner ersten Lieder, die ich selbst getextet hatte: Das Lied vom König der Kinder. Eine katalanische Volksweise, aufgeschnappt in einem Folklore Club, zu der ich ei-nen unangreifbaren Text über einen alten Mann ersonnen hatte, der ausgebrannt und arm in den Berliner Hinterhöfen für die Kinder singt. Ein schönes Lied, noch heute mögen es meine Leute, obwohl oder vielleicht, weil es so schlicht ist.

Ich hatte keine Skrupel, vor Alfred und den Sachbearbeitern zu singen. Ich wollte sein Urteil hören, spontan, ohne Zeit zum Überlegen. Ich suchte ein Urteil über mich, das ich selbst noch nicht gefällt hatte. Kann er's, oder kann er's nicht? Alfred hörte sich das Lied in aller Ruhe an und sagte dann, es könne etwas aus mir werden. Ich solle mich an Reinhard Mey halten.

Es hat mir an jenem Tag geholfen, dass er mich nicht wegge-schickt hat, auch wenn ich meinen Weg alleine weitergehen musste.

»… und ich bau dir ein Haus auf der Wiese …«
(Song »Greensleeves« aus dem Film »Das war der wilde Westen«)

»Gib ihn doch in ein Heim, Waldtraud. Das ist doch möglich.«

»Rolf, das würde ich nie tun. Er ist mein Junge.«

Meine Mutter saß in dem Sessel vor der Balkontür und Onkel Rolf stand neben ihr. Er trug einen schwarzen Anzug, Mutter ein schwarzes Kleid. Sie waren von Vaters Beerdigung gekommen. Ich stand hinter der angelehnten Tür und hörte jedes Wort, das sie sagten. Ich war völlig durcheinander in diesem Moment, obwohl ich ganz tief in mir wusste, Mutter hätte mich niemals in ein Heim gegeben. Aber nun sprachen sie über diese Möglichkeit, und Rolf zog es für einen Moment in Erwägung.

»Ich bin für euch da, wenn du mich brauchst. Kannst immer mit Klausi kommen. Bau dir ein neues Leben auf und versuch zu vergessen!«

Im März 1961 war ich zehn Jahre alt geworden. Vater war gestorben, und an dem Tag seiner Beerdigung war ich mit Oma Müller zu Hause geblieben. Sie wollten nicht, dass ich es miterlebe. Ein fürchterlicher Irrtum. Noch Jahre später verlor ich mich in diffusen Gedanken und Befürchtungen, Vater hätte sich in Wahrheit das Leben genommen, dann wieder, er wäre gar nicht tot. Vielleicht lebte er noch, hatte sich irgendwo eine kleine Wohnung gemietet, käme eines Tages um die Ecke gelaufen und wäre wieder da. Sie wollten mich schützen und nahmen mir jeden Schutz.

Es war ein schöner, lichtdurchtränkter Frühlingstag. Ich konnte durch den Türspalt sehen, wie die Sonne in unser großes Wohnzimmer schien. Es wirkte so, als wäre gar nichts geschehen, als würde uns niemand fehlen. Sogar die Vögel schwatzten in der Linde vor unserem Balkon, und der Verkehrslärm und die Geschäftigkeiten drangen wie jeden Morgen von der Straße herauf, und ich hörte Oma Müllers Nähmaschine und das Scharren, wenn sie mit ihrem Stuhl hin- und herrückte. Alles war wie immer, aber für mich war es der Tag, den ich am meisten verdrängen sollte.

Mit Vaters Tod verschwand auch ich ein Stück. Nicht wirklich, dafür hatte ich alle zu lieb, und es war ja mein Zuhause, aber meine kindliche Wildheit, die ich gelebt hatte, solange er noch da war, verschloss ich nun in mir. Mein Spiel, die tägliche Sorglosigkeit, alles verwandelte sich mit seinem Weggehen in einen grauen Schleier und umhüllte mich, jeden Tag. Ich konnte gar nichts dagegen tun.

Jeden Samstag trugen Mutter und ich die Päckchen für die Verwandtschaft im Osten zur Post. Sie schickte Lebensmittel und abgetragene Sachen, auch Vaters Anzüge, Krawatten und Schuhe, an ihre Mutter, ihre Schwester und den Bruder in Halberstadt. Das Postamt lag neben dem Rathaus Charlottenburg. Da, wo alle Dokumente über Vater in einem dicken Buch aufbewahrt wurden, so bildete ich es mir jedenfalls ein. Und über unsere Familie. Wozu sonst waren Rathäuser da? Ich wollte oft da hinein, schon um mich in süßen Erinnerungen an ihn zu wiegen, mit dem Paternoster in eines der Obergeschosse fahren, die Gänge auf und ab gehen, nur um noch mal zu riechen, wie es bei ihm im Finanzamt gerochen hatte. Nach Bohnerwachs und alten Aktenordnern und überheizten Räumen.

Ich erinnere mich nicht an Gespräche mit Mutter, aber es muss sie gegeben haben. Ihre Stimmungen wechselten, von tiefer Trauer bis zu plötzlich auftretenden Zornesausbrüchen. Mutter hatte so viel Hoffnung in Vater gesetzt. Ich verstand sie auch ohne Worte. Ich las es ihr vom Gesicht ab.

Wir schmiedeten Pläne für den Sommer. Mutter wollte endlich die Reise ihres Lebens machen. Sie träumte von Italien, von Rimini und Cattolica, neben aller Trauer um Vaters Tod war sie auch voller Zuversicht, dass wir es schaffen würden. Und bald würde sie eine neue Stelle bei Siemens antreten, als Vorarbeiterin an einem Band.

Am 13. August 1961, dem Tag des Mauerbaus, war ich mit Mutter bei Trudchen und Onkel Bruno. Sie wohnten unweit vom Checkpoint Charly. Wir saßen um den runden Tisch im vorderen Zimmer wie zu Vaters Lebzeiten. Aber das Schweigen meiner Verwandten heute war größer als die Trauer um meinen verstorbenen Vater. Keiner rührte sein Essen an. Irgendwie war etwas durchgesickert, wir wussten, welche Stunde es geschlagen hatte. Aus der Markgrafenstraße drang lautes Geschrei, und hin und wieder hörten wir auch Lautsprecherdurchsagen, die von der anderen Seite, vom Osten her kamen. Man solle Ruhe bewahren, es handele sich um friedenssichernde Maßnahmen und die Grenze würde gesichert werden. Da kroch die Angst zu uns ins Fenster.

Wir zogen die Mäntel an und liefen die Markgrafenstraße bis zum Grenzübergang. Das Bild dieser Straße mit ihren Ruinen, bedrohlich aufragenden Schornsteinen und zerstörten Mietshäusern, die die Sicht freigaben auf zurückgelassene Stühle und rostige Bettgestänge, hat sich mir eingebrannt. In diesen vom Krieg zerfetzten und durchlöcherten Häusern steckte für mich kein Schimmer Hoffnung, alles schien so trostlos, so dunkel und übermächtig.

Das kaputte Berlin, das Nachkriegsberlin, das Berlin meiner Eltern war doch verloren, aufgegeben und arm. So sagten es meine Leute, ob hier oder im Osten. Die Politiker wie Kurt Schumacher, Theodor Heuss oder der junge Willy Brandt versprachen zwar eine Menge Gutes, aber keiner in meiner Familie glaubte an eine farbenfrohe Zukunft in Berlin.

An dem Tag waren meine Leute sehr angespannt und schwiegen dieses laute, unüberhörbare Schweigen. Und die Menschen vor uns, die wie wir in Gruppen zum Schlagbaum eilten, liefen genauso schweigend nebeneinanderher.

Da hingen meine ersten Lieder schon in der Luft, mein Herz musste sie geparkt haben, die Sache mit der Hoffnung und den abgetakelten Berliner Häusern, die wie ausrangierte Schiffe in der Mittagssonne lagen. Kann sein, dass da alles mit mir begann. Ich weiß nicht, woran ich in diesem Augenblick dachte. Ich stiefelte einfach mit, den Lautsprecherdurchsagen entgegen.

Es lag etwas in der Luft. Mehr als nur die Angst vor Misshandlungen, Überwachungen und Kontrollen, die ich immer an den Grenzübergängen fürchtete. Ich konnte die Gefahr förmlich riechen. Wir drückten uns mit den anderen an einem amerikanischen Panzer vorbei bis heran an den Schlagbaum, wo amerikanische Soldaten standen, die die Leute wieder zurückdrängten. Und dann fing einer damit an, alle anderen fielen ein, sie steigerten sich, und es war wirklich beängstigend.

»Lasst unsere Leute raus!«

»Mörderregime! Ihr Mörder! Ihr werdet dafür bezahlen!«

Mutters Hand war kalt und hart wie ein Stein. Trudchen zitterte, ich sah es an ihrem Gesicht. Bruno stand scheinbar ganz ruhig inmitten der Menge, nur sein Gesicht und die tiefen Sorgenfalten um den Mund verrieten, was er dachte. Er überblickte die ganze Schweinerei, wie er es später sagte. Das mit den Menschen und der Politik und der Hoffnungslosigkeit und der Armut und der ganzen deutschen Nachkriegsscheiße.

Es waren wohl diese unausgesprochenen Dinge, die sie Wahrheit nannten. Dieses Wissen um die Umstände. Wer hat mehr, wer hat weniger. Wo ist da Gerechtigkeit in diesem Arbeiter-und-Bauern-Staat? Onkel Rolf hatte lange vor dem 13. August von der Mauer gesprochen. Wieso deutsche Grenzer, warum eine Mauer? Wer schießt auf wen? Und warum trennen sie, was zusammengehört?

Alle meine Leute waren links und wählten die Sozialdemokraten. Auch wenn Mutter und Trudchen BdM-Mädels gewesen waren. Auch wenn Mutter sich noch immer in Sehnsüchten nach einem starken Mann erging, lebenslang auf der Suche nach dem verlorenen Vater. Auch wenn meine Verwandten in trauter Runde und heftigen Diskussionen den Politikern Führungsqualitäten abverlangten, so waren sie doch in der Tiefe ihrer Seelen Demokraten. Sie hatten das Herz am rechten Fleck, es schlug auf der menschlichen Seite, und sie verachteten die Lügen derer, die den Osten, die sowjetisch besetzte Zone, für notwendig hielten.

Ich glaubte auch nur, was ich sah. Aber wie alle meine Leute sah und hörte ich Dinge, die auf den ersten Blick verborgen schienen. Das machte uns aus, das fügte zusammen, so bewerteten wir die Welt.

Bruno gab dann irgendwann das Zeichen zum Aufbruch, und wir liefen zur Markgrafenstraße zurück. Als ich mich noch einmal umdrehte, erspähte ich durch die Menschenmenge hindurch die Grenzer, die den Grenzabschnitt im Osten bewachen sollten. Einige stapelten schon Quadersteine aufeinander, und andere rührten den Mörtel an, als wollten sie ein Haus bauen. Und alle paar Meter stand ein Soldat mit einer Kalaschnikow im Arm, der die Jungs bewachte.

Ab diesem 13. August ging Bruno nicht mehr vor die Tür, und kein Schnaps und keine Pillen und Zigaretten konnten ihn erlösen. Es war traurig zu sehen, wie er sich vergiftete. Ich liebte meine Leute sehr in diesem Moment, wo scheinbar nichts mehr ging. Wo die Grenze geschlossen wurde. Wo die Bilder nicht mehr aus dem Kopf wollten, die Bilder der Menschen, die aus Fenstern sprangen, die vermauert wurden, von Grenzern, die den Todesschuss riskierten, von Fluchten in Tunneln und verschweißten Kofferräumen.

Die Geschichten darüber kamen erst später, aber an dem Tag war alles klar. Unwiederbringlich, und keiner von uns dachte in diesem Augenblick daran, dass sich so etwas noch einmal zugunsten der Menschen im Osten verändern könnte. Keiner. Alle meine Leute wussten, wenn die Mauer steht, wenn sie das wirklich machen, dann ist es für immer. Wie Vaters Tod. Nichts brachte ihn mir wieder.

Im Osten, bei Ilschen und Rolf und bei den Neumanns, hatten wir unsere glücklichsten, unbeschwertesten Stunden verbracht. Und nun war es damit aus und vorbei. Mit den Wochenendfahrten, mit Vater sowieso und mit den Gärten, wo ich ich selbst sein konnte. Mit dem Bau der Mauer klauten sie uns ein ganzes Stück Leben.

Trudchen und Mutter trafen sich nun sehr oft, und Mutter nahm mich zu jedem Treffen mit. Ich erinnere mich an ein paar verregnete Abende auf dem Gehsteig in Charlottenburg, in der Mommsenstraße, wir standen vor einem alten Mietshaus, der Himmel fiel uns auf den Kopf. Trudchen im Regenmantel und Mutter in ihrem schwarzen Trenchcoat und ich an der Seite der Frauen. Ich hatte die Hände in den Taschen meines Anoraks vergraben und sah den Autos nach. Der große Junge, der ich jetzt war, ein Schlaks von zehn Jahren mit kurzgeschnittenem Haar und treuem Blick.

Sie seufzten und flüsterten miteinander. Mutter versprach meiner Tante Hilfe, wenn ihr alles zu viel werden sollte. Ich wusste, dass Mutter selbst Sorgen hatte, aber sie redete nicht darüber. Trudchen litt so sichtbar am Verfall meines Onkels. Erst war ihr Bruder – mein Vater – gestorben, und jetzt würde ihr Mann ihm bald folgen.

Ich verstand, dass die Männer verschwanden, weil sie zu schwach waren. Zu weich sei Vater gewesen, wie Mutter oft zu mir sagte, und zu wenig entschlossen.

»Erich, warum reißt du dich nicht zusammen! Herrgott noch einmal!«

Mutter weinte nicht. Nur manchmal habe ich sie verzweifelt in der Küche sitzen gesehen, die Hände vors Gesicht geschlagen. Aber das waren seltene Momente, und ich wusste dann immer, dass sie durchhält, dass sie stark ist, dass sie nicht aufgibt. Mutter hasste Schwäche.

Die Frauen, die ich kannte, schwiegen und standen ihren Mann. Ich verstand das, auch wenn ich erst zehn war, ich hatte zu viel Hartes in ihren Gesichtern gesehen, wusste um ihren Kummer, die Sorgen, die versteckten Ärgernisse. Vater war zu weich gewesen, ich war es auch.

Axel Brastrup, mein Kumpel aus dem Hort, sagte immer, ich sei eine Heulsuse. Und es stimmte. Auf den frühen Hortfahrten nach Langeoog und Norderney weinte ich jede Nacht, aus Heimweh und weil ich mich komisch fühlte, wenn ich allein war. Axel hatte recht, auch wenn er nicht recht hatte. Denn er hatte seine Eltern, und mein Vater war jetzt tot. Aber seit Vaters Tod heulte ich nicht mehr. Jedenfalls nicht vor anderen Leuten. Große Jungen weinten nicht, und ich war jetzt groß.

Trudchen und Mutter standen immer noch kummervoll beieinander und wussten sich nichts mehr zu sagen. Aber ich konnte ihr Schweigen deuten. Ich kannte ihre Sorgen, um das fehlende Geld, die harte Arbeit, die Männer, eben um alles, was mir Angst machte. Ich konnte das alles tragen. Ich hatte ein gutes Herz, und ich war stark, das wusste ich, und der Kummer machte mir nichts aus. Ich stand am Straßenrand und sah Mutter und Trudchen wie Fremde an, ich konnte gar nichts dagegen tun. Dabei wollte ich nicht ohne sie sein, denn ich liebte meine Leute, ich würde auch niemals jemanden im Stich lassen. Das stand irgendwie in mir geschrieben. Ich wusste das, auch wenn die Nachbarn in unserer Straße meinten, ich sei für mein Alter viel zu erwachsen.

Während Mutter und Trudchen sich gegenseitig beistanden, konzentrierte ich mich auf die Straße, auf das Hupen der Autos und die Passanten, die an uns vorbei nach Hause hasteten. Die Straße war regennass, und der Abend zog heran.

Der Himmel färbte sich blutrot und legte sich wie eine Decke über Berlin. Ich mochte diese Abendstimmung nicht mehr, denn dann kamen die Bilder, die nicht guttaten, Erinnerungen an Vater, an sein blaues Fahrrad, das in der Kammer neben den Kohlen abgestellt war und schon zu seinen Lebzeiten auch mir gehört hatte. An seine Mappe und die paar Dinge, die Mutter noch aufbewahrt hatte.

Noch schlimmer wurde es, wenn die Nacht hereinbrach, dann hörte ich seine Stimme, wenn ich allein in meinem Bett lag. Dann sprach er richtig mit mir, aber ich heulte nicht. Das mit dem Heulen war vorbei. Vater war ja fort, da konnte man nichts machen, er war weggegangen, für immer. Das war todsicher, das war die einzige Erkenntnis, an die ich mich halten konnte. Wie eine dunkle Welle schwappte es über mich, der ganze Klumpatsch, die Sache mit unserem wenigen Geld und Mutters Ängste und Vater, die ganze Erinnerung eben. Ich konnte es aber irgendwie dirigieren, ich wusste auch nicht, warum, vielleicht war ich wirklich sehr stark, wie Mutter sagte, und wir würden es schon schaffen.

Passanten hasteten vorbei, als wäre nichts passiert. Es passierte ja auch nichts. Ich musste es nur aushalten, dann ginge es vorbei. Ich würde gerne noch zu meinen Kumpels gehen, meinem Freund Michael, der mit seiner Familie in der Lohmeyer wohnte. Oder zu Waldi, ins Nebenhaus. Aber ich hielt hier die Stellung, an Mutters Seite.

Jeden Sonntag besuchte ich nun den Konfirmandenunterricht in der Luisenkirche. Sie lag in unserem Kiez. Alle meine Kameraden belächelten mich, wenn ich mit meinem Gesangbuch unterm Arm zur Kirche spazierte, aber mir gefiel es. Ich ging gerne hin. Es war warm dort, und ich mochte die Atmosphäre. Die Leute waren aufmerksamer, auch höflicher zueinander, und es war schön, wenn wir alle zusammen sangen.

Ich setzte mich immer in die vorderen Reihen und schaute auf das Kruzifix. Die Bänke waren hart. Aber Pfarrer Sudrow machte es gut. Er redete nicht drum herum. Er sah Vater ähnlich. In sei-

In dieser Zeit
© *privat*

71

nem schwarzen Talar wirkte er sehr stark. Ich hörte ihm gerne zu. Wenn er von Vergebung und Erinnerung und vom Krieg und den Kriegslasten sprach, wurde es still.

Ich mochte die Luisenkirche und die Stille und das blaue Butzenglasfenster mit dem Erzengel Michael gleich neben dem Altar. Es leuchtete, wenn die Sonne hineinschien.

»Vater im Himmel, beschütze mich und meine Leute. Mach, dass es meinem Vater gut geht, egal, wo er ist, und mach, dass Mutter nicht zu hart wird. Gib mir Kraft, dass ich mein Leben nicht verpfusche, wie es die Frau aus der Drogerie sagt. Und du, blauer Engel, heiliger Michael mit dem Speer, beschütze mich. Gib mir die Kraft, die ich brauchen werde, wenn ich jetzt allein bin.«

Ich würde nicht untergehen und auch nicht versagen, wie sie alle befürchteten. Bloß weil ich keinen Vater in der Familie hatte. Mutter war am schlimmsten. Sie war so hart gegen sich und streng, und oft verschloss sie sich vor allem. Wie in der Gruft lebten wir dann.

»Ich werde stark sein, und wenn sich die Traurigkeit auf mein Herz legt, lieber Gott, dann lass mich nicht daran kaputtgehen!«

Wenn Pfarrer Sudrow recht hatte, dann würde ich meinen eigenen Weg gehen. Dann war Gott mein Hirte und für mich da, auch wenn meine Familie auseinandergebrochen war. Auch wenn wir alle Verlierer waren, auch wenn der Scheißkrieg so vielen Gesichtern die Farbe entzogen und das Leben schwarzweiß getüncht hatte.

Ich würde weggehen und Farbe in mein Leben bringen, ich entschied es immer wieder. Ich sprach es wie ein Mantra vor mich hin, wie ein Gebet. So lange, bis sich der Entschluss, mein Leben selbst in die Hand zu nehmen, ganz in mir verfestigt hatte. Ich wollte nach Vaters Tod nur eines: erwachsen werden. Es war zwar alles unbewusst, dafür kletterte ich noch zu gerne auf den Schoß meiner Mutter, aber der große Junge in mir war schon bereit.

Mutter stand jetzt unter meinem Schutz. Nachts, wenn wir gemeinsam von Trudchen nach Hause liefen, liebte ich es, nur so neben ihr zu gehen, ein paar gute Worte zu formulieren, ihr großer Sohn zu sein. Wenn sie nicht reagierte und das Schweigen übermächtig zu werden drohte, erfand ich etwas aus der Lamäng und machte eine blöde Verrenkung, sprang ihr mit verbogenem Rückgrat voraus, spielte den Clown, den Glöckner, bis sie über mich lachte und mich erschrocken mahnte, zu ihr zurückzukommen.

Ich liebte doch meine Mutter und wollte, dass sie sorglos und glücklich lebte. Ich fühlte die Verantwortung, ganz schnell viel Geld zu verdienen, um unsere schmale Kasse aufzufüllen. Geld, dachte ich, wäre das Wichtigste auf der Welt und der Schlüssel zum Glück.

Wenn der Kohlenhändler, dem ich half, die Kohlen in unserem Keller ohne Licht und per Hand aufzuschichten, zu mir sagte:

»Du wirst et machen, Kleener. Immer eens uff'n andern.«

Dann wusste ich, wovon er sprach. Geld verdienen, es schaffen, etwas aus seinem Leben machen. Vater und Bruno hatten es nicht geschafft, die Leute aus unserem Haus anscheinend auch nicht. Der kleine Lottoladen an der Ecke Otto-Suhr-Allee versprach das große Los, ich lief schon zu Vaters Zeiten jeden Samstag dorthin. Aber wir gewannen nie etwas. Niemand in unserer Straße hatte je etwas gewonnen.

Aber ich würde es schaffen, ich baute nicht auf den Zufall, ich baute auf mich. Auf meine Schnelligkeit im Denken, auf meine Phantasie und auf meine Disziplin und Zuverlässigkeit. Das hatten sie immer wieder bei Tisch gesagt:

»Der Junge macht das, er ist fix, er ist, was wir brauchen, wenn die Sache mit der SPD in den Keller geht.«

Dabei war ich doch ein Träumer, ein Tagträumer, konnte jederzeit die Leinwand in mir aufspannen und meine Stars und Helden darauf projizieren. Es half, den Alltag besser zu ertragen. Mit der Zeit träumte ich mich nur noch weg. Wohin, war mir gleich, es gab kein konkretes Ziel. Ich wollte einfach nur fort. An einen Ort, wo es warm wäre, sorglos und ohne Probleme, wo es zwei Arme gäbe, die mich schützen und halten würden.

Auch wenn mir mein Zuhause wichtig war, die Straße, das Kino, die Märkte am Samstag, unsere Wohnung, eben alles, was mich täglich umgab, diese nebulöse Sehnsucht war stärker. Sie nahm mich völlig ein, ich konnte mich gänzlich in ihr verlieren, keiner bekam etwas von meinen Gedanken mit, es war perfekt. Ich konnte sie anknipsen wie einen Film, sie mit Wüsten, Städten, Inseln füllen, mich in ihr frei bewegen, mit fremden Menschen unterwegs sein, hatte alles in der Hand und war so schon mit zehn Jahren der Regisseur meines Lebens. Aber es blieb immer nur die innere Welt, mein Reich der Träume, Tag und Nacht.

Ich wurde ein anderer. Unmerklich, es kam wie von selbst, begann ich mich hinter einer Maske aus unbekümmerter Freundlichkeit und zähem Durchhaltewillen zu verschanzen. Innerlich war ich sehr aufgewühlt, aber nach außen wich meine Wildheit einem braven, angepassten Verhalten. Ich spürte davon nichts, erst später, als ich wusste, was Versteckspiel wirklich heißt, wie man sich innerlich zurückzieht, wie man das Gesicht wechselt, wurde mir klar, wie ich es nach dem Wegbleiben von Vater angestellt hatte. Meine Phantasie half mir dabei, die Filme, die ich sonntags im Kino gegenüber sah, die Spiele im Hort, meine Kumpels, die Straßen.

Jeden Samstag räumte Mutter die Schränke aus und packte die Reste von Vaters Sachen in Kisten. Die Anzüge hatte sie schon längst in den Osten verschickt, seine Hüte, die Hemden. Jetzt war nur noch Kleinkram übrig, aber auch der verschwand. Mutter war sehr konsequent und erledigte alles mit einer maßlosen Energie, nichts stand ihr im Weg. Sie versuchte auf diese Weise, die Vergangenheit aus unserem Leben zu verbannen. Es schien ihr auch zu gelingen, mein Vater verschwand mehr und mehr aus ihren Bemerkungen. Nur sein Fahrrad war noch da, und die Filme im Amor und im Baldur gehörten mir weiterhin.

Einmal konnte ich Mutter zu einem gemeinsamen Kinobesuch bewegen. Wir sahen uns den amerikanischen Film »Das war der wilde Westen« an. Er hinterließ bei mir einen starken Eindruck, vor allem der Titelsong, ein altes englisches Volkslied, ist mir in

Erinnerung geblieben: »Greensleeves«. Der deutsche Text war grauenhaft, aber die Musik war so wunderschön elegisch und traurig, dass es zu einem der Lieder wurde, die mir Lebensmittel sind.

Mutter und ich saßen in einer der hinteren Reihen in dem mager besuchten Kino. Mutter trug einen schwarzen, knielangen Rock, dazu den obligatorischen schwarzen Trenchcoat und ein schwarzes Kopftuch. Sie sah aus wie eine italienische Witwe. Ich hatte knielange blaue Hosen und einen Blazer an, den ich sehr mochte. Die schwarze Armbinde, die man bei Trauerfällen zu dieser Zeit am Oberarm trug, hatte ich von Anfang an abgelehnt.

Wir saßen müde und traurig nebeneinander, während auf der Leinwand Menschen mit ihren Familien wilde Floßfahrten und andere gefährliche Abenteuer überlebten, indem sie sich gegenseitig anfeuerten, Mut machten und vor jeder neuen Klippe an den Händen hielten. Ich hasste diesen monströsen Vier-Stunden-Film, denn er war der Spiegel unseres sorgenvollen Lebens. Mutter muss es ebenso empfunden haben. Als wir wieder ans Tageslicht taumelten, fühlten wir uns wie zwei Heimkinder, die endlich nach Hause dürfen.

Mutter und ich sprachen nie über unsere Befindlichkeiten, über Trauer oder andere Dunkelheiten. Berlin war in den Nachkriegsjahren ohnehin dunkel genug. Sie konnte nicht über sich sprechen, es war ihr nicht gegeben, und ich verstand sie auch so, deutete jede Geste, konnte mich grenzenlos in ihre inneren Vorgänge einfühlen, auch wenn ich nie konkret wusste, was sie bewegte.

Als wir aus dem Kino kamen, als die Restsonne glitzernd und warm auf dem Bordstein schimmerte, da war mein innerer Vertrag besiegelt und unterschrieben:

»Ich bau uns ein Haus auf der Wiese.«

Wir mussten zusammenhalten. Ein Glück war die Wohnung in der Kaiser-Friedrich-Straße groß genug, dass wir uns aus dem Weg gehen konnten. Aber wir brauchten einander. Nach Vaters Tod war es so still geworden, wir hatten nur uns. Die Abende waren erlösend. Was der Tag an Sorgen um das fehlende Haushaltsgeld brachte, verschwand, wenn wir an dem kleinen Cocktailtisch im Wohnzimmer saßen, Mutter rauchte und wir die Schlager der Woche hörten.

Einmal in der Woche fuhren wir nach Neukölln, um Vater auf dem Friedhof Hermannstraße zu besuchen. Ein auferlegtes Ritual, das wir beide nicht mochten. Mutter arbeitete schweigend an seinem Grab. Ich sah ihr leidvolles Gesicht, die vor Kummer und Zorn zusammengekniffenen Lippen, die große Sonnenbrille, das Kopftuch. Eine zornige Witwe. Während sie das Unkraut zupfte, holte ich in einer mächtigen Gießkanne das nötige Wasser.

Ich hasste diesen Friedhof, ich konnte dort keinen Zugang zu Vater finden, sosehr ich mich auch bemühte. Hier war er bestimmt nicht. Seit dem Tag, als ich aus dem Hort gekommen war, um zu hören, was ich schon längst wusste, seit diesem Tag war Vater frei, woanders, im Irgendwo. Nebulös zwar, an keinem konkreten Ort, aber auf jeden Fall jenseits der Friedhofsmauern. Ich sprach nie am Grab mit ihm. Ich wollte immer gleich wieder weg. Er war ja in meinem Kopf und in jeder Sekunde für mich anwesend. Was sollte ich also hier an diesem mickerigen Erdhügel. Ich tat es für sie, nur für sie.

Ich war immer froh, wenn wir wieder auf der Hermannstraße standen, uns unter die Leute mischen und die nächste U-Bahn nehmen konnten. In meiner Erinnerung blieb das Grab meines Vaters so unscheinbar, wie er sein Leben empfunden haben musste. Ein schmuckloser, bescheidener Erdhaufen, ein paar Meter von einer Mauer entfernt, in einer Reihe von namenlosen Gräbern, die ein paar Stiefmütterchen zierten. Als ich es Jahre später suchte, konnte ich es nicht mehr finden, weil sie ihn verlegt hatten. So wie sie ihn von einem Tag auf den anderen in den Himmel geholt hatten, so blieb sein Grab für mich verschwunden.

Das Geld war knapp, aber durch Oma Müllers Miete und Mutters Job bei Siemens würde es reichen. Sie bezog eine Witwenrente von 270 Mark, das war Vaters Nachlass, der im Januar 48 Jahre alt geworden wäre. Mutter war im Januar 38 Jahre alt geworden und ich im Frühling zehn. Wir waren noch zu jung, um diese verrückte Welt für immer nur in Trauerfarben zu sehen.

Mutter und ich waren jetzt ein richtiges Paar. Ich war der Mann im Haus, und Mutter dankte es mir mit kleinen Gesten und vertrauensvollen, wortlosen Zuneigungen. Ich wusste, was ich zu tun hatte, blieb aber im Inneren furchtsam und scheu. Ich war zutiefst verunsichert. Diese Unsicherheit sollte mich nie mehr verlassen. Nach Vaters Tod führte ich eine Art Doppelgängerdasein. Ich gab mich erwachsen, nahm Haltung ein, lief anders als meine Kumpels, jedenfalls zu Hause. Ich hätte ohne weiteres als 30-Jähriger durchgehen können.

Die Samstage verbrachte ich an Mutters Seite, war da, wenn sie in unserer Wohnung werkelte. Während sie räumte und putzte und sang, lag ich im Wohnzimmer auf Vaters Sofa, nahm seinen Platz ein, genoss das einbrechende Sonnenlicht und baute mir eine eigene Welt. Ich verschlang die Fix-und-Foxi-Geschichten. Auch die Jerry-Cotton-Romane liebte ich. Geschichten von Einzelgängern, die es schafften, ohne Frauen glücklich zu sein, nahmen mich vollkommen gefangen: Phil Decker, Sigurd, Tarzan, Cowboys jeder Couleur und Piraten, Abenteurer, Weltenbummler. Bis auf die kindischen Tierfabeln und die Donald-Duck- und Micky-Maus-Storys faszinierten mich ausnahmslos die Geschichten von Männern, die vor irgendwem auf der Flucht waren.

Auf diesem Sofa passierte es. Es muss ein schöner Tag gewesen sein, denn das Sonnenlicht umarmte mich. Ich lag auf dem Sofa, vollkommen in meiner Welt versunken und spielte an meinem Schwänzchen. Es war, wie es niemals war, vielleicht hatte ich geschlafen. Nach ein paar Minuten strömte es weiß und klebrig aus mir heraus. Es kam alles derart unerwartet, dass ich vor Schreck aufsprang und mich in der Scheibe der Schrankwand so dastehen sah. Den Schwanz in der Hand, aufgerichtet und total erregt. Wie Narziss im Spiegel eines Sees.

Ich hatte meinen Penis bislang »Lulu« genannt. Ab diesem Tag bekam er eine andere Bedeutung. Von einem Moment auf den anderen war ich erwacht, ich hatte endlich ein Geheimnis, von dem keiner wusste und wissen durfte. Irgendetwas in mir warnte mich davor, es Mutter zu erzählen. Wir sprachen nicht über Sexualität. Höchstens über die Sachen, die gesäubert werden mussten. Alles andere blieb im Dunkeln.

Aber danach hat Mutter mich einmal vor Bruno und Trudchen ausgezogen. Sie war furchtbar, sie wollte allen zeigen, dass ich ein Mann geworden bin:

»Guckt mal, Klausi hat Schamhaare bekommen!«

Sie standen um mich rum und starrten auf meinen Pimmel. Mir war es hochnotpeinlich, aber irgendwie fand ich es auch gut. Sie sollten ruhig wissen, dass ich ein Mann geworden war. Dass ich Vatis Platz einnahm.

Die Onanie, das zarte Vergnügen aller Jungen, wurde die Lösung meiner Probleme. Zeitweise jedenfalls. Keiner hatte uns vor Rückenmarkschwund gewarnt, auch nicht Pfarrer Sudrow. Der Vorteil unter den Protestanten war, es sprach niemand diese Dinge an. So fand ich durch Erfahrung ans Licht.

Alle taten es. Meine Kumpels aus den Nebenhäusern, die Klassenkameraden, die Pfadfinder, zu denen mich Mutter später glücklicherweise ließ. Überall wurde gewichst. In den Hinterhöfen, hinter den Mauern, in den Kinos und natürlich unter der Decke. Ein Mitschüler wichste während des Englischunterrichts unterm Tisch. Die Mädels übersahen es kichernd. Er ruckelte ohne Vergnügen und so schnell er konnte an seinem Hahn, und es gelang ihm, bei Frau Krüger, einer resoluten älteren Dame, die nur im klassischen Kostüm mit Hütchen vor die Klasse trat, zum Orgasmus zu kommen.

Ich teilte mein Handspiel mit niemandem außer mir selbst. In der kleinen Kammer, die an die Küche anschloss, verbarg ich mich unter dem Vorwand, an meinem Fahrrad zu werkeln. Als Anregung dienten mir ein paar Naturkundebücher des 19. Jahrhunderts, die wenig Nacktheit zeigten, Fotos von verhungert aussehenden Tuberkulose-Patientinnen, anatomische Krankheitsbilder und Ganzkörper-Röntgenaufnahmen. Viele meiner Kumpels verbrachten so ihre Nachmittage. Die meisten lebten mit ihren Müttern oder wohnten bei ihrer Oma.

Wie mein Klassenkamerad Jürgen Rachner, der mit seiner Mutter ein verwunschenes Dasein in einer abgedunkelten Altbauwohnung führte. Er war so allein, dass ich mir nicht vorstellen konnte, er würde jemals eine Frau finden. Er brauchte niemanden. Er aß, was seine Mutter ihm hinstellte, saß zu Hause herum, rauchte als einer der ersten meiner Kumpels HB und Lux Filter, hörte ständig Musik und verlor sich in Phantasiegeschichten. Stapelweise lagen bei ihm Comics und Schallplatten herum, er residierte inmitten dieser Welt. Er machte, was er wollte. Und er trug spitz zulaufende Wildlederschühchen. Seine Mutter hatte sich in den hinteren Teil der Wohnung verzogen. Wie ein Schatten hockte sie irgendwo in dem Nachkriegsmobiliar und rief ab und zu ihrem Sohn Mahnungen oder Hinweise zu.

Anders mein Kumpel Bernd Schweidnitzer, ein fragiler, hochsensibler Blondschopf, dessen Feinheit und äußere Zerbrechlichkeit mich anzog. Er teilte sich mit seiner bildschönen Mutter eine große Altbauwohnung. Er war immer picobello gekleidet, und sie war atemberaubend, trug hochhackige Pumps und enganliegende Rock-Bluse-Kombinationen. Sie liebte ihren Jungen wie einen Mann, nicht wie ein Kind, sie tat alles für ihn, bedingungslos. Er agierte daheim wie ein Patriarch, ordnete an und ließ sich bedienen. Aber er achtete auf seine Mutter wie auf eine zerbrechliche Vase, war sehr höflich zu ihr und fluchte niemals. Er lebte mit ihr wie mit einer Ehefrau. Das perfekte Paar.

Eines Tages brachte meine Mutter zwei junge Frauen mit, die eine – klein, rund und fröhlich – redete unablässig, die andere – hager, groß und schweigsam – verströmte eine hohlwangige Intelligenz. Rödellinchen und Hertha, ab nun Mutters Freundinnen. Rödellinchen stand mit ihr bei Siemens am Band, Hertha arbeitete beim Bezirksamt.

Rödellinchen hieß im wahren Leben Brigitte Rödel und war eine selbstbewusste junge Frau mit krausem Haar und einem andauernden Lachen. Ihre Freundin Hertha war eine hochaufgeschossene alte Jungfer, unter deren strengem Blick ich mich dennoch wohl fühlte, weil sie so eigenartig und intellektuell war und so viele gute Gedanken zu allen Themen der Welt hatte. Sie war immer sehr bescheiden, immer etwas verhalten und höflich in ihren Äußerungen, aber imponierte mir durch ihre Klugheit.

Rödellinchen und Hertha sollten mit Mutter meine Bezugspersonen werden. Ich fühlte mich wohl in der Gruppe dieser Frauen. Abends saßen wir um den kleinen Couchtisch im Wohnzimmer und spielten Canasta oder Rommé. Mir gefiel es, von ihnen gesehen und gemocht zu werden. Ich liebte es, auf ihre Probleme und Sehnsüchte einzugehen, weltmännisch über alles zu reden, was sie bedrückte. Ich war ganz der Mann, den sie brauchten, so jedenfalls dachte ich. Und ich erfuhr vieles über die Welt draußen, über die Vorlieben meiner Mutter, über Damen und Herren und die neuesten Tänze.

Aus dem Radio erklangen die Schlager der Woche, sehnsuchtsvolle Lieder über Italien und das Meer. Aber bei uns war es doch auch schön. Ich tat alles dafür, dass meine Frauen, wie ich sie für mich nannte, lachten. Dass es ihnen gut ging. Ich war der Hahn im Korb, und Mutter, Rödellinchen und Hertha waren die Glu-

Rödellinchen und Hertha
© *privat*

cken. Wir hatten ganz wundervolle Abende zusammen. Die Konzentration auf meine traurige Mutter ließ nach, wir machten Quatsch und tranken Likörchen. Eierlikör, Schwarzer Kater, Lufthansa Cocktail, Danziger Goldwasser.

Wir verbrachten viel Zeit mit Diskussionen über Mutters Garderobe, alberten herum. Sie war die Königin, wir baten sie, das enganliegende Kleid mit Aufsätzen aus Brokat anzuziehen, und sofort zog sie sich bis auf die Unterwäsche aus. Ich sah ihren gepanzerten BH, der ihr wie eine Rüstung am Körper klemmte. Wir waren unter uns. Wir lachten ausgelassen miteinander, und sie brachten mir Tänze bei. Foxtrott und Walzer, den ich besonders mochte. Mal tanzte ich mit Rödellinchen, die mich wie ein Mann führte, mal mit Hertha, die von unserem Quartett die Ungeschickteste war. Mutter und ich waren ein eingespieltes Team, und Mutter führte mich energisch, bis ich durch einen plötzlichen Schlenker die Oberhand gewann und sie durch das Wohnzimmer wirbelte. Es waren Abende wie von einer anderen Welt, und sie taten mir gut.

Ich ging ja schon lange nicht mehr in den Hort, aber die Kindergruppen fehlten mir. Hier hatte ich mein Spiel gefunden. Hier waren meine Geschichten von den Tanten und Kindern angenommen worden. Ich war anerkannt gewesen. Zu jedem Faschingsfest hatte es Bühnenimprovisationen gegeben, die ich aufgeregt mit meinen Kumpels plante.

Mein Freund Bernhard Schliericke, der zwei Jahre älter war als ich, trug zu jedem Faschingsfest ein Frauenkostüm. Er war homosexuell, was ich damals noch nicht wusste. Wir spielten zusammen eine wunderbare Szene. Bernhard trug ein elegantes Hütchen, einen weißen Plisseerock und hatte geschminkte Lippen. Ich spielte den Oberkellner, obwohl ich das völlig unpassend fand in meiner Verkleidung.

Jedenfalls nahm ich als Oberkellner mit großem Sombrero, engen Hosen und brokatbesetzter Weste gleich einem galanten spanischen Edelmann die Bestellung für Kaffee und Kuchen an. Eine kleine, simple Improvisation, die regelrechte Lachstürme provo-

Travestiesketch
© *privat*

Abschiedsvorstellung im Hort
© *privat*

zierte. Bernhard hatte unheimlich ausladende und laszive Bewegungen, und ich gab den Kellner perfekt. Es ging ja um nichts, aber alle verstanden unser Spiel.

Eigenartigerweise nahm niemand Anstoß an Bernhards Aufzug. Die Mütter standen an der Wand, die Kinder hockten vor der Bühne, und wir spielten unseren ersten Travestiesketch. Der Erfolg war wie ein Rausch. Ich war total begeistert von mir. Alles stimmte, die Kulisse, die Kostüme, die Rollenverteilung. Ich fühlte mich wie zu Hause.

Als meine Hortzeit zu Ende war, bat mich Frau Kriewitz um eine Abschiedsvorstellung. Dafür wählte ich eine weiße Hose und ein Hemd mit buntem Muster, mein Gesicht hatte ich mir schwarz geschminkt, wie ich es immer tat, die unkenntliche Maske eines traurigen Clowns in bunten Kleidern.

Die Aufgabe, die ich mir selbst stellte, bestand darin, einen unsichtbaren Floh auf einer ebenso unsichtbaren Leine zum Tanzen zu bringen. Der Sketch war gut. Ich bat Axel Brastrup, das eine Ende der unsichtbaren Leine zu halten, und Frau Kriewitz, das andere. Ich machte ein paar Improvisationen mit dem unsichtbaren Floh, ließ ihn hüpfen und Salto schlagen und erfand ein kleines Spiel:

Der Floh sprang ganz plötzlich ins Publikum. Ich mischte mich unter die Kinder, um ihn zu finden und untersuchte ihre Kleider. Das war der Gag. Alle Kinder beteiligten sich wie verrückt an der Suche nach dem imaginären Floh. Bis ich ihn im Hemdkragen eines Kindes wiederfand und unter dem schallenden Gelächter der anderen Kinder in eine Streichholzschachtel steckte.

An diesem Tag bemerkte ich eine Verwandlung in mir. Nicht vordergründig, es war nur so ein Gefühl, auf mich geworfen zu sein, ohne es ändern zu können. Frau Kriewitz war stets mein Schutzengel gewesen. Sie, meine Oma Müller und Rolfs Jugendbücher hatten mich bis dato immer befreit, aus der Elternkiste geholt, nun war damit Schluss. Als der Floh wieder in der Schachtel war, verabschiedete ich mich von ihr und den Kindern und ging aus der Tür. Es war der erste Tag, an dem ich mich erwachsen fühlte.

Kurz darauf kam meine geliebte Oma Müller in ein Altersheim, und Rödellinchen übernahm ihr Zimmer. Ich vermisste meine Oma sehr. Sie hatte immer zu mir gehalten. Mit den Jahren war sie im Kopf eine andere geworden. Mutter hatte mehr und mehr unter ihrer Beobachtung gelitten. Nun war das alles schon lange vorbei, und Rödellinchen war da. Mit ihr zog ein anderes Leben in unsere Wohnung ein. Und sie brachte mir das Fahrradfahren bei.

An einem warmen Frühlingstag begleitete sie mich in die Nithackstraße, wo ich Vaters Rad bestieg. Sie hielt den Sattel, bis ich die Balance gefunden hatte, und gab mich dann frei. Das war ein wunderbarer Augenblick. Der Fahrtwind kam von vorn, die Straße lag vor mir. Ich war glücklich. Ich fuhr allein auf Vaters Rad, und damit gehörte es wirklich mir. Rödellinchen winkte mir lachend nach, und ich verschwand in der nächsten Seitenstraße, gleich hinter meinem alten Kinderhort. Sie und Hertha, Frau Kriewitz und die Leute im Kiez hatten alle Vertrauen in mir gesät. Mutters Ängstlichkeit, ihre Sorgengesichter, das tägliche »Pass auf, dass dir nichts passiert« hemmten mich eher. Aber an dem Tag brannte alles in mir, es sollte endlich etwas passieren.

Einmal in der Woche trugen Mutter und ich die Laken und Bettbezüge, die Tischdecken, Servietten und Handtücher in einem geflochtenen Korb in die Wäscherei, um sie mangeln zu lassen. Der Dampf, der überall im Raum hing, die stickige Atmosphäre, die drallen Frauen an den Bügelautomaten, die kolossale Hitze – irgendwie zog mich diese intensive Arbeitsatmosphäre an. Ich ahnte, dass es noch eine andere Realität als mein Zuhause gab. Etwas Fremdes drang in die Geborgenheit unserer Gemeinschaft. Hier war die Welt der Arbeit, zu Hause sprachen alle nur davon.

Es gab zwei Botenjungen, bei denen ich mich nach viel Überwindung erkundigte, wie ich einen Ausfuhrjob ergattern könnte. Das dafür nötige Fahrrad besaß ich ja. Von ihnen erfuhr ich, dass sie in der Seelingstraße einen Jungen suchten. Noch am selben Tag stiefelte ich hin. Es ist eigentümlich, aber die Gesichter des Ehepaares, das die kleine verqualmte Wäscherei betrieb, habe ich nie ganz vergessen. Er war ein älterer Grauschopf und sie gemütlich und dick, und beide vertrauten sofort darauf, dass ich die Auslieferungen pünktlich machte, die Sache mit den Adressen und den Kunden und den Wäschepaketen begriff. Was ich mir nur zögernd zutraute, sahen sie sofort: meine Disziplin, meine Pünktlichkeit und den Willen, es gut zu machen.

Ich bekam den Job. Zum ersten Mal hatte ich eigenständig entschieden, über die Grenzen meiner behüteten Welt hinauszugehen. Ich wollte endlich Geld verdienen, viel Geld.

Im Sommer 1963 stand der große Wechsel von der Grund- in die Oberschule mit dem Ziel der Mittleren Reife an: Ich kam in die siebente Klasse der Elisabeth-Oberschule. Das alte Schulgebäude lag am Hebbelpark, ich brauchte nur über die Straße zu gehen. Mein Klassenlehrer Dachmann, ein gescheiter und von allen Mitschülern ob seiner Arroganz gefürchteter Karrierist, der immer blitzsaubere, gestärkte weiße Oberhemden unter einem perfekt sitzenden C&A-Anzug trug, fragte mich vor versammelter Klasse, ob ich schon die Hilfe für meine Mutter angefordert hätte.

»Nein, Herr Dachmann, ich habe es vergessen.«

Er hatte ja recht. Wir brauchten das Geld, und ich hatte es absichtlich vergessen. Mir war es peinlich gewesen, den Antrag auf Erziehungsbeihilfe aus dem Sekretariat zu holen. Meine Klassenkameraden sahen betreten vor sich auf den Boden, und ich stand belämmert an der Tafel und kaute auf meinen Zähnen herum. Dachmann triumphierte, aber er schaffte es nicht, bei den Mädels Eindruck zu machen. Sie waren auf meiner Seite, damals schon.

Uschi Gallonski, Margot Ohnesorg, Petra Repp, Sabine Canitz, Harald Ozcko, Ralf-Peter Plaue, Norbert Rieseberg, Axel Brastrup und die vielen anderen, die ich nicht vergessen habe. Wir waren vernünftiger als unsere Lehrer, wir waren längst erwachsen. Ein Erwachsener beantragt keine Erziehungsbeihilfe für seine Mutter, er kann selber für sie sorgen. Ich sorgte für meine Leute, speziell für Mutter. Vor allem aber war es mir peinlich, keinen Vater zu haben.

Der Umstieg von der Grundschule fiel mir nicht leicht. Ich konnte und kann mich schwer von Bestehendem trennen. Ich liebte zu sehr das Sichere, aber zum Glück war meine Sehnsucht nach dem Fremden, nach einem Abenteuer oder dem, wovon Mutter träumte und Vater immer erzählt hatte, letztlich immer stärker. Ich hielt mich lange in alten Situationen, dann kam der Cut, dann kam ich rüber, ließ mich einfach los, und war ich einmal drüben, in diesem anderen Teil des Lebens, dann ging alles wie von selbst.

Mein Freund Michael Dallichow, der Einzige, der meine Geschichte wirklich kannte, kam nicht mit auf die Realschule, weil er mit seiner Familie nach München zog. Wenn ich sonntags zum Konfirmandenunterricht ging, musste ich an seinem alten Haus vorbei. Es gab dort einen Schrotthändler und einen Fuhrbetrieb. Alles sehr heruntergekommen. Seine Familie hatte im Hinterhaus nur zwei kleine Zimmer bewohnt, eine richtige Bude, aber sie waren fröhlich gewesen. Sein Vater war Brückenbauingenieur, ein Beruf, dem ich noch Jahre später nachtrauerte wie einer sich langsam entfernenden Karawane des Glücks. So etwas wollte ich auch werden. Einer, der Brücken baut und eine Familie gründet und später zufrieden auf die Früchte seines Lebens zurückblicken kann.

Michael hatte eine echte Familie, seine Schwester trug einen Pferdeschwanz und war ein paar Jahre älter als er. Sie war überhaupt nicht so wie die Mädchen aus unserer Schule. Sie konnte offen lachen und nahm Michael in Schutz, sooft er sie brauchte. Sie war ein richtiger Kumpel, ein Pfeilmädchen.

Mit den beiden und seinen Eltern war ich ein- oder zweimal gleich nach Vaters Tod an die Havel gefahren, die ganze Havelchaussee hinunter, vom Juliusturm bis zum Wannsee. Wir kehrten in ein Gartenlokal ein und aßen Kuchen, und ich war sehr glücklich, aber auch immer besorgt, wie es meiner Mutter jetzt ging und was ich falsch machte, wenn ich allein mit fremden Leuten unterwegs war. Und was sie sagen würde, wenn ich mit Michael an einen Baum pinkelte oder mich unflätig am Tisch benähme.

Ich vermisste Michael sehr. Als er mich später einmal besuchte, schnappte ich ihn mir, und wir gingen runter zum Hebbelpark, wo der Butcher lag. So nannten wir den kleinen Spielplatz, auf dem sich am Abend unter einer Veranda immer ein paar Jungen und Mädchen aus unserem Kiez trafen.

Es grassierte das Gerücht, zwei Mädchen würden es mit allen machen. Dieses Alles, das sich meine Klassenkameraden und ich ausmalten, beschränkte sich auf harmloses Petting. Zungenspiele, ein paar heftige Umklammerungen und gegenseitiges Anrempeln. Es gab aber ein paar Jungs, die heftiger an die Mädels herangingen. Zwei Mädchen sollten sich angeblich in Ozckos Treppenhaus gegenseitig befingert und es anschließend mit fünf Jungs auf seinem Küchentisch getrieben haben. Ozcko hatte es mir beiläufig gesteckt.

»Mit fünf?«

»Ja.«

Er hatte es mit sehr ernstem Gesichtsausdruck gesagt. Dann hatten wir nicht mehr darüber gesprochen. Unter meinen Kumpels war das so. Wir waren nicht prüde, aber diese Mädchenthemen standen unter Naturschutz. Außerdem hatte Ozcko eine taube Schwester und musste für sie und seinen jüngeren Bruder sorgen, und seine Mutter war allein, also auch ohne Mann. Da sagte man diese Dinge nur noch wie nebenbei. Man wollte das nicht vertiefen. Es passte nicht zusammen.

Mir ging die Sache mit dem Küchentisch nicht aus dem Kopf. Ich lief oft zu Ozcko, suchte nach einem Vorwand, um ihn zu besuchen. Ich hätte die Mädels zu gerne beobachtet, aber sie waren nie da, ich habe sie nie zu Gesicht bekommen. So blieben nur der Butcher und die Geschichten.

Es gab ein paar Sträucher und ein Dach, unter das man sich stellen konnte. Ein paar ältere Jungs hingen dort schon nachmittags herum, hörten Musik aus Kofferradios, rauchten und rempelten die Mädchen an. Machten blöde Witze. Es gab nicht viele Mädchen, und keines davon interessierte mich ernsthaft. Es gab im Grunde nichts als ödes Herumstehen und Gucken, ob sich etwas anbietet, denn um selbst etwas anzufangen, war ich noch zu scheu. Nach einer Stunde musste ich schon wieder nach Hause.

»Das sind alles Fotzen«, sagte Michael unvermittelt, als wir auf der Straße standen, und er lachte dabei und sagte es mit dem bayerischen Akzent, den er sich in München zugelegt hatte. Ich ging nicht darauf ein, mir war nicht nach diesen Themen zumute. Wir redeten nur noch über seine Zeit in München und was er machen wolle, und nach einer Viertelstunde sagte ich: »Tschüs!«, und ging wieder nach oben.

Ich hätte ihm nichts von meinen Gefühlen erzählt, außerdem war er nicht mehr mein Freund. Ein Freund blieb, ein Freund ging nicht weg, ein Freund wusste alles vom anderen und brauchte keine Fragen zu stellen: »Wieso bist du so? Was ist mit deinem Vater? Hast du zu Hause Stress?« Kann sein, dass er mich das gefragt hatte, nein, hatte er nicht. Ich hätte es ihm auch nicht gesagt. Ich habe ihn nie wiedergesehen.

Meine Klassenkameraden und die 7a wurden mein zweites Zuhause. Wir erzogen dort einander: Ozcko, der ein paar Straßen weiter wohnte. Jürgen Rachner, der stets die neuesten Klamotten trug, die spitzen Stiefeletten und schon die ersten Schlaghosen, immer den größten Schlag, den 52er. Das konnte er, weil seine Mutter die Hosen bezahlte. Dann Ralf-Peter Plaue, mein Sitznachbar, der bei seinen Großeltern aufwuchs. Akki, der in einer größeren, aber dunkleren Wohnung als unsere in der Danckelmannstraße wohnte, gleich gegenüber dem Männerheim. Sein Vater war Schließer im Theater des Westens und vermietete vor den Abendvorstellungen Operngläser an die Leute, er hatte davon ein ganzes Dutzend. Und Mense Bauer, der für seine jüngeren Geschwister da war und ein Leben lang für sie sorgen sollte.

Alles moralisch integre und viel zu früh erwachsene Jungs, die sich auf die Mittlere Reife vorbereiteten. Dieses Mittlere haftete mir an, ich gab mich ja immer vernünftig und angepasst und kleidete mich auch so, trug Cordjacketts und Röhrenhosen von C&A. Innerlich aber war ich ein trauriger, hypersensibler Junge, der wunderbare Faxen machte.

Wir hingen meistens in der Schule ab. Wozu heimgehen, wenn dort doch nur alle depressiv und mürrisch waren. Kaum einer der Eltern brachte lustige Geschichten mit nach Haus. Wir waren immer hungrig und müde. Wir hörten einander zu und kannten die Sorgen, wenn der Vater arbeitslos oder die Mutter krank war und die Geschwister es mit dem Jugendamt zu tun bekamen. Deshalb stellte man keine Fragen nach dem Warum und Wieso. Alle meine Kumpels schleppten so eine Art Melancholie mit sich herum. Und wenn man richtig hinhörte, sprangen die Schatten aus den Gesichtern, in zynischen Bemerkungen über das Leben, die Zukunft, die Wahl des Berufes, Heiraten und Kindermachen.

Alle meine Mitschüler waren Tagträumer, und ich war in unserer Klasse der Oberträumer. Man musste nur hinhören, um unsere Zwischentöne zu erfassen. Wir waren keine Leichtfüßler, eher Schwergewichtler, dafür war die Realität zu hart, der tägliche Existenzkampf zu fordernd.

Sehe ich mir heute alte Fotos meiner Klassenkameraden an, entdecke ich in den Gesichtern so viel Festgeschriebenes. Die Fluchten, die Hemmnisse, die verhaltenen Wünsche und Träume, da war schon alles eingestanzt, unveränderlich, eben deutsche Geschichte. Jeder schleppte das Erbe seiner Eltern mit sich herum. Der unsichere Blick, das verhaltene Lächeln, die korrekten Frisuren und der spöttische Zug um die Lippen. Die meisten von uns zeigten nicht, was sie wirklich bewegte. Noch in den dunkelsten Verliesen unserer Seelen standen die Gesetze der Vernunft, des Sorgenmachens, der Angst und der vagen Vermutungen geschrieben.

Über Sexualität sprachen wir nicht mit den Mädels aus unserer Klasse. Spärliche Hinweise gab es im Biologieunterricht bei Maschmeier, der Themen wie Verhütung und Eisprung beiläufig anschnitt, indem er jovial seine Lippen schürzte und einen furzähnlichen Laut hervorstieß. Die Mädels mochten ihn, obwohl er dumpf und zynisch war. Er war ein Macho und sehr direkt, nicht so scheu wie wir Jungs, er kam zur Sache. Wir Jungs taten so, als wüssten wir darum, dabei wurde ich nie richtig aufgeklärt, die Straße und meine Kumpels erledigten das dann. Im Gegensatz zu den Mädchen hatten wir keinerlei Erfahrungen. Die benahmen sich schon wie erwachsene Frauen, sprachen in den Pausen über anstehende Verlobungen und tauschten sich über ihre Zukunftspläne aus.

Ich hatte von einem Mannequin gehört, das am Spandauer Damm wohnte. Schön und blond sollte sie sein und einen ausladenden Busen haben. Ich war ganz verrückt danach, ihr die Wäsche zu bringen und bemühte mich um die Fahrt. Als sie die Tür öffnete, traf mich der Schlag. Sie war blond, hochgewachsen, weit über zwanzig und trug unter dem Bademantel nichts. Ich verwickelte sie geschlagene fünf Minuten lang in ein Gespräch, nur um immer wieder einen Blick auf ihre Brüste zu werfen.

Ich hatte bewusst Gebrauch von meinem Redetalent gemacht, und es hätte geklappt, wenn ich nicht so scheu gewesen wäre.

Ich war kein guter Schüler. Es hing bei mir alles vom Lehrer ab. Ich konnte meinen Mathematik- und Klassenlehrer Dachmann nicht leiden, ich mochte nur Sport, Religion und Deutsch. Letzteres vor allem wegen meines Deutschlehrers Günther Woelki, der mich gernhatte und meine Talente sah. Woelki wurde mein Schlüssel zur Welt. Ohne ihn wäre ich innerlich versauert. Er war ein kleiner, glatzköpfiger, nervöser, immer lächelnder Mann, der mich täglich von der siebten bis zur zehnten Klasse mit Gedichten und Dramen von Fontane und Heine, Goethe und Schiller konfrontierte. Schon in der siebten Klasse überredete er mich dazu, in seiner Theatergruppe mitzumachen.

Er ließ mich einmal vor der ganzen Klasse ein Gedicht lesen, und wie ich das R rollte, erinnerte ihn an Gründgens, und Gründgens und die deutschen Theatermimen standen bei ihm ganz hoch im Kurs. Diesen Trick hatte ich mir irgendwo abgeguckt. Ab diesem Moment hatte Woelki mich gepackt.

Mein erstes Schultheaterspiel unter seiner Regie war ein Weihnachtskrippenspiel gewesen. Ich gab den Herodes, war in Gesten und Ausdruck dabei sehr pathetisch, ruderte ausladend mit den Armen, rollte mit den Augen und hatte eine gewaltige Stimme. Ich machte es so, wie ich es von Vater abgeguckt hatte, und kam damit an. Das war's.

Meine grenzenlose Spiellust und die Bereitschaft aufzutreten, mich vor einem Publikum zu zeigen, in den Momenten, wenn die anderen Mitschüler still und noch befangen auf der Bühne unserer Aula herumstanden, hatten Woelki unheimlich beeindruckt. Ich bot mich immer und gleich an, nicht so direkt, aber Woelki nahm es wahr.

Bis ich verstand, was er suchte, bis ich Lust bekam, ihm in seinen Theater- und Literaturvorgaben zu folgen, verging eine Zeit, aber er förderte meine Sehnsucht zu spielen. Woelki blieb hartnäckig, und wann immer er konnte, diskutierten wir über Literatur, über Stefan Zweig, Kleist und Goethe, dabei hatte ich nichts von denen gelesen. Es war mehr meine Hinwendung zu ihm, ich fühlte mich ein, kannte mich intuitiv in den Themen aus.

Woelki zog mich den anderen vor. Er ließ mich vor der Klasse »Faust I« lesen, und wenn ich in den Aufsätzen schlappte, stellte er sich wie zufällig hinter mich und kniff mir bei falsch gesetzten Kommata in den Nacken. Er wollte, dass ich das Abitur mache, er hätte es geschafft, dass ich mit meinem miesen Durchschnitt die Schule wechsle und auf ein Gymnasium gehe. Aber ich mochte meine Klassenkameraden nicht verlassen und fand mich auch für das Abitur zu ungenügend.

Woelki war mein erster wirklicher Förderer in Sachen Kunst und Kultur. Ich wusste ja nichts, ich hatte nur meine Sonntagsfilme im Kopf. Alles, was ich bisher gesehen und gehört hatte, war Ausdruck und Suche nach der tiefen Leidenschaft meines Vaters für das Theater und die klassische Musik. Woelki schob an, er schleppte uns in die Berliner Bühnen, sooft er konnte. Sicher wollte er uns seine eigene Vorstellung von Kunst oder eben Theaterspiel vermitteln, aber es war gut gemeint, und der Mann war gebildet. Er sah, was andere Lehrer in den Schülern nicht sahen: Begabung und Verständnisbereitschaft für das, was unter den Texten stand.

Der erste Theaterbesuch, zu dem er mich anstiftete, war ein Boulevardstück: »Das Geld liegt auf der Bank« mit Rudolf Platte, dem von allen Leuten geliebten Volksschauspieler im Hebbel-Theater. Ich versank augenblicklich im Dunkel des Zuschauerraums und in der Stille. Diese Gemeinsamkeit gefiel mir. Das Stück war gnädiger Unsinn, wie ich arrogant befand, hatte aber viel mit meiner Grundsehnsucht nach Geld und materiellem Reichtum zu tun. Ich wollte auch so bewundert und geliebt werden wie Platte, der viel Szenenapplaus bekam.

Platte war menschlich, moralisch, wie es die Leute mochten, er spielte alles so leicht. Wie von selbst. Er verstellte sich nicht und traute sich auch zu weinen. Er war so wie die Leute, er bot sich an, gab sich aber nicht ganz aus der Hand. Er ließ sich nicht von der Zuneigung der Leute auffressen. Zugleich tat er alles, um bei ihnen anzukommen. Er machte es perfekt, ich verstand ihn sofort. Es war mir vertraut. Doch im Gegensatz zu meinem Spiel, das ich

ja nur mit meinen Leuten teilte, trennte er sich irgendwie innerlich von den Zuschauern, auch wenn er für sie da war. Ich bemerkte es, begriff nicht, wie er es anstellte, wusste nur, dass er
hier das Spiel bestimmte, während mich zu Hause die Frauen auf-
fraßen. Das war's, der kleine große Unterschied.

Woelki brachte mich durch die Schulzeit. Ich war sein Schüler,
er sah mich voraus. Später war er bei all meinen ersten Auftritten
mit der Gitarre dabei. Er tauchte stets unangemeldet auf, wusste
von meinen Plänen, kam, um mich auf der Bühne eines Jugendheims zu hören. Er war an meiner Seite, als es mit meinen Liedern losging, stand unter den Leuten, klein, mit Halbglatze, seinem immerwährenden verschmitzten Lächeln, in Mantel, Jackett
und mit Krawatte, als ich meinen ersten Auftritt mit der Gitarre
in der Berliner Kunsthochschule hatte. Er war da, als meine Leute
mich vergessen hatten. Er war begierig zu sehen, was aus mir wird.

Mit der Zeit war ich immer mehr unterwegs. Ich fuhr auf Vaters
Rad durch meine vertrauten Straßen und führte Selbstgespräche.
Nur selten hatte ich bei ihm auf dem Lenker gesessen, aber die
wenigen Male hatten Spuren in mir hinterlassen. Ich folgte ihnen
unbewusst, ich klapperte jede Ecke ab, die wir gemeinsam umrundet hatten, als wären es die Wege zu mir selbst, allesamt mit seinem Namen asphaltiert. Die Behaimstraße, am Baldur-Kino vorbei, dann in die Wilmersdorfer Straße bis zu Rogacki, wo er
sonntags seine Sprotten aß. Dann zu Hoek, der ältesten Kneipe
Berlins, wo er mir einmal eine Weiße mit Schuss spendiert hatte.

Manchmal erklang Gesang weit über die Wilmersdorfer hinweg, und aus den Fenstern dudelten die Mittagskonzerte. Der Ge-
stank von Tabak und Bier kroch aus den Kneipen, der Geruch nach
Kassler und Kohlrouladen, und die Erinnerungen an ihn. An die
Mittagssonne, die uns beide umfing, nur für Vater und mich gemacht, wenn wir nach dem Essen auf die Straße traten, um nach
Hause zu gehen. Unmerklich fuhr ich diese Straßen wie meine
Erinnerungen an ihn ab. Meinen eigenen Weg musste ich erst finden, seinen suchte ich noch immer.

Ozcko schleppte mich eines schönen Tages mit zu den Pfadfindern, und seitdem war ich dabei und radelte wenigstens zweimal
die Woche ins Westend, zu unserem Clubraum in der Soorstraße,
vorbei am Krankenhaus, in dem Vater gelegen hatte. Tante Rosemarie, Vaters Freundin noch zu Lebezeiten, hatte Mutter ange-
schoben, und ich durfte mitmachen.

Jedes Wochenende verbrachte ich nun mit Ozcko und meinem
neuen Kumpel Ronny in der Sippe Biber, der nur Jungs angehör-
ten. Wir bauten unsere Koten irgendwo im Grunewald auf, eine
finnische Kote, bestehend aus mehreren Dreiecksplanen, die man
erst einmal auf dem Boden auslegte, um sie dann zu verknüpfen.
Die Bahnen waren schwarz und wogen schwer. Jeder von unserer
Sippe besaß einen Affen, ein Überbleibsel aus Kriegstagen. Der
Affe war ein Tornister mit einem Affenfell, meiner war braun.
Und wog schwer, alles wog schwer, der Schlafsack aus amerikanischen Armeebeständen, die Kotenbahnen, der Tornister. Nur die
Uniform war leicht, ich liebte sie von Anfang an. Ein blaues
Hemd, das Halstuch, der Knoten, dann die kurze Lederhose, der
Koppel, das Koppelschloss und das Fahrtenmesser mit der einge-
prägten Lilie, die festen Schuhe und die Kniestrümpfe aus krat-
zender Wolle. Und ich liebte das Wir-Ritual, die Übungen und das
Abtauchen in eine andere Welt. Hier fand ich zu mir. Endlich
durfte ich unter Kumpels sein, in einer Männerwelt.

An den Wochenenden saßen wir abends am Feuer und ließen
die Herzen sprechen. Weniger war es nicht. Jeder hatte seinen
Packen. Die Natur machte es möglich. Wo Ozcko und Ronny und
ich uns fremd waren, brachte sie uns zusammen. Wir wussten
voneinander, wir mussten nicht viel reden, ich sprach sowieso nie
über mein Zuhause. Dafür sangen wir, die Angst verging, wenn
ich sang. Die Angst vor dem, was kommen mag, meiner Haltlosigkeit, seit Vater gestorben war. Wenn wir sangen, gab ich mein
Versteck auf, ich kroch aus der Höhle. Die Ernsthaftigkeit, mit der
wir einander akzeptierten und uns zur Seite waren, das wurde
mehr und mehr zu meinem echten Zuhause, dafür hätte ich alles
gegeben.

Die Sippe
Biber
© *Harald Oczko*

Alles, was vor mir lag, war aufregend, und was ich vergessen wollte, wog schwer, aber mit meinen Kameraden war es gut zu ertragen. Meine aufbrechenden Zweifel, meine Träume, die ich noch gar nicht artikulieren konnte, mein Fahrrad, mein Einsatz in allen Abenteuern, wenn wir unterwegs waren, um Biberdämme und Schluchten zu überqueren. Wir trainierten uns fürs Leben und sangen abends die alten Volkslieder und Pfadfinder-Shanties aus aller Welt. Auch die Fahrtenlieder aus der »Maultrommel«, unserem Gesangbuch. Und die Beatles, immer wieder die Beatles.

Im November 1964 wurde ich vom Landesfeldmeister Weber zum jüngsten Kornett in der Geschichte der Pfadfinder ernannt. Kann sein, dass ich hoch hänge, zu hoch. Das war, nachdem ich die Sippe Adler im Ausbildungslager in Oberwarmensteinach drei Tage lang durch Wald und Flur geführt hatte, in einem aufreibenden Hike, an dem über tausend Pfadfinder teilnahmen. Wir mussten durch Kanalisationsröhren robben, Brücken und Staudämme bauen, hatten denselben Hunger, den ich als Kind schon verspürt hatte, rissen uns die Knie auf, schlugen uns wacker, bauten Iglus und mannshohe Koten. Als ich die Urkunde in den Händen hielt, die silberne Kordel, die sie nach deutscher Art um das Halstuch banden, da war ich glücklich und froh, am Leben zu sein.

In der Schule fand ich einen neuen Freund: Horst Beese. Er stotterte. Seine Eltern hatten ihn vom Gymnasium genommen und bei uns in der achten untergebracht. Obwohl er es draufgehabt hätte. Immerhin war sein Vater Mathematikprofessor. Horst war zwei Jahre älter als ich. Ein heller, eigenartiger Typ, der uns Mitschülern nicht weiter auffiel, als er in die Klasse kam, aber uns in seiner Denkweise und seinen Ansichten haushoch überlegen war. Er lächelte meist, war höflich, und ich weiß nicht, warum, ich mochte ihn von Anfang an.

Horst hätte das Abitur machen sollen, aber er genügte den Anforderungen nicht. Vielleicht rebellierte er auch gegen den Filz der Studienräte und Professoren in seiner Familie, wie ich es getan hätte. Irgendetwas in ihm schlug für die Kunst. Er malte, und er malte gut. Und er war an mir interessiert. Horst wohnte mit seiner Familie im selben Kiez. Wir begegneten uns auf der Straße, blieben voreinander stehen, vorsichtig, beschnüffelten uns wie Hunde. Das war ein wichtiger Moment, keiner kam am anderen vorbei.

»Wat mahachsten?«

»Ich geh zum Club.«

»Kohomm doch mal mit zur Volkshochschule. Die geben 'nen Schauspielkurs.«

»Machste so was?«

»Nein, ick male.«

»Dann lass uns da hingehen, vielleicht bringt's was.«

Es war der Beginn unserer Freundschaft, auch wenn wir erst Jahre später hingehen sollten. Aber die wenigen Worte dieser ersten Begegnung reichten aus, um das Vorhaben in mir einzupflanzen. Dies und das gute Gefühl, doch nicht allein zu sein, Kumpels zu haben, mit denen man durch dick und dünn gehen konnte, nahm ich mit aus jenen Tagen.

Märkisches Viertel

Früher Berliner Sonntag. Ich schnappe mir das Textbuch und stromere los. Erst will ich am Klavier proben, aber die letzte Woche war so voll, so voller Proben, ich muss raus.

Wir haben einen kleinen Theatersaal im Märkischen Viertel bezogen – Stephan ist dort Musikdozent für die Schlagzeugschüler – und es hat sich gelohnt.

Es ist ein kleines Theater, das Abbild eines New Yorker Theatersaals, und wir haben uns mit Mann und Maus für vierzehn Tage dort eingerichtet. Alles ist da, Licht und Ton und schwarze Seitenhänge, und die Stuhlreihen gehen leicht aufwärts. Es ist perfekt. Eine klaustrophobische Situation, mit vier Musikern jeden Tag acht bis zehn Stunden zu proben.

Auf der kleinen Bühne hat Hawo seine Keyboards abgestellt. Ich vermisse seinen Flügel, aber dafür ist kein Platz. Ich wollte eng sitzen, wie damals vor vierzig Jahren in den Berliner Jazz- und Folk-Clubs, Micha sitzt auf einem Stuhl links von mir, Peter mit dem Kontrabass neben Stephans Drum-Set, bitte nicht zu viel, eher weniger mitnehmen.

Die ersten Tage sind furchtbar.

Ich laufe über den Ritterfelddamm, der in die Ortsmitte von Kladow führt, noch ein paar Meter, und ich bin am See. Ich atme die Luft ein und memoriere den Text. Einfach nur laufen und den Text fressen und laut vor mich hin brabbeln. Das mache ich nun schon, seit ich sechzehn bin. Innere Mantren, die Worte, gefährlich, wenn sie zu negativ daherkommen. Liebevoll musst du mit dir sein. Meine Gehirnwindungen sammeln den Text. Ich stolpere voran und rede mit mir selbst. Zum Glück sieht mich keiner. In den kleinen Gärten bereiten sich die Leute auf den Herbst vor, ich mich immer auf die Bühne.

Ich denke an Hawo, Micha, Stephan und Peter, meine Freunde, meine Musiker, meine Begleiter, Streiter, Liebhaber, Saufkumpane, Mitläufer. Ich weiß nicht, was für Prädikate und Pokale ich denen geben soll, die mich über Jahre kennen.

Hawo Bleich, der kleine große Mann mit dem Musiklexikon im Kopf und den zarten, kindartigen Pianistenhänden. Vor fast dreißig Jahren wollte ich einen Pianolehrer und fand zu ihm. Er lebte mit einem Vogel und einem Klavier irgendwo in Steglitz, war inmitten einer Trennungszeit. Wir gaben schnell die Stunden auf und begannen mit den Liedern. Seitdem sind wir zusammen.

Micha Brandt, unser Don Quichotte. Ein kantiger, drahtiger Kerl, er war in den Siebzigern neben Alex Corti der beste E-Gitarrist in Berlin. Sein Spiel ging über die Grenzen hinaus. Er spielt immer noch so, ist aber gütiger geworden, misst sich nicht mehr an den großen Vorbildern. Jetzt trägt er einen Pferdeschwanz, das Haar dünnt aus, aber er läuft Marathon, manchmal Hunderte Kilometer, von Bonn nach Düsseldorf. Einmal im Jahr von Athen nach Sparta. Das hält ihn am Leben.

Mit Micha, Hawo, Peter und Stephan im Friedrichstadtpalast
© Jim Rakete

Peter Keiser, der den Bass spielt, den E- und Kontrabass, der zu uns stieß, weil Ken Taylor abgesprungen war. Nach der »Sänger«-CD. Peter, die Seele unserer Band, der ausgleicht, der Gottes Nähe kennt, der seine Gefühle zeigt. Ich weiß bis heute nicht, was er lieber macht, Jazz oder Pop. Er will den Kontrabass wieder bei uns etablieren. Er gibt mir viel Sicherheit und Boden.

Peter, der Schweizer, der Zwilling seines Bruders Walther. Ein Könner auf dem Bass, wenn er sich verhakt, ist er schonungslos. Alle Musiker haben ihre Eigenarten. Hawo würde nie einen Fehler an sich verzeihen, obwohl er sich Mühe gibt zu vergessen, aber insgeheim hasst er sich für falsche Töne. Peter ist sich selbst gegenüber großzügig, herzlicher. Wir Berliner sind immer noch mit einer Überlebenshaltung unterwegs.

Und dann Stephan Genze an den Drums. Er kam, als Bobby Howell ging. Bobby war so filigran, aber auch so flatternd, und es tat weh, als er ging. Bobby hatte uns so viel Lebensfreude und Spiritualität gegeben, doch ich brauchte mehr Erde. Und dann kam Stephan, der die Mitte hält, unbestechlich und glanzvoll. Anders, als Bob es war. Anders als Stefan Holm, unser erster. Die Schlagzeuger waren für mich immer am schwersten zu finden. Entweder zu laut oder zu fein.

Stephan sieht immer noch jugendlich aus, wenn er hinter seinem Sonor sitzt, vor Energie nicht warten kann. Klare Augen, glatte Stirn und stets wie aus dem Ei gepellt und voll im Trend. Wir sprechen oft über die Schuhe, die Hosen, die Gürtel. Das ist wichtig, wir streiten nie über Geschmack, aber über die Inhalte der Lieder und der Texte. Er ist durchlässig wie kein Zweiter, und die Frauen fliegen auf ihn, und er trommelt wie kein Zweiter. Jazz, Klassik, Pop.

Es sind vier gestandene Musiker. Männer in den Fünfzigern, mit allen musikalischen Wassern gewaschen, und dann komme ich, mit meinen Geschichten und dem ganzen dramaturgischen Aufbau. Nichts klappt, und ich streite gleich über Enge und Strenge auf der Bühne, weil ich von mir ablenken will. Kein Mensch wird das verstehen. Ich will Jazz und Folk und alles Akustische und schmeiße mit Namen herum, um mir innere Verstärkung zu holen: Quincy Jones und François Rauber, der Arrangeur Jacques Brels, der mit uns drei Platten und das Musical »Brel – Die letzte Vorstellung« gemacht hatte.

Und wenn Hawo sich hinter seinem Keyboard duckt, wenn er alles vermeidet, bloß um nicht mit mir Krach zu haben, und Stephan sich hinter dem kleinsten Drum-Set aufrichtet und auf Time geht, wenn Peter, der mich sowieso in- und auswendig kennt, jazz- und rockerfahren ist, weil er bei den Amis spielte, gelassen schaut und Micha nur noch improvisiert, dann weiß ich, dass ich mich verirrt habe.

Es ist immer mein eigener Druck, den ich weitergebe. Sie wissen um diese Krämpfe bei mir. Kennen meine kleinen und großen Paniken. Aber jeder hat dieses Leistungsdenken. Der Druck ist bei allen da, je näher wir der Premiere kommen, desto stärker sieht man es.

Micha zum Beispiel besitzt siebzig Gitarren, was hole ich mir da Quincy Jones und François Rauber zur Verstärkung? Irgendwann sind wir zusammen. Du musst es nur lassen, dann wird es, alles entsteht wie von selbst. Einfach durch gehen und nicht viel denken.

»Micha, bitte nicht vierhundert Gitarren! Am liebsten hätte ich es, wenn du nur eine spielst. Die spanische, die akustische. Nimm nur die, nicht die Stratocaster, auch nicht die Gibson.«

Ich sah Micha das erste Mal Ende der Siebziger im alten Kantkino, wo er in der Ulla Meinecke Band spielte. Dünn wie eine Birke, langes Haar, Ledergürtel und Silberschnalle, kantiges Gesicht – damals war er noch so jung und schön wie ein Prinz. Er verehrte natürlich Jimi Hendrix, aber mehr noch liebte er Gary Moore. Er suchte immer nach dem eigenen Ton. Micha war damals der Hauptgewinn jeder Band. Er spielte wie ein Gott, hielt den Ton und ließ ihn fliegen. Wenn er neben Richard Wester, der bei Ulla das Saxophon spielte, auf der Bühne stand, etwas unbeholfen und wie verzagt, als müsste man sich um ihn kümmern, dann ging es los. Dann sangen Engel.

Stephan hat sich für ein kleineres Drum-Set entschieden, er wird von Sonor gesponsert, weil er einen Oscar bekommen hat. Himmel, und dazu Peters Kontrabass, sie sind alle gut zu mir. Bis auf Hawo, der ist supergut zu mir. Wenn wir durch die Gänge der Musikschule stromern und zur Cafeteria gehen, um einen Milchkaffee zu trinken, spüre ich alle Knochen. Wie werden Sänger alt?

»Ich kann nicht mehr, was soll werden? Dreieinhalb Stunden Text! Die Worte machen mich noch verrückt.«

Mein Freund Jim Rakete kommt. Wir kennen uns seit vierzig Jahren. Er hat die ersten Fotos von mir geschossen, schwarzweiß, im Schlosspark, und war ganz ruhig dabei. Ich stellte mich wie James Dean an einen Baum, und Jim sprach nur englisch mit mir, weil er dadurch mehr Distanz schaffen wollte.

Er taucht auf, ist plötzlich mittendrin, als wäre er nie weg gewesen. Er raucht wie immer Pfeife und schleppt seine Kameras wie einen Sack Kartoffeln mit sich herum. Er sagt nichts. Aber ich weiß, dass er so ziemlich alles bemerkt. Ich postiere mich auf dem Barhocker, ermuntere die anderen mitzumachen. Wir spielen ihm »Was fang ich an in dieser Stadt?« vor. Sehr kantig, sehr erdig. Jim läuft unruhig an der Rampe hin und her. Ich vertraue ihm. Er hört und sieht, und als der letzte Ton verklungen ist, sagt er:

»Lass uns das so drehen. Wir engagieren einen dicken Jungen, und du läufst mit ihm durchs Märkische Viertel.«

Wir werden das Video niemals drehen. Wir wissen es beide. Es geht gar nicht darum, es geht um diesen Moment. Jetzt steht Jim vor der Rampe, in seinem Parka und den ausgebeulten Hosen. Kaut auf seiner Pfeife, schweigt, und dann sagt er plötzlich:

»Wie Micha die Stratocaster spielt, das hat schon was.«

Nach einer halben Stunde ist er wieder weg, so wie er gekommen war.

Seit dem Beginn der Proben wohnt Peter bei uns. Malene hat ihm ein Zimmer bereitet. Er fühlt sich dort wohl, es erinnert ihn an seine New Yorker Zeit. Sie hat alles hergerichtet, Matratzen und Kissen und die Schränkchen, und er hat sein ganzes Reisezeug für

Vielflieger um das Bett herumdrapiert und für seinen alten Kumpel Ferdinand, unseren Chefkater, ein besonderes Plätzchen geschaffen. Weil die sich mögen und Ferdi nachts manchmal zu ihm will, um zu brummen, zu schmusen, ihm die Lottozahlen zuzuflüstern oder Peter an das erdige Leben der Schweizer in den Bergen zu erinnern.

An sich geht Ferdi fast immer zu Malene, weil sie seine Mutter ist, aber Peter mag er, nur zu mir kommt er nie. Wir schlafen in der harten Probenzeit jeder für sich allein. Weil jeder wach wird, ins Bad muss, nervös in der Küche sitzt, telefoniert, und weil ich nächtelang das verflixte Tourprogramm und die unzähligen Texte, immerhin sind es sechzig DIN-A4-Seiten, innerlich wiederkäue und an die Fans denke und mich nicht lösen kann.

Früher Morgen. Sie schlafen alle noch. Ich stelle Ferdi das Futter hin, nachdem ich ihm dreimal das linke Ohr geküsst habe. Er lässt es geschehen, liegt schwer in meinem Arm. Jeden Morgen mache ich es so. Am liebsten würde ich noch früher aufstehen. Ich liebe den Morgen, wenn alles beginnt. Jeder Tag ist neu. Ich liebe Anfänge.

Ich schnappe mir mein Textbuch und ziehe los. Ich will den anderen Weg gehen, am See vorbei und dann hoch in den Wald. Die Route aus der Zeit vor dem Mauerfall, als ich mit Stefan, der in unserer ersten Band den Kontrabass spielte, in das alte Haus eingezogen war. Stefan ist ein guter Bassist, ich nehme mir vor, ihn anzurufen. An dem Tag, als ich ihn bat auszuziehen, sagte er:

»Würdest du mich nicht rausschmeißen, ich würde immer hierbleiben.«

Wir rangen ständig um den eigenen musikalischen Weg. Matthias hatte eine Menge Überväter, gerade im Klassischen. Dann waren es die vielen großartigen Bands aus den USA. Ich suchte etwas anderes. Stefan war immer auf meiner Seite. So wie auch Jörg Suckow und natürlich Matthias. Jeder Musiker ist beim Betreten der Bühne auf der Seite seines Kollegen. Bis es eines Tages nicht mehr stimmt, bis man einen anderen Weg geht. Das bereitet sich lange vor. Ehe es so weit kam, löste ich die erste Band auf.

Das war vor dreißig Jahren. Alles purzelt mir im Schädel herum. Ein Riesenschnauzer schnauzt mich an, sein Frauchen entschuldigt sich. Ich werde langsam wach. Ich spüre etwas vom Lampenfieber, das mich immer quält. Ich erinnere mich an einen Rat meiner Freundin Susi Tremper, einer großen Schauspielerin:

»Die Angst ist o.k. Aber wenn du die Bühne betrittst, bringt sie nichts mehr. Also lass sie dann weg!«

Man darf und sollte keine Erwartungen pflegen. Will sagen: Knips das Über-Ich aus und sei so gut, wie du nur kannst!

Ich habe bisher so viel Glück gehabt. Wenn ich den Text durchgehe, geht es mir besser. Ich bin dann klarer in mir vorhanden. Ich laufe mit dem Buch durch den Wald, und ein paar Jogger kommen mir entgegen und Frauen mit ihren Hunden, und ich beginne die Show mit den Worten:

»Ich freue mich, Sie zu sehen, auch wenn ich nicht danach aussehe, weil wir schon so lange auf Sie gewartet haben.«

Ja, das ist gut, ich entscheide mich für diese Begrüßung. Die Leute verstehen das sofort. Den Witz, die Distanz und die Echtheit des Augenblicks der Freude.

Ich laufe um den See, memoriere Text und lasse die Gedanken kreisen. Am schwersten fällt mir bis heute, meine Begeisterung und Phantasie zu zügeln. Die Zweifel zu erziehen, meinen Kopf nicht immer machen zu lassen, was er mir sagt. Nicht alles auszuführen, was ich denke. Grenzen setzen und meine Energie zu bündeln, weil ich sonst den Boden unter mir verliere und wegzufliegen drohe. Und dann der Hunger nach Bestätigung, die Sehnsucht, bei jemandem anzukommen, geliebt zu werden, auch das macht es manchmal schwer.

Wir stellen zwei Mal fünfzehn Lieder zusammen, ich habe drei Monate an dem Programm gesessen, ich spüre gar nichts mehr. Ich quatsche zu viel, es sind zu viele Worte. Die frühen Lieder sollen auch rein, es ist die Hölle, dazu die Geschichte eines Jungen, der ich mal war. Ich nenne ihn immer den Jungen im Karohemd.

Ich streite mit Stephan, der am besten spielt, wenn er mich in der Geschichte hört und sieht. Er ist so furchtbar genau, ein wahrer Meister am Schlagzeug, der alle Stile aus dem Effeff kennt. Er kann fast jedes Tempo im Schlaf bestimmen, dennoch ist es mühsam, immerfort echt zu sein. Immer vorhanden, immer ehrlich. Manchmal hasse ich mich für diese Posen, denn es kann nach acht Stunden Gehämmer eine Pose werden.

Aber es tut gut, wenn der Wind durch die Fenster tobt, mal saubermachen, den Staub aus dem Kopf bekommen. Ich bin Stephan dankbar, auch wenn er mich in diesen Momenten nervt. Ich nerve sowieso, bin der Trainer, Spielmacher, Sänger, Schüler, Pope und der Lächler, wenn's gebraucht wird. Es ist ein echter Ton, ein wirkliches Abtasten, wer sieht wen, wer bist du wirklich? Wir blöken uns eine halbe Stunde an, wenngleich immer liebevoll, und die anderen sekundieren wortlos, greifen nicht ein.

Dann hauen wir die Instrumente in die Ecke, schmeißen mit Lehm, sinnbildlich gesprochen, schlendern durch die Gänge der Musikschule, machen Quatsch wie Schuljungen und lauern den Mädels auf. Fünf älter werdende Männer, die sehen, wie die Zeit vergeht.

»Mein Gott, ich werde sechzig.«

Wir gehen in die Cafeteria, schielen den Mädels auf die Brüste, durch die großen Fenster fällt die Sonne. Wir sitzen gerne zusammen, lachen viel. Das hält ein wenig die Zeit an, was ja gar nicht stimmt, aber es ist gut, es zu glauben. Stephan und Micha und Peter und Hawo und ich. Die beste Band der Welt.

Stephan kommt für einen Gig, in Luxemburg nicht raus aus dem Vertrag. Er spielt bei Gunther Gabriel, den ich noch aus den Siebzigern kenne. Den ich mag. Der am Rande der Existenz lebt und kämpft und fällt und mir Angst macht mit seinem Image des rauhen Johnny-Cash-Verschnitts. Aber das ist kein Grund, Luxemburg abzusagen. Wir einigen uns, dass er uns einen Vertreter schickt, und überwinden so die Mauer der Kränkung.

Ich bin furchtbar in den Proben, viel zu streng mit mir und den Musikern und dem Programm und mit Malene sowieso. Es ist wie auf der Eisbahn, man läuft und läuft und versucht nicht zu fallen, dabei sind die Stürze das Beste am Laufen, wenn man sich nicht gerade zu doll verletzt. Sie unterbrechen die Routine, und dann steht man auf und läuft weiter, als würde nichts Besonderes geschehen. Wie es halt ist vor einem so großen Gig, die Tour, die Show, das süße Leben eben. Wo die Hölle dem Himmel nahe ist.

Dann steht der dramaturgische Bogen still. Erst Tage später verstehe ich den Grund. Stillstand ist das Beste, was mir passieren kann. Ich muss die Nabelschnur zur Vergangenheit kappen, erst dann kommt der Schrei. Ich bin im zweiten Teil viel freier. Das ist meistens so, ein Teil ergänzt den anderen. Nach zwei weiteren Durchläufen haben wir's geschafft. Wir bibbern vor der Premiere.

Am Abend verteilt Reinhard in der griechischen Taverne Mylos zu viel Feuer. Wir hocken die halbe Nacht zusammen, Hella, Reinhard, Malene und ich. Keiner weiter, der uns stört. Und ich falle endlich in das altbekannte griechische Flair, das mich vor Entfremdung bewahrt. Ich lasse mich gehen. Einfach nur essen und trinken und miteinander reden. Wäre da nicht unser Streit gewesen, der sich zwar auflöste, aber noch anhält. Malene kann nicht mehr, sie erträgt diese Probenzeit nicht, mich auch nicht. Diesen selbstbesoffenen, vor sich hin brabbelnden Hysteriker, der ich in den Probenzeiten bin. Das Chaos im Haus. Mit Peter geht's, der gleicht aus. Es ist gut für Paare, wenn ein Dritter da ist. Es darf nur nicht zu weit gehen. Ich verstehe sie, aber ich kann nicht anders. Der Druck ist enorm. Die Vorbereitungen für die Konzerte sind kaum zu ertragen.

Wir sind pünktlich, wir halten uns an die Spielregeln, wir machen Pausen und sind diszipliniert. Aber die ganze Probenzeit gehst du mit der Unsicherheit dieses alles umfassenden Nichts um. Du musst erfinden, du weißt nicht, wohin, du schleppst deine Erfahrungen mit und schreist hysterisch die Leute an. Du vergleichst dich mit anderen Sängern und heulst in der Nacht, und plötzlich, wie von Zauberhand, löst sich der Knoten. Darauf wartest du die ganze Zeit. Manchmal passiert es erst vor den Leuten. Das ist dann der absolute Höhepunkt. Welch ein Wahnsinn, und das habe ich mir ausgesucht. Ich bin mir nicht sicher.

Reinhard verteilt Ouzo, es tut gut, aber ich darf das nicht und will es doch. Wir trinken und essen die halbe Nacht. Nicht zu viel und nicht zu wenig. Lamm, Huhn, Käse, Salate, Fisch und danach Joghurt mit Honig. Eine kleine Fressorgie. Langsam komme ich zu mir. Malene mag mich auch wieder, wir zärteln miteinander, ich gebe ihr einen Kuss. Hella sagt: Alles wird gut.

Wir haben absichtlich das kleine Theater im Fontanehaus gewählt. Einmal durchgehen, den ganzen Weg des Programms, ohne übliche Routine. Loslassen, was du dir gemerkt hast. Das ist der wichtigste Schritt. Absichtlich hatte ich die eigentliche Erzählung zwischen den Liedern offengehalten. Der innere Steuermann sollte ran, der Kontrolleur sollte gehen. Man kann sich nicht vorstellen, wie nervig es ist, diese drei Stunden unter einen Hut zu bringen.

Ich bin nervös, kann die Energien nicht steuern, verliere mich in Kontrollgängen, will erwachsener sein. Männlicher, nicht so haltlos. Den anderen geht's wohl ähnlich. Hawo schert immer wieder aus, er ist der beste Pianist, den ich kenne, er verfügt über die Klassik wie den freien Jazz, aber sobald die Band einsteigt, Peter mit seinem soliden Grundton und Micha, den ich bis zum Schluss der Proben quäle, bis er die Stratocaster, die Gibson und die anderen Gitarren aufgibt, sobald Stephan die Grundtöne festhält, die Band zusammenwächst, es einen Ton gibt, denkt Hawo, zu kurz zu kommen, er macht zu viel, kann die Töne noch nicht begrenzen. Will es nicht. Zu viel ist nicht genug. Weniger ist mehr. Dann geht Hawo wieder mit, und fügt es zusammen.

Immer halten sich hochprofessionelle Musiker in diesem Stadium der Proben mit ihren Talenten zurück, als hätten sie Furcht, sie zu vergeuden. Ich kenne das vom Theater. Im Grunde will man sich nicht verlieren, hat Angst, in einen unkontrollierten Raum zu gehen, zu viel oder auch zu wenig zu machen, das innere Geländer zu verlieren. Es ist immer das Gleiche. Einer muss sagen, wohin die Reise geht, dann kann sich der Rest der Truppe daran schubbern.

Ich erkläre nichts, lasse vieles offen, es gibt jeden Tag einen anderen dramaturgischen Ablauf. Als uns meine Freundin Antje Vollmer besucht, kommt die Geschichte das erste Mal zusammen. Sie kann das Gesicht öffnen, und ich kann auf die echten Töne gehen, ich verstecke mich nicht mehr. Der Junge im Karohemd, der ich mal war, und Berlin und die Geschichten der Alten und Vaters Tod und dann der zweite Teil nach der großen Flucht, die Bühne, immer wieder nur die Bühne. Das Entertainment und die Zweifel, die mich ein Leben lang begleiteten. Dann die Einsicht, die ich immer erst nach so einem Durchgang finde: Dein Wille geschehe.

Endlich, Malene ist zu den Endproben in den Proberaum gekommen, und ich bin froh, dass sie da ist. Sie sieht mich am klarsten. Jetzt sitzt sie vor uns im leeren Zuschauerraum, im braunen Rolli, die blonden Haare nach hinten geworfen, ihr schönes Gesicht, die Augen, so wie ich sie vor dreißig Jahren in Griechenland kennengelernt habe. Mein Gott, vor dreißig Jahren! Ihre Hände, der feine, herbe, manchmal spöttische Zug um den Mund, sie wirkt müde um die Augen, hat uns begleitet, ist da, unbestechlich, ich pass auf, dass ich sie nicht idealisiere. Aber jetzt brauche ich ihr Urteil, jetzt, vor der Premiere.

Als ich bemerke, wie sie absichtlich bei manchen Zeilen wegschaut, um mich nicht am Spiel zu hindern, geht es besser, weil ich mir glauben kann. Und dem Text, meinen hölzernen ersten Bewegungen, den Pointen, die noch nicht sitzen. Ich habe endlich wieder die Distanz, um Malene als meine Frau, als meine Geliebte zu sehen. Nicht nur als einen Teil von mir, symbiotisch, verkettet, wie alle Paare. Die Probenzeit hatte uns getrennt, und das war gut so. Nun kann ich sie wieder lieben, weil sie ein paar Meter von mir entfernt in der ersten Reihe sitzt. Und ich bin ihr dankbar, dass sie sich nicht von meinen Tricks berauschen lässt.

Wir sind alle müde. »Müde spielst du am besten«, hatte Kurt Hübner, mein erster Theaterregisseur, immer zu mir gesagt. Ich habe Angst vor der kommenden Nacht.

3

»You know you're allright
Lord, you're outta sight«
(Song »Out of Sight« von Them)

Es war Nacht. Nicht tiefe Nacht, eher später Abend, es dunkelte
schon. Ich hetzte die Schustehrusstraße hinunter. Ich wollte unbedingt pünktlich sein. Ich hatte es Mutter versprochen.

Ich lief schnell und konzentriert. Die Gitarre schlug im Takt gegen mein Knie. Ich besaß mit meinen fünfzehn Jahren ziemlich
ausgeprägte Armmuskeln, die ich mir beim täglichen Expander-
ziehen zugelegt hatte. Ich war stark, ich konnte vieles tragen und
sehr schnell laufen. Im Sprint auf hundert Meter zog niemand an
mir vorbei. Ich war jetzt Mitglied in einem Leichtathletikverein,
dem Berliner Sport Club. Siegfried Kressin, ein Klassenkamerad,
hatte mich dorthin gelockt. Mindestens dreimal in der Woche ging
ich zum Training.

Siegfried war kein richtiger Freund, nur so eine Art Vermittler,
die Mädchen flogen auf ihn. Er hatte die Haare bis in die Stirn gekämmt und trug Hosen mit einem 52er-Schlag. Seit diese Hosen
in Umlauf kamen, war ich völlig vernarrt in die Dinger. Ich konnte
Mutter überreden, mir eine bei Hosen Kohnen in der Wilmersdorfer Straße zu kaufen. Sie hatte leider nur einen 42er-Schlag.
Sie sah ein bisschen verhungert aus, aber ohne diese Hose ging
ich nicht mehr aus dem Haus. Dazu die hellblaue Polyesterjacke,
die ohne Kragen, die auch die Beatles trugen. Ich mochte meine
Sachen irrsinnig gern. Die Schlaghose, die Jacke, die Wildleder-
schuhe. Spitz zulaufende, schmal geschnittene Schühchen, in denen ich kaum Halt hatte, aber die einfach dazugehörten.

Die Gaslaternen gingen an und warfen diffuses Licht aufs Pflaster. Es nieselte. Zwei Typen in Windjacken kamen mir entgegen.
Ich lief schneller, ich wollte nach Haus. Ich war auf dem Heimweg

von einem Gesangswettbewerb in einem ehemaligen Kino am Richard-Wagner-Platz. Ich hatte Mutter davon erzählt, sie hatte keine Einwände gehabt. Jedes Wochenende fanden diese Wettbewerbe statt, und ich hatte mir meine Gitarre geschnappt und mich unter die Mädels und Jungs gemischt.

Typen in Fellwesten spielten gerade einen Titel der Troggs, der Sänger konnte sehr gut englisch. Ich war nach ihnen dran und sang das Lied:

»Du musst jetzt gehen, ganz einfach so, du musst jetzt gehen, ach sei doch froh.«

Es war mein erstes eigenes Lied, es war furchtbar traurig, und ich hatte dafür nur zwei Akkorde, in d-Moll und in G-Dur. Es war ein Abschiedslied, ich weiß nicht, wie ich darauf gekommen bin, es flog mir einfach zu.

Ich habe mich auf die Bühne neben dem Tresen gestellt und denen mein Lied gesungen. Ich fühlte mich ganz elend. Mein Mund war völlig ausgetrocknet und das Ziehen unterm Bauchnabel hörte nicht auf. Ich machte es aber ganz gut und sang, so laut ich konnte.

Es waren ungefähr dreißig Jungen und Mädchen aus unserem Kiez da. Erst haben sie alle gequatscht, aber als ich begann, wurde es still. Die Stille war schon komisch, ich habe mir vor Aufregung beinahe in die Hosen gemacht. Nach drei Minuten war es vorbei.

Die Jury, bestehend aus dem Kellner, dem glatzköpfigen Besitzer und seiner Freundin, beriet sich kurz, und dann verkündete der Glatzkopf: »Der erste Preis geht an Klaus-Dieter Hoffmann mit dem Lied ›Du musst jetzt gehen‹. Na, dann herzlichen Glückwunsch!« Ein paar klatschten, und seine Freundin drückte mir ein Rasierwasser und zwei Flaschen Sekt in die Hand.

Ich stieg sofort von der Bühne runter und haute ab. Kassieren und gehen. Vor drei Wochen hatte ich im Jugendheim Zillestraße mit dem gleichen Lied den dritten Preis gemacht. Mittlerweile hatte es sich wohl im Kiez herumgesprochen, jedenfalls mochten sie es.

Ich lief die letzten Meter schneller. Die Flaschen unter meiner Jacke waren immer noch kalt. Ich freute mich auf Mutters Gesicht. Es würde sie umhauen. Ich war ganz berauscht von dem Gedanken, ihr alles klitzeklein zu erzählen. Sie wusste ja, dass ich seit Monaten auf meiner Gitarre spielte. Sie hörte mich jeden Tag und schwieg dazu. Sie staunte nur, was sollte sie auch dagegen tun. Sie konnte mich nicht daran hindern, außerdem mochte sie Lieder. Als ich ihr das Lied vorgespielt hatte, weiß der Himmel, wie ich darauf gekommen war, hatte sie mich nur angesehen und absolut nichts gesagt.

Die Gitarre war schwer, aber es machte mir nichts aus. Ich fand nichts wichtiger, als eine Gitarre zu besitzen. Eine Gitarre machte alles möglich: Mädchen, Tanzen, Begehrtsein. Ich hatte sie vor ein paar Monaten einem Typen für 15 Mark abgekauft. Er wohnte am Stuttgarter Platz, in einer Gegend, wo die Nutten standen und es Zocker gab und die gefährlichen Typen aus der Donna-Gang sich herumtrieben. Ich ging trotzdem hin. Ich wollte die Gitarre sofort. Sie lehnte in einem Sessel neben dem Bett des Typen, eine schwarze Framus mit Holzsteg und hohem Saitenabstand. Das war mühsam zu spielen, aber es war mir egal. Die Vorstellung von mir und einer Gitarre elektrisierte mich.

Der Typ lümmelte in Unterhemd und Jeans auf seinem Bett und glotzte nur. In der ganzen Bude lagen seine Klamotten herum, und ich hatte ein flaues Gefühl, weil ich noch nie bei einem Fremden gewesen war. Aber er war nett. Er war älter als ich, vielleicht Mitte zwanzig.

»Ich habe auf dem Zettel bei uns im Hausflur gelesen, dass Sie eine Gitarre zu verkaufen haben«, sagte ich zu ihm, blieb aber in der Tür stehen.

»Ja, klar, kannste haben. 15 Mark, was meinste? Is 'ne dufte Gitarre, und das Akkordheft kriegste dazu. Brauchst nur drei, vier Akkorde, steht alles drin, verstehste? Und dann übste. Is ganz einfach, guck mal!«

Er legte mir den Gitarrengurt um. Sie war ziemlich schwer, doch es machte mir nichts aus, sie hätte Tonnen wiegen können. Sie war an sich viel zu groß für mich, und ich konnte überhaupt nicht spielen, aber in diesem Moment loderte es wie Feuer in mir. Ich hatte noch nie irgendwem etwas abgekauft. Aber ich spürte, dass es wichtig für mich war, die Framus zu besitzen. Ich gab ihm die 15 Mark, und sie war mein. Der Typ war ganz erstaunt, so schnell hatte noch keiner eine Gitarre bei ihm gekauft, aber er blieb freundlich. Ich nahm also die Gitarre und das Heft, bedankte mich und wollte gleich wieder weg.

»Wat spielsten? Wat hörsten? Folk, Blues? Kannste allet machen. Is 'ne Jazz-Gitarre, hat hohe Saiten, aber det packste.«

Doch da war ich schon raus. Von Ungeduld getrieben, rannte ich sofort nach Hause. Die Gitarre hielt ich wie eine Trophäe in der Hand, doch irgendwie war es mir peinlich, sie so nackt vor mir herzutragen. Sie wirkte schutzlos, und ich hatte doch ab jetzt für ihr Wohlbefinden zu sorgen. Also organisierte ich mir einen Sack, einen Beutel aus grobem Tuch, in dem ich sie Tag und Nacht mit mir herumschleppte.

Seit dem Tag spielte ich auf der Framus, sooft ich konnte. Ich brachte mir alles selbst bei. Mit dem Akkordheft, das der Typ mir vermacht hatte. Ich war auf keine Richtung festgelegt, kannte ohnehin nur Ray Charles und Pete Seeger und Bob Dylan von einer Platte, die Mutter mir geschenkt hatte. Ich wollte es wissen, ich brannte regelrecht. Seit Vater tot war, spürte ich das. Die Filme und das Zeug mit den Helden in meinen Büchern. Ich wollte kein Verlierer sein. Wollte etwas aus mir machen. Irgendwas.

Mit Mutter und Hertha und Rödellinchen tanzte ich nach wie vor jeden Abend, Walzer, Foxtrott, sogar Charleston, aber seit ich Bob Dylan entdeckt hatte, war es anders. Ich mochte die Schlager nicht mehr, sie erreichten mich nicht, ich fand sie zu kitschig. Obwohl mein Englisch saumäßig war, verstand ich, was Dylan sang. Ich liebte seine Stimme und wie er pickte. Das wirbelnde Picken mit den Fingernägeln, das wollte ich lernen, das würde ich mir beibringen. Ray Charles gefiel mir auch, vor allem, wenn er aus sich herausging, wenn er schrie und gleichzeitig sang.

Ich schleppte die Framus überall mit mir herum. Ich hockte mich in eine Ecke und fing an. Ich spielte am liebsten, wenn mir keiner dabei zuhörte. Allein sang ich auch am besten. Meine Stimme klang furchtbar, fand ich. Viel zu weich, zu brüchig. So war es schon im Hort gewesen. Ich wurde viel zu schnell heiser, aber ich achtete darauf. Ich würde es packen.

Alle meine Kumpels setzten auf die Lehrzeit, ich setzte auf die Gitarre. Ich erfand ein paar Worte, und dann legte ich los. In der Küche, vor Rödellinchens Tür. Ich dachte daran, sie in die Schule mitzunehmen, um bei den Mädels Eindruck zu machen. Bei unseren Pfadfindertreffen im Clubkeller des Jugendheims in der Soorstraße hatte ich sie immer dabei. Dort wurden auch Wettbewerbe veranstaltet, immer sonnabends, wenn die Bands spielten.

Ich weiß nicht, woher ich das Selbstvertrauen nahm, dort mitzumachen. Vielleicht von einem Erlebnis bei Horst. Er und sein Bruder Klaus besaßen ein Tonbandgerät, und eines Tages bat mich Horst, ein Lied darauf zu singen. Ich tat es, obwohl ich so etwas noch nie gemacht hatte. Ich sang ihnen den Song »Maggie's Farm« von Dylan vor.

Von den Titeln auf meiner Schallplatte war das mein Lieblingslied. Ich verstand nur wenig vom Text, konnte es aber gut interpretieren. Es kam wie von selbst. Es elektrisierte mich. Zweimal sang ich das Lied auf Band und fühlte mich gut. Ich sang es nicht wie Dylan, kopierte nicht seine Näselei, mit der er sich bemerkbar machen wollte. Ich sang es auf meine Weise. Es saß.

Horst spielte das Band seinem Vater vor, der es für gut befand. Er war zwar misstrauisch, was Typen mit Gitarren anging, aber er fand das Lied gut. Da begann ich ihn zu mögen. Er war ein spindeldürrer Intellektueller, hatte einen Arm im Krieg verloren, was ihn anders machte als die anderen Erwachsenen. Aber unsere Solidarität hatten ja alle Väter. Egal, wie zerschunden und müde sie zu Hause herumliefen. Manche wie die Schatten ihrer selbst.

Horsts Vater war ein Kontrollfreak, der mir etwas Angst machte, weil er so klug war. Dazu noch Professor an der Uni. Vermutlich hatte er sämtliche Lexika der Weltgeschichte auswendig gelernt. Ich fühlte mich wie behindert, zu wenig gebildet, zu viel mit mir selbst unterwegs. Ich sah nicht, dass all die Steine, die ich im Inneren mit mir herumschleppte, auch etwas Gutes haben könnten. Nur Horst verstand das. Er empfand mein Manko immer als Reichtum.

Im Grunde war mein Misstrauen mir selbst gegenüber ein echtes Klassenproblem, obwohl ich schon damals dieses Wort unsäglich fand. Ich war eben ein Arbeiterkind. Mein Vater hatte nicht die Zeit und Kraft gehabt, mir seinen Bildungsreichtum zu vererben. Die ganze bürgerliche Aufmachung von Horsts Familie fand ich irgendwie beängstigend und anziehend zugleich. Die Möbel, die Rituale bei Tisch, das ständige Telefonieren mit irgendwelchen Verwandten und Großeltern. Horsts Mutter war sehr nett, redete aber unentwegt auf Horsts Schwester ein, und die hielt sich abseits, schlief in einer Kammer im hinteren Teil der Wohnung. Eigentlich organisierten sie ihren Tag wie alle Familien, waren keine Superfamilie und lebten miteinander auch wie getrennt, jeder hatte so seinen Packen zu tragen.

Ich war der willkommene, aber eigenartige Gast mit der Gitarre. Als ich einmal dort übernachtete, rutschte mir am Morgen das Messer ab, als ich das Frühstücksei köpfte. Das Ei platzte auf, und das Eigelb floss auf die handgestickte Serviette aus altem Familienbestand. Sie lachten zwar und sagten, es wäre nicht schlimm, weil man ja alles waschen könne, aber mir war mein Missgeschick peinlich. Ich fühlte mich draußen, ich gehörte eben nicht hierher. Dieses Gefühl sollte mich lange nicht verlassen. Trotzdem tat es gut, mit einer Familie morgens am Tisch zu sitzen.

»Bitte notieren Sie sich nicht alles, was wir hier sagen und tun.«

Horsts Vater betonte es so nachdrücklich, als hätte er Angst, am nächsten Tag in der Zeitung zu stehen. Woher wusste er, dass ich mir Derartiges merken würde?

Horst ließ mich an dem Tag noch zweimal das Dylan-Lied aufsingen und gab mir dann das Band als Erinnerung mit. Es war wie der Start in ein neues Leben. Ich fühlte mich wesentlich.

Es war feucht auf der Straße, die Nacht brach herein. Die Nacht, die ich seit Vaters Tod so fürchtete. Es war nicht die Dunkelheit, die mir Angst machte, es war eher die Stille. Sie ließ dunkle Gedanken kommen, Traurigkeiten, die man nicht erklären konnte. Wenn ich sang, vertrieb ich sie.

Da war unser Haus. Im Dunkel wirkte es noch grauer. Nur bei uns im Zweiten brannte das Licht. Mutter stand auf dem Balkon und rauchte eine Zigarette. Ich konnte sie hinter den Blumenkästen erkennen. Sie sah aus wie ein Stummfilmstar. Sie hatte auf mich gewartet.

»Ich hab zwei Flaschen Sekt gewonnen«, rief ich zu ihr hoch. Die Gitarre klapperte gegen mein Knie, und die Flaschen klebten an meinem Oberkörper.

»Nicht so laut, Klausi, die Leute schlafen doch schon.«

Sie lachte, sie war gut drauf, sie hatte auf mich gewartet. Sie würde stolz auf mich sein. Mit einer Hand schloss ich die Eingangstür auf, ich konnte es gar nicht erwarten und nahm drei Stufen auf einmal. Ich fühlte mich so gut. Trotz meiner Hemmungen hatte ich es geschafft. Ich hatte den ersten Preis gemacht und zwei Flaschen Sekt und ein Herrenparfüm gewonnen. Total begeistert und überglücklich hetzte ich die Treppen hoch. Sie öffnete mir die Tür. Gleich würde ich ihr alles erzählen.

Als ich dem Typ die Gitarre abkaufte, wusste ich nicht, worauf ich mich einließ. Die Songs waren ja längst in mir, sie wollten nur noch raus. Mir war das damals nicht klar. Ich folgte intuitiv einer Spur und wollte unbedingt der ganzen Welt meine Liebe zeigen und was mir fehlte, und die Gitarre war der Lockvogel, das spürte ich schon, als ich vor diesem Typen stand.

Ich habe lange gebraucht, meine ersten Lieder zu verstehen, sie flogen mir einfach zu. Das Traurige, das Flehen, der unbändige Zorn – das mit den Gefühlen war ein einziger Klumpatsch, den ich einfach rausließ. Gesungen hält man das alles aus, gesprochen eher nicht. Ich hätte niemals über Liebe sprechen können, singen schon eher, obwohl die ersten Lieder ein einziger Widerspruch blieben. Die Gitarre machte es möglich, sie war wie ein Hund, der mich begleitete, wenn ich nachts allein unterwegs war. Sie gehörte zu mir. Die Gitarre hat mir von Anfang an geholfen, die sogenannte Realität zu begreifen. Zu viel war in mir verschroben und durcheinander, ich brauchte etwas, woran ich mich festhalten konnte.

Es sind die Uferlosen, die immerfort bis an den Rand wollen und in Gefahr sind zu fallen. Ich hatte stets das dunkle Gefühl, auch so einer zu sein, und wollte dennoch unbedingt so werden wie diese gebrochenen Typen, die ich im Kino bewunderte. Wie Montgomery Clift, wie Marlon Brando, wie James Dean. Ich hatte mittlerweile nur den einen Wunsch, frei zu werden. Hinauszukommen aus unserem Frauenhaus. Obwohl ich sie alle so sehr liebte und eine Riesenangst hatte, ohne sie zu sein. Als ich das erste Mal ein eigenes Lied begann, wurde diese Sehnsucht mein Motor. Es war, als würde ich in ein Flugzeug steigen, abheben und gleichzeitig befürchten, nie wieder runterzukommen.

Ganz mit mir allein, nur mit der Gitarre fing ich an. Voller Ungeduld setzte ich mich an den großen Tisch im Mittelzimmer und versuchte die ersten Akkorde. Ich konnte nicht singen, es war ein nach außen bemühtes Murmeln, ich hatte ja keine Vorlagen oder Lieder. Mein Englisch war grauenhaft, ich improvisierte, gab einfach Laut, bis es mir gefiel. Die Stimme war eher blechern und kantig. Nach einer Zeit gefiel ich mir besser, mehr war es nicht. Ich vergaß alles andere um mich herum. Kann sein, dass jemand hinter mir herumwerkelte, Mutter oder Rödellinchen, mir war es egal, mich störte nichts.

Ich schuf mir meine eigene Welt, mit leiser Diktion, ohne Festigkeit, eher zitternd legte ich los. Zupfte und schlug auf die Saiten, und das Verrückte war, dass etwas entstand. Ein kleines Ding, ein Lied, ein Vögelchen, es berauschte mich, ich hatte etwas mir völlig Unbekanntes geschaffen. Drei Akkorde und ein paar Worte. Später trainierte ich diesen Vorgang bei den Pfadfindern, am Lagerfeuer und auf den Fahrten unterwegs, in der Bahn oder wo immer ich die ersten Schritte tat.

Aber kein Moment war dem gleich, wenn ich mit einem Song begann. Es waren nur drei, vier Minuten, und ich war bei mir und alles war in Ordnung, hatte Struktur und vor allem, ich war nicht mehr allein. Die Gitarre gab mir Schutz. Wenn ich sang, flogen die Ängste weg. Ich fühlte vom ersten Augenblick an, als ich die Framus in den Händen hielt, dass sie die Chance meines Lebens war. Sie würde mich glücklich machen, mit ihr würde ich Anerkennung und Liebe finden. Ein furchtbarer Trugschluss, ein Glück war ich jung.

Ich hatte nun einen Weg gefunden, mich und meine Gedanken zwar in noch unverständlichen Kurzgeschichten, aber doch immerhin auszudrücken. Ich musste mit mir sehr geduldig sein. Aber ich wollte, und ich litt, und meine große Begeisterung für Lieder trug mich. An guten Tagen erlernte ich drei Akkorde, die einen Sinn ergaben. G-Dur, D-Dur und C-Dur waren die ersten Akkorde, die ich mir merkte. Es ging ganz leicht. Dagegen bereiteten mir die Barré-Griffe enorme Schwierigkeiten, doch ich arbeitete mich mit Demut und Geduld durch das Akkordheft. Die Finger schmerzten, die Fingerkuppen hinterließen nach kurzer Zeit Blutspuren auf dem Griffbrett. Irgendwann schaffte ich es, mir eine singbare Melodie zu bauen.

Die Gitarre ging mit mir schlafen und war da, wenn ich morgens erwachte. Sie sah nicht besonders schön aus, war eben eine altmodische Schlag-Gitarre, aber sie gehörte mir. Eigentlich waren wir uns sogar ziemlich ähnlich. Ein wenig zu weich und sogar im Ansatz dickbäuchig und sehr schwer zu tragen.

Die Gitarre und die Musik brachten mir das Sonnenlicht meiner Kindheit zurück, wenn es durch das vordere Fenster unseres Wohnzimmers fiel. Es kam von der Straße her und ergoss sich wie weiches Wasser über das ganze Parkett. Verzauberte die Möbel und liebkoste die Tapeten, die wir noch zu Vaters Lebzeiten alle paar Jahre auswechselten. Es verbreitete eine ansteckende Heiterkeit, machte alle fröhlich. Wenn ich die Gitarre anschlug, verband sich ihr Ton mit diesem Licht. Ich hatte meine innere Sonne gefunden. Ich begann, meinen inneren Film zu vertonen, es kam Musik und Hoffnung in meine Stille.

Mein erstes eigenes Lied, mit dem ich die Sektflaschen gewonnen hatte, war entstanden, nachdem mich Ines, ein hochgewachsenes, bildhübsches Mädchen aus der 9a, schmählich verlassen hatte.

Im Grunde war sie gar nicht mein Typ, ihre Freundin Jutta mochte ich viel mehr. Ines war eine kleine Königin, man munkelte, dass sie die Tochter eines berühmten Schriftstellers sei. Sie wurde auf mich durch die Gitarre aufmerksam. Solange ich schwieg und ab und zu in den Gängen der Elisabeth-Schule auf der Gitarre zupfte, war es gut, mit mir zu sein. Wenn ich den Mund auftat, wurde es schwieriger, ich sah es an den Gesichtern. Ich redete in Hieroglyphen. Ich war scheu und hielt mich für einen armen Tropf, der so einem hübschen, klugen Mädchen niemals gefallen könne. Ich glaubte wirklich, nicht reich genug zu sein. Ich war von ihrer Schönheit dermaßen angetan, dass ich mit ihr nur in geheimnisvollen Bildern sprach. Nach ein oder zwei hilflosen Küssen erteilte mir Jutta auf einem Ausflug ins Olympiabad Nachhilfe.

»Du musst die Zunge benutzen, schau, so!«

Dann küsste ich Jutta. Sie war die Tochter eines Bäckers aus der Danckelmannstraße und viel dicker als Ines, aber ich küsste sie gern.

»Ines sagt, du schlabberst.«

Ich fühlte mich ungelenk vor den Mädchen, verbarg meine Unsicherheiten und verabredete mich nie mit ihnen. Wenn ich sie traf, dann nur in der Schule.

Ein einziges Mal und ohne dass Mutter davon wusste, besuchte ich Ines zu Hause. Sie bewohnte mit ihrem Vater eine große Fünfzimmerwohnung in der Wilmersdorfer Straße. Sie hatte die Haustür angelehnt und saß vor dem Schminktisch. Sie machte alles ganz selbstverständlich, und ich verstellte mich, so gut ich konnte. Ich trug die blaue Polyesterjacke und hatte mir die Haare in die Stirn gekämmt. 15 war ich, in der zehnten, der letzten Klasse, bevor es losgehen sollte.

Ich holte sie zum Tanzen ab. Es war ein schöner Sommertag, und während wir zur Beat Hall, einem dunklen Laden am Tegeler Weg, schlenderten, wechselten wir nur Filmdialoge. Ich war der

Verschlossene, der Geheimnisvolle, den ich mir in meinen sonntäglichen Kinobesuchen abgeguckt hatte. Ich wäre gerne auf einem Pferd dahergeritten. Ich war einfach nicht zu packen, und je mehr ich alle Register zog, desto unsicherer wurde das Mädchen neben mir.

Der Abend war ein Reinfall, es gab eine Clique von Raubeinen, die sich mit jedem Neuankömmling zofften. Den ganzen Abend tanzte ich mit Ines, ohne ein Wort zu sagen, dann forderte mich ein Junge auf, mit ihm rauszukommen, er wolle sich gerne mit mir prügeln. Ich schaffte es gerade noch, ihm sehr ernst sein Anliegen auszureden.

»Ich kann nicht, ich würde gern, aber ich muss nach Hause.«

Es klappte, ich musste wirklich zurück. Die Uhr, Mutter, meine ganze Geschichte. Ich türmte. Ich fühlte mich feige und als der totale Verlierer, der die Königstochter zurückließ. Es war kein guter Anfang.

Wir kamen nicht zusammen. Auch, weil ich ihr eine Karte schrieb, auf der ich ihren Namen fälschlicherweise »Inis« buchstabierte. Das war das Ende.

Damals hatte ich schon die Pose des Verlierers, dabei hasste ich doch Verlierer, Opfer, Typen, die arm waren, die am Rand standen. Ich wollte kein Opfer sein, niemals so enden wie Vater, nicht ich, bloß nicht krank werden. Ich war gut in Sport, in Deutsch und auf der Gitarre. Und verlässlich, scheu, auch furchtsam, aber nur gezwungenermaßen. Mutter tat ein Übriges:

»Pass auf, dass dir nichts passiert!«

Der Satz, den ich immer wieder umdrehte, damit ich nicht zurückblieb, wenn alle Welt sich drehte.

Ich wusste instinktiv um meinen Weg, hatte nur eine Ahnung, wollte mich zeigen. Ich wollte viel Geld machen, und keiner sollte wissen, wer ich wirklich war. Ich fühlte einen ungemein starken Ehrgeiz in mir, ganz wie bei meinen Sprints, die ich nun fast jedes Wochenende irgendwo in Berlin auf einem Sportplatz austrug.

Ein Mitläufer hatte mir ein paar ausgeleierte Laufschuhe mit angeschraubten Spikes geliehen, sie waren knallrot und ungemein weich. Ich war in diese Schuhe genauso vernarrt wie in meine Gitarre und gewann fast jeden 100-Meter-Lauf. Es war berauschend, bis auf die Sache mit meinen Unterhosen. Es war mir furchtbar peinlich, wenn ich an den Mädchen vorbeiflog, die meine Laufkünste bewunderten. Ich wusste, sie konnten meine weißen, überlangen, unförmigen Rippenschlüpfer sehen, die unter der kurzen Sporthose hervorlugten. Mutter bestand auf die Dinger, ich litt, konnte mich aber nicht gegen sie durchsetzen.

Darum lief ich auch so schnell. Es ging mir um mehr als den bloßen Sieg. Als Erster durchs Zielband zu laufen war schon fast selbstverständlich für mich. Ich wollte das Gefühl von Freiheit und Unabhängigkeit danach auskosten. Ich wusste, wenn ich so weitermachte, könnte ich mir eines Tages alle Unterhosen der Welt leisten. Schickere, kleinere, knallenge und aus Kunststoff, die hoch in Mode waren. Eminence hieß eine Marke, die ich liebte. Bloß nicht Schiesser. Keine Schiesser-Unterhose, auf gar keinen Fall.

Weil die Besuche im Osten ausfielen und Trudchen mit Onkel Bruno irgendwo in die Nähe von Hannover gezogen war, fuhren Mutter und ich fast jedes Wochenende zu meiner Tante Rosemarie, einer Freundin von Vater, die mit ihrem unehelichen Sohn Volker eine riesige Altbauwohnung in der Kastanienallee im Westend bewohnte. Ihr Mann Herbert, Volkers Stiefvater, war ein paar Jahre zuvor an Krebs gestorben. Ich hatte ihn sehr gemocht, er war ein feiner Mann, stets tadellos gekleidet, ungemein gebildet und grenzenlos geduldig, und er hatte sich immer so viel Mühe mit Volker gegeben.

Rosemarie war meine schöne, intellektuelle Tante, und für Mutter und mich waren die Besuche bei ihr eine Oase. Wir genossen die Sonntage im Kreise ihrer jüdischen Freundinnen, die regelmäßig zum Kaffee kamen. Partnerlose Frauen, überschminkt und extravagant, und alle auf der Suche nach einem Mann. Da sah ich zum ersten Mal eine Nummer auf dem Oberarm einer älteren Dame, sie erklärte mir die Geschichte der Juden anhand dieser

Tätowierung. Ihr Sohn Michel wurde ein radikaler 68er. Ich wagte es nicht, ihn zu besuchen, er war so anders, schwarzhaarig, verbal und intellektuell versiert, politisch eben.

Der Kreis um Rosemarie war immer treffend und voller Geist. Hier hörte ich zum ersten Mal Hildegard Knef, sie sang: »Das Glück kennt nur Minuten«. Auf dem Plattencover sah ich sie in einer gelben Jeans und einer eigenartigen Weste, mit rot gefärbten Haaren, einem Kirschmund und Zigarette – ich war sofort hin. Dann die Musik, das angejazzte Arrangement, die Umsetzung mit der Band und großem Orchester. Ihre Stimme, die Art ihrer Zerbrechlichkeit, ihre Intellektualität, ohne über die Maßen klug zu tun. Sie saß auf dem Cover mit dem Rücken zum Betrachter, im Dunkel eines Fotostudios, und strahlte dennoch wie Licht. Der Titel der Schallplatte sprach Bände: »Halt mich fest«.

Ich liebte Hilde von Anfang an und bewunderte ihre Texte, ihren scharfen Geist. Ich wusste noch nicht, was sie für eine Rolle in der Unterhaltungsbranche spielte. Aber ich hörte ja ihre Stimme, ihren Ausdruck und wie sie mit den Worten umging. Sie machte mir vor, wie Texte greifen können, wie sie persönlich werden, ohne privat zu sein, wie man das musikalisch umsetzt. Und wie es sogar mit deutschen Texten funktionieren kann. Bis auf die Schlager meiner Mutter kam doch alles, was ich auf meiner Platte, im Radio oder auf AFN hörte, in englischer Sprache daher. Und ich war ein Junge aus Charlottenburg, hing fest im Berlin der sechziger Jahre, und die Lieder der Knef kamen mir entgegen.

Alles, was Hilde sang, klang echt, auch wenn ich nicht weiß, ob es die Wahrheit war. Wozu auch. Es waren Lieder, die sie erlebt haben musste, die Traurigkeit, die in ihrer Stimme lag, der etwas harte Ton, das erreichte mich unmittelbar. Sie hatte keine der üblichen Gesangsstimmen. Sie sang, ohne zu phrasieren, abgehackt, im Grunde sang sie wie ein Kerl, wie die Dietrich, die sie ein Leben lang bewunderte. Es waren die Worte: »Berlin, dein Gesicht hat Sommersprossen, und dein Mund ist viel zu groß« – so konnte ich Berlin-Lieder ertragen.

Ich brauchte Texte, ich verfügte nur über das eine Lied, das ich im Mittelzimmer gemacht hatte, wie nebenbei, gleich zu den ersten Akkorden. Ich nahm mir Stoff von Hilde: »Das Lied vom traurigen Mädchen« und die »Illusionen«. Von Robert T. Odeman nahm ich mir den »Babysitter«, aus einem Gedichtband, den Rosemarie mir zugesteckt hatte. Ein furchtbarer Kitsch, so staffierte ich mich mit ein paar Liedern aus und wusste nicht, wohin es gehen sollte.

Rosemaries Sohn Volker war zehn Jahre älter als ich. Ich durfte immer in sein Zimmer, auch wenn er Besuch hatte. Es war ein Paradies für Träumer. Es gab unzählige Fotobände und alte Bücher. Außerdem sammelte er Trödelzeug, Musikinstrumente und alte Waffen, Revolver, Flinten, Degen und Schwerter.

Volker überschritt immer seine Grenzen. Ich bewunderte ihn dafür. Nach Onkel Herberts Tod war er nur noch unterwegs. Hing nachts in den Kneipen herum, im International, wo die Schwarzen tanzten. Hörte schwarze Musik, rauchte Roth-Händle, war plötzlich politisch interessiert. Links war die große Parole. Nun trug er extravagante Klamotten, weiße Hemden mit Manschettenknöpfen, schwarze Binder, wie Steve McQueen, und sah sich Filme von Jacques Tati an. Einmal nahm er mich mit in »Die Ferien des Monsieur Hulot«, und ich war hin und weg von Tati.

Volker hatte homosexuelle Freunde, mochte aber vornehmlich Mädels, die aussahen wie Mannequins. Wenn sie zusammensaßen, ging mir ein Licht auf, was möglich ist. Dann hockte ich mich dazu. Gemütlich auf den Liegesofas, den paar Matratzen, die im Raum verteilt waren, das war eine andere Welt für mich. Ich fühlte mich erwachsen, nicht mehr so an Mutter gebunden. Sie hörten Platten, und es wurde geraucht. Viel geraucht, selten getrunken. Sie hörten die amerikanischen Folksänger, Dylan und Joan Baez und das Kingston Trio und den frühen Franz Josef Degenhardt.

Ich sog das alles auf, die Musik, die Klamotten, die intellektuelle Welt meiner Tante, die jüdischen Freunde, Michel Lang, den Revoluzzer, die Grundhaltung war links. Ich hatte davon keine Ahnung, ich ernährte mich von dem, was ich sah. Wie von den Geschichten eines Abenteurers, der eine Menge unterwegs war. Volkers Sprünge machten mir Angst, aber von meiner Tante, die aussah wie Vivien Leigh in »Endstation Sehnsucht« und einen feinen Intellekt hatte, war ich ganz hingerissen. Sie hatte meine Mutter überzeugt, mich zu den Pfadfindern zu lassen. Durch Rosemarie kam ich raus.

An den Wochenenden schloss ich mich jetzt Benno und seiner Clique an. Benno kam aus meinem Kiez. Kann sein, dass er auf meine Oberschule ging. Auf jeden Fall war er der Wildeste. Nach außen cool – innen wild. Bevor wir in die Jugendheime zum Tanzen gingen, hingen wir bei ihm vor dem Fernseher ab, sahen »Beat Club«, tranken Unmengen Lambrusco und schluckten Aufputschpillen. Captagon und AN1. Captagon war eine gefährliche Wachmacherpille, fast alle nahmen sie, auch die Sekretärinnen in den Büros. AN1 war eine ähnliche Droge, die allerdings rezeptfrei in beinahe jeder Apotheke zu bekommen war. AN1 brachte den Kreislauf auf Hochtouren, und man konnte nächtelang wach bleiben. Leider wirkte sich das Teufelszeug auch auf die Potenz aus. Mein Schwanz verkleinerte sich zusehends, so dass ich es mit der Angst bekam. Trotzdem warfen wir schon nachmittags ein paar von den Dingern ein.

Ich weiß nicht, warum ich es tat. Ich wollte abtauchen, mich betäuben, irgendwie aus meiner Welt heraustreten. Ich hatte enorme Probleme, meine Gefühle auseinanderzuhalten. Ich litt unter jeder Art von Droge, nahm auch später nie härtere. Aber diese Pillen schluckte ich, manchmal fünf bis sechs auf einmal. Die Wirkung war verheerend. Meine Pupillen weiteten sich, ich quatschte und quatschte, bekam einen ganz trockenen Mund, war aufgedreht und sah auch so aus. Ich blieb ganze Wochenenden wach, kam nicht mehr runter.

Die Jugendheime wurden meine Welt. Hier spielten die Berliner Bands samstags auf. Hochhackige Stiefeletten mit seitlichem Gummizug waren modern, Hosen wie sie Jimi Hendrix trug. Styroporjacken ohne Kragen und grellbunte Hemden, deren Kragen das Kinn hochhielten. Ich tanzte, sooft ich konnte, ein Mädchen dazu aufzufordern fiel mir schwer, aber hatte ich erstmal eines auf der Tanzfläche, tanzte ich unverdrossen mit ihm.

Ich schielte nach Mädchen, die anders waren. Ich suchte die Ungehemmte, den Feuerball, das Luder, das mich wollte. Manchmal war ich durch die Drogen dermaßen wach, dass mein Kreislauf schlappzumachen drohte. Den Blues mochte ich sehr. Wenn sie Jimi Hendrix' langsamen Song »And the Wind Cries Mary« spielten, verlor ich alle meine Hemmungen. Dann drückte ich mich an eine, die mich nicht abwehrte, aber es blieb bei den Umarmungen.

Ein offenes Fenster war da, das zum Garten hinausging, der Geruch vom Parkettboden, die verschwitzten Gesichter der Jugendlichen, der faule Geschmack im Mund, die nassen Hände und die dauernde Sehnsucht, bei einer anzukommen. Sie sollte nur großzügig sein. Nicht so verklemmt wie ich.

Benno spielte Bass und war versessen darauf, Mädchen abzuschleppen. Er hatte eine Band gegründet – das zog. Da wollte ich dabei sein. Sie suchten einen Sänger, Bands ohne Sänger waren zum Scheitern verurteilt. Benno stellte mich den anderen Mitgliedern vor: zwei Brüder, die einen Proberaum hatten. Der Jüngere der beiden, der Gitarrist, war bei der Polizei. Der Ältere tat scheinbar nichts außer Schlagzeugspielen, war aber irgendwie der Chef.

Sie besaßen ein paar Radios, die als Verstärker umfunktioniert wurden, und das ganze Elektrozeug, um die Instrumente und das Mikrophon daran anzuschließen. Sie nannten sich Adam's Glove und spielten das ganze Beatzeug, das sie sich von den anderen Berliner Bands abgeguckt hatten, also Them, die Beatles, die Stones, Dave Clark Five, auch Lieder von Dylan, ohne zu wissen, dass er es war, von den Moody Blues, den Hollies. Ich stieg bei ihnen ein, ohne auch nur die Hälfte der Lieder zu kennen. Aber sie waren sehr geduldig, vielleicht weil sie froh waren, einen Sänger gefunden zu haben.

Unsere Proben waren furchtbare Zusammenkünfte. Benno spielte ganz gut einen Höfner-Bass, und die beiden Brüder waren musikalisch sehr ehrgeizig, hatten aber Mühe, bei der Sache zu bleiben. Um sich von der Probensituation abzulenken, boxten sie sich fortwährend auf den Oberarm. Ich hatte eine Liste von Liedern, die ich singen sollte, aber keine Texte dafür. Mein Englisch war auch nicht das, was der Song erzählte. Ich improvisierte in einer Phantasiesprache.

Die Titelzeile des Liedes bekam ich noch ganz gut hin, aber beim Rest haperte es. Ich erfand einfach ein Englisch, mit dem ich durch den Song kam. Meine Begabung bestand darin, so laut wie möglich ins Mikrophon zu brüllen und die Worte zu einem Ganzen zu verdichten. Irgendwas blieb immer übrig, etwas, das man mit dem Original in Verbindung brachte. Später trieben sie die Originaltexte auf, und ich reicherte damit meine Songs an. Es funktionierte.

Es gab zwei, drei kleine Auftritte in einer Kneipe und mein erstes Open-Air-Konzert in einer Kleingartenkolonie vor einer Gruppe älterer Laubenpieper, die uns für 30 Mark gemietet hatten. Wir transportierten die »Anlage«, bestehend aus drei Radioapparaten und dem Schlagzeug, ein paar Kabeln und einem Mikrophon im Kleinwagen des Polizisten. Es ging alles gut, es funktionierte, einer der Laubenpieper hatte ein Verlängerungskabel, und so bekamen wir Strom.

Wir gaben auch ein paar kleine Sonntagskonzerte in Charlottenburger Bierkneipen. Vor Leuten, die uns zu laut fanden und die immense Mühe hatten, mein Englisch zu verstehen, und nach drei bis vier Sets genervt abwinkten. Bis Benno auf die Idee kam, mich in den Pausen ein paar Lieder zur Gitarre spielen zu lassen. Ich hatte ja drei, vier Lieder, die ich gut vortragen konnte. An sich gab es nach unserem Adam's-Glove-Auftritt kaum noch etwas zu überbieten. Aber als Pausenmusik machte ich mich so gut, dass sie mich der Band vorzogen. Möglicherweise lag es wirklich an der Lautstärke, ich sang sehr verhalten und gleich in Deutsch. Den Leuten gefiel es, irgendwie kam ich an. Vielleicht, weil sie sich zu meinem Vortrag besser unterhalten konnten.

Ich hungerte nach Erfolg. Ich sehnte mich nach einem Platz, wo alles nur gut sein sollte. Nach Geld, mit dem ich mir etwas aufbauen konnte, nach einem Riesenglück, vielleicht sogar nach einer Familie. Aber vor allem nach einem Mädchen. Ein Mädchen erschien mir als die Lösung aller Probleme.

Irgendwer hatte sie aufgetrieben. Benno oder einer der anderen. Sie hieß Nanni, war einen ganzen Kopf kleiner als ich, hatte ein hübsches Gesicht und trug die Haare kurz wie Twiggy, sah jedoch nicht so verhungert aus. Sie war zwar schmal, hatte schöne Augen und einen sinnlichen Mund, aber ebenso üppige Brüste und war vor allem ungehemmt. Sie sprach ganz direkt Dinge an, die ich vermied, und sie wollte mich. Nicht zum Tanzen, obwohl wir uns im Jugendheim Harlemweg bei einer Tanzveranstaltung kennengelernt hatten. Sie wollte mich für die Koje.

Wir verabredeten uns zu einem Adam's-Glove-Gig in der Laubenkolonie am Harlemweg. Der Gig fand in der Vereinsmuschel statt, er verlief lau, aber ich konnte ein paar Songs in den Pausen singen, was ihr wohl gefallen hat. Es wurde spät, und als nur noch wir beide übrig waren, überredete mich Nanni dazu, die Nacht mit ihr in der Laube ihrer Eltern zu verbringen. Dort krochen wir unter die feuchten Decken, und ich weiß nicht, wie, aber irgendwie schafften wir es, unsere Hemmungen zu überwinden und legten los.

Sie hatte mehr Erfahrung als ich, und ich wollte sie so sehr, dass ich alles andere vergaß und mich ihren Berührungen ergab. Sie trug einen durchgehenden Body, was mir sehr imponierte, und ich mochte, wie sie roch und was sie mit ihren Händen anstellte. Ich verlor meinen Kopf, und alles Weitere war nicht mehr wichtig. Im Laufe unserer Bemühungen brachen wir mit dem Bett zusammen. Es klappte nicht mehr danach, wir giggelten noch eine Weile herum, und das war's. Nach einem halben Meter Liebe hörten wir auf, verabschiedeten uns voneinander, und Nanni fuhr in ihre Siedlung zurück.

An diesem Morgen lief ich glücklich kreuz und quer über die geharkten Wege der Gartenkolonie. Ich war völlig übermüdet und gleichzeitig hellwach von den verzwickten Pillen, die ich in der

Nacht vorher eingeschmissen hatte. Plötzlich stand ich vor der Muschel, dieser kleinen Bühne, auf der wir am Vorabend unseren Gig gespielt hatten. Im Morgengrauen sah alles ganz furchtbar aus. Es lagen Bierpullen herum, und die Bänke waren klitschnass. Das Ding entsprach überhaupt nicht meinem Hochgefühl vom Abend zuvor.

Ich weiß bis heute nicht, was in mich fuhr, es war nur so ein Einfall. Ich stellte die Gitarre ab und sah zu der Muschel hin, und nach ein paar Minuten betete ich leise:

»Lieber Gott, mach, dass ich der größte Sänger werde, den es gibt.«

Es war völlig unsentimental, was ich mir in diesem Augenblick vornahm. Das Gebet war auch Schwur und sollte mein ganzes kommendes Leben bestimmen. Ich fühlte die Wucht meiner eigenen Worte und war derart elektrisiert, dass ich alles Schwierige, alles Unmögliche zur Seite schob. Es sollte so werden, wie ich es mir in diesem Moment vornahm, es sollte mich glücklich machen.

Ich blieb noch eine Zeitlang vor der Muschel stehen, dann drehte ich mich um und lief den Weg zum Ausgang der Kolonie zurück. Ich fühlte mich ganz dicht bei mir. Später suchte ich mir in allen wichtigen Entscheidungen Plätze, an denen ich mich verinseln konnte. Kindlich und auch ein wenig naiv. Aber die Kraft, die ich aus diesen Ritualen zog, war wichtig für mich. Ich schrieb mir unbewusst ein Drehbuch und war nicht mehr nur Mitläufer anderer Lebenskonzepte.

Auch Mutter startete in ein neues Leben. Auf Anraten von Rödellinchen und Hertha war sie eines Abends endlich mal ausgegangen und hatte sofort einen Mann gefunden, einen Busfahrer namens Helmut. Als der alles Weitere entscheidende Brief bei uns eintrudelte, saßen wir im vorderen Zimmer und lachten über Helmuts ungelenke Schreib- und Ausdrucksweise. Er hatte sie mit »Werte Dame« angesprochen. Es muss eine dolle Nacht gewesen sein. Jedenfalls rieten Rödellinchen und Hertha und auch ich Mutter zu. Helmut wurde für wert befunden, sie zu bekommen. Ich war sicher eifersüchtig, zu sehr in meiner Rolle als Ehemann und großer Sohn verhaftet, aber ich zeigte es nicht.

Als ich Helmut dann das erste Mal sah, dachte ich, er wäre ein neuer Untermieter und bliebe nur vorübergehend. Er war das totale Gegenteil von meinem Vater. Fast unscheinbar stand er in seinem Straßenanzug in der Tür und sprach leise und in einfachen Worten. Es kann sein, dass ich ihn sogar mochte, aber ich wehrte mich gegen ihn. Ich wäre nie auf Helmut zugegangen, er sollte mein Stiefvater sein, wer hatte das bestimmt, wer hatte mich gefragt? Ich blieb höflich, und innerlich verzog ich mich.

Als er das erste Mal bei Mutter übernachtet hatte, packte ich erst einmal aus. »Was willst du hier?«, schrie ich. »Was machst du hier überhaupt?« Wir stritten uns heftig, und am Ende scheuerte er mir eine, was weh tat, aber richtig war.

Mit Helmut kam sein Sohn Lothar in unsere Wohnung, der mein Stiefbruder werden sollte. Ein quirliger Siebenjähriger. Rothaarig, frech, voller Energie und mit einem enormen Drang, alles besitzen zu wollen, was mir gehörte. Lothars Mutter hatte beide schon vor Jahren verlassen, in klassischer Weise auf dem Bahnhof Zoo. Da standen sie, Helmut in seiner BVG-Uniform, mit viel zu großer Mütze und zu langen Ärmeln, und der Junge an seiner

Mutter und Helmut beim Fasching
© *privat*

Hand, und winkten ihr nach. Sie fuhr nach Rom, zu einem Flieger, mit dem sie Helmut betrog.

Mutter warf sich mit einer irrsinnigen Zuversicht in den neuen Traum vom Glück. Sie hatte viel zu lange ohne Mann gelebt. Ich war kein Ersatz. Ich war ab nun nur noch Gast. Zwar war ich froh, dass sie einen Mann kennengelernt hatte, so fühlte ich mich ungebundener, aber die Kränkung wog schwer.

Mutter kündigte bei Siemens und war nun den ganzen Tag zu Hause. Sie verbarg sich hinter ihrer Disziplin, ihren Aufräumticks und versuchte, uns alle so gut wie möglich zu einer Familie zu schmieden. Doch sie kam mit dem Jungen nicht klar, von Anfang an herrschte Krieg zwischen den beiden. Lothar war das anarchische Gegenbild zu allem, was ihr an Reglement und Ordnung heilig war, und ihr Frustpegel stieg von Tag zu Tag. Es war von Beginn an eine Pleite, aber alle versuchten, das Beste daraus zu machen. Mutter mochte Helmut, sie brauchte einen Mann, und Helmut brauchte sie für seinen Jungen, und überhaupt wollten sie alle neu beginnen, und ich doch sowieso.

Helmuts alte Wohnung war noch frei, eine kleine Zweizimmer-Betriebswohnung in Zehlendorf. Er wäre gerne in Charlottenburg geblieben, aber für Mutter war es die Chance, die Vergangenheit und die Erinnerungen an Vater ein für alle Mal hinter sich zu lassen. Sie wollte raus, träumte den 50er-Jahre-Traum von einem Häuschen mit Garten. »Ach, das könnte schön sein, ein Häuschen mit Garten, in dem ich und Frauchen unsere Rosen begießen«, hatten Wolfgang Neuss und Wolfgang Müller gesungen.

Ich stellte mir meine neue Familie vor: drei Erwachsene und ein Schüler. Ich versuchte, mir eine rosige Zukunft für uns auszumalen. Mit einem kleinen Haus am Rande der Stadt, wo wir alle glücklich werden, den Ballast der Vergangenheit abwerfen könnten, Mutter ihre Sehnsucht nach einem Heim stillen konnte, Helmut nach einer starken Frau, der Junge nach einer liebevollen Mutter und ich … Mir war nicht klar, was ich damals suchte, aber hier sah ich für mich keinen Platz. In meinem Inneren brodelte es, ich verbarg es hinter einer Maske der Vernunft und Freundlichkeit. Niemals hätte ich meiner Mutter oder dem fremden Mann davon erzählt und erst recht nicht dem Nebenbuhler, der nun bei uns wohnen sollte. Ich fühlte mich am Ende einer Straße. So war es dann auch. Aber es sollte am Ende ein Anfang sein.

Hamburg

Als Malene und ich mit der Bahn in Dammtor einfahren, lese ich ein paar schöne Artikel über mich in den Tageszeitungen, über unseren kommenden Auftritt in der Laeiszhalle, und es ist wieder alles da. Die aufsteigende Nervosität, die Lust auf Hamburg, auf die Leute, die Angst vor der Musikhalle, wie sie in den Siebzigern noch hieß. Es ist ein bisschen wie beim ersten Mal, als ich Hamburg enterte. Nur dass ich damals froh gewesen wäre, überhaupt etwas in der Zeitung über mich zu lesen.

Die Presse hat oft Mieses über mich und meine Konzerte geschrieben, und es lag sicher auch an mir. Ich zeigte mich anfänglich in den Konzerten zu wenig. Ich war schon da, ich brannte auch, aber mit der Zeit fielen immer mehr Masken. Und die Angst wich der Lust. Es ist nun mal der Knackpunkt für jeden, der auf die Bühne will. Es gibt nichts Halbes. Wenn du dich nur halb zeigst, werden sie dich nur halb sehen. Besser, man gibt sich gleich ganz hin. Nur nicht zu vorsichtig. Es muss entschieden sein. Wenn du dich selbst vorm Betreten der Bühne zu sehr beobachtest oder gar in die Pfanne haust, dann brauchst du gar nicht erst raus. Es ist wie Schlafen, du musst dich dem Schlaf, diesem Nichts, überantworten, dich von der lähmenden Selbstkontrolle und der Frühverurteilung frei machen.

Sie schreiben jetzt viel besser über unsere Konzerte, über meine Lieder, über die Botschaften und das, was ich nicht sage. Aber eine Kritik trifft mich immer, weil auch meistens etwas davon stimmt. Ich lese alle meine Kritiken und heule, wenn ich mich falsch verstanden fühle. Vielleicht weiß ich nach vierzig Jahren Bühne jetzt mehr von dem Geschäft, von meinem Handwerk, jedenfalls verwöhnen sie mich in diesen Tagen vor meinem Sechzigsten.

Aber die Laeiszhalle ist grausam, weil klassisch, akustisch fein und durch die offene Hinterbühne so grob für den Ton. Wenn man endlich vor den Zuschauern steht, geht alles nach vorne raus, und dann ist es ein volles Haus, und die Leute in Hamburg sind eben anders als vor vierzig Jahren. Viel schmucker, klüger, stiller, älter, jünger. Ich entscheide aber schon am Bahnhof Dammtor nach meiner Ankunft, dass ich sie heute Abend knacken will. Nicht nur immer in Berlin alles geben.

Malene fehlt mir vor den Auftritten. Ihre Stimme ist mir dann vertrauter als meine eigene. Meine eigene erscheint mir in diesen Momenten fremd. Wir haben über dreißig Jahre durchgestanden, uns gehalten, gestritten und uns geliebt. Durch ihren Krebs wurde alles anders, und jetzt, nach den furchtbaren Jahren, ist es wieder gut. Paare brauchen Distanz, und meine Tourneen sind gut dafür.

Ich bin Malene treu, ich war es in den Jahren davor nicht immer. Treue ist ein schweres Wort. Hätte ich nicht so viele Vorbilder gehabt, ich hätte mich eher gefunden. Aber im Sich-Verlieren liegt ja die Chance, sich selbst zu gewinnen. Es ist die Liebesfähigkeit, die alles möglich macht und leider oft so schmerzlich ist. So gesehen, ging ich nicht selten mit den falschen Frauen ins Bett, wagte es sogar manches Mal nicht, abzulehnen. Die süße Tragik eines Prinzensohns. Heute gehe ich mit meiner Bühne fremd, mit den Stühlen, dem Bühnenboden, dem Licht, mit dem, was dann geschieht.

Wenn ich, wie an diesem Abend, mit den Jungs in der Seitenbühne auf meinen Auftritt warte, kurz bevor es losgeht, wenn die Spannung auf über hundert Grad steigt, dann ist es, als würde die Zeit stillstehen, und dann fehlt sie mir. Martino übernimmt den Mamapart. Er steht mit der Wasserflasche in der Hand parat und achtet auf das kleinste Detail.

Hauke Tedsen ist gekommen, Hauke, der meine Konzerte bucht. Ein Riesenkerl mit einer so sanften Seele. Er fuhr meine erste Tournee, dann wurde er der Vertrauensmann von Karsten Jahnke.

Ich sehe, wie sein Pferdeschwanz im Seitenlicht auf und ab wippt. Hinter ihm steht Malene und ist sehr nervös, lächelt aber.

Sie zittert immer um mich, nicht mütterlich, nein, sie zittert, wie ich zu zittern hätte, würde sie an meiner Stelle stehen. Wir sind so symbiotisch, wir kennen einander wie zwei Pferde, die im selben Geschirr laufen, so jedenfalls ist es, wenn wir füreinander Sorge tragen. Nur die Bühne trennt uns oder ihre New-York-Reisen. Ich zwinkere ihr zu, dann stirbt das Licht, und der Applaus brandet auf, weil die Jungs rauslaufen, und dann gibt einer das Zeichen, und Martino sagt seinen berühmten Satz, und ich trenne mich von der Welt und betrete die Bühne.

»Spiel schön! Sing! Lass sie machen! Bring es runter!«

Ich gehe raus, dann aufbrausender Applaus, Michas Gitarre erklingt und Hawos Synthesizer. Noch zwei Meter, und ich stehe am Mikrophon, zum Glück nimmt mir der Spot die Klarsicht. Dabei ist es gut, wenn ich mich an einem mir zugewandten Gesicht festmachen kann. Erst muss ich noch kämpfen, weil Hamburg mir so nah ist, weil ich die Leute gernhabe und auch fürchte, weil ich hier in dieser Stadt so viele einsame Gefühle mit mir erlebt habe. Aber nach ein, zwei Songs lasse ich es treiben, und mit jedem Schritt wird es besser.

Wenn es gutgeht, ist es ein Triumph, ein Sieg und ein Rausch. Keith Richards, den ich seit meiner Jugend so mag, sagte mal, du fliegst dreißig Zentimeter über der Erde, du fliegst, noch Tage hält es an. Ich empfinde es ähnlich, aber jeder Tag ist neu, und du musst alles wieder aufbauen, wenn du auf der Erde zurück bist.

Sechsmal müssen wir raus. Der Saal brennt, und sie singen die Lieder mit und klatschen und trampeln, und dann ist Schluss, und das andere beginnt. Immer gleich nach der Show beginnt es. Dieses Innehalten, du willst es noch nicht loslassen, dieses Glück, den Rausch, anerkannt zu sein, du willst es in dein Herz hämmern, und unmerklich greift die Stille nach dir, und du gehst in deine Garderobe, und dein Herz bummert die Weisung: Genieße dieses Glück, lass dich treiben, halt es nicht fest!

Und wenn es dann wirklich gut war, wenn die Jungs in der Garderobe wieder angekommen sind und lachen und auf die nächsten Zugaben warten, wenn Karsten und seine Frau Girlie kommen und Hauke, wenn ihre Gesichter strahlen und keiner ein Wort sagt, das du nicht glauben kannst, und die Jungs und ich echt waren, dann bin ich angelangt, und die Erde hat mich wieder, alles wird real, die kleinen Rituale des Feierabends beginnen, das befreite Lachen, die Späße, die wir machen, und Henry kommt mit seiner Anne, er fährt Karstens Audi, weil Karsten nie einen Führerschein besaß, und wenn er grunzt und nickt und sich mit Hawo zum Kajakfahren auf der Nebenalster verabredet, dann weiß ich, dass der Abend gut gelaufen ist. Einer holt ein paar Flaschen Rotwein, und wir schieben uns zum Cateringraum, essen, trinken, reden miteinander und lassen den ganzen Film noch einmal auf uns wirken.

Nach dem Gig hängen wir in der Bar vom Hotel ab, wo sonst. Wir hocken immer zusammen, immer aufeinander und lungern wie Heimatlose vor dem Kamin herum, und ich kann endlich befreit lachen. Malene ist da, und die Hamburger Freunde kommen und gehen, und ich bin endlich wieder bei mir, habe meine Geschichte erzählt, habe vieles improvisiert, Neues gefunden. Es ist Kopfkino, nur mit verteilten Rollen:

»Hey, Sie, ich appelliere an den Typen in der siebten Reihe, endlich aufzuwachen.«

Das kam heute gut, die Leute merken und mögen die Brüche. Ein Wunder, warum Politiker sich nicht von so was ernähren. Es ist gut, wenn ein Scheinwerfer durchknallt, bei Brel war es in der Premiere so. Das schleudert alle Kontrollen weg. Man muss nur achtsam bleiben. Wir scherzen und essen Nüsse, trinken Bier, und alles wird zu lang, zu viel, zu intensiv.

Alle Bands kennen diese Rituale. Bei den Rockbands ist es am schlimmsten. In den Siebzigern wurden die Bordelle gestürmt, und viele Musiker waren mit harten Drogen unterwegs. In Baden-Baden lud uns Moishe Edelstein, ein gutmütiger Plattenverkäufer von der RCA, einmal in einen niedlichen Puff ein. Es war alles sehr bieder, man tat es, aber es war wie im Kino, sehr artig, sehr überschaubar. Moishe hinterließ eine Rechnung von 30 000 Mark und setzte sich ab. Georg verzieh ihm, und die RCA beglich die Summe. Ein anderes Mal waren wir dabei, als Ted Nugent und seine Jungs eine Hoteletage auseinandernahmen.

Herrje, hätte ich es anders gewollt? Die Grenze selbst bestimmen, das war immer mein Problem. Ich verlor mich so gerne, tue es heute noch. Kann mich in einer Gruppe Musiker total loslassen, es ist so, wie ich es als Kind bei meinen Leuten im Osten erlebt habe. Viel Wein und noch einen Schnaps, und nach drei sollen alle noch mal die letzte Flasche Wein verkosten und noch zwei Club Sandwiches, bitte die mit dem Speck, und dann eine allerletzte Flasche Wein und danach aber wirklich ins Bett.

Heute spielen wir nur noch mit Sand und trinken manchmal etwas zu viel. Aber es ist harmlos. Brel konnte sich bis in die Morgenstunden mit einem Fremden unterhalten, und man soff und rauchte. Ich habe schon ganz früh mit dem Rauchen aufgehört. Habe zwei Jahre dazu gebraucht. Gekifft ja, aber auch nur bis in die Achtziger.

Immer wenn ich in Hamburg bin, kommen die Anfänge hoch. Die Hotels, das Interconti, der NDR, die furchtbare Kantine, wo keiner aß, meine erste eigene TV-Show, die ein Erfolg war: Lieder anderer Couleur, eben Chansons. Ich gab mich, wie ich damals war – langhaarig und rebellisch.

Ich trug zu dieser Zeit ein ausgewaschenes Knasthemd mit der Nummer 100. Ich war ungemein stolz darauf. Ich glaubte, dass es aus dem legendären Gefängnis Sing-Sing kam. Inge Meysel, die mich von Anfang an sah und meine Lieder mochte, hatte mich auf die Nummer auf dem Hemd aufmerksam gemacht.

Sie stolperte nach unserem ersten Auftritt im Hamburger Malersaal in unsere Garderobe. Karsten Jahnke, mein Konzertveranstalter, hatte sich mit der Kasse in der Hand vor der Tür postiert und ließ sie rein, Inge klopfte erst gar nicht an. Ich stand in Unterhosen vor dem Spiegel und war völlig überwältigt. Sie sah schick aus, trug ein kleines, verrückt verbogenes Hütchen und einen Plisseerock und guckte mir fordernd in die Augen:

»Du warst wundervoll.«

Ihre Stimme zitterte wie ein Blatt im Wind. Ich stand da in Unterhemd und -hose und umarmte sie etwas steif.

»Aber pass uff, mach keene Sperenzchen! Deine Faxen kannste machen, aber sie müssen Tiefe haben. Pass uff, der Rausch verfliegt.«

Ich wusste nicht, was ich sagen sollte, stammelte immer nur: »Danke, Inge.«

»Bis dann. Ich geh jetzt mit Muttern noch an die Bar vom Atlantik. Komm nach!«

»Ja, unbedingt Inge, ich komme nach.«

Ich war so stolz, von diesen berühmten Leuten gesehen worden zu sein. Ich stand in meinen Unterhosen vor dem kleinen Garderobenspiegel und konnte es nicht fassen. Nach ein paar Minuten kam Jahnke herein und sagte:

»Du hast sie geknackt. Es waren dreihundert Leute da. Gratuliere.«

Er sagte das ganz trocken, so wie er immer die großen Sachen trocken sagte, und dann grinste er, als er mich in meinen Unterhosen dastehen sah, und ich war ganz und gar glücklich.

Das geht mir durch den Kopf, wenn wir beieinandersitzen, wenn es zur Nacht geht, wenn die Geister noch gnädig sind.

Gestern wurde es spät. Ich laufe um die Alster und folge meinen Schritten. Ich war immer der Wasserholer in der Karawane. Wenn's den anderen gutging, dann ging es mir auch gut. Ein teuflisches Bild. Der Himmel und die Perfektion. Manchmal ist die Hölle besser. Ich kann nicht unperfekt sein, anstatt es fließen zu lassen, kontrolliere ich. Dabei ist es doch gerade die Gelassenheit, die alles ins Laufen bringt. Je mehr Platten wir verkauften, je größer die Hallen wurden, desto mehr hielt ich fest. Bloß nichts von alldem verlieren. Geh mit dem Fluss, lass es los, let it be! Ich weiß darum, aber es sind innerliche Abkommen, und die wiegen schwer. Wem soll ich in diesem Nichts vertrauen? Dem unberechenbaren Leben, das mir so oft zufällig zur Seite war, oder meinen Kontrollmechanismen?

Ich laufe an der Alster und bin müde, so müde. Ich sehe meine Eltern vor mir, wie sie vor dem Möbelladen in der kleinen Straße an der Luisenkirche stehen und sich eine Couchgarnitur anschauen. Ratenzahlung, man stotterte die Möbel ab. Und mir geht es gut. Ich habe gestern ein Riesending gebaut, und ich habe Erfolg, und ich laufe um die Alster. Die Sonne scheint, und der Tag ist noch nicht eingezäunt.

Zwei Stunden habe ich gebraucht, um richtig wach zu werden, und der Spaziergang hat mir dabei geholfen. Jetzt habe ich drei Stunden freie Zeit, ich werde laufen und nichts tun und vielleicht telefonieren, mit Natalie oder mit Martino. Dann später Fahrt nach Bremen.

Martino Glänzer sorgt für mich, er wird mich nachher erinnern, dass ich ein Interview geben muss, dass wir losfahren, dass ich noch Zeit habe. Er ist eine gute Mutter. Er ist der, der mich auf Tour am besten kennt. Er schmeißt seine Kanzlei, und obwohl er ein etablierter Anwalt ist, fährt er den Benz für mich und Hawo.

Die Jungs nehmen den Bus, Andy und die Technik fahren voraus. Wir sind ein Theaterunternehmen. Gestern ließen wir uns los, dann klappte es wieder. Tourneestress und Verhalten.

Ich bin tags immer nervös, denke an den vorherigen Gig, plane den Abend. Es ist die alte Angst, nicht genug zu sein, nicht stark genug, nicht diszipliniert genug, nicht arbeitsam und überhaupt genug. Man muss damit leben, mit seinen Schwächen auskommen lernen. Auf der Bühne ist dann alles wie weggeblasen, obwohl es nicht immer so war.

Schon als Junge war ich verkrampft, konnte mich nur im Spiel entspannen. Und später, als es mit den Konzerten losging, kniff ich vor Angst den Hintern zusammen, wenn ich eine Bühne betrat. Vor jedem Auftritt musste ich drei- bis viermal aus lauter Nervosität pinkeln gehen. Es war furchtbar. Meine Erziehung, der Druck, alles perfekt zu machen, meine Verlässlichkeit und Sorgenschieberei, der ganze innere Zirkus wandte sich gegen mich. Ich war nie locker, die Leute im Parkett wussten darum, sie ließen mir die Zeit, mich freizuspielen, und dann segelte ich durch die Lieder wie ein Boot im brausenden Fluss. Im Grunde gab mir mein Publikum alles, was ich brauchte: Zuversicht und Loslassen-Können. Ein furchtbares Wort, wenn man so streng mit sich selber ist und war wie ich.

Bis heute ist es mein wundester Punkt, und ich glaube, alle Bühnenarbeit diente dem Zweck, mich mit meinen Ängsten zu befrieden. Die Angst kann ein guter Motor sein oder ein Killer. Man muss seine Zweifel erziehen, sagte mal ein kluges Kerlchen. Der Mann hatte recht, aber wie macht man das? Sie haben alle Angst, sie sprechen nur nicht darüber, und wenn der Applaus aufbrandet, wird der Tiger Angst ruhiger, je mehr du ihn lässt. Besser, man achtet nicht so sehr darauf und sucht sich ein nettes Gesicht in der ersten Reihe. Friedrich Schoenfelder, der wunderbare alte Gaukler, den ich ob seiner Leidenschaft für das Spiel und seiner aristokratischen Eleganz verehrte und liebte, sagte einmal zu mir:

»Es wird immer schlimmer, je älter du wirst. Aber wirf es weg, wenn's zu viel wird. Es nutzt nichts.«

Ich laufe zum Hotel zurück, nehme immer dieselben Wege, es ist ein Ritual von mir. Heinrich Böll aß jeden Morgen im selben Café dasselbe Frühstück. Es klingt furchtbar zwanghaft, aber ich verstehe es besser, je älter ich werde. Man muss sich eine Struktur geben. Die Phantasie kann ein großartiger Zauberer sein, aber wenn man sie nicht bändigt, macht sie, was sie will.

Ich habe Hamburg immer gemocht. Den Norden, die Leute, den Wind, sogar die altmodischen Musiksendungen, die Oldies, den NDR, das Funk-Eck, Karstens Lieblingscafé. Die großzügigen Straßen in Eppendorf, das Gänge- und Carolinenviertel, Altona und die Reeperbahn. Hamburg wurde mein Fenster zur Welt, damals, als ich ans Thalia ging. Zwei Jahre blieb ich dort, und dann lockte wieder Berlin. Immer Berlin, das ich so widersprüchlich wie meine Lebensgeschichte in mir trage. Wenn ich da bin, will ich weg, bin ich weg, denk ich an dich. Immer hin und weg. Ein Grundgefühl meiner Kindheit.

Als ich am Interconti vorbei bin, finde ich endlich eine Bank, setze mich, lasse alle viere los und gucke wie ein kleiner Mönch auf das Alsterwasser und den Enten zu. Eine Fähre tuckert vorbei, um mich herum Jogger, ein paar verkniffen aussehende Lehrergesichter, es ist wie Berlin, nur schicker. Auf der anderen Alsterseite kaufen die Leute schon fürs kommende Weihnachtsfest ein. Ich kann durchatmen.

Wenn mir damals die Decke in meiner Bude auf den Kopf fiel, lief ich nicht zur Alster, sondern ging zu Danny, der sein Apartment an der Reeperbahn hatte, traf ein paar seiner Jungs und Josefine, eine wunderschöne, etwas füllige arabische Prostituierte, die nett zu mir war und sich immer nach meiner Gesundheit erkundigte. Danny kochte etwas für uns, dann ging es in die Nacht.

Später, als das Salambo abbrannte und René Durand verschwand, zog Danny nach Algier. Ich sah ihn nur noch selten. Malene stellte ich ihm einmal vor, ich wollte, dass er mir seinen Segen für unsere Verbindung gab, nachdem ich Charly verlassen hatte. Er saß ein wenig traurig am Tisch, blinzelte mir aber nach einer Weile wohlwollend zu. Ich habe Danny von Anfang an bewundert und auch geliebt. Seine kleinen Gaunereien hatten mich nicht abschrecken können, ihn zu mögen. Ich sah in ihm den Pan, den Überlebenskünstler, der aus dem Nichts etwas machte.

Danny starb im September 2003 in einer Eppendorfer Klinik. Er starb mittellos, nur seine engsten Freunde waren bei ihm. Sein Sterben muss sehr qualvoll gewesen sein. Er hatte nicht gewollt, dass ich ihn vor seinem Tod noch einmal besuche. Er sah wohl ziemlich furchtbar aus, sein schöner afrikanischer Freund Omar erzählte es mir bei der Beerdigung.

Es waren nur eine Handvoll Vertraute da, darunter mein alter Freund Winfried Siebert und Dannys Bruder Fabio mit Frau. Es gab keinen Pfarrer, der eine Grabrede hielt. Es gab keine Helfer, nur einen Friedhofsgärtner. Wir mussten den Sarg zur Grube schuckeln, ich hätte Danny etwas Pompöses gewünscht, aber Fabio meinte, er habe es so gewollt. Als der Sarg in die Grube gelassen wurde, legte Winfried ihm eine Gitarre dazu, und dann weinten alle. Ich wollte ihm ein paar gute Worte mit auf den Weg geben, aber ich scheiterte, ich konnte in diesem Moment nichts sagen, ich sprach die Worte innerlich:

»Adieu, Danny, grab in der Erde, grab in der Zeit!«

Es war ein Zitat aus einem Chanson von George Brassens, »Pauvre Martin«. Armer Martin. Dann kam die Stille, und ich wusste, dass er mich gehört hatte.

Ich sitze an der Alster und denke an Dannys Beerdigung, und mir kommen die Tränen. Es war nichts Großes, aber die Möglichkeit, Abschied zu nehmen. Zur Beerdigung meines eigenen Vaters hatten sie mich nicht gelassen, das hängt mir nach.

Uli Plenzdorf, den Autor der »Neuen Leiden des jungen W.«, besuchte ich ein paar Tage vor seinem Tod 2007 in der Klinik, sein Sohn hatte es möglich gemacht. Er saß nach seinem Unfall mit einer furchtbaren Diode im Kopf im Rollstuhl und konnte nicht sprechen. Er sah ganz durchsichtig aus, wehrte ab, als er mich kommen sah, wollte nicht so gesehen werden. Dann schoben wir ihn durch den Park, und er flirtete schon wieder mit der Krankenschwester, und ich sagte zum Abschied:

»Tschüss, Uli!«

Er lächelte, und wir umarmten uns noch einmal. Er hätte nie vor mir geweint. Er kannte ja meine sentimentalen Anwandlungen, und als Realist lehnte er diese Gefühlsduseleien ab. Aber im Grunde war Uli immer ein bisschen sentimental gewesen, wie alle Westerndarsteller. Ob im Osten oder im Westen. Zum Schluss strich er mir über die Wange, und in seinen Augen war dieses silberne Glitzern.

Das ist gut so, das ist okay, so was hält ein Leben lang an. Abschiede sind zu ertragen, so wichtig, so lebenswichtig. Aber wenn einer für immer geht, und du kannst nichts sagen, ihn nicht verabschieden, das bleibt dann ewig offen.

Das Tuten eines Schiffs holt mich ins Jetzt zurück. Ich schaue auf die Alster und denke an den kommenden Abend. Wir fahren gleich nach Bremen, und ich muss den Lübecker Nachrichten noch ein Interview geben. Ich werde es im Benz machen. Sie baten, ich solle etwas über die Provinzialität unserer deutschen Städte sagen. Einen Teufel werde ich tun.

4

»How does it feel
How does it feel
To be without a home
Like a complete unknown
Like a rolling stone?«
(Song »Like a Rolling Stone« von Bob Dylan)

Im Frühjahr 1967 verließ ich meinen alten Kiez in Charlottenburg und zog mit meinen Leuten nach Zehlendorf ans Ende der Welt. Alles, was ich geliebt hatte, ließ ich hinter mir, meine Kumpels, die Straßen, die kleine Kirche, die Bezirkskinos, das Amor und das Baldur. Ich ahnte, es würde hart werden, aber ich ließ mir nichts anmerken. Es wird schon, dachte ich. Bloß jetzt nicht das Opfer spielen, bloß nicht heulen. Und Mädchen gibt's überall und massenweise. Und die Jugendheime Zillestraße und Soorstraße kannst du immer und zu jeder Zeit besuchen. Also Kopf hoch!

Ich nahm Abschied, von meiner Klasse, von Günther Woelki, meinem Förderer, von den Freunden meiner Kinderzeit. Es war ein frühlingshafter Vormittag, als ich ein letztes Mal im Kreis meiner Mitschüler die kleine Kneipe gegenüber unserem Schulpark besuchte. Man sah jedem von uns die Nervosität an. Alle hatten sich für eine Lehre entschieden, das gab es damals noch, nur wer wusste schon, was er tat. Meine Entscheidung war eine Kopfgeburt gewesen.

»Wollen Sie mal viel Geld verdienen? Dann gehen Sie in die Stahlbranche.«

Ich wollte unbedingt viel Geld verdienen. Schnell reich werden und frei und glücklich.

Schon nachdem Mutter und ich den Lehrvertrag für eine dreijährige Ausbildung zum Großhandelskaufmann für Stahl und Eisen bei Klöckner-Eisenhandel GmbH & Co. KG unterschrieben hatten, wusste ich, dass ich mich falsch entschieden hatte. Es war nicht meine, es war irgendeine Entscheidung. Es lag auch nicht an dem netten Mann von der Berufsberatung. Aber es ging alles viel zu schnell, ich war zu unwissend, zu wenig bei mir. Ich wusste doch gar nichts von mir.

Günther Woelki hatte mich noch im letzten Jahre bekniet, das Abi zu machen. Er hätte mich aufs Gymnasium gebracht. Ich hatte es nicht gewollt, ich fand seinen Vorschlag verrückt, wie hätte er das anstellen wollen? Mit einem Verlierer wie mir, der einen Zensurendurchschnitt von 3,7 hatte.

Auch Helmut hatte mir zum Abi geraten. Helmut, den ich vor Abschluss meiner Mittleren Reife immer noch als Untermieter ansah. Ich wollte weder die Schule wechseln noch unsere Wohnung, aber ich war auch froh rauszukommen. Meine Vorstellungen, was meine berufliche Zukunft anging, waren ganz vage. Ich träumte und hoffte, alles würde irgendwie gut werden. Und vielleicht gingen auch Helmut und Lothar wieder, oder wir würden uns aneinander gewöhnen.

Nachdem wir uns an diesem Frühlingsmorgen noch einmal gegenseitig Mut gemacht hatten, verabschiedeten wir uns so voneinander, als würden wir uns nächste Woche wiedersehen. Ich erzählte ihnen nichts von Helmut, auch nichts von Lothar, keiner meiner Kumpels erzählte viel von zu Hause. Als wir dann aus der Kneipe stolperten, ging jeder in eine andere Richtung. Ich lief die Kaiser-Friedrich runter. Ich lauschte auf meine Schritte und fühlte mich beschissen. Ich trudelte die Straße entlang, als wollte ich nach Hause gehen, und folgte einfach meinen Füßen.

Der Abschied von meinen Mitschülern war das eine, meine Unruhe und meine Unsicherheit das andere. Mein Zuhause löste sich zusehends auf. Mutter war sehr nervös in dieser Zeit, irgendwann fehlten mir Rödellinchen und Hertha. Trudchen und Bruno waren schon im Westen. Es gab noch ein paar Besuche bei Rosemarie und Volker, dann hörte auch das auf. Unsere Familie fiel auseinander. Noch spielte ich mit, war am Heranwachsen. Wo wuchs ich hin?

An dem Vormittag, als Helmut uns in die Siedlung entführte, schwante mir mit jedem Meter, den wir zusammen gingen, nichts Gutes. Ich hatte mir ein kleines Haus mit einem Garten und netten Nachbarn vorgestellt. Aber es war das letzte Reihenhaus unweit der Endhaltestelle des 10er-Linienbusses. Eine Zweizimmerwohnung in einem Neubau für sechs Mietparteien.

Hier war alles angelegt, und die Leute gingen abweisend auf feingeharkten Kieswegen, und die Türen war einheitlich nach Blocks bemalt, und die sauber verputzten Häuschen standen brav in Reih und Glied, Wand an Wand, und die Balkone, die zu den Wegen hinausgingen, waren so klein wie die Fenster, hinter denen kein Gesicht zu erkennen war. Hier würde ich niemals glücklich werden. Anfangs lachte ich noch, machte Witze, stob voran, wollte die Veränderung, aber als wir um die Ecke bogen, als ich die Hausnummern zählte, als wir dem letzten Reihenhaus am Ende des Weges immer näher kamen, da wusste ich, was die Stunde geschlagen hatte. Mir flogen so ziemlich alle Illusionen weg.

Nacheinander betraten wir die kleine Wohnung im Hochparterre links und gingen durch die frisch renovierten Zimmer. Eine Couch, drei Sessel, ein Bild mit einem See an der Wand, es war nicht ungemütlich, das vordere Zimmer, nur eben so klein. Das andere Zimmer sollten mein Stiefbruder Lothar und ich uns teilen. Es war noch kleiner als das vordere. Es gab einen Schrank, einen Stuhl, ein Etagenbett und ein Fenster. Wir hatten eine kleine Küche und ein kleines Badezimmer. Und ein Stück Rasen mit einem Birnbaum, an dem jedes Jahr wirklich nur eine Birne hing.

An diesem Tag nahm ich die Veränderungen gelassen, aber nachdem wir mit den Möbeln in den Lupsteiner Weg 18d eingezogen waren, machte mir die Enge der kleinen Wohnung zu schaffen. Ich hatte doch das Leben noch vor mir, aber hier in dieser beengten Atmosphäre schrumpfte es auf Miniaturgröße. Ich kam mit meinen Gefühlen nicht klar. Alles explodierte in mir.

Wir gaben uns so viel Mühe, es richtig zu machen. Wir, die Viererbande, wie ich uns nannte. Ich glaube, wir liebten einander, aber waren überfordert. Die furchtbare Enge, wir klebten ja förmlich aufeinander, dazu das tägliche Geschrei, weil Lothar sich nahm und tat, was er musste, ohne um Erlaubnis zu fragen, Mutters gescheiterte Erziehungsversuche, ihre Vorwürfe an Helmut, doch endlich der Mann zu sein, den sie sich gewünscht hatte, der die Probleme lösen sollte, zerrten an unser aller Nerven.

Ich sehnte mich nach dem vertrauten Zusammensein mit meiner Mutter, nach unseren gemeinsamen Abenden. Aber sie war so sehr mit Lothar beschäftigt, dass sie kaum Zeit für mich hatte. Unsere Gespräche beschränkten sich auf eiliges Zusammenstehen in der Küche. Dann klopften wir wie Geheimpolizisten den Stand der Dinge ab. Sie wurde von Tag zu Tag unzufriedener, ich sah es ihr an. Sie hatte sich unser Paradies anders vorgestellt.

Ich mochte Helmut, ich mochte seine Art, wie er versuchte, meine Mutter zu bändigen. Ihre Ausbrüche wurden heftiger, sein Nachgeben absehbarer, und der Junge tanzte uns allen auf der Nase herum. Ich hatte mir immer einen Bruder gewünscht, bekommen hatte ich einen Nebenbuhler, der mir keinen Raum ließ. Ich fühlte mich als fünftes Rad am Wagen. Was ich natürlich nicht war. Gekränkt ja, und hochsensibel für alles, was mir fehlte. Sie gaben sich Mühe mit mir, aber durch Mutters blödsinnige Idee, die Wohnung zu wechseln, war ich schon raus, ehe wir eingezogen waren. Es waren hier zwei Menschen zu viel an Bord.

Jeden Morgen erwachte ich kurz vor sechs im Untergeschoss des Hochbettes. Ein paar Sonnenstrahlen grüßten freundlich durchs Fenster. Ich schnappte mir Unterhose, Hose und Hemd und tapste so leise wie möglich durchs Schlafzimmer an Mutters und Helmuts Bett vorbei ins Badezimmer. Mutter lag noch im Bett, und Helmut saß längst auf dem Bock in seinem Bus. Er war vor uns allen als Erster auf.

»Mach es gut! Ich mach dir was heute Abend.«

Ihre Stimme klang schon in der Früh besorgt und voller Unruhe. Ich wusste, dass sie sich schuldig fühlte. Schuldig für unser neues Leben. Schuldig, dass sie unsere symbiotische Mutter-Sohn-Beziehung aufgekündigt hatte. Ich fühlte mich auch schuldig. Weil ich ihr nicht mehr zur Seite sein konnte, und weil ich das auch nicht wollte. Wir lebten in dieser Zeit nebeneinander, mit einer Mischung aus ängstlicher Fürsorge und dem Gefühl, das Falsche zu tun.

»Ja, mach es gut, ich bin gegen sechs da.«

»Gehst du heute wieder singen?«

»Ja, aber ich komm nicht zu spät.«

Ich kam nie zu spät zurück. Ich liebte meine Leute und wollte keinen Ärger. Aber ich war immer froh, wenn die Tür hinter mir zufiel. Wenn ich den kleinen Kiesweg an den kleinen Häusern unserer Siedlung vorbei zum 10er-Bus laufen konnte. Dann fühlte ich mich besser. Mehr bei mir. Ich fuhr, sooft ich konnte, nach Charlottenburg. Die alten Verbindungen waren ja zerschnitten, aber ich nutzte meine vertrauten Straßen, um zu mir zu kommen. Charlottenburg wurde zur Insel.

Ich begann in dieser Zeit eine Art Doppelleben. Ich ließ mich nach Feierabend treiben, und Mutter hatte keine Einwände, solange ich immer wieder nach Hause kam. Meine Leute verstanden mich nicht. Hätte ich mich so benommen, wie ich mich fühlte, hätte meine Rebellion alles zerstört, was ich brauchte. Und wogegen sollte ich mich auch wenden? Sie gaben mir Bett, Nahrung und ab und an ein Ohr. Wir geisterten um uns herum, waren froh, dass nichts kaputtging. Ein Wunder, dass wir in dieser engen Wohnung am Leben blieben.

Seit dem Umzug war ich mir selbst fremd geworden. Ich wusste nicht, wohin und was ich wollte. Es war, als steckte ich nicht in meiner eigenen Haut. Ich wollte so gerne bleiben und konnte es nicht. Ich lebte bei meinen Leuten wie ein Untermieter. Ich gab 100 Mark meines Lehrgeldes ab und ließ mich verpflegen, hatte mich innerlich aber bereits verabschiedet.

Meine Lieblingsfilme zu der Zeit waren »Der Unbeugsame« und der Superstreifen »Papillon« mit Dustin Hoffman und Steve McQueen, den ich abgöttisch verehrte. Irgendetwas war wohl dran an diesen Männern, die alles taten, um ihre Freiheit zu erlangen. Kein Knast konnte sie halten, kein Gitter, kein Hunger, keine seelische Folter. Der Unbeugsame sollte auch in mir wachsen, selbst wenn man ihn mir auf den ersten Blick gar nicht ansah.

Es war nicht so, dass Mutter und Helmut meine Sorgen nicht erkannten, wir sprachen viel und diskutierten. Aber ich legte nie richtig los, es war schwer, mich zu erkennen. Sie sahen mich verständnislos an, wenn ich von einem Wechsel nach Irgendwohin sprach. Und sie versuchten es, so gut sie konnten.

Helmut arbeitete auf seinem Bus, war beständig und diszipliniert, trank nicht, machte keinen Mist. Pünktlich wie die Uhr ging er morgens aus dem Haus und kam abends wieder. Derweil Mutter und der Junge den Tag zerstritten. Mal hatte Lothar etwas verschmutzt oder seine Hosen zerrissen, mal kam er zu spät, beschmierte die Tapeten, zerdepperte Lampen. Er war wild, störrisch, verstockt und wollte sich Mutters Gesetzen nicht beugen. Ich mochte ihn, schon weil ich selbst rauswollte aus dem engen Erziehungskorsett. Doch er nahm sich alle meine Sachen, wollte an die Gitarre, wollte so sein wie ich. Nervte, war zu laut, ich konnte ihn nicht halten, nicht steuern. Wir blieben einander irgendwie fremd.

Ich saß bei Tisch wie der Schwager aus Fellinis »Amarcord«. Der Typ mit dem Haarnetz. Ich sah ihnen zu wie ein Gast. »Der Adler« wurde ich von meinem Stiefbruder genannt. Einer, der alles von oben beobachtet und analysiert. Oder ich starrte auf das große Ölbild mit dem See an der Wand und träumte mich weg. Dennoch war es mein Zuhause. Wir wussten es nicht besser zu gestalten.

Aber wenn Helmut Spaghetti mit der unvergleichlichen Fleischsoße zubereitete, dann wollte ich nie mehr von hier fortgehen. Er verwendete dazu Büchsenfleisch aus Senatsbeständen. Fast alle Leute in der Nachbarschaft horteten dieses Büchsenfleisch und dazu Unmengen verpackter Margarine und Zucker und Schokolade, die noch von den Amerikanern aus der Blockadezeit stammte.

Man wollte vorbereitet sein, falls die Russen doch noch kommen, falls der Strom ausfällt, falls Krieg ist, falls keiner mehr etwas hat und die Welt untergeht. Wir hätten bestimmt zwei Wochen durchgehalten und wären dann an den Folgen einer Lebensmittelvergiftung gestorben. Keiner kannte das Verpackungsdatum. Es waren Blechbüchsen, die vom Himmel gefallen schienen. Aber irgendwann musste das Zeug ja weg.

Helmut konnte fabelhaft kochen, und ich habe so viele gute Momente im Kreis unserer Viererbande erlebt. Wir flachsten bei den Mahlzeiten herum, und aus einem nichtigen Anlass, der Mutter auf die Palme brachte, drehten wir den Spieß ins Lächerliche. Ich stellte mich oft absichtlich ungeschickt an, spielte mein Theater, und dann war es erträglich, dann hatten wir Spaß miteinander und ich liebte meine Leute. Die gemeinsamen Mahlzeiten waren ganz wunderbare Zusammenkünfte, aber ich wusste von Anfang an, dass es nur Tage auf Zeit waren. Helmut hatte einen großen Humor. Wenn er in seinem Käfer hinterm Steuer saß, war er ein anderer. Selbstsicher und bestimmt zog er Mutter mit. Ich erinnere mich an unglaublich komische und lautstarke Dämeleien, wenn wir zu viert durch ein Parkhaus fuhren. Dann verflog die Trübsal, und ich empfand uns wie eine italienische Familie.

Ich focht auch aufregende Diskussionen mit meinem Ersatzvater aus. Wir stritten über soziale Themen, über Rudi Dutschke, über die ersten Hippies, über Haschisch, und manches Mal spendierte er mir den ersten Wein oder Kirschlikör. War ich einen Abend da, dann war es doch sehr schön, und noch heute gehe ich oft mit wässrigen Augen durch irgendwelche mir fremde Siedlungen, vorbei an den Türen und Fenstern, wo sich partout nichts abspielt, und gedenke dieser Zeit. Ich war James Dean, und sie wussten nicht, was sie tun.

Eines Tages sagte Helmut, Mutter hätte Schlaftabletten genommen, weil sie es nicht mehr mit dem Jungen schaffte. Warum erzählte er mir so was? Er war doch ihr Mann. Sie wollte nicht mehr essen? Na und, dann aß sie eben nichts. Was sollte ich ihm sagen? Ich erzählte ihnen nicht mehr alles, ich konnte Mutter nicht helfen. Sie war doch meine Mutter, und ich ihr Sohn. Waren denn alle verrückt geworden? Sie hatten sich das selbst eingebrockt. Wären wir nur in Charlottenburg geblieben.

Mutter mit Brautstrauß auf der
Treppe im Lupsteiner Weg
© *privat*

Mutter und Helmut heirateten an einem Frühlingstag, im Standesamt Zehlendorf. Ich erinnere mich an die Fotos, die wir machten, an die Treppe zum Rathaus Zehlendorf, an unser gemeinsames Essen in einem Lokal in der Potsdamer Straße.

Meine Leute waren viel besser, als ich es damals begriff. Aber ich war zutiefst von den Veränderungen betroffen und gekränkt. In mir wirbelten gefühlsbetonte Lavaströme, und ich sehnte mich nach meinen alten Kumpels und vor allem nach einem Mädchen, das mich erlösen würde von allem Übel.

Aber wie sollte ich hier jemals ein Mädchen verführen, lieben können? Ich weiß nicht einmal mehr, wo ich meine intimsten Bedürfnisse gestillt habe. Ich passte mich einfach an die neue Behausung an und verkniff mir so ziemlich jede Art von Rebellion. Ich wusste, wenn ich aufmucken sollte, hätte Mutter nicht mitgemacht. Sie hätte mich rausgeworfen.

Zu Hause machte ich mich unsichtbar, aber auf dem Weg zum Bus und in die Stadt wurde ich zusehends zu dem, für den ich mich hielt. Ich trug, sooft ich konnte, auffallende Klamotten, einen aus der Zeit gefallenen knielangen Überrock, dazu ein Plüschhemd,

146

Pepitahosen, die erst Mutter abends aufbügelte, dann nahm ich ihr das ab. Ich sah aus wie der junge Oscar Wilde, den ich noch gar nicht kannte. Aber die Dandys hatte ich gesehen. Ich wollte anders sein als alle anderen. Wenigstens in meiner Freizeit. Ich wechselte die inneren Typen, so oft und so viel ich konnte, und füllte meine Einsamkeit mit stundenlangen Selbstgesprächen und Tagträumereien. Meine Eitelkeit färbte meine Stimmungen rosa. Ich war froh, mich verkleiden zu können.

An dem Tag, als wir die kleine Wohnung im Lupsteiner Weg bezogen, fühlte ich mich allein und irgendwie kindlich verloren. Aber auch schon zu groß, um es nicht zu verstehen. Erst Jahre später wurde mir meine Einsamkeit bewusst. Meine Schlaf- und Ruhelosigkeit. Meine Grundtraurigkeit und die Erinnerungen an Vater, die zu mir gehörten wie eine chronische Krankheit. Mein innerster Wunsch, von jemandem aufgefangen zu werden. Bis dahin hatte ich meine Einsamkeit verdrängt, hatte mich verborgen, hatte nur im Spiel versucht zu sublimieren.

Im Grunde war es das, was sie Talent nannten. Ich hatte Schwein. Ich war bereit zu leiden, meine Wunden zu zeigen, mich selbst zu öffnen und meine Nerven blank zu legen. Alle Schauspieler, die ich bewunderte – Montgomery Clift, Marlon Brando, Richard Burton, Oskar Werner oder auch Dieter Borsche, der mein erster Mentor werden sollte –, trugen diese Feinnervigkeiten ihrer eigenen Biographie unter dem Text in die Rolle. Sie alle plünderten ihre eigene Geschichte für die Kunst.

Als ich in den Lupsteiner Weg zog, wusste ich davon nichts. Aber jeder Stein, jede Grube und Falle meines neuen Weges sollte mir später nützlich sein. Meine Einsamkeit, die erlittenen Kränkungen, das Selbstmitleid und der Schmerz wurden meine Quelle, die mein Spiel und meine Lieder speisten. Im Grunde ein Glück. Mutter, Helmut und auch Lothar hatten nicht die Chance, ihre Wunden derart kunstvoll zu lecken.

Ich liebte meine Leute, nie hätte ich etwas anderes behauptet, sogar Lothar liebte ich, ich dachte es zumindest. Ich weiß, dass es ihm ebenso ging. Er irrte wahrscheinlich in dieser Zeit noch viel mehr. Ich gab mir Mühe, ihn zu verstehen, seine Wildheit kam mir entgegen, aber wie sollte ich es mögen, wenn er an mein Heiligtum ging. Wenn er meine Gitarre malträtierte, wenn er mich in albernen Posen kopierte, wenn er so werden wollte wie ich. Wir sollten Brüder sein, die wir nicht waren. Erst später fanden wir Gründe, über alles, was jeden von uns einengte, zu reden und zu lachen.

Ich verkroch mich aufs Klo, weil dort die Akustik so gut war. Die Lieder, die ich hier schrieb, erzählten etwas von der Wahrheit in mir. Ich wollte so gerne bleiben, aber ich konnte nicht. Alles in mir sehnte sich nach draußen. Nur fort, nur weg. In mir donnerten die Gefühle wie Geschütze. Mir war gar nichts klar. Die ersten Lieder hatten verkleisterte Texte, die ich selbst nicht richtig verstand. Nebulöse Sätze, die ich aneinanderreihte, mir zwei, drei Akkorde dazu nahm, und dann kam die Melodie wie von selbst.

Wenn mich ein Lied gepackt hatte, ging ich zu Mutter und Helmut rüber in den Wohnraum und sang es ihnen vor. Immer blickte ich dabei auf den Boden. Sie hörten mir zu, sie verstanden auch, was ich sang, sie unterbrachen mich nicht. Nie hätten sie etwas Abfälliges gesagt. Aber ich war ihnen fremd. Dabei sang ich doch für sie. Mit jedem Lied trennte ich mich ein Stück von meinen Leuten. Von meinem Traum, ein Sänger zu werden, erzählte ich nur wenig.

Wenn wir stritten, stritten wir über Belangloses. Das war unsere Art, uns näherzukommen. Über Mutters Ordnungsfimmel, Lothars Verfehlungen, über Politik, die Sozis, den nahenden Weltkrieg, die Atombombe. Halt alles, über das sich eine Familie streiten kann. Dann schlug ich mich immer auf die Seite von Helmut. Er dankte es mir mit ein paar unbeholfenen Berührungen und gutgemeinten Ratschlägen.

»Warum ackerst du so viel? Mach doch mal krank! Und geh nicht so krumm, Junge! Geh doch gerade! Du gehst ganz gebeugt.«

Ja, ich ging gebeugt. Ich war schon ganz krumm vom Verschwinden. Ich machte mich unbewusst klein, um nicht zu stören. Ich wollte ja dabei sein, also beugte ich mich. Außerdem war ich wirklich permanent müde in dieser Zeit. Aber krankfeiern, um Gottes willen! Wie sollte ich in dieser Enge krank sein wollen?

Tag für Tag stiefelte ich morgens um halb sieben aus dem Haus. Dann, im Bus der Linie 10 sitzend, müde, mit der Stirn an der Scheibe und der Straße vor mir, ließ es sich ganz herrlich träumen. Dort malte ich mir ein paar kleine Fluchten nach Irgendwo aus. Es gab keinen konkreten Ort, es sollte nur ganz weit weg sein und möglichst mit einer großen Sonne, die den ganzen Tag scheint. Ich rief buchstäblich nach dem Glück. Pure Magie. Hätte mir irgendwer ein Ticket angeboten, ich wäre abgehauen.

Ich liebte diese morgendlichen Fahrten. Ich sah mein Leben und verwandelte, was ich sah. Ich machte aus nichts alles. So sollte es sein, so sollte es werden. Ich hätte ein Leben lang so weiterfahren können. Ich wollte alles sein, bloß kein Opfer wie Vater, der seinen Weg zu wenig ging, der krank und müde aus dem Krieg gekommen war und viel zu früh aufgab. Das war meine idiotische Meinung über Vaters Weg. Ich wollte nicht wie er oder Helmut ein Leben lang nur ackern müssen. Ich wollte es anders. Ich mochte meine Leute, aber ich war eben nicht so wie sie.

Morgens kam mir auf meinem Weg von der Haltestelle am Europacenter zum Bürohaus Klöckner öfter ein älterer Mann in einem hellen Kaschmirmantel entgegen. Er trug eine Perücke und ging etwas gebeugt. Manchmal konnte ich in sein Gesicht blicken. Er war geschminkt und hatte hauchdünne, nachgemalte Augenbrauen. Er verschwand im Chez Nous unweit vom Eingang zum Klöckner-Haus an der Ecke.

Er machte auf mich einen enormen Eindruck. Immer wieder dachte ich an diesen Alten, der so viel Ähnlichkeit mit Buster Keaton hatte, den ich in dieser Zeit entdeckte. Seine Traurigkeit, sein Aus-der-Welt-Sein imponierten mir. Er hatte einen so befreiten Ausdruck. Als könnte er alles leben, was er sein will, weil seine Einsamkeit ihn nicht störte. Ich hätte mir gewünscht, dass mein Vater so überlebt hätte. Als Gaukler auf einer kleinen Travestiebühne wie der vom Chez Nous. Es hätte ihm sicher gefallen.

Ich lief weiter, vorbei an den überschminkten, müden Gesichtern der Nutten, die aus dem Cyro kamen, einer Nachtbar, die sich in der Rankestraße befand. Sie bildeten einen starken Kontrast zu den Angestellten in den grauen Anzügen, die zur Arbeit eilten. Wenn es noch früh war, die Luft so schön frisch, dann war alles gut, wie es war, und ich konnte mich mit Tagträumen und Hirngespinsten über diese andere Welt irgendwo in einer Abteilung oder in der Registratur erholen.

Als ich bei Klöckner Eisenhandel in der Marburger Straße begann, war ich sechzehn, trug die Haare länger, als es dort erlaubt war, und hatte mir etwas Flaum auf der Oberlippe stehen lassen, was Mutter monierte, aber Helmut ganz gut fand. Klöckner versprach eine gewisse Weitsicht.

Wir waren insgesamt zehn Lehrlinge, die drei Jahre die verschiedenen Abteilungen zu durchwandern hatten. Ich mochte die Arbeit, verstand mich mit den Handelsbevollmächtigten und Prokuristen gut. Aber ich wusste vom ersten Tag an, dass ich hier nicht bleiben wollte, dass dies nicht mein Leben war. Das verschaffte mir eine Sonderstellung.

Von Anfang an hielt ich mich an die Frauen. Die Frauen bei Klöckner hatten mich gern. Fräulein Hoffmann, eine unglaublich hübsche Sekretärin, auf die alle Lehrlinge scharf waren, mochte meine Gedichte. Ich schleppte ihr Lieder an, Texte von den Schall-

Auf der Weihnachtsfeier von Klöckner Eisenhandel
© *privat*

platten, die ich hörte und die sie mir abtippte, während sich die Abteilung der T-Träger, der gesamte Verkauf von BSTG-Matten unter der Leitung des fülligen Herrn Pein in ironischen Bemerkungen erging.

Fräulein Hoffmann war vom ersten Tag an auf meiner Seite. Sie verteidigte meinen Spleen, Gedichte und Geschichten zu erfinden, meine Träumereien vom anderen Leben. »Kleiner« nannte sie mich.

»Wärst du älter, ich würde mich in dich verlieben.«

Ich fühlte mich in den Großraumbüros von Klöckner Eisenhandel wohl. Wenn die Sonne durch die riesigen Fenster fiel, summten die Angestellten an ihren Schreibtischen. Die Rohrpost machte ihr vertrauliches Klick und Klock, die Zeit kroch zwar, aber die Gespräche wurden zum Nachmittag hin lockerer. Man unterhielt sich über den 7-Tage-Krieg, die Mauer, die Repressalien an den Grenzen, man zog über die Hippies her und die Regierung unter Brandt. Kann sein, dass wir noch Kennedys Reden begutachteten. Kaufmannsgedöns, einer war schwul, eine andere trieb es mit allen, zu Weihnachten gab es eine Feier, und ich war doch der mit der Gitarre und den Liedern.

»Dann könnten Sie doch mal was auf der nächsten Weihnachtsfeier singen.«

Wenn die Zeiger der Uhr zu langsam nach rechts krochen und ich keine Lust mehr verspürte, ein Telefonat anzunehmen, einen Lieferschein auszufüllen, eine Bestellung ins Lager weiterzugeben, Preislisten zu sortieren, die Ablage zu machen, stand ich auf und ging zu dem alten Grabowski in die Registratur.

Wenn ich auf den langen Gängen der oberen Etagen durch die Verkaufsabteilungen stromerte, fielen mir viele Bilder ein, die mit meiner Realität hier nichts zu tun hatten. Ich fühlte mich als Außenseiter. Obwohl ich ein guter Verkäufer war. Ich konnte reden. Es gab Stareinkäufer, die nur mit mir telefonieren wollten. Sie wussten ja nicht, wer am anderen Ende der Leitung saß.

Die Handelsbevollmächtigten ließen mich machen, waren aber immens misstrauisch, da ich sehr großzügig mit Preisen und Lieferzeiten umging. Es kam schon mal vor, dass ich zwei Dutzend

Tonnen BSTG-Matten über Schweden heranholte, obwohl wir die Dinger im Lager vorrätig hatten. Skonto gab ich schnell, und mit mir konnte jeder handeln. Ich erkundigte mich immer nach dem Befinden meines Käufers und schickte beste Genesungswünsche an die Frau Gattin. Ich plauderte gerne und ließ mit mir reden, so ging der Tag schneller rum.

Ich war froh, unter gutgekleideten, vernünftigen Leuten zu sein und Büro- statt Fabrikarbeit verrichten zu dürfen. Aber innerlich wollte ich ans Meer. Barfuß und mit langen Haaren und einer Gypsyfrau an der Seite, die mich liebte. Ich floh immer vor der Bürgerlichkeit, und strebte doch immer wieder hin.

Von meinen Mitlehrlingen hielt ich mich an den politisch engagierten Zimmer, der schon sehr früh wusste, was er wollte. Wir hockten, so oft wir konnten, bei den Sekretärinnen in den Teeküchen. Ihre Gespräche rankten sich immer um Männer, um Sex und um Enttäuschungen in der Liebe. Wir nannten eine die Riesin, sie erzählte offenherzig über ihre Orgasmuserfahrungen, und wir nahmen es mit Freude zur Kenntnis.

Wir rauchten Roth-Händle und Gaulloises, von denen mir immer schlecht wurde, schmissen uns waghalsige Thesen von politischen Umwälzungen oder gleich der Weltrevolution an den Kopf. Lachten über den dummen Affholter, der die Tagespost im eigenen Firmenbriefkasten versenkte. Über Fuchs, der das Ticket für einen Flug nach Frankfurt bekam und am selben Nachmittag zurück sein musste, aber erst nach Tagen wieder da war, weil er den Flughafen nicht fand.

Zimmer war intelligenter als die anderen, irgendwas an mir gefiel ihm. Vielleicht meine Träume von einem anderen Sein, einem anderen Beruf, einem anderen Leben. Alle bei Klöckner begegneten mir mit einer Art Respekt, als wäre ich der Auslöser ihrer Träume und Geschichten. Zimmer provozierte mich mit Fragen nach meiner Musik und den Liedern, die ich schrieb. Es gab ja vor allem die amerikanischen Sachen und nur ein paar deutsche Liedermacher, von denen alle gehört hatten, wie Reinhard Mey, der schon Karriere machte. Zimmer bestärkte mich darin, meine eigenen Lieder zu entwickeln. Auch er lebte alleinerziehend, wie wir es damals nannten. Mit einer alten Mutter, irgendwo im Wedding.

Er trug immer graue Cordjacketts, stand politisch links, sprach von der Revolution. Von Rainer Langhans und Fritz Teufel, den Kommunarden der Kommune 1.

»Freier Sex, Vielfickereien, willste das?«

»Ich brauch das nicht.«

»Und Uschi Obermeier?«

»Sie sieht toll aus. So wild.«

Zimmer war an sich so verklemmt wie ich, hatte aber eine Menge Ironie, um mit diesen Themen umgehen zu können.

Mich interessierten die Politischen nur am Rande. Natürlich hatte ich von der Kommune 1 gehört, von Teufel und Langhans, natürlich wusste ich aus den Berliner Zeitungen über Rudi Dutschke Bescheid, die aufkommende linke Bewegung, die APO und die Studenten. Wenn ich mit dem 10er-Bus am Henry-Ford-Bau der Freien Universität in Dahlem vorbeifuhr, sehnte ich mich danach, da mitzumachen. Aber alles Akademische schüchterte mich ein.

Mich zogen die Hippies an. Die Mädchen liefen schon in wundersamen weiten Hosen und kurzgeschnittenen Pullundern in fröhlichen Farben und breitkrempigen Hüten, manchmal sah ich von meinem Doppeldecker aus morgens eine aus einem Club kommen. Nie traurig, nie düster, das musste es sein, Blumenkinder und Frieden und Freiheit und Glück.

»Halte dich von den Politischen fern«, riet mir auch Helmut. Ich mochte ihn für seinen Standpunkt. Obwohl er nur mein Stiefvater war, obwohl das Bild meines eigenen Vaters unzerstörbar in mir war, so gewann ich ihn doch immer lieber. Helmut war von Natur aus links und zeit seines Lebens in der SPD. Nicht nur, weil er der Arbeiterklasse angehörte. Es waren seine Gesinnung, seine antrainierte Schläue, seine Bodenhaftigkeit, die mir gefielen. Er kümmerte sich aus einer anderen Perspektive um die Welt und wusste, wo es langging. Helmut war in Ordnung, und unter anderen Umständen hätten wir uns sicher prima verstanden und viel zu sagen gehabt. Aber die beengten Verhältnisse ließen nicht zu, dass wir einander fanden.

Nie hatte ich den konkreten Wunsch verspürt, von zu Hause abzuhauen. Dafür mochte ich meine Leute zu sehr. Es stand in mir geschrieben, und es sollte nicht das bloße Abnabeln eines Jugendlichen von seiner Familie sein. Ich spürte eine enorme Unruhe, als wollte eine alte Krankheit aus mir heraus. Mit Mutter mochte ich nicht darüber sprechen. Und doch suchte ich nach wie vor ihre Nähe. Ich liebte die Momente, wenn es so wie früher war. Geheimniskrämerei und Quatschen am Tisch bis in den Abend. Es war wenig Platz dafür, Mutter und ich trafen einander nur in der kleinen Küche.

Ich erzählte ihr von meinen Plänen, singen zu wollen, etwas Künstlerisches zu beginnen. Aber es blieben Wortblasen, ich erzählte von mir hinter vorgehaltener Hand, in der Hoffnung, meine Mutter würde mich auch so verstehen. Da sie mehr schwieg als sprach, versuchte ich ihr alles an Fragen vom Gesicht abzulesen. Ich wollte ihr keine Sorgen machen. Das war die Crux. So beließ ich es bei meiner Träumerei. Es sollte etwas Großes geben, das mich für immer glücklich machte, und in der Gitarre sah ich die Chance, mich von allem Leid zu befreien.

Alles Dramatische zog mich an. Ein Zugunglück in Indien konnte mir die Tränen in die Augen treiben. Ich klebte an Sensationsberichten und Ankündigungen bevorstehender Weltuntergänge und bemerkte in mir eine enorme Hilfsbereitschaft gegenüber allen Leuten in Not. Es war zwar nichts Konkretes, nur heiße Luft, aber mit dieser Einstellung kam ich besser mit meinen eigenen Gefühlen zurecht.

Wenn ich von Klöckner Eisenhandel nach Hause kam, warf ich mich in die anderen Klamotten, aß mit ihnen zu Abend, packte dann die Gitarre und verschwand. Nicht ohne Mutter zu besänftigen und mit enormen Schuldgefühlen in ihrer Sorgenburg zurückzulassen.

In den Sommerferien hakte ich mich bei Bennos Clique unter, und wir nahmen den Zug vom Bahnhof Zoo nach Westerland, die erste von vielen Syltreisen. Die Insel und das Meer bestimmten von da an meine Träume. Wir waren eine rauhe Clique von fünf Jungmännern, die aus dem vermieften und eingezäunten Berlin hinauswollten. Um frei zu sein. Frei von allen Verpflichtungen, frei für Mädchen, für das wilde Leben schlechthin. Ich weiß nicht, wo ich das Geld aufgetrieben hatte. Wir brauchten nur ein paar Mark. Ich konnte mir ein Zelt leisten und ein paar Flaschen Escorial Grün und Lambrusco.

Helmut hatte mir irgendwann eine Gitarre finanziert, eine hellblonde Akustikgitarre, die bei Musik Grabowski im Laden hing. Sie kostete 220 Mark, und er schloss mit mir einen Vertrag, wonach ich sie ihm aus den Erlösen kommender Auftritte abbezahlen sollte. Es rührte mich derart, dass ich ihn umarmte, was ihm peinlich war. Ich war wirklich überglücklich. Ich besaß nun eine erstklassige Gitarre. Sie lag gut in meiner Hand und sollte mir das Glück bringen und die langersehnte Freiheit.

Als ich den Bahnhof in Westerland verließ, fielen der ganze Drill und tägliche Zwang von mir ab. Die Leute waren lustig. Viele Hippies gingen nach Sylt, keine Politischen, aber die kleine Insel war die Hochburg der deutschen Boheme. Die Reichen und Schönen fuhren hierhin.

Wir schlugen unsere Zelte auf dem Campingplatz in Rantum auf. Die Sommerferien konnten beginnen. Der Wind, die Aussicht auf Mädchen und Alkohol, das freie Leben und die anderen Leute, das Nacktbaden an den Stränden waren elektrisierend. Ich hatte meinen Pfadfinderschlafsack und die Gitarre dabei. Ich sang, so oft ich konnte, und überall, wo wir gingen und standen. Spontan, an einer Ecke, vor den Cafés, auf den Plätzen, am Strand sowieso. Es wäre unmöglich gewesen, ohne meine Gitarre unterwegs zu sein.

Jeden Morgen lief ich als Erster zu den Frühstücksbaracken. Ich hockte mich auf einen Stuhl und legte einfach los. Mein Repertoire war dünn, aber es ging. »Donna Donna« von Donovan, »Überall blühen Rosen« von Gilbert Bécaud, »Nathalie«, das ich durch einen parodistischen Einfall zu verhunzen begann, ich gab mich schwul, und es wurde der Lacher schlechthin. Und noch zwei Knef-Lieder. So kam ich auf fünf bis sieben Lieder. Ach ja, Bob Dylan, immer wieder »Maggie's Farm«. Ich hatte keinen Text, aber ich fühlte mich zu dem Lied hingezogen. Ich nahm, was ich bekommen konnte. Rosinenbrötchen, kalten Kaffee, Zigaretten. Jeden Morgen steckten mir völlig fremde Mädchen oder Jungs diese Naturalien zu. Nach drei Tagen verfügte ich bereits über etwas Geld, jede Menge Rosinenbrötchen und hatte mir einen gewissen Namen unter den Jugendlichen gemacht.

Wir kamen nachts nie richtig ins Bett. Wir stromerten die ganze Zeit am Strand umher, setzten uns zu den Typen am Lagerfeuer und tranken und sangen die amerikanischen Folklieder – »The Sun Ain't Gonna Shine Anymore« ... »And The Wind Cries Mary« – und immer wieder die Beatles, die mich schon in Charlottenburg gepackt hatten. Manchmal saß ich nur stumm dabei, sah zu, wie die Sonne in der Nordsee versank, fühlte mich vom vielen Leben ganz erschöpft. Ich hatte so eine Sehnsucht, ich wollte unbedingt ein Mädchen, traute mich aber nicht an sie heran. Irgendetwas hielt mich zurück.

Alle hüpften nachts wie aufgezogen nackt ins Wasser, alle tranken unentwegt billigen Wein, alle waren immer positiv und gut drauf oder hingen bekifft oder mit Tabletten zugedröhnt in den Dünen herum. Dieses aufgekratzte Lebensgefühl schien Pflicht auf der Insel.

Es gab Tage, da schlossen wir uns ein paar alten, schwulen Männern an, die tolle Wagen fuhren, und zogen mit denen durch Westerland. Es war ein harmloser Spaß. Wir ließen uns einladen, hingen mit ihnen ab, bekamen was zu essen, oder wir quatschten nur, machten Unsinn, hängten nachts die Sperrketten in der Friedrichstraße ab, die gespannt wurden, um in den lauten Nächten den Verkehrslärm zu mildern.

In einer Seitenstraße der Friedrichstraße gab es das Trocadero, einen Nachtclub, und unweit davon war das Kleist. Dort trafen sich die Promis. Künstler, Schauspieler, Mitläufer, tolle Frauen, die

wie Françoise Hardy aussahen oder sich extravagant wie die englischen Bands kleideten. Enge Hosen trugen, lange Ketten, große
Schlapphüte und immer viel zu heftig geschminkt waren. Es ging
stets sehr laut zu. Die Stones waren angesagt, auch die Beatles und
Van Morrison von Them, Jimi Hendrix sowieso. Aber auch die
Hollies, The Who und die Kinks. Manchmal sangen sie hier deutsche Schlager, was mich wegen der Oberflächlichkeit der Texte
jedoch abstieß.

Ich hockte wie ein Fremder bei diesen Leuten und machte ein
nettes Gesicht. An sich waren sich alle hier fremd, aber es war angenehm, man hielt Abstand und war doch dabei. Ich mochte das
nächtliche Gewusel und sog alles auf wie ein Schwamm.

Wenn ich nachmittags ausgenüchtert war, zog ich eine frische
Eminence an, dazu die Lederjacke, malte mir mit ein paar Strichen
einen Schnurrbart und zog los. Ich hängte mich an irgendwelche
Jugendlichen, die unterwegs in die Nacht waren, oder saß bis zum
Morgengrauen bei einer Barfrau herum.

Ich gab mich sehr erwachsen, sehr überlegen. Niemand sollte
mich wirklich sehen. Ich konnte das, ich legte einfach ein cooles
Gesicht auf und klinkte mich in ein Gespräch ein. Im Grunde war
ich total eingeschüchtert von der ganzen Inselszene, den schönen
Frauen und wohlhabenden Männern in edlen Klamotten und teuren Schlitten. Aber mit ein bisschen Calvados oder billigem Lambrusco oder ein paar AN1-Speedies war ich geöffnet, und dann
ging es. Ich machte auf Geheimnis, ich war der unnahbare Fremde.
Ich kam von Irgendwo und wollte nach Nirgendwo. Ich quatschte
ohne Ende und trank und hatte keine Hemmungen, über meine
Grenzen zu gehen.

Einmal schoss ich nachts vollkommen betrunken und aufge-
putscht von den Tabletten die Dünung in Kampen hinunter, bis
ich völlig erschöpft in einer Mulde zum Liegen kam. Da heulte ich
bis zum Morgengrauen, beweinte mein Verlorensein und wurde
endlich ruhig. Ich wollte kein Opfer sein, hatte aber kein Zutrauen
zu mir selbst. Ich suchte immer nach jemandem, der mich auffangen und annehmen würde.

Und dann kam sie. Ich kannte nicht einmal ihren Namen. Sie war ein wenig drall. Dieter, ein netter, gutaussehender Typ, der mit zwei Mädchen ging, hatte sie zu mir ins Zelt geschickt. Während mein Freund Rolli schlief, verführte mich dieses Mädchen, das ich nie vorher gesehen hatte. Sie brachte mir alles bei, und ich überließ ihr alle Einzelheiten. Sie hatte kurze Haare, einen schönen, festen Körper und lachte, während wir es miteinander machten. Sie führte mich in alle Geheimnisse ein, trainierte mir den Rhythmus an und tat es ohne Druck. Ich fühlte mich sehr gut, und ihre Haut roch ganz fruchtig, ich küsste sie auf die Brüste, auf den Hals, sogar auf den Mund, obwohl ich sie für eine Professionelle hielt, was sie aber gar nicht war.

Ich benutzte kein Kondom, ich war vertrauensselig. Im Grunde war ich dumm, es versagten alle Kontrollmechanismen bei mir. Ich wollte mich nur noch hingeben, fallen lassen, der Lust öffnen, am Leben zu sein. Später war es ebenso, immer wieder, egal bei welchem Mädchen ich lag. Ich sehnte mich danach, unkontrolliert zu lieben. Ich hatte verdammtes Glück.

Sie blieb die ganze Nacht, und am Morgen ging sie, ohne sich zu verabschieden. Dieter wartete in seinem blauen Ford Mustang am Ausgang des Zeltplatzes. Sie stieg zu ihm ein, er winkte mir zu, und ich fühlte mich sehr gut, sehr erwachsen, wie neugeboren.

Auf Sylt passte für mich alles zusammen: die Mädchen und der Sex, die Musik, die Gitarre, die verrückten Leute, die Müßiggänge in den Dünen und das wechselhafte Inselwetter. Es war furchtbar anstrengend, aber wunderschön, frei zu sein von aller Beobachtung, von den Gesetzen meiner Leute. Alle Grenzen schienen aufgelöst, ein gefährlicher, bodenloser Zustand. Es fühlte sich extrem an, doch es gehörte in diesen Tagen ganz zu mir.

Zurück in Berlin, gab ich bei Tante Rosemarie eine Party, sie hatte mir ihre Wohnung für ein sturmfreies Wochenende überlassen. Es wurde eine wilde Nacht. Ein Mädchen aus der Syltzeit war auch dabei. An dem Abend war sie extra wegen mir von Hamburg nach Berlin gekommen.

Nun saßen wir in Rosemaries großem Wohnzimmer mit den Sesseln und Sofas aus der Zeit vor unserer Zeit und lauschten auf die Geräusche aus den anderen Zimmern. In jedem Zimmer vögelten sie, es war ein riesiges orgiastisches Fest. Wir saßen nebeneinander und taten so, als hörten wir die Lustschreie und Bemerkungen, das Lachen und das Geflüster nicht.

Das Mädchen war anders, als die, die ich kannte. Sie war sensibler und feiner, trug enganliegende Leggins, weiche Pullover, hatte einen guten Teint und wirkte kein bisschen aufgetakelt. Sie war viel selbstbewusster als die Mädchen meiner Kumpels, und wenn wir miteinander sprachen, sprachen wir ernsthafter über uns und die Dinge des Lebens. Sie arbeitete bei der Post, von wo aus sie mich des Öfteren angerufen und in völlig andere Gespräche über das Leben und ihr Tagwerk verstrickt hatte. Ich stand dann bei uns im Flur und redete dummes Zeug, war befangen, weil Mutter und Stiefbruder durch die Tür linsten, weil endlich mal einer das Telefon benutzte. Kann sein, dass Mutter was roch.

Ich wäre gerne mit diesem Mädchen zusammengekommen. Man ging miteinander, dann erst vögelte man. Meine rohen Kumpels machten es umgekehrt. In der Nacht auf der Party lagen wir nebeneinander im Bett und quatschten nur. Es war schön für mich, aber ich fühlte mich fremd, es war alles viel echter und ernster mit ihr.

Währenddessen nahmen meine Kumpels die ganze Wohnung auseinander. Einige stiegen aufs Dach, andere verursachten spät in der Nacht einen Wasserrohrbruch, und weil so viel AN1 und Alkohol im Spiel war, kam einer auf die Idee, sämtliche Anzüge von Rosemaries verstorbenem Mann mit einer Rasierklinge in dünne Streifen zu schneiden.

Das Mädchen verließ mich gegen Morgengrauen. Sie war sehr höflich, sie sagte, sie rufe gerne noch mal an, aber sie ertrage meine Kumpels nicht. Ich verstand das als ein Zeichen, mein Leben zu verändern, und warf die ganze Clique hinaus. Es war genug, ich hatte meine Grenze gefunden. Ich hatte genug von den Aufputschsachen, von dem vielen Alkohol, den zahllosen durchgemachten Nächten. Ich räumte in der Früh auf, sammelte die Gläser ein, fegte die Küche und putzte die Kotze aus der Badewanne. Mir war sauschlecht.

Tage später beichtete ich Rosemarie unsere Orgie. Sie nahm es mir nicht übel, war aber sehr traurig, und ich hasste mich für meine Untätigkeit. Mutter erzählte ich nichts davon, schwieg auch über das Mädchen, sie wusste ja nichts von der Clique, nichts von den Pillen und nur wenig vom Alkohol. Oder vielleicht wusste sie es doch und ließ mich einfach nur machen.

Das Mädchen aus Hamburg blieb mir wie eine Wetterfahne in Erinnerung. Ich dachte noch Wochen später nur an sie. Sie war so anders als die anderen. Sie verhieß Zukunft, etwas Sauberes, Klares. Ich hatte mich an ihrer Seite wohl gefühlt, auch wenn wir es nicht miteinander gemacht hatten.

Man sagt, wer einmal abhaut, findet nie wirklich wieder zurück. Wer einmal ging, wird immer gehen. Als wir im Lupsteiner Weg einzogen, begann ich innerlich auszusteigen. Es war in mir eine Sehnsucht, mich selbst zu finden. Die große Suche, die schon seit Kindesbeinen in mir steckte. Ich hatte keine Ahnung von diesen Dingen, ich folgte einfach meinen Träumen, um mir die fehlenden Eltern zu ersetzen, um der Spießigkeit unseres Lebens und der Enge unserer neuen Wohnung, der Lehre, die mir abgesehen vom Geld herzlich wenig bedeutete, dem ganzen Eiertanz zu entfliehen. Diese Sehnsucht machte den Zündstoff aus, sie war mein Antrieb. Ich war ein Kerosintyp, es lag mir im Blut. Die Gitarre, meine Lieder, die Abende in den Jugendheimen, die wilden Zeiten mit der Clique um Benno, die Drogen – all das sollte mich weg von zu Hause und hin zu mir führen, Sackgassen und Irrwege inklusive.

Ich war auf der Suche. Mein Lehrer Woelki hatte mir Schiller und Goethe nahegebracht, Georg Büchners »Hessischen Landboten« und Stefan Zweigs »Sternstunden der Menschheit«. Das war sein letztes Geschenk an mich gewesen. Aber nun begann etwas, das ich nicht mehr vom Kopf steuern konnte. Ich wollte raus, mir fehlte Text. Ich empfand mich wie ein leeres Glas, das gefüllt werden wollte.

Ich nahm alles mit, was ich an Literatur und Liedern bekommen konnte. François Villon, der französische Rebell und Liedermacher aus dem 15. Jahrhundert, war der erste Dichter, der mich wirklich packte. Ich las Jack Kerouac und Allen Ginsberg, Paul Theroux, Jack London, verehrte Charles Dickens. Es sollte immer gegen den Strich sein, nie das glatte »Ach, wie geht's uns gut«. Zimmer hatte mich darauf gebracht. Ich war ganz besoffen von diesem Treberzeug. In dieser Zeit gab es für mich nur Aufbruch, es sollte möglichst alles geschehen.

Ich holte mir die Sachen aus der Stadtbücherei. Auch Zimmer und Horst liehen mir Bücher. Erleuchtungsliteratur zog mich an, ich las »Das Tibetanische Totenbuch«, »Siddhartha« von Hermann Hesse, seinen »Steppenwolf«, entdeckte Heinrich Heine oder verlor mich in Rimbauds »trunkenem Schiff«. Auch die Freimaurerschriften, eben das ganze Selbstfindungszeug, und immer wieder Kerouacs »On the Road«. Die Straße sollte es für mich sein. Eine Lederjacke, ein Schlafsack und ein bisschen Geld. Immer gerade genug, um zu überleben. Die Gitarre und mein Herz würden mich schon tragen.

Ich rannte, sooft ich konnte, in die Filme von Howard Hawks und Orson Welles, sah »Blow Up«, den »Ekel« von Polanski, die frühen Filme von Claude Chabrol und später immer wieder François Truffaut. Diese schwarzweißen Streifen vermittelten mir ein paar Alternativen zu meinem Leben in Berlin. Entdeckungen machen, hören und sehen, was andere nicht sehen. Wir waren ja von einer Mauer umschlossen, der Osten war immer der gleiche, und Westberlin war eine Provinznummer.

In dieser Zeit brach ich innerlich auf. Mein Zorn und mein Wunsch, gegen die Spießerwelt, gegen die Enge und Angepasstheit zu rebellieren, waren so groß wie mein Lächeln, das ich aufsetzte, um unerkannt zu bleiben. Ich lebte undercover. Ich war der Junge mit der Gitarre. Ich hasste mich dafür, dass ich so wenig Boden unter den Füßen hatte. Ich verstand es nicht. Einerseits hatte ich alle Sprints und Urkunden meiner Schulzeit gewonnen, war ein kräftiger Typ, sah gut aus, andererseits heulte ich fast täglich innerlich. Man sah es mir nur nicht an.

Meine Einsamkeit war furchtbar, ein grausiger Engel. Hätte ich doch wenigstens ein Mädchen gehabt. So lief ich durch die Gegend wie der Schatten meines verstorbenen Vaters und kotzte auf alles, was ich um mich herum sah. Mir stanken die Leute, die durch den Tag schlichen, ich kochte innerlich vor Wut auf die ganze verlogene Anpassungsgesellschaft. Ich spuckte auf meine eigenen Leute, auf die Siedlung, in der ich zu Hause war, auf die Werktätigen, die sich dem Kapital anpassten, auf die Angestellten bei Klöckner, die ihre Sehnsucht im Herzen verschlossen, um durch den Alltag zu kommen. Alles in mir schrie:

»Hau ab, nimm dir die Freiheit, du hast nur dieses eine Leben.«

Meine Freiheit war in mir verborgen, und ich hatte nicht einmal ein Bild, einen Entwurf. Ich hing zwischen Himmel und Erde. Ich, Hoffmann, Sohn meines Vaters und meiner ängstlichen Mutter, Stiefsohn Helmuts und Stiefbruder Lothars, wollte die ganze Welt aufrütteln und retten mit meinen Liedern. Es sollten Brücken sein. Mein Leben sollte ein ganz großes Abenteuer werden.

Wenn ich im Gehrock, den ich mir aus dem Theaterfundus ausgeliehen hatte, mit meiner Gitarre hinaus in die Nacht zog, war ich absolut zuversichtlich, dass mir das gelingen würde. Mochte auch die restliche Welt in Flammen stehen, mochten Kriege und Hungersnöte herrschen, mochten die Deutschen niemals aus ihrer Vergangenheit erwachen, und mochte auch ich nicht wissen, wohin es mit mir ginge. Ich wusste nur, ich würde es schaffen.

»Wenn ich die Lehre hinter mir habe, ist Schluss mit der täglichen, angepassten Buckelei, es ist nur eine Frage der Zeit. Ich werde glücklich werden.«

Jeden Tag redete ich so mit mir. Aber wenn der Fahrer an der Haltestelle Lupsteiner Weg »Endstation« rief, stieg ich übermüdet aus dem Bus und lief den Weg zu uns nach Hause, froh, wieder bei meinen Leuten zu sein.

Ich war der personifizierte Widerspruch. Mein Kopf sagte das eine und mein Herz das andere. Ich wollte unentwegt nur weg und wäre so gerne geblieben. Ich war zerrissen in meinen Sehnsüchten und wusste eigentlich gar nicht, wohin.

Kam ich in tiefer Nacht in unserer Siedlung an, war aller Zorn gewichen. Im Dunkeln war das alles besser zu ertragen und auch irgendwie heimelig. Sogar die kleinen Vorgärten, die in der Nacht aussahen wie schlafende Hunde, gefielen mir dann. Nie war ein Licht hinter einem der Fenster zu sehen.

Leise schloss ich die Haustür auf, nahm die paar Stufen hinauf zu unserer Wohnung, trat in den kleinen Flur und hängte meine Sachen ab, um erst noch einmal pinkeln zu gehen. Dann musste ich vorbei an dem kleinen Tischchen, auf dem das Telefon stand, das wir nie benutzten, öffnete vorsichtig die Tür zu ihrem Zimmer, schlich, so leise ich konnte, an ihrem Bett vorbei. Helmut schnarchte unbarmherzig und Mutter flüsterte:

»Schlaf schön.«

Und ich sagte: »Du auch.«

Mutter wartete jede Nacht, bis ich wohlbehalten zurückgekommen war. Sie wusste, dass ich schon Alkohol trank. Nicht viel, aber genug, um das alles hier leichter zu ertragen, um zu vergessen, um mich zu verstecken vor dem, was war und was ist.

Ich öffnete die Tür zu unserem Zimmer, wo mein Stiefbruder in der oberen Etage unseres Hochbetts schlief. Stellte die Gitarre an die Wand, zog mich aus, legte meine Sachen auf einen Stuhl neben dem Schrank und kroch ins Bett. Eine Kanne mit Muckefuck stand in Reichweite auf dem Stuhl. Daneben ein Teller mit belegten Broten. Ich machte nie Licht, heißhungrig aß ich die Stullen und trank dazu den Kaffee. Das war köstlich, das war gut so.

Dann zog ich mir die Decke über die Ohren: bloß schnell einschlafen und träumen und hoffen, dass der Alkohol nicht zu sehr seine Wirkung zeigte. Fast jede Nacht machte ich es so.

Am nächsten Morgen schon hielt ich es nicht mehr aus. Ich wollte in mein altes Viertel zurück. Und ich wollte keinen Stahl verkaufen. Ich wollte Maskenbildner werden, eine Sekretärin hatte mich darauf gebracht. Helmut nahm es ernst:

»Dann musst du erst Friseur lernen.«

Aber Mutter verstand mich nicht. Sie war nur mit sich selbst unterwegs. Ich konnte ihr das nicht erklären. Sie sagte nichts zu meinen Plänen. Sie hatte nur Angst, dass ich untergehe.

»Vielleicht höre ich mit der Lehre auf.«

»Um Gottes willen, Junge!«

Sie wich mir immer aus. Mich machte es richtig krank. Mein Vater fehlte mir und echte Liebe. Ich wollte gesehen werden, anerkannt sein, bestätigt wissen, dass das, was ich mir zurechtträumte und -legte, auch stimmte. Ich brauchte einen Lebensentwurf, keine Lügen. Mutter war nicht in der Lage, mich zu sehen, wie ich war. Wie sollte sie auch, ich erkannte mich ja selber nicht.

An dem Tag, als wir in die kleine Wohnung einzogen, hatte sich ohne viel Geschrei ein großer schwarzer Vogel meiner bemächtigt. Sein Gefieder legte sich auf mein Gesicht und beschattete mein Herz. Unsichtbar für jeden, der mich sah. Seine Flügel schützten mich wie eine Decke, aber er wurde der schwärzeste Punkt in meinem Leben. Die Maske des immer lächelnden, guten Jungen war meine Tarnung.

Ich musste hier raus. Heute Nacht würde ich das erste Mal im Steve Club auftreten, einem kleinen Jazz- und Folk-Club in der Krummen Straße. Horst hatte mir erzählt, dass man da einfach auf die Bühne gehen und eigene Lieder singen könne. Ich war sehr aufgeregt, ich hatte ungemeinen Schiss davor, von den Leuten ausgebuht zu werden. Doch ich würde es durchziehen.

Bremen

Wir brauchen fast zwei Stunden, um nach Bremen zu kommen. Ich bin verspannt, ich habe die Scheißerei, ich will nicht meckern, ich laufe nach der Uhr, ich denke an Mutter, an meine Frauen, an Malene, ich warte auf den Impuls, es puckert im Gedärm, was für einen Mist habe ich sechzig Jahre gestapelt, der Baumläufer scheißt meine Akten voll, so fühl ich mich vor dem Gig.

Dann ist es so weit. Wir machen eine Tonprobe, der Sound rumpelt, und Andy ist am Rande des Nervenzusammenbruchs, die Hütte ist zu klassisch, was wollen wir hier mit dem ganzen Vaudeville-Stil, den akustischen Instrumenten. Jeder von uns hat seinen Jazz, und dann meine Texte, sechzig DIN-A4-Seiten spreche ich heute Abend und lass mir die Tür der Improvisation offen. Wir ringen um den richtigen Ton. Andy, mein guter, alter Andy …

Leer klingt die Glocke, das ehrwürdige Bremer Konzerthaus, wie eine klassische Halle. Leer ist sie am ödesten. Wir machen Soundcheck und rechnen mit allem, das macht den Gig gefährlich. Dann der Check. Hawo und ich streiten, wir kennen jede Phase der Vorbereitung, er lenkt ein, dann Micha, er hadert mit der akustischen, ist die Stratocaster mehr gewohnt, kann sich aber neu verlieben, und Peter und Stephan geben Halt – Stephan trotz der hellen Drums viel mehr, als ich dachte –, und dann gehen wir ins Finish der Vorbereitung und nehmen »Als wenn es gar nichts wär« auseinander, und es geht, es klappt, wenn du von unten beginnst, wie jeden Tag, dann entfächert sich alles.

Andy Wegener, der uns seit über dreißig Jahren steuert, hat den Ton im Griff, er hat nie Abschied von seinen Idealen genommen. Das mag ich an ihm. Sein Handwerk, seine Lust, immer wieder zu staunen und zu lernen. Seit er mal für Michael Jackson die technische Produktion leitete, glaubt er sich mehr. Er zweifelt wie ich, aber hinterm Pult um zwanzig Uhr ist er der Steuermann.

Ich kenne Tourneen, da flogen schon am ersten Tag zwischen uns die Fetzen. Das ist dann so wie bei allen Bands, ob bei den Winterhuder Dompfeifen oder den Rolling Stones, die mir nicht aus dem Kopf gehen wollen. Das ist wohl der dunkle Anteil meiner braven Seele. Andy stellt die Crew zusammen, und dann riggen und bauen sie. Licht und Traversen, und Klaus Graewert kommt, der Verlässliche, und auch wenn Eddie Rohrmoser seit einem Jahr nicht mehr dabei ist, weil wir die Strecke Weg zu Ende gegangen sind, bleibt er immer mit uns. Beim Licht, bei den Pausen, wo scheinbar nichts passiert.

So viele Roadies kamen und gingen mit den Jahren. Ich habe ihre Namen vergessen, nicht aber ihre Gesichter. Ohne diese Männer und Frauen hinter und vor der Bühne, ohne die abendlichen Essen und manchmal mehr, hätten wir nicht eine Show auf die Bretter gebracht. Was wurde gegessen, getrunken und gelacht, und bei den ganz großen Gigs, in der Berliner Philharmonie oder der Alten Oper Frankfurt, in der Kölner Sporthalle oder mit Fritz Rau beim Konzert der »Künstler für den Frieden«, da scheißen wir uns schon mal in die Hosen vor Angst. Aber wenn ein Techniker, ob Nils Uhthoff oder der dicke Uwe, ob der kleine Bert oder wer auch immer, einen faulen Witz macht, dann geht es, als wenn's von alleine käme.

Als die Roadies die Bühne freigeben, als die Hütte knüppelvoll ist, vergeht meine Angst. Der Baumläufer ist frei. Etwas, das ich immer wollte und vor dem ich so viel Angst habe. Es tut gut zu wissen, dass Ekke Lampe, mein alter Freund aus der Kiez- und Schauspielschulzeit, und sein Mann Peter unter den Zuschauern sind. Ich stehe hinter dem Vorhang, als die Jungs schon draußen sind, und atme den Theaterduft, sammle mich und spreche meine letzten Gebete, und dann gehe ich raus. Und immer ist es wie beim ersten Mal, wenn du den Druck lässt, wenn du dich fallen lässt, wenn Dein Wille geschehe, dann wird es gut.

Am nächsten Morgen bin ich vom Konzert erschöpft und gehe müde zu Chagall in die Ausstellung. Denke, Malene auf den Bildern zu sehen, sie ähnelt Bella, Chagalls Frau. Sehe das pure Leben, sehe aber auch das Ende, will das nicht sehen, aber es ist gut. Besser, man sieht immer wieder die Endlichkeit, weil jeder Tag zählt. Alle Künstler arbeiten gegen den Tod, jede Kunst. Ich will den Druck nicht mehr, ich will nur singen und meine Geschichten erzählen, wie ich es als Kind im Hort tat. Ein kindisches Unterfangen. Ich lege mich noch einmal hin und schlafe ein wenig.

Beim Aufwachen denke ich wieder an unser Berliner Konzert im Friedrichstadtpalast. Wo alle gekommen waren. Es war der Startschuss unserer Tournee und ist immer noch nicht verdaut, sitzt uns allen seitdem im Nacken.

Am Abend davor stand ich bei Schlecker am Kurfürstendamm herum, wollte mir eine Haarbürste kaufen. Antje Vollmer rief mich an, gab mir gute Hinweise, mach das und das. Mach bloß nicht zu viel. Mir war ja sowieso klar, dass der erste große Abend in Berlin vor meinem Geburtstagskonzert mit den Freunden anstand. Alle meine Weggefährten sorgten sich um meine Form. Ich lachte ins Handy, dass ich noch einen Handstand machen würde, um die Angst zu vertreiben. Ich gab mich lässig, und innerlich zitterte ich wie Espenlaub in Erwartung des ersten großen Konzertes in meiner Heimatstadt.

Antje kennt mich gut. Sie hatte sich vor Jahren nach einem Konzert an den Bühnenrand gewagt, und ich hatte sie im Fernsehen gesehen, und wir begrüßten einander wie zwei vertraute Seelen. Antje ist eine kluge, eloquente Persönlichkeit im Haus meines Lebens. Sie hat dort ein Zimmer forever. Sie kann kommen und gehen, wie sie mag. Es ist die Energie, die uns verbindet und dann wieder trennt. Wie bei Freunden üblich, muss jeder mal einen Schritt zurücktreten, damit man sich besser sieht. An dem Tag ging sie voraus, ich konnte es aber ertragen.

Ich ließ meine Angst laufen. Die Angst zu verschwinden, noch ehe ich die Bühne betrete, Angst, kein Wort herauszubringen. Antje kennt diese Ängste. Sie leidet oft noch unter dem Zittern ihrer selbst. Dabei ist es doch das, was uns trägt. Zitternd kommen wir zu uns, jeder auf seine Weise. Um dann mutig und beherzt an die Rampe zu treten, die im Friedrichstadtpalast gar nicht vorhanden ist.

Und es gibt die, die in der Ferne sitzen und mich dennoch begleiten. Die, die ich alle paar Jahre sehe oder eben auf jedem Konzert. Vertraute Gesichter, fremde, die ich seit Jahren zu kennen glaube. Die Namen habe ich vergessen, die Gesichter nicht. Ich liebe mein Publikum und die, die ich nie ansprach, die ich übersah und denen ich manchmal weh tat, weil einfach zu viel Rennerei war und zu wenig von dem, was wir Zeit nennen. Es sind die, die mich tragen, keine großen Namen, die mich seit vierzig Jahren begleiten und die es möglich machen, dass der Sänger singen darf.

Als wir um acht im Dunkel in der Seitenbühne stehen, sagt Martino, Elke Büdenbender sei da, irgendwo in den oberen Rängen. Ich freue mich immer, wenn ich sie und ihren Mann Frank-Walter Steinmeier im Konzert sehe.

Frank habe ich bei einem SPD-Treffen für Kurt Beck in Mainz kennengelernt. Wir standen am Cateringtisch, und er erzählte mir frei aus seinen Jugendtagen und zitierte plötzlich aus dem Stand eine Zeile eines alten Liedes von mir. Da flog die Maske weg, da kamen wir uns näher, da glaubte ich einem Spitzenpolitiker. Wer meine Lieder in der Jugend wahrgenommen und noch Jahre später präsent hatte, konnte nicht falschspielen. Ich habe Frank immer für seine menschliche Seite gemocht. Für das Durchschimmern der Wahrhaftigkeit, für seine Zweifel und Dünnhäutigkeit, erst dann kamen der Machtpolitiker, der Verwalter, der Mann des Wortes. Nur so konnten wir einander sehen. Das gilt bis heute.

Ich hoffe, er ist auch da, selten sah ich ein so sinnliches Paar wie Elke und Frank. Auch ihre Ämter konnten die Liebe füreinander nicht killen. In Paris hatte er mir geholfen, den Brel-Geburtstag im Maison de France zu organisieren. Er selbst war in Leipzig, rief mich von unterwegs an, wünschte mir Kraft. Wusste um die Schwere des Erbes eines Deutschen in Frankreich, und gerade ich sollte den Franzosen beibringen, wer verdammt noch mal Jacques

Brel war. Gero von Boehm kam damals mit seiner Frau Christiane, und auch die Caven und viele Franzosen, und ich wurde respektiert, ein Deutscher erzählte den Franzosen etwas über Brel. Na Mahlzeit! Aber es wurde gut. Frank Steinmeier hatte es angeworfen.

Jetzt sitzen er und Elke oben irgendwo im Rang, beide gesundet nach der Nierentransplantation und wohlauf. Nein, Frank schafft es heute nicht, er kommt zum Geburtstag. Nur Elke ist da. Aber alle anderen, sagt Martino, bevor wir rausstolpern.

Georg Preuße, der Travestiekünstler, der eine wunderbare Mary gibt und doch längst in Frankreich Karriere machen müsste, und Ekkehard Wenzel, der Poet und Liedermacher aus dem Osten, wohl der einzige, der neben Biermann standhielt, dann Sigi Schmidt-Joos und seine Frau Kathrin, meine Freunde und Begleiter, die mich immer auf Gehalt und Wahrheit abklopfen, ob »unser« Las Vegas noch bei mir vorhanden ist und der ganze amerikanische Lee-Strasberg-Kram. Sie kennen sich damit aus, sie haben x-mal New York besucht und an Sammy Davis Juniors und Barbra Streisands Lippen gehangen. Sie beleuchten mich ebenso wie Rolf Kühn, der große Jazzer, ein Meister, der die Klarinette und seinen eigenen Ton bis nach New York brachte. Und die vielen anderen, die im Dunkel sitzen, die ich nur vermute. Es wirbelt in mir, ich glaube, ich werde es nicht schaffen.

»Man muss die Zweifel erziehen. Mit harter Hand.«

Als dann alles gutgeht, löst sich die Spannung auf, und wir haben das Gefühl, wirkliches Neuland zu betreten.

Und dann ist es so schnell wieder vorbei, und die Kollegen und Freunde schieben sich an den Garderoben entlang durch die Gänge, eng an eng, grüßen einander, machen Komplimente. Es hat geklappt. Ich trockne mich ab, wir fallen uns in die Arme, sagen etwas Nettes, ich sehe es schon an den Augen, heute habe ich alles richtig gemacht, sie gratulieren mir.

Ich stehe verschwitzt und aufgedreht in der Garderobentür, will alle Fragen beantworten, will für das Glück bezahlen, verliere endlich meinen Kopf und begreife, dass jeder sieht, was er sehen muss. Der Rest ist ein vertrauensvoller, liebevoller Blick, eine Hand, die nach meiner greift, und hier ein Kuss, da ein Wegwollen, um die Situation nicht zu überspannen, denn eigentlich sind wir ja alle Brüder und Schwestern im Geiste.

Wir drängen uns in den Cateringraum. Alle sind geblieben, schwatzen, lachen befreit, essen Käsehäppchen und trinken Wein. Malene nimmt meine Hand, wir gehen von einem Gast zum anderen. Ein paar Schauspielerkollegen sind da, und Claudia Kienzler, die liebevolle Schauspielagentin und Freundin aus alten Tagen, und Annette Humpe, die Komponistin und Autorin vieler großer Hits, ich freue mich irrsinnig, dass sie gekommen ist, obwohl es nicht ihre Musik ist. Friedrich Schoenfelder mit seiner Frau Monika, Jürgen Wölffer und Christine, ich lebe immer von den Alten.

Das Adrenalin will noch weiter Energien fressen, und der Rausch ist so heftig und kurz, und die Gesichter wechseln, die Eindrücke werden fahriger. Der erste Berlin-Abend, der Vorbote für den Knall, es war gelungen, wie sollten wir den toppen?

Irgendwann in der Nacht stehen Malene und ich müde und entspannt zwischen den Leuten, keiner will gehen, die Techniker kommen stoßweise, Zweier- und Dreiergrüppchen bilden sich, ich drängle mich von Freund zu Freund, und meine Kollegin Verena, die Frau meines Schauspielschulfreundes Peter Kock, der den Brel so fein und mir zugewandt inszenierte, sagt:

»Du bist erwachsen geworden. Und wie bist du da drüber gekommen? Du hast den Schritt zum Älteren gemacht.«

Und ich lache etwas verlegen, weiß nichts darauf zu antworten, weiß nicht, ob ich erwachsen geworden bin. Ich habe da meine Zweifel. Älter schon. Vielleicht ist es die Akzeptanz, die alles bewegt. Ich gehe von einem zum anderen, ziehe meine Kreise und lasse mich in die Arme meiner Freunde und Kollegen fallen. Keinen will ich übersehen, ein wenig zurückgeben, dass ich heute Sieger bin, was ein Witz ist. Alle sind fröhlich, wir trinken und essen Schnittchen, und ich habe für jeden ein paar Worte und kann gar nicht verweilen. Ach, würde es doch immer so sein. Ich bin ganz berauscht von mir. Als auch Jim mir was Nettes zuraunt, bin ich völlig gesättigt.

Und als ich mit Malene wieder auf der Straße stehe, die klare Nachtluft einatme und Martino uns ins Auto schubst, da habe ich wieder Boden unter den Füßen, alles ist fabelhaft. Wir fahren durch die Stadt nach Hause. Ich bin glücklich, ein großer Erfolg. Die Jungs haben famos gespielt und wurden gelobt, und auch wenn die Kritiken erst später kommen, im Vorfeld war ich schon groß angekündigt, und wir planen noch am Abend das Geburtstagskonzert mit Reinhard Mey und Hannes Wader und Herman van Veen und Romy Haag und all den anderen.

Und nun sitze ich in dem Zimmer, von dem man auf den Hauptbahnhof und die Gleise sehen kann und habe den Gig immer noch im Nacken. Und denke an all die guten Freunde und Begleiter, die das nicht mehr erleben konnten, an Lubo, an Willi, an Stefan und viele andere.

Mein Freund Bernhard Lubowski, ein Journalist und Filmkritiker bei der »Morgenpost«, begleitete mich und meine Lieder von Anfang an. Er lebte mit seiner Frau Renée, einer Kunstkritikerin, in der Clausewitzstraße, unweit der ersten Wohnung von Hilde Knef. Evelyn Künneke wohnte in der Nähe. Es war eine richtige Künstlergegend, mit einem alten Kino, der Kurbel, wo Lubo und ich oft gemeinsam hingingen. Federico Fellinis, Orson Welles' und Roman Polanskis Filme, das europäische Autorenkino, Peter Ustinov, der wie mein Vater aussah, Maximilian Schell, Melina Mercouri, der er mich einmal vorstellte – Lubo liebte das alles ebenso wie ich. Er war mein Bruder, er hatte mich lange vor allen anderen gesehen, noch ehe ich um meine Liebe zu den Franzosen wusste.

Lubo wollte immer, dass ich Brel singe, er schob mich regelrecht in die französische Szene, durch ihn sah ich die Gréco und Jean Ferrat, auch Léo Ferré und Serge Reggiani. Er war es, der mich über den Tellerrand schubste. Obwohl mein Französisch dürftig war, machte er mir Mut, mit den alten Herren und der Gréco zu kommunizieren, und ermunterte mich ständig, nie unter meinem Niveau zu spielen. Es war sein Wunsch, dass ich nach Frankreich gehe oder hier wie Aznavour meine Kreise ziehe.

Nach einer Berlinale-Abschlussparty hatte Renée ihn tot in seinem Zimmer aufgefunden. Er war im Schlaf an Herzversagen gestorben. Lubowski hatte immer zu viel geraucht, er aß schlechtes Zeug, trank Unmengen Kaffee, und Renée zog mit. Sie lebten wie die französischen Existentialisten in ihrer Riesenbude. Ihre Freunde waren Erika Rabau, die Fotografin, die alle Stars und Sternchen kannte, dann die ganze Berliner Filmszene, die Verrückten und Unvernünftigen, Lubo und Renée liebten sie alle, und ich gehörte irgendwie dazu.

Am Tag seiner Beerdigung standen Malene und ich auf dem Dahlemer Friedhof unter einer großen Linde. Ein paar Meter vor uns war ein kleines Tischchen aufgebaut. Da konnte man sich eintragen. Wir waren die Ersten und warteten auf die Verwandten, auf seine Familie. In diesem Augenblick kam ein Wind auf, und ein leeres Blatt Papier flog vom Tisch und segelte direkt vor unsere Füße. Ich habe es damals als ein Zeichen empfunden: Das Blatt wollte beschrieben werden.

Verabschiedungen fallen mir so schwer, ich habe wohl immer dagegen angesungen. Obwohl ich ja weiß, dass alles einmal ein Ende hat. Wenn nichts dazwischenkommt, werde ich in ein paar

Mit Lubo
© *Erika Rabau*

Mit Melina Mercouri
© *Erika Rabau*

Tagen sechzig. Es ist gar nicht die Zahl. Es ist die Erkenntnis, dass wir sterben werden. Einer geht, die andere folgt und so weiter. Der Schlaf, der kleine Tod, das Umdrehen und Gehen, für immer.

Obwohl der Tod ein beständiger Gast bei uns zu Hause durch Vaters Krankheit war, dachte ich doch wirklich, wir könnten ewig leben und zusammen sein. Vaters Tod zerstörte diesen Glauben, und ich begann einen Weg zu suchen, der mich trotz aller Ängste dem Leben öffnet. Ich glaube, nur deswegen überwand ich meine Schüchternheit. Ich wollte einfach gegen dieses furchtbare Verabschieden ansingen. Vaters Tod, Rosemaries Tod, Brunos Tod, alle gingen, und den Abschied erlebte ich stets aus der Ferne. Ich blieb, bis auf Mutter und ihre Schwester, die wir nie mehr sahen, bin ich der letzte Überlebende aus meinem Clan.

Die Lieder und die Arbeit auf der Bühne waren das Geschenk meines Lebens. Auf der Bühne hat alles seine Struktur. Du kannst den Abend mehr oder weniger bestimmen. Anfang und Ende sind voraussehbar, und alles ist ein Spiel. Selbst meine Bühnenfigur, denn weiter ist es nichts.

Ich denke an die, die sich nicht durch ihr Spiel retten konnten. Unser Freund Tommy erstickte sein Leben in einer Garage. Er konnte wohl seinen Übervater nicht mehr ertragen. Ich fand seinen Alten als Schauspieler eher mittelmäßig, aber Tommy bewunderte ihn. Wie konnte er gegen ihn bestehen? In diesem Beruf? So gesehen, ist es vielleicht ein Vorteil, dass ich meinen Vater nur zehn Jahre erlebt habe, so scheußlich es sich für mich auch anfühlt. Ich hätte meine Karriere gegen seine Anwesenheit getauscht, aber wer weiß das schon. Vielleicht rumort in unser aller Unterbewusstsein ein Auftrag, zusammengebaut aus der immensen Liebe und Bewunderung zu einem Menschen, der uns dauerhaft fehlt. Tommy hätte sich abwenden müssen, aber er gab auf.

Ein anderer Freund und Kollege warf sich im Affekt vom Dach, als er keine Hoffnung mehr hatte und nicht wusste, wie es weitergehen sollte. Die vielen ungeklärten Innerlichkeiten und dann die Außenwelt und der Rest seiner Familie und seine Vorwürfe, die gestorbene Mutter, seine Unverzeihlichkeiten dem Vater gegenüber. Eben all der Kram, und dann Musiker sein, was für ein Beruf. Wo er sich schwächer fand als jeden, den er bewunderte.

Malene und mich erreichte die Nachricht seines Todes zu Weihnachten auf der Insel Gomera. Er hatte zum Schluss nur noch gekokst und sein Gehirn malträtiert. Er konnte wohl seine Mickrigkeit, seine Familie, seine Identität oder was er dafür hielt nicht mehr ertragen. Sprang lieber fort, als im Hier zu sein.

Ein schlimmes Thema für eine Biographie, wo ich doch vom Leben schreiben wollte, von der ungestümen Kraft, dabei sein zu wollen, mit all den anderen, mit den Liedern, mit den Masken, die unser Spiel ausmachen.

Wie die des Harlekins aus Bergamo, des Dieners zweier Herren, den ich zum Ende meiner Schulzeit in unserer Commedia-Gruppe spielte. Martin Häupl, mein alter Lehrer, schenkte mir vor ein paar Tagen seine Maske: ein Überlebenstyp mit den groben Gesichtszügen eines Bauernjungen. Kein Clown, kein Lacher, eher ein energischer, egoistischer, auf sein Überleben und Kohlemachen bezogener Typ. Weil er stiehlt, weil er die Frauen nimmt, wie er sie braucht. Weil er lügt und betrügt und von den Resten leben kann. Einer, der durchkommt, der immer überlebt, oben wie unten, mittendrin im Karneval der Menschen.

Einer wie ich, der auf der Max-Reinhardt-Schauspielschule in Berlin begann. Zart, zerbrechlich, schlank, der geborene Romantiker, mit schulterlangem Haar und Knackarsch. Und dann von einem Tag zum anderen der Kurzgeschorene, der Bauernjunge, mit Vollbart und in Lederhosen. Ich war der Erste, der einen Ring im Ohr trug, noch ehe es die anderen taten. Diese Metamorphosen machten wir damals in Windeseile, einfach um ein anderer zu sein.

Sprunghaft, intelligent, arrogant und unangepasst. So waren wir in den Anfangsjahren auf der Schauspielschule. Aber nur ein paar schafften es, diese Kraft zu bündeln. Noch heute scheint es mir, als wäre es die schwerste Aufgabe in diesem Beruf, die Spreu vom Weizen zu trennen. Das Unwichtige vom Wesentlichen. Den Boden nicht zu verlieren und dann immer wieder fliegen, immer wieder aufs Neue.

Mein Freund Willi hat es nicht geschafft, seine Riesenenergie positiv umzusetzen. Er war wie ein Pferd durchs Leben galoppiert, sein ungestümes Lachen werde ich immer in mir tragen. Er kannte keine Grenzen, und wenn, wollte er sie nicht akzeptieren. Es sollte alles weiter – und wie von selber gehen und dann immer und über alle Grenzen hinaus. Seine Kraft schien ihm endlos verfügbar zu sein.

Willi war immer ganz echt, wenngleich er beim Sprechen auf der Bühne unglaublich durcheinanderkam. Er holperte in jedem Vers, da er seine Gedanken nie bündeln konnte. Er sprudelte vor Energie, das Leben strömte aus ihm, wann immer ich ihn etwas vortragen sah. Er war reines, ungebändigtes Leben.

Vor seinem Tod – wir probten gerade »Das süße Leben« im großen Raum bei uns in Kladow – haben wir noch einmal miteinander telefoniert. Er sprach ganz so wie sonst, aber ich ahnte von seiner Endlichkeit. Man spürt es, der Ton ist wie immer, klar und eben ein Telefonat, und dann reißt es ab, du kannst nichts dagegen tun. Nur mitgehen. Irgendetwas lenkt uns dann weiter. Mir sind diese Momente vertraut, deshalb hielt ich in diesem Augenblick nichts fest. Machte nicht einmal gute Worte, sagte nur: »Tschüs, Willi!«, und dann legten wir auf.

Ich vermisse ihn sehr. Willi war wie Rimbaud, den ich wegen seiner Verse und Gedichte bewunderte. Rimbaud folgte sich selbst,

korrigierte nichts an seinem Schicksal. Nicht einmal, als er nach Afrika ging, sich einem Waffenhändler anschloss und alles wieder verlor.

Ich denke oft an Willi, an Tommy, an Stefan. An alle, die zu früh gegangen sind. Die das »normale« Leben nicht aushielten oder es nicht besser zu verwandeln wussten. Die nicht so waren wie Carlo Goldonis Arlecchino, dessen Maske mir Martin vor ein paar Tagen vorbeibrachte. Der Taschendieb, der rohe Liebhaber, der sich einfach immer nahm, was er brauchte. Der es schaffte, im Karneval der Eitelkeiten zu überleben. Der flog, der träumte und sich eine eigene Welt erschuf, einfach weil er es vermochte, mit beiden Beinen auf der Erde zu laufen.

Meine Lieder sind Vogellieder. Sie helfen mir, meine Liebsten und Menschen, die mir nahestanden, zu verabschieden. Sie sollen uns die Zeit vertreiben, uns begleiten, trösten, belehren und ermahnen. Manchmal einfach nur an die Hand nehmen, wenn's durch den dunklen Wald geht. Und den Tod besiegen helfen.

Oft fallen mir die ersten Zeilen eines Liedes auf Reisen ein, in Griechenland, Frankreich oder auf einer unserer unzähligen Tourneen. So, als bräuchte mein Kopf die Distanz zum Herzen, damit es frei werden kann. Und wenn ich es dann singe, weiß ich, was wirklich ist.

Beim Singen fühle ich mich ganz bei mir. Aller Erziehungs- und

Verklemmungsmist fällt dann von mir ab. Man erlebt eine Verwandlung, wenn man singt. Noch der blödeste Schlager kann das Herz frei machen und dich ins Leben locken.

Und dennoch: Es gibt Momente, da sind die Lieder da, aber ich fehle. Es ist schwer zu beschreiben. Es ist alles wie immer, derselbe Text, dasselbe Lied, meine Stimme. Aber die Lieder bleiben bei mir, kommen nicht raus. Vielleicht bin ich zu verzagt, zu groß in den Posen, mit zu hohem Anspruch und zu ängstlich, mich ganz und gar zu zeigen. Und dann passiert es wie von selbst. Als hätte die Welt einen neuen Blick für meine Inhalte bekommen. Nicht weil die Leute plötzlich begeisterter reagieren, sondern weil keine Furcht uns mehr trennt. Keine eingeübte Pose. No tricks. Ich kann geradeaus sagen, dass der Tod zum Leben gehört, dass wir alle nur auf Abruf da sind, dass wir unsere Zeit gemeinsam nutzen sollten. Weil das Leben kostbar ist und ohne Garantie. Dass es keine Sicherheiten gibt, für gar nichts. Freie Welt, unfertige Welt, widersprüchlich, voller Geheimnisse und Wunder.

Ich muss an den alten Meister Harada Roshi denken: In einem Blatt ist die ganze Welt. An meine eigenartigen Versuche, diese meine Welt zu erklären. Vielleicht kommen meine Lieder mehr und mehr an, weil ich mit ihnen zeige, dass es trotzdem geht. Unsicher und unvollkommen, wenn man sich selber folgt. Vielleicht bin ich der glücklichste Mensch der Welt.

5

»Für einen Traum könnte ich fliegen,
für ein Lied zugrunde gehen,
ich lasse jeden Zauberer in meinen Garten.«
(Song »Als wenn es gar nichts wär«)

Es war kein besonderer Wochentag, ich wollte es so. Ich hatte mir den Beginn selbst gesteckt und war dann ganz früh zum Steve Club in die Krumme Straße gegangen. Nun hing ich dort herum und traute mich nicht hinein, obwohl ich unbedingt hier Fuß fassen wollte. Da tauchten am Ende der Straße die Schastroffs auf, eine Berliner Band, die russische Volksmusik spielte: allen voran der gutaussehende Sänger Joschi Schastroff, gefolgt von dem wunderbar Gitarre spielenden Zahnarzt Wolfgang Heinze, Joschis Bruder mit der Balalaika unterm Arm und Klaus Gutjahr mit seinem Bandoneon. Sie trugen dicke Pelzmäntel und Mützen, stapften unverdrossen durch den Schnee und steuerten geradewegs auf den klitzekleinen Jazz- und Folk-Club zu.

Ich war so aufgeregt, dass ich keinen Gedanken mehr fassen konnte. Ich hielt mich an der Gitarre fest und ging einfach hinter ihnen rein. Ich ließ mir meine ansteigende Nervosität, meine Selbstzweifel und meine Existenzängste nicht anmerken. Ich war bereit zu explodieren. Ich hatte es gepackt, ich war hingegangen, und nun sollte es losgehen.

Die Bühne war nicht größer als zwei mal zwei Meter, darauf ein Mikrophonständer und ein einsamer Barhocker. Auf einer Leinwand dahinter lief ein Zeichentrickfilm. Woody Woodpecker. Später am Abend wurden Pornofilme gezeigt. Ich hatte noch nie einen Pornofilm gesehen, ich war von den Rangeleien und der Freizügigkeit geschockt, aber auch interessiert.

Hier traten Hannes Wader, Reinhard Mey, später Jürgen von der Lippe auf. Dann die Gruppe um Mario Maldonado – peruanische Folklore war sehr angesagt, seit Paul Simon und Art Garfunkel die amerikanischen Hitparaden stürmten. Und Alex Zander, ein vornehm aussehender Alleinunterhalter, der wunderbare Bühnensketche und Geschichten erzählte. Der haargenau alle Pointen verschoss, der auftrat und gleich wieder abging. Einmal sah ich ihn die Kantstraße herunterkommen, an der Seite seiner kleinen Mutter. Er lief in kurzen Hosen und sah sehr traurig aus. Da wusste ich um sein Geheimnis.

An sich war es eine anheimelnde Atmosphäre, wäre nicht das laute Publikum gewesen: Schüler, Studenten und Jazz-Liebhaber, Typen in Militär-Parkas und Hippies in Fellsachen, die sich an den Bühnenrand drängten, unentwegt diskutierten, Bier tranken, rauchten und ihre Füße auf dem kleinen Bühnenpodest ablegten. Und zwischen ihnen allen ein Bossa-Nova-Typ in einem weißen Anzug mit Panama-Hut.

Christoph stand hinter der Theke, er war der Chef im Ring. Ein großer, lustiger Kerl mit Schnauzbart, der unentwegt die Leute ermahnte, still zu sein. Er putzte die Gläser und sagte die Künstler an. Die Theke war der Anmeldeplatz und für den Stehkonvent der Revolutionäre wie geschaffen. Wuchtige Gläser mit russischen Eiern zu 30 Pfennig, die ich besonders mochte, standen aufgereiht nebeneinander wie Gehirn- oder Innereienpräparate aus der pathologischen Sammlung der Charité. Und es gab Teller, wo die Schmalzstullen gestapelt lagen, zu 50 Pfennig die Scheibe. Man kam damit über die Nacht.

Es herrschte immer ein ohrenbetäubender Krach im Steve, egal wer auf der Bühne stand. Ständig flog die Tür auf, und neue Gäste kamen und begrüßten einander lautstark. Die Luft war zum Schneiden dick vor lauter Qualm, alle krakeelten durcheinander und riefen den Sängern auf der Bühne Obszönitäten zu. Wer im Steve überlebte, schaffte es in der ganzen Stadt. Ich wusste, dass ich hier beginnen musste.

Nun saß ich in einem kleinen, fensterlosen Raum im hinteren Teil des Clubs. Es war kalt, meine Finger waren klamm. Es gab keinen Tisch, nur eine Bank, auf der man sich drängen musste, wenn zu viele im Raum waren. Ich verfluchte mein Vorhaben und überhaupt mein ganzes Leben. Ich wäre in diesem Moment so gerne ein anderer gewesen: selbstbewusster, stärker, klüger und ganz und gar ohne meine eigene Geschichte. Die mir ja jeder ansehen konnte, alle sahen doch den anderen an, wie es ihnen ging. Was sie wirklich umtrieb. Es waren krude Gedanken, die mich dazu trieben, hinauszugehen und zu singen.

Die Schastroffs bekamen an dem Abend drei Zugaben. Als der Applaus lauter wurde, als die Leute im vorderen Raum mit den Füßen stampften, fasste ich mir ein Herz, nahm die Gitarre und bahnte mir einen Weg durch die Typen und Mädchen bis zur Bühne. Man musste sie von hinten entern. Es gab kein Zurück mehr. Ich stand da und wartete.

Die Schastroffs drängten einer nach dem anderen an mir vorbei. Christoph kündigte mich an und sagte auch, es solle nicht so viel gequatscht werden und dass ich deutsche Lieder singen und man mich noch nicht kennen würde. Ich trat einen Schritt vor, baute mich zitternd vor dem Mikrophonständer auf, sagte kein Wort und begann mit einem Knef-Titel: dem »Lied vom einsamen Mädchen«. Meine Stimme zitterte wie mein ganzer Körper, und mein Mund war trocken, aber je mehr ich sang, desto ruhiger wurde ich, und die anderen Lieder kamen dann wie von selbst, und nach einer Viertelstunde waren die Leute still.

Ich weiß nicht mehr, wie ich es zu Ende gebracht habe. Als ich fertig war, hastete ich aufgeregt und glücklich zurück in den kleinen Raum, wo sich die Brüder Schastroff über die Wahl der Lieder stritten und ein paar andere Musiker sich Blue Grass spielend auf den nächsten Auftritt vorbereiteten. Klaus Gutjahr und Wolfgang Heinze sagten mir, ich hätte es gut gemacht, und an ihren Augen sah ich, dass ich jetzt auf meinem Weg war. Ich war dabei, ich war ein Sänger, einer, der eigene Lieder spielte, auch wenn die meisten von der Knef stammten und eines von Tucholsky. Aber mit der Zeit, das wusste ich, würde ich es schaffen, ich würde immer mehr Lieder aus mir herausbekommen, das war ein festgeschriebenes Gesetz in diesem Moment.

Ich verspürte eine wunderbare Energie, schnappte mir meine

Gitarre und drängte mich durch die Leute hindurch wieder nach vorn an den Tresen, wo Christoph mich auszahlte. Sechs Mark gab er mir und später zehn und noch später dann fünfzehn.

»Kommste nachher noch mal?«

»Ja, kann sein. Jetzt will ich erst mal weiter. Ins Pan.«

Ich war immer der Erste, der nach seinem Auftritt ging. Es drängte mich hinaus, ich konnte nie lange bleiben. Nur die Bühne sollte es sein, danach ein paar Gespräche und dann das bisschen Geld kassieren und weg. Wenn ich auf der Straße stand und die winterliche Luft einsog, war ich wieder ganz bei mir, mehr brauchte ich nicht. Ich war rundherum glücklich mit der Welt, mit meinem Dasein, den Leuten und meinem zukünftigen Leben.

Die Laternen gaben milchgelbes Licht, der Schnee glitzerte auf dem Asphalt, und ein voller Mond stand am Berliner Himmel. Aus dem Steve kamen ein paar Typen mit ihren Mädchen, lachend und etwas betrunken. Ich schloss mich ihnen an. Ich gehörte jetzt dazu. Mir stand alles offen. Wir liefen ein paar Meter zusammen, und wenn mich einer fragte, wo ich noch spielen wolle, dann drehten wir gemeinsam die große Runde: vom Steve Club in die Fasanenstraße zu Danny's Pan, weiter ins Go In in der Bleibtreustraße, um dann spät in der Nacht im Folkpub von Nafti Schoenberg in der Leibnizstraße zu landen.

Manchmal bildeten sich kleine Gruppen. Belebt von der frischen Nachtluft, lachend und singend, liefen wir zum Savignyplatz, um dort bis zum Morgengrauen im Zwiebelfisch oder in der Dicken Wirtin oder im Künstlerlokal Diener, wo die Theaterleute saßen, bei Bier und Wein und Schnaps zu versacken. Ich mochte diese Nächte sehr. Ich fühlte mich sauwohl inmitten der Leute. Mit der Gitarre in der Hand und nicht allein war ich glücklich. Es war anders als bei den Pfadfindern. Irgendwie gefährlicher. Es war berauschend.

Hätte ich in dieser Zeit schon gewusst, was auf mich zukommen würde, ich wäre sicherlich mutloser gewesen. So aber tobte ich los, was sollte schon passieren. Das Leben sollte in Farbe für mich sein. Kein Schwarzweiß mehr, keine Geldnot und keinesfalls diesen ganzen Verantwortungsmist, den ich wie Humus aus meiner Charlottenburger Zeit mit mir herumtrug. Was ich anfasste, sollte zu Gold werden.

Danny's Pan lag gegenüber dem Hotel Kempinski in der Fasanenstraße und war der Mittelpunkt der Berliner Musikerszene. Ein Folk- und Chanson-Club unter der Regie von Danny Marino, einem Italiener, der mein Wirken als Songschreiber am nachhaltigsten prägen sollte. Er war der geistige, warmherzige, clevere Imperator seines Ladens, immer ein bisschen zu eingenommen von sich und seinem Erfolg. Und im Innern wie ich von einer großen Sehnsucht getrieben. Er träumte von einem Schiff, das ihn über die Meere bringen würde, und legte sich später, in Düsseldorf, tatsächlich ein Motorschiff zu.

Dannys bürgerlicher Name war Salvatore Mezzasalma. Er selbst nannte sich Danny Marino und sprach von sich meist in der dritten Person. Er machte es den Leuten leicht, ihn zu mögen. Er sah aus wie ein Kind, war etwas dicklich, aber stets perfekt gekleidet und konnte eine Belcanto-Ausbildung vorweisen. Geboren war er in Italien, aufgewachsen in Tunesien. Mit sechzehn schmiss er die Lehre, steckte die Kasse ein, verließ die Stadt und zog nach San Remo. Der Liebe wegen, wie er mir später erzählte. Dort sang er Schlager, nahm ein paar Platten auf. Er liebte italienische Romanzen der Jahrhundertwende, neapolitanische Liebes- und Straßenlieder. Er wollte die ganz große Karriere, zauderte aber stets, die Leichtigkeit gegen die erforderliche Disziplin und den nötigen Drill einzutauschen. Als er etwas Geld gemacht hatte, ging er nach Hamburg und eröffnete dort mit seinem Bruder Fabio und dessen Frau das erste Folklorelokal der Stadt im Keller eines alten Kontors. Später kamen Berlin, München und Düsseldorf hinzu. Danny brachte den Folk und das Chanson nach Deutschland.

Danny wurde mir eine Vaterfigur, und sein Pan mein Fenster zur Welt. Ich war von Anfang an vollkommen eingenommen von ihm und seinem Club, zu dem auch eine Teestube gehörte.

Das Pan war ein Sammelplatz für Studenten und Hippies, die Drogenszene ging hier ein und aus. Buntes Volk, Gitarrentypen, Mädchen in langen Kleidern und mit Kettchen an den Fußgelenken. Man saß betäubt um die große Theke, hörte der Musik zu, spielte Schach, trank oder guckte einfach nur.

Danny führte das Pan zusammen mit Gilbert Ciardi, einem drahtigen, immer mürrisch wirkenden Franzosen, der genauso schwul wie Danny war. Beide waren kunstbegeisterte Anzugträger und immer auf der Jagd nach einem Talent. Ich habe selten ein schlechtes oder abfälliges Wort über einen Anfänger von Gilbert oder Danny gehört. Wer ein Lied oder Gedicht hatte, durfte es vortragen. Hier konnten sich Poeten und Liedermacher ausprobieren und ein paar Mark verdienen. Viele Künstler begannen hier, wie Klaus-Michael Krause, einer der besten Klassiker auf der Gitarre. Oder der hochtalentierte, in seiner Phantasie ungebrochene, aber auch grenzenlose Birger Cordua. An einem Abend sang ich Danny ein eigenes Lied vor. Ich erinnere mich nicht mehr, was es war, aber von da an durfte ich kommen und singen, wann ich wollte.

In Danny's Pan trafen sich alle wichtigen Musiker. Jimi Hendrix kam irgendwann für eine Nacht, alle hatten ihn gesehen, man sprach noch monatelang von ihm. Dann die Hollies, der schottische Folksänger Alex Campbell, der amerikanische Liedermacher Phil Ochs. Die Komikertruppe um Ingo Insterburg und Karl Dall war schon etabliert, machte große Tourneen, tauchte aber immer wieder hier auf, und ihr scharfer Spott war gefürchtet von denen, die nach ihnen auftreten sollten.

Etwa dreißig, vierzig Tische und Sessel standen um die kleine Bühne. Es gab dämmriges Licht, und es roch nach alten Kleidern und abgestandenem Rauch. Ich habe später in Luxemburg und Montreux derartige Clubs gesehen. Danny verehrte Jean Cocteau und Salvador Dalí, Gedichte von Jacques Prévert, den alten Meistern Arthur Rimbaud und Paul Verlaine, sowie den Chansonnier George Brassens, immer wieder Brassens. Ich hatte vorher noch nie von diesen Künstlern gehört. Von François Truffaut, Jean Renoir, den berühmten französischen Filmemachern. Von Edith

Piaf, Jacques Brel und Léo Ferré. Danny kannte sie alle, zumindest ging so die Mär.

Gilbert und Max verwalteten die Bar. Nachmittags trank man Espresso oder Wein. Den Abend begann man mit einem Cocktail oder Pastis. Alle tranken, nächtliches Trinken war ein festes Gebot. Ich erinnere mich an regelrechte Gelage, die bis zum Morgengrauen dauerten. Aber nie vor den Gigs. Das tat keiner der auftretenden Künstler. Es wäre nicht möglich gewesen, benebelt vor einem derart lauten und aggressiven Publikum zu bestehen. Die Leute gingen zu stark mit, keiner hätte dreimal zwanzig Minuten betrunken oder berauscht geschafft. Nach den Auftritten stieg man auf Calvados und Wein um. Künstler bekamen Hauspreise, den Calvados zu 60 Pfennig. Ich trank, um mir die Hemmungen zu vertreiben, aber immer nur so viel, dass ich den Auftritt noch in der Hand halten konnte.

Wenn ich samstagnachmittags zu Danny's Pan kam, hockten oft schon Jungs und Mädchen mit ihren Klampfen auf der Treppe davor und sangen. Dann brannte ich vor Ungeduld und war bereit, mein ganzes angepasstes Leben auf den Kopf zu stellen. Ich setzte mich in eine Ecke der Teestube und sah dem Treiben zu. Ich mochte die Atmosphäre dort sehr. Obwohl ich wusste, dass diese aufregende Welt, die nichts mit der Realität Westberlins zu tun hatte, alles andere als heile war. Ich konnte so schön hinter den Folkloreklamotten und der 60er-Jahre-Musik verschwinden. Harte Drogen brauchte ich dafür gar nicht, hatte auch zu viel Angst vor ihnen.

Ich saß ein paar Stunden in der Teestube herum und wartete auf meinen Auftritt. Ich brannte darauf, endlich dranzukommen. Ich beobachtete die Leute, entdeckte ein fremdes Gesicht, begrüßte auch mal jemanden, hielt mich ansonsten aber im Hintergrund. Selten suchte ich die Begegnung mit einem Typen oder einem Mädchen. Ich hätte gerne ein Mädchen angesprochen, doch ich war zu scheu und gleichzeitig zu aufgeladen, um mich in Gesprächen zu verlieren.

Früh am Abend trafen sich ein paar Typen mit ihren Gitarren

am Tisch im Vorraum. Man wartete gemeinsam auf seinen Auftritt und vertrieb sich die Zeit, indem man sich gegenseitig etwas vorspielte. Oder man machte Quatsch, improvisierte an einer Phrase herum. Mein Gitarrenspiel war mäßig, das meiste lernte ich durch Hingucken, Reden und immer wieder Ausprobieren. Es war alles sehr spielerisch und aufregend zugleich. Es entstand etwas Neues, von dessen Existenz ich bislang nichts gewusst hatte.

Diese Abende erfüllten mich. Danny hing mit seinen Freunden ab, mit seinem Liebhaber Horst, einem rohen jungen Kerl, der weder lesen noch schreiben konnte, aber in mehreren Sprachen unterwegs war. Wie Max war Horst mal schwul, mal hetero, zog mit Frauen ab und war dann wieder Danny zugetan. Ich hatte den Eindruck, hier war eine verrückte Welt.

Und immer hing Gewalt in der Luft, es roch oft brenzlig, obwohl sich jeder Mühe gab, es nicht zu Explosionen kommen zu lassen. Die Jungs um Danny standen irgendwie über dem Gesetz, vielleicht hatten sie auch zu viel kriminelle Energie, aber Danny und Gilbert hielten ihre schützenden Hände über sie. Danny tat auch alles, um die Drogenszene aus dem Laden zu bekommen, seine Leute dealten nicht und verachteten das Zeug. Trotzdem gab es Zwischenfälle. Schlägereien waren an der Tagesordnung, speziell im engen Flur. Es ging immer um Drogen und um Geld und um Eifersucht, und es gab kolossale theatralische Auftritte, sobald die Polizei anrückte. Wenn es krachte, dann gewaltig.

Ich kam jedes Wochenende, und im Laufe der ersten Monate übernahm ich den Geschmack des Ladens. Obwohl ich kein Wort Französisch verstand, taten es mir die Franzosen an. Die Theatralik und die Melancholie, die ein französisches Chanson ausstrahlte. Vor allem aber beeindruckten mich die Stimmen, das gefühlvolle Singen, der eigene Sound. Brassens, der von mir geliebte Charles Aznavour, die Piaf, für die Danny in den Anfangsjahren geschrieben hatte. Ferré, Barbara, Jean Ferrat, Michel Fugain, Yves Montand und natürlich Jacques Brel, den ich durch Danny kennenlernte.

Danny griff fast jeden Abend zur Gitarre und sang Brassens.

Max musste die Chansons für ihn ins Deutsche übertragen, dann feilte Danny daraus ein singbares Lied. Es waren Adaptionen, kleine Kunstwerke, weil es immer unmöglich war, ein französisches Lied ins Deutsche zu übersetzen. Ich hatte Paul Zechs Nachdichtungen von François Villon gelesen und baute mir Melodien dazu. Es ging, es wurde singbar. Jeden Abend entstand etwas Neues, ein Lied, ein Chanson, irgendwas Brauchbares. Manchmal in komplizierten Versformen, manchmal in einfachen Viererstrophen. Danny brachte mir die Silbenzählerei bei, das Auf-den-Punkt-Singen. Er zeigte mir die wesentlichen Tricks, ein Chanson zu verstehen, und wie man Lieder macht. Er selbst sang gut, aber sehr pathetisch, wir zogen ihn oft auf damit.

Ich habe sehr viele Stunden mit Danny in Gesprächen über die Musik und das Leben verbracht. Was Handwerk, Versmaß und Satzbau betraf, waren wir meist einer Meinung. Was die Themen betraf, weniger, ich dachte anders als er. Er wollte eine gewisse Sanftmütigkeit über die Texte legen, während ich ans Eingemachte ging.

In seinen Ansichten über die Welt argumentierte Danny immer in großen Zusammenhängen. Er hatte Marcuse und Marx begriffen, die berühmten Schriftsteller gelesen, bewunderte C. G. Jung und war bewandert in spirituellen Themen. Wir diskutierten über unsere Biorhythmen, und ein negativ anmutendes Tageshoroskop vermochte ihn zu verdrießen.

Ich glaube, Danny sah in mir von Anfang an den, der er selber nicht sein konnte, einen, der es schaffen, der seinen ureigenen Weg gehen würde. Er wusste um meine Suche nach etwas Unbestimmtem, aber Großem, das ich nicht formulieren konnte.

»Lass dich nicht mit den Politischen ein, Kleiner! Sie wechseln die Fahnen wie das Hemd.«

Danny nannte mich immer Kleiner, und ich hatte nichts dagegen. Ich mochte Danny für sein Anderssein. Obwohl ich ahnte, dass er bluffte, war ich begeistert von seinem Willen, es allen und jedem zu zeigen.

Danny hatte mir seinen Stempel aufgedrückt. Die französischen Lieder waren mir viel näher als die deutschen. Unsere Lieder stammten doch alle von den »Wildgänsen« ab. Volkslieder, die im Dritten Reich von den Nazis missbraucht wurden. Ich kannte sie aus meiner Pfadfinderzeit. Entsprechend arrogant war ich anfangs den aufkommenden deutschen Liedermachern gegenüber. Ich wusste es nicht besser. Nur Reinhard Mey und Hannes Wader ließ ich gelten. Sie waren die ersten, die Platten herausbrachten, und ich heftete mich an ihre Spuren.

Reinhard begegnete ich zum ersten Mal im Steve Club. Er sang »Die drei Musketiere« und »Das Kanapee«. Es haute mich um. Er hatte es geschafft, mit drei, vier Akkorden seinen eigenen Sound zu bauen und den weichen Klang seiner Gitarre mit der alles vereinenden Melancholie unserer Zeit zu verbinden. Unnachahmlich.

Hannes stand ihm in nichts nach. Sein Picking Style, sein Fingerspiel auf der Stahlsaitengitarre, war einzigartig. Er konnte große Entwürfe für Lieder bauen, in der Art der Talking-Blues-Gitarristen ein Acht-Strophen-Lied in Reimform zimmern, dazu sang er mit einer klaren, markanten Stimme. Er war im Grunde der romantische Liedersänger, der auch Franz Schubert hätte vortragen können, er war ein echter Volksbarde, neben Ernst Busch im Osten mit seinen Arbeiter- und Brechtliedern, neben Dylan und natürlich Woody Guthrie.

Ich folgte Hannes, so oft ich ihn später in einem der Clubs antraf. Einmal trug ich ihm sogar die Gitarre ins Reichskabarett am Ludwigkirchplatz. Es schmeichelte ihm, einen jüngeren Kollegen an der Seite zu haben. Aber es war purer Eigennutz von mir und sicher auch eine verdrängte, scheue Zuneigung zu dem Mann in den schweren Lederstiefeln, dem schwarzen Poncho und dem schwarzen Hut. Er sah aus wie Don Quichotte. Alle kannten ihn, Hannes war ein Star.

Wir saßen auf der Treppe zum Klo im Go In. Der Laden war rappelvoll. Studenten, Sekretärinnen, darunter mal ein Promi, Hannes hatte noch eine halbe Stunde, dann war er dran. Er sang mir die ersten Strophen seines neuen Liedes »Aufgewachsen auf dem

Lande« vor. Ich mäkelte ein bisschen an seinem Text herum, um mich sichtbar zu machen. Ich fühlte mich cleverer als Hannes mit meinen mäandernden Widersprüchen. Er war mittendrin, litt aber unter dem Songschreiben, kam nicht so schnell voran, war zu groß im Anspruch. Er hatte zwei Strophen und hing fest.

Ich spürte, dass da etwas Gemeinsames war. Mich hat oft nur interessiert, wie ein Lied entsteht, wenn es dann fertig war, ließ ich es los und kramte es erst beim späteren Singen wieder hervor. Ihm ging es wohl auch so. Hannes war der Gebildetere, ich eher der junge, zornige Besserwisser. Ein bisschen spielten wir später Rimbaud und Verlaine. Auch er war eine Vaterfigur, an der ich mich abarbeiten konnte. Ich habe Hannes in dieser Zeit sehr verehrt.

Er gehörte mit Reinhard Mey und Wolf Biermann zu den ersten deutschzüngigen Liedermachern, sieht man von Hanns Dieter Hüsch und Franz Josef Degenhardt ab. Mit seinen klaren Strukturen brachte mir Hannes unbemerkt die Liedformen bei. Ich guckte mir bei ihm ab, wie man mit wichtigen inhaltlichen Fragen umgeht. Obwohl ich anders komponieren wollte. Nicht so folkloristisch, nicht so bemüht, alle Gefühle auf ein Mindestmaß an Pathos zu reduzieren.

Hannes und ich saßen auf den Treppenstufen und hörten den Applaus der Leute. Dann richtete er sich auf und stob nach oben. Ich glaube, er mochte die Auftritte nicht so sehr wie ich. Er schaltete auf der Bühne meist auf Langsamkeit, auch jetzt stimmte er erst einmal seine Gitarre. Das konnte zwanzig Minuten lang so gehen. Diese Momente waren der Klassiker, alle warteten auf Zwischenrufe aus dem Publikum.

Bei einem Auftritt in der Berliner Philharmonie hatte ihm mitten im Lied »Langeweile« ein frecher Typ aus dem Rang zugerufen: »Ja, das kann man wohl sagen.« Hannes hatte den Typen lautstark des Saales verwiesen, um dann selbst nach einer unendlichen Stimmerei kotzend und fluchend die Bühne zu verlassen.

Hannes verließ oft die Bühne. Keiner wusste, ob er je wiederkommen würde. Aber er kam immer wieder, und wir freuten uns darüber. So war er damals, so wird er bleiben.

Ich habe nie verstanden, warum er in die DKP eintrat, und Degenhardt nahm ihm übel, dass er wieder austrat. Hannes' frühe Lieder und dann die späten sind es, die ich bewundere und liebe. Auch mal einem auf die Schnauze hauen und den Idioten vom Geldbusiness nicht alles glauben. Das kann er gut, da ist er der, den wir meinen.

Die Clubs wurden die Schule meines Lebens. Hier lernte ich zu improvisieren, mich zu zeigen, aufzumachen, was ich in mir las. Hier versuchten sich die Liedermacher, Mädchen und Jungs aus der angehenden Folkszene, Hipster und Beatniks, politische Bänkelsänger. Sie kamen von überall her. Und ich hängte mich nach Dienstschluss rein.

Mit sechzehn beginnt es, das eigene Leben. Dieses eigene Leben zu finden, das war das Einzige, was für mich galt. Im politischen Berlin der 68er fand ich es nicht. Kein Dogma und kein Ismus, keine politische Überzeugung oder Zugehörigkeit schaffte es, die enormen Energien freizusetzen, die ich durch meine Auftritte und Lieder in mir entdeckte. Natürlich sehnte ich mich nach einem inneren Halt, nach einem Lebensentwurf, einem Weg, aber nicht als uniformes Mitglied in einem politischen Club.

Ich misstraute den K-Gruppen, die 1968 in Berlin wie Pilze aus dem Boden schossen. Verflucht, wir waren von einer Mauer eingeschlossen, wer konnte die Russen mögen? Ich hatte noch die Parole »Die Russen kommen« im Kopf. Und Erzählungen von pelzbehosten Hunnen, die durch die zerbombte Stadt marodierten, und von Soldaten aus Sibirien, die Frauen vergewaltigten. Meine Verwandten darbten doch in der sowjetisch besetzten Zone, und ich lebte hier, im Westen. Auch das Faustgeballe und Ho-Chi-Minh-Gebrülle und die ganze Mao-Verehrung waren mir suspekt.

Dabei war ich im Grunde linker als die Linken. Durch Vaters Anlehnung an die Sozialdemokraten war ich eingestimmt. Aber eben von innen heraus. Ich lehnte mich an Menschen an. An Carlo Schmid, an ein Erlebnis mit Kurt Schumacher auf einer Kundgebung, die früheste Erinnerung an politische Versammlungen. Vater trug mich auf den Schultern durch eine Menschenmenge, die zusammengekommen war, um Schumacher reden zu hören. Es muss das Maifeld gewesen sein. Und durch die Diskussionen mit Helmut. Er hat mich immer gewarnt:

»Pass auf, sie wollen alle nur Macht, folge allein deinem Verstand und deiner inneren Stimme!«

Die Atmosphäre in der Stadt war aufgeheizt. Täglich gab es Aufrufe zu Demonstrationen, die Springer-Presse hetzte gegen die Langhaarigen und die Studenten, die »Abendschau« berichtete über Teufel, Dutschke und Langhans, der Vietnamdiskurs war am Kochen. Auch ich war bereit für die Straße, war gespannt, was sich wirklich verändern würde. Aber all das Politische, die Ostermärsche und die Friedensbewegung, die von den USA zu uns rüberschwappte, die täglichen Rangeleien an den Universitäten interessierten mich nur von meiner tiefen Sehnsucht her, endlich frei zu sein. Frei von der Enge meiner kleinbürgerlichen Gegenwart, meinen Leuten, meiner Vergangenheit, die mir wie ein Stein auf der Seele lag.

Viel mehr als die politischen Auseinandersetzungen packte mich die Musik, die von Amerika herüberkam. Der Jazz, der Folk, alles von Dylan und auch den Balladen- und Liederschreibern wie Paul Simon, Joni Mitchell oder Rod Stewart. Aber immer mehr zogen mich Stimmen an. Natürlich kannte ich auch die Platten von Degenhardt und Biermann und bewunderte, wie beide ihren scharfsinnigen Geist und ihre ausgefeilte Rhetorik in ihre Lieder einbrachten. Ich war eine Zeitlang regelrecht besoffen von Biermanns Denkweise und Lyrik, verließ ihn aber irgendwann. Denn ich suchte nach etwas anderem, nach einem eigenen Lied. Pfeifend wollte ich hinaus in die Welt. Eichendorffs »Taugenichts« und das trunkene Schiff Rimbauds waren mir näher als Che Guevara. François Villon mit seinen ketzerischen Schriften und Anklagen gegen die Mächtigen fand ich viel sinnlicher als all die engagierten Waldecker Lieder. Ich war längst auf einem eigenen Befreiungsweg, ich merkte bloß nichts davon.

Wenige Male nur lief ich mit den Studenten mit und dann ganz schnell wieder weg, als die Polizei die Leute niederknüppelte. Einmal rannte ich wie um mein Leben. Ich hatte Angst vor Schlägen. Mich kotzte Gewalt an. Am Delphi-Kino wurden wir einmal als kleine Gruppe eingeschlossen. Scheiben klirrten, und Steine flogen. Ich kam irgendwie raus. Ein traumatisches Erlebnis, das mir aufzeigte, wie ängstlich ich im Grunde war, wie eng ich mit mir lebte.

Ich suchte nach etwas über allem Stehenden, das mich auffangen konnte. Wo ich mich zu Hause fühlte. Aber wo waren die Guten? Ich lebte in einer anderen Welt. Für mich waren meine Träume meine Halteplätze, Blumen am Rande der Straßen, die ich ging und die meine Vorfahren gegangen waren. Siedlergewäsch, Vaters Lebenslücken, Mutters Sehnsüchte. Ich sehnte mich nach etwas Ganzem, etwas Sauberem. Nach einer heilen Welt.

Die fünfziger Jahre hatten mich unbewusst angezogen, die Filme von Wolfgang Staudte bis Helmut Käutner. Stars wie die Knef oder Dieter Borsche und die existentialistischen Familienstoffe der Inge Meysel, die Abendserien, die bei uns in Schwarzweiß anliefen, ich fraß das alles, las und sah viel fern und kam mir zögernd näher. Ich war bereit, Mauern zu sprengen, und ahnte noch nicht, dass ich meine eigenen meinte.

Wenn ich um vier Uhr morgens im Bus mit der Endstation Lupsteiner Weg saß und mir mein Leben ausmalte, während hinter dem wilden Eber die Sonne aufging, wenn der Bus dann in die Pacelliallee einbog und der Morgenröte entgegenfuhr, schossen mir Lieder ins Hirn. Einfache Zeilen wie »Komm in das Land, wo der Feuervogel wohnt, der mit Liebe dich belohnt, wo die Liebe nur das Leben ist«.

Es waren traurige Lieder, ähnlich denen von Leonard Cohen. Seine »Suzanne« hatte ich einmal zufällig allein im Auto meines Bandkollegen gehört und war dabei in Tränen ausgebrochen. Ich hatte ganz hemmungslos geheult, es konnte mich ja keiner sehen. Ich war doch auch so einer, der auf ein Mädchen wartete, das mich mitnehmen sollte, das einen Körper wie Porzellan hatte und gut zu mir war, unten am Fluss, wo es immer saß.

Mein Feuervogelland war ein düsteres Land, aber die Weisung war gut. Ich hatte das Lied in zehn Minuten geschrieben und verstand nicht, was es aussagte. Fast schien es mir wie eine Hymne meines Lebens gegen den Tod, gegen das frühe Weggehen meines Vaters. Gegen den Abschied, gegen das Sterben.

Als ich Trudi das erste Mal im Go In sah, tanzte sie aufgekratzt in einem roten Overall zu den Klängen einer spanischen Flamenco-Band. Sie war wild, gab sich vollkommen der Musik hin und strahlte pure Sexualität aus. Sie schien mir ein Kind zu sein, mit einem großen Lachen und ohne alle Probleme. In ihren Bewegungen lag so viel Hingabe, als liebte sie die ganze Welt und wollte sich dem Leben grenzenlos öffnen.

Sie kam mit ihrer Freundin Birgit fast jeden Abend ins Pan oder ins Go In. Erst interessierte sie sich nicht für mich, ich glaube, sie stand mehr auf maskulinere Männer wie Max, auf Typen, die älter waren. Aber ihre Freundin hatte sie auf mich aufmerksam gemacht, und irgendwann waren wir die Letzten im Laden, und es kam so, wie es kommen musste.

Wir fuhren zu ihr. Sie wohnte mit einer Freundin in einem kleinen Apartment im Gästehaus Düsseldorf, unweit der Potsdamer Straße, am Bülowbogen. Trudi war zwei Jahre älter als ich, und es gab die Pille. Wir dachten beide wahrscheinlich, dass es nur für diese eine Nacht sein sollte. Das war durchaus üblich. Es war alles so unkompliziert, und wir schliefen miteinander, und ich verlor mich augenblicklich in ihren Armen.

Sie muss es schon in der ersten Nacht gespürt haben: Ich war der vom Ertrinken bedrohte Junge auf dem großen Meer der Irrungen, und sie sollte für eine Nacht mein Floß sein. Wir sprachen nicht viel, aber irgendwie fielen die Masken weg. Jedenfalls hatte unsere Begegnung etwas Magisches. Vielleicht aber war es auch völlig normal, dass sich zwei verlorene Seelen in einer großen Stadt fanden. Ich ging im Morgengrauen, und wären nicht die Clubs gewesen, hätten wir einander wohl nicht wiedergesehen. So aber kamen wir uns näher.

Trudi arbeitete in Neukölln als Hutmacherin, in einem kleinen Laden unweit der Sonnenallee. Das Geschäft lief gut, die Mädels waren auf großkrempige Hüte aus, je mehr sich die Hippiemode durchsetzte. Trudi hatte ein weites Herz, sie bot jedem ihre Hilfe an, wenn es um Geld ging oder nur um einen Rat oder eine Bleibe für eine Nacht. Sie lebte in einer Märchenwelt, ich sah es, wenn sie übertrieb, ich las es in ihrer Haltlosigkeit. Ich war von ihrem ausufernden Wesen völlig begeistert. Trudi war erfahren, sie hatte sicher viele Männer vor mir gehabt, mir war es egal. Wir sahen uns und wussten, dass wir füreinander gemacht waren. Wie zwei Kinder, ungläubig dem Schicksal gegenüber, krallten wir uns aneinander und kamen so durch.

Sicher war unser Zusammenkommen Teil eines großen Theaters, wir spielten alle Theater. Wir waren Tagträumer, wir hatten das Leben noch vor uns, und Berlin lud jeden Träumer ein. Die Stadt war reinste Musik. Wir sollten doch die verkniffene Moral unserer Eltern ablösen. Frieden für alle, Sex und die großen Revolutionen. Es war ein Spiel. Kein Mensch brauchte viel Geld, die Mieten waren erschwinglich. Eine Bude im Kiez kostete 100 Mark. Alles war möglich. Es gab Jobs, Gilbert vermittelte mir und den anderen Sängern am Wochenende kleine Gigs, ich lernte dadurch meine Stadt kennen. Ich kam endlich rum.

Eines Nachmittags stand ich in einer Telefonzelle an der Potsdamer Straße, Ecke Bülowbogen und wählte Trudis Nummer. Es war ein entscheidender Augenblick. Ich legte in den Anruf so viel Energie, als ginge es um mein Leben. Ich wusste, dass dieser Anruf über meine nächsten Jahre entscheiden würde. Kann sein, dass ich mich in etwas hineinsteigerte, in eine Not, die in der geheimsten Ecke meines Inneren schlummerte, die ich niemandem zuvor gezeigt hatte und auch niemals zeigen wollte: nicht zu wissen, wohin, keinen inneren Halt zu verspüren und somit alles daranzusetzen, diese fehlende Sicherheit bei einer Frau zu finden. Ich war panisch, es war nicht vom Kopf bestimmt. Und dennoch war da nichts Falsches in dem Moment, als ich den Hörer abhob und Trudis Nummer wählte.

»Ich bleibe bei dir, wenn du es auch tust.«

Noch am selben Abend fuhr ich zu ihr. Dass gerade in diesem Moment Dannys Freund Max aus ihrem Zimmer kam, dass er zuvor bei ihr gelegen hatte, dass er mich anlachte und wir uns freundschaftlich begrüßten, es gehörte einfach zusammen. Eifersucht galt nur den Feinden. Trudi hatte viele Kontakte zu anderen Typen, ich ahnte es. Als ich sagte, dass ich bei ihr bleiben wolle, ließ sie mich kommen und gehen.

Trudi wurde meine Insel der Zuflucht, der Poller, an dem ich mich anband. Ich nannte sie Charly. Ich hatte den Namen aus einem Hollywoodfilm. Ab diesem Tag nannte sie alle Welt so, und Trudi mochte es. Wochenlang glaubte Mutter, dass ich bei einem Kumpel übernachtete. Charly wurde meine erste große Liebe.

Das ging nicht ohne massive Schuldgefühle meinen Leuten gegenüber. Alles zog mich zu Trudi und den Clubs hin, gleichzeitig wusste ich, dass ich vor etwas weglief. Mutter klammerte sich nicht an mich, aber ich spürte doch, wie sehr sie mich brauchte. Unter der Woche kam ich brav nach Hause zurück. Wir sprachen immer seltener vertraulich. Sie wurde von Tag zu Tag nervöser, und ich war hin- und hergerissen zwischen meinem kleinbürgerlichen Leben als Sohn und Lehrling und meiner Boheme-Existenz.

Es war eine spannungsreiche Zeit. Ich schrieb mir Lieder aus dem Nichts und strich durch Berlin wie ein Freigänger. Meine ersten Bühnenhemden waren nicht umsonst ausgediente Knasthemden. Es war alles unbewusst, was ich tat oder verweigerte, aber immer mit einer großen Schuld im Herzen befrachtet. Einer Schuld, die meiner Familie galt, meiner Mutter, die ich verließ, die ich zurücklassen musste. Ich glaube, meine ersten Lieder entstanden aus der tiefen Kränkung heraus, bei meiner Familie keinen Platz mehr zu haben. Ich hätte ja bleiben können, aber ich fühlte mich ungebeten, wie ein Gast und wollte ihnen nicht zur Last fallen.

Trudi und ich durchlebten die Wochenenden wie eine nicht enden wollende Party, wir zogen von Fete zu Fete durch die ganze Stadt. Man lungerte bis in den Morgen bei irgendjemand herum, der eine Bude hatte. Spielte zur Gitarre, trank billigen Wein und aß, was Trudi kochte oder was man bekommen konnte. Die türkischen und arabischen Imbisse waren sehr begehrt, und nach durchzechter Nacht hingen wir an den Currybuden ab. Vornehmlich am Amtsgericht und in der Knesebeckstraße. Charlottenburg blühte.

Es waren die Nächte in den Bars rund um den Savignyplatz, die mir Leben einhauchten. Zu später Stunde fuhr man mit einem, der ein Auto besaß, weiter zu Luzie, die bei Leydicke das Reich der billigen Obstweine und schweren Liköre verwaltete. Gleich gegenüber gab es die linken Destillen, wo man bis vier Uhr abhängen konnte und danach weiter nach Kreuzberg zog. Gepennt wurde einfach dort, wo man beim Morgengrauen gestrandet war. Ich war noch sehr gehemmt, war ängstlich, und das lockere Leben in fremden Wohnungen, wo Liebende es vor aller Augen miteinander trieben und man sich früh nackt auf dem Flur traf, verkatert und mit einem schlechten Geschmack im Mund, war mir fremd. Ich drängte Trudi meist, mit mir nach Hause zu fahren.

Tagsüber ging ich im Jackett und trug eine Krawatte, abends hing ich in zerfledderten Jeans in den Clubs herum, um mich zu verlieren. Ich wollte den Alltag vergessen, ich wollte innerlich verschwinden, ich sah so wenig Zukunft. Es war gut, bei Klöckner immer wieder den Boden zu finden, den ich brauchte, um nicht völlig abzudriften.

»Was wollen Sie denn nun machen?«, hatte mich Direktor Brockmann gefragt.

»Ich werde Schauspieler oder Sänger. Musicals, was weiß ich.«

Sie wollten mich übernehmen, obwohl ich ein mittelmäßiger Lehrling gewesen war. Aber sie sahen meine Talente als Verkäufer. Sie hielten zu mir, so wie meine Familie zu mir hielt. Aber es war nicht mein Weg. Es war ein dauerndes Abschiednehmen. Meine ersten Lieder handelten nur davon. Die Straße war mein Weg, der Club mein eigentliches Zuhause. Viele waren so unterwegs, und die Mauer hielt alle zusammen.

Danny vermittelte mir an Wochenenden kleine Gigs auf Feten,

KLAUS HOFFMANN

Knasthemd 0069
© *Jim Rakete*

die irrsinnig gut bezahlt wurden: 50 Mark für einen zwanzig-
minütigen Auftritt. Ich trug schicke Klamotten, meine Wildlederschühchen, dazu schmale Röhrenhosen und einen hellen Trenchcoat, der mir etwas Ähnlichkeit mit Steve McQueen verlieh. Ich
liebte englische Dandys, Oscar Wilde und die Franzosen.

Mutter fluchte innerlich über meine Abkehr vom Normalen,
ließ mich aber machen. Nun wusste sie, wer Charly war. Ich hatte
längst meine Sachen nach Neukölln gebracht, in die neue Wohnung von Charly und ihrer Schwester. Ich blieb dort an den Wochenenden, Mutter hatte nichts gesagt. Sie war froh, dass nun
endlich etwas passierte, dass einer von uns den Ring durchbrach,
der so viel Verpflichtungen für- und Sorgen umeinander barg.

Einmal besuchten mich Charly und ihre Freundin an meinem
Geburtstag bei mir zu Hause und schenkten mir einen Gitar-
renkoffer, was mich sehr berührte. Ich ließ sie nicht herein, ich
schämte mich. Ich war doch nicht der, den sie von der Bühne und
den Partys her kannten. Ich war doch viel stiller. Sie zogen ab, und

ich war froh, dass sie nicht darauf bestanden hatten. Dabei sollte es bleiben. Erst später trafen Trudi und meine Leute sich familiär.

Die Auftritte gaben mir Einblicke in eine andere Welt. In einem alten Haus in Dahlem hatte ich durch Dannys Vermittlung einen Geburtstagsgig angenommen. Ein Richter wurde achtzig. Es gab einen Flügel, auf dem sämtliche Alkoholika deponiert waren, und in der Mitte des Raums thronte der Jubilar, ein sympathischer alter Herr. Es war alles sehr gediegen und fein, mit großen Zimmern und hohen Fenstern und Türen. Bestimmt hundert Anwälte und Verteidiger und Staatsanwälte waren da, und ich sollte sie zwanzig Minuten lang unterhalten. Ich hatte mir dafür einige Gedichte von Tucholsky und Brecht zurechtgelegt. Die Songs kamen an, ich wurde respektiert. Sie beklatschten mich ausdauernd, und der alte Herr war fröhlich und machte kluge Bemerkungen über die Intelligenz der Jugend, und das tat mir gut.

Mittendrin klingelte es an der Tür, und ein einsamer Polizist bat um Ruhe. Er war von den Nachbarn aufgefordert worden, die Party wegen der enormen Lautstärke aufzulösen. Fünf Verteidiger und ein Staatsanwalt baten den Mann höflich, doch bestimmt herein, um ihn, kaum dass er in der Diele stand, nach seiner Polizeinummer zu befragen, da er gerade im Begriff sei, Hausfriedensbruch zu begehen. Der arme Mann floh Hals über Kopf unter dem Gelächter der Anwälte und Richter.

Ich begriff in dieser Nacht etwas über die Welt: dass es von Vorteil war, eine echte Bildung genossen zu haben, denn damit war man privilegiert, und dass die Bürgerlichen die Guten sind und die anderen die Bösen, und dass ich nicht wusste, wie es mit mir weitergehen sollte, wenn ich nicht wirklich mein Leben in die Hand nehmen würde.

Horst hatte mir ja schon von einem Volkshochschulkurs erzählt und versucht, mich Richtung Schauspielerei anzuschieben. Nun riet mir auch Susanne Tremper, nachdem sie mich ein paarmal singen gehört hatte:

»Du musst die Max-Reinhardt-Schule versuchen.«

Susi Tremper war Hannes' Geliebte und längst ein Schauspielstar am Schiller Theater. Sie und Hannes waren das Vorzeigepaar in den Kneipen. Beide strichen nachts in romantischen Kleidern um die Häuser. Susi war sehr schön, sehr schmal, trug die Haare lang und sang zur Gitarre wie Joan Baez. All das und wie sie dachte und sprach, machte ungeheuren Eindruck auf mich. Susi war immer fröhlich, lebte irgendwie über den Wolken.

Von ihr hörte ich die ersten Geschichten über das Schiller Theater, welches wie ein heiliger Musentempel unbeschadet in der Bismarckstraße stand. Hier waren sie alle gewesen: Klaus Kammer, Will Quadflieg, Gustaf Gründgens. Es war die Heimstätte der großen Mimen, die ich fortan verehren sollte. Ich hörte von ihr aberwitzige Anekdoten über Boleslaw Barlog, den lispelnden Intendanten, über Stefan Wigger, der scharf auf die jungen Schauspielerinnen war, über Berta Drews, die Mutter von Götz George, die ich später kennenlernte, die mich für meine Lieder mochte, die ich bewunderte. Ich hörte von all den Siegelringträgern einer großen Ära.

Die Schiller-Schauspieler waren die gekrönten Häupter im Westen Berlins, und Susi ging, obwohl sie Anfängerin war, bei ihnen ein und aus. Sie war die Erste, die meine Begeisterung für die Bühne sah. Sie und Hannes, der mich erst wie einen lästigen Sohn, dann aber wie einen Freund annahm. Wie einen, der nach ihm kommen sollte. Ich brauchte Vorbilder, ich kramte in alten Fotos und Erzählungen, ernährte mich von Geschichten. Ich las viel über das Theater, ich lief ins Kino, so oft ich konnte. Die Sekretärinnen bei Klöckner machten mir Mut, es zu versuchen. Aber es blieb unkonkret, ich fand den Faden nicht.

In meinem Tagdasein war ich wohlerzogen, gehemmt, diszipliniert, gab mir keine Blößen, ging kein Risiko ein. Aber in den Nächten, in den Clubs, bei den schrägen Vögeln mit ihren Liedern, bei den Typen und Mädchen war es das satte Leben. Dann fiel meine Scheu von mir ab, und ich fühlte mich unbeobachtet und frei.

Egal, ob ich Gedichte von Heinrich Heine oder François Villon rezitierte, egal, ob ich ein Lied von Tucholsky oder Brecht sang, es klang für mich immer gut und war die Nahrung, nach der ich gesucht hatte, um die Mauern meiner Erziehung und meiner Herkunft zu überwinden. Die Enge, die ich an mir hasste, und die fast immer anwesende Angst, die mich antrieb. Angst, nicht genug zu sein, Angst, mich irgendwem in meinen Schwächen und meiner Zerbrechlichkeit zu zeigen. Meine dämliche Scheu, die sich auf mein Gesicht wie eine Maske legte, sobald ich sprechen und mich erklären sollte. Da war es leichter zu singen. Wie Reinhard Mey es tat, wie Orpheus es getan hatte. Ich wollte Steine zum Weinen bringen, nur durch meinen Gesang.

Ob Reinhard oder im Osten Wolf Biermann, ob Zimmer oder die Typen aus den Clubs, alle, die ich kannte oder bewunderte, hatten so eine Sehnsucht. Sie wollten herausfinden aus dieser Mauerstadt, sie wollten weg, über alle Grenzen hinweg. Eine Sehnsucht, von der Ödön von Horváth schrieb, dass man sie habe und doch wieder zurückkehre mit gebrochenen Flügeln. Ich sollte ihn erst später lesen, seine Stücke fressen und ihn für ewig und immer lieben lernen.

Noch war ich nicht reif für die Schauspielschule, aber ich dachte nun täglich daran. In ein paar Tagen sollte ich 18 werden und meinen Führerschein bekommen. Ich würde die Lehre beenden, und dann wäre ich frei.

Charly hatte mir einen Maler vorgestellt, der in einer Siebenzimmerwohnung in der Fasanenstraße residierte und wie Jesus aussah: Sigi Malinowski, ein Schlaks und Charmeur, langhaarig, großzügig im Denken und spindeldürr. Sigi war russischer Herkunft und vaterlos wie ich. Er malte und jobbte tagsüber beim Film als Lichtdouble. Die Frauen waren hinter ihm her.

Auf einer seiner Künstlerfeten lernte ich ihn kennen. Da sah ich das erste Mal, was möglich ist. Sonja Ziemann, Senta Berger und andere Filmstars waren da, auch Ivan Rebroff, der russische Schlagersänger aus Spandau. Das Trio Kaspek spielte zum Tanz, und die Schastroffs sangen, und es ging alles ganz wunderbar unkompliziert zu.

Zwischen Deckchen und dicken Teppichen hielten Sigi, sein schwarzer Jagdhund Goya, seine beiden Brüder, seine Mutter und sein Papagei Hof. Fast jedes Wochenende sollte ich nun dabei sein. Es waren verrückte Feten. Es gab immer etwas zu feiern, und es fehlte immer an Geld. Ich war sofort verliebt in diese Welt der Boheme. Man schlief irgendwann in den Morgenstunden ermattet auf einer Matratze ein – weil Muttchen die Zimmer an Studentinnen vermietete, gab es nur den Platz, den man sich nahm.

Sigi erzählte mir von seinen Reisen nach Marokko, Jordanien, Persien und nach Goa. Wenn wir nachts über dem Tisch in der Küche klebten, entstand wie durch Zauberhand ein fernes Land, in dem nichts unmöglich schien. Ich war nicht so naiv zu glauben, dass ich dort alles finden würde, wonach ich mich sehnte, aber ich begann den Gedanken daran mit mir herumzuschleppen. Irgendwann wurde es konkret, und wir nahmen uns den Trip vor. Stundenlang saßen wir zusammen, tranken billigen Wein und rauchten und sponnen uns die Reise aus.

Kurz vor Ostern '69 sollte es sein, nach Abschluss meiner Lehre. Jeder sollte 1000 Mark mitbringen, die wir uns erarbeiten wollten. Obwohl ich schon damals ahnte, dass es schwierig werden könnte mit Sigi, seiner explosiven Zerrissenheit, die ich in seinen Bildern erkannte, der Sache mit dem Geld, dem tagelangen Herumlungern – Sigi wollte immer nur ausschlafen, gemütlich sein, wie er es nannte –, dem Suchen nach spirituellen Gründen, seinen und meinen Perspektivlosigkeiten, so wollte ich dennoch nicht einsehen, dass ich längst unabhängig genug war, mein Leben allein in die Hand zu nehmen. Ich wollte weg, nur weg. Weg aus dem vermieften Berlin, weg von den täglichen Demonstrationen und Belehrungen, den K-Gruppen, weg von meiner Familie. Auch weg von Trudi, denn ich drohte in ihr zu versinken wie in einem Brunnen.

Ich sehnte mich nach Harmonie und innerem Frieden. Vielleicht kam daher meine grenzenlose Hingabe zu dem, was ich in meinen Tagträumen meinte. Es war naiv, aber es hatte Kraft. Die Kraft, die ich brauchte, um wegzugehen. Irgendwohin, wo es besser, wärmer, freier wäre. Ich wollte anders sein als meine Leute. Sollten sie ihre Vorgärten ruhig weiter bepflanzen, Tag für Tag wie die Esel schuften und sich mit blödsinnigen Gesetzen und Regeln herumschlagen. Ich würde weggehen, morgen schon. So zimmerten wir uns einen Traum.

»The times they are a-changin'. Hallelujah. It's my time. Time is on my side.«

Es war wie ein innerer Auftrag. Ich hatte mir nur noch zu folgen.

Goa schien das ideale Ziel, geradezu eine Verheißung. In Goa war das Paradies, irgendwer hatte diesen Quatsch in die Stadt getragen, die Hochglanzberichte über schöne Hippie-Mädchen und durchgeknallte Typen, die in blumenbemalten VW-Bussen durch Indien tuckerten oder Erleuchtung in Aschrams suchten, waren der Verstärker, und die Beatles hatten den Song dazu geschrieben. Aber auf den Flower-Power-Hippie-Trip hatte ich keine Lust. Ich wollte mich erden, ich sehnte mich nach dem echten Leben im Holzfällerhemd und mit einfachen Menschen. Alles in mir schrie danach. Am liebsten irgendwo im Süden und mit einem Mädchen, das mich bedingungslos lieben sollte. Denn Charly war es nicht. So oft und gerne ich bei ihr lag. Ich hatte es irgendwie von Anfang an gewusst, gestand es mir aber erst sehr viel später ein.

Bohème
© *Horst*
Beese

Sigi und ich waren zwei Glücksritter auf der Suche nach dem Heiligen Gral. Wir hätten auch nach Rom fahren können. Einfach irgendwohin, wo man uns liebevoll aufnehmen würde.

Victor Hotel Saarbrücken

Im Victor sind sie besonders aufmerksam, geben mir das Zimmer 421. Ich will immer dasselbe Zimmer. Mit Blick auf den Park, auf die Seilbahn, die ich noch nie in Betrieb gesehen habe, auf den Lilliputspielplatz, der nicht besucht wird, und morgens höre ich die Enten unten am kleinen See schnattern. Jedes Mal drehen sich hier die Kreise meines Lebens, und ich erlebe meine Vergangenheit und Gegenwart wie in einem Film, und wenn ich wie jetzt nach einem zweistündigen Spaziergang quer über den Berg nach Frankreich laufe, dann wird mir wieder mal bewusst, dass ich eben meine alte Familie gesehen habe. An der Kirchturmspitze halte ich mich in Gedanken an Helmut fest, blicke in unsere kleine Zweizimmerwohnung und habe so in der kurzen Pause wiedergefunden, was ich längst verabschiedet zu haben glaubte.

Zurück im Hotel, hänge ich als Erstes meine Tourjacke an einen altmodischen Kleiderständer und spreche mir gut zu, als müsste ich mich vor mir selbst in Schutz nehmen. Vor meinen harten Urteilen über meine eigene Geschichte. Verzeihen, hat Elton John gesungen, wäre das schwerste Wort.

Tourneeleben ist Zigeunerleben. Wer das nicht begreift, kann gleich zu Hause bleiben. Wir leben aus dem Koffer, essen schlecht bis mäßig gut. Leben nach der Uhr. Und die Zimmer, ich kenne fast jedes. Sofort, wenn du eines betrittst, ob wie eben im Victor oder in Frankfurt oder in München, klatschen dir die Gefühle ins Gesicht. Wie viele Zimmer habe ich auf den Tourneen gewechselt. Mal war es der Lift, den ich nachts zu hören vermeinte, mal ließ sich ein Fenster nicht öffnen. Ich bin ein Kontrollfreak, ich will alles geklärt, gestillt und zum Guten gewendet wissen. Es ist furchtbar mit mir.

Es gibt Zimmer, da komme ich rein und sehe am Fenster, an der Art der alten Möbel, der Aufstellung des Bettes, was in der Nacht auf mich zukommt. Es sind eigenartige Verbindungen, die sich dann gefühlsmäßig auftun. Manchmal alte Seilschaften aus Tagen, wo wir nach Kaulsdorf fuhren, oder Erinnerungen an Oma Mimchen, wo ich im Doppelbett schlafen musste. Oder es sind die Zimmer der Einsamkeit, die ich flugs meiden will, kaum dass ich eingetreten bin. Besser, man kapiert das schnell. Aber man kann gar nichts dagegen tun. Die Geister kommen und lassen sich selten bestechen. Besser, man baut ein gutes Verhältnis zu sich selbst auf. Ich war immer mein ärgster Feind.

Und das Gepäck. Herrje, bloß nicht zu viel! Ein kleiner Koffer, ein Kopfkissen unbedingt, drei bis fünf Pullover und zwei Paar Schuhe und eine wetterfeste Jacke mit Kapuze. Dazu eine Wollmütze, wie sie die Hamburger Matrosen tragen, und innere Wendigkeit. Ein Reisewecker, drei Bücher und das Zeug für die Badewanne, ganz wichtig. Dazu Vitamine, ich empfehle die teuren Kuren aus der Apotheke, und Baldrian für die Nacht und natürlich Ohropax. Noch ein paar indische Sandalen, gut für die Hotels, die ich lieber nicht erwähne, und meinen kleinen Buddha, der mich begleitet und auf den Nachttisch kommt. Ach ja, Silberstifte und Eddings für die Autogrammkarten und eventuell noch ein Paar gute Schuhe, falls wir in einer Regional-TV-Sendung unterkommen. Um unserer Tournee etwas mehr Gewicht zu geben.

Wir leben an sich auf Tour in feinstem Zwirn. Bildlich gesprochen. Eigentlich ist nur freie Zeit. Wir halten uns an die Gesetze und machen, was wir wollen. Es ist herrlich. Martino ist die Mutter, und wir folgen seinen Anweisungen. Auch wenn es Jeans sind und Blousons für die Regenzeit. Es ist doch immer derselbe Habitus, Vagabunden sind unterwegs, sagen höflich »Guten Morgen!« und »Gute Nacht!« und geben sich liebevoll rauh und ungezwungen. Keine Ehe funktioniert dermaßen ausgeglichen. Von den sogenannten Tourkollern einmal abgesehen. Dann muss es raus, dann gibt es Streit, und die Fetzen fliegen.

Wir leben gut miteinander. Es gab Tourneen, da schleppten wir einen Koch mit uns mit, bis alle über Fettleibigkeit und Völlerei klagten. Wir bewohnten immer die besten Hotels und Zimmer, die luxuriösesten Aufgänge; wenn's sein musste, kredenzten wir das feinste Essen. Aber mit der Zeit kam alles auf das gesunde Maß herunter. Ein paar Flaschen Rotwein und dazu Vollkornbrotschnitten, leider die doppelt belegten. Vom Catering geklaut, als hätten wir die nächste Blockade.

Das Schwerste ist das Runterkommen, das Adrenalin ohne große Alkoholzufuhr abzubauen. Es gab Jahre, in den Anfangszeiten, da konnte ich nachts nicht allein sein, nicht schlafen, da hängte ich mich an meine Musikerkollegen und Freunde, wir quatschten lange, und die Bar war immer geöffnet. Da mied ich das Alleinsein, es gab nächtelange Anrufe, panische Fragen: Wo bist du, wenn ich mich verliere?

Als ich mit sechs Jahren in den Ferien nach Langeoog verschickt wurde, habe ich dieses Gefühl der Verlorenheit zum ersten Mal bewusst erlebt. Wenn ich nachts im Bett lag und Heimweh nach zu Hause hatte und stundenlang weinte, weil scheinbar keiner da war, der mich trug. Da blieben nur das Spiel, die Bilder, die inneren Geschichten. Da war ich dieser Winzling, den ich später für seine Schwächen so wenig lieben sollte. Einer, der Mätzchen machte, um seine Einsamkeiten besser zu ertragen. Um mich selbst zu ertragen. Dabei war meine Einsamkeit im Grunde immer die Quelle aller Geschichten, die ich erfand.

Auch heute noch habe ich die kindliche Neigung, Malene anzurufen, sie an meiner Seite zu wissen, wenn ich nachts schweißgebadet erwache, der alte Leistungsdruck hochkommt, die Angst, nicht genug Schlaf zu bekommen. Obwohl wir oft um unser Terrain streiten, wer nimmt, wer gibt, wie viel hast du mir gegeben, was hast du mir genommen. Sie war immer an meiner Seite, ich war immer an ihrer, wenn wir einander brauchten.

Es sind die Dämonen, die mich quälen, wenn ich zu lange unterwegs bin. Sie sind überall, im Tourbus werden sie mit Videos und Sixpacks bekämpft, in den Nächten mit Ohropax und Baldrian. Schwere Sänger brauchen mehr. Gefallene Engel ganz Heftiges. Ich kam immer um die harten Sachen herum, aber das Gepäck nahm ich überall mit. Da half auch kein guter und kein bester Gig. Kein Erfolg, kein Applaus, kein Geld. No Sir, die Dämonen sind immer dabei. Jeder trägt seinen Packen mit sich herum.

Es gibt viele Möglichkeiten, sich von seinen Dämonen abzulenken. Alle nehmen komische Sachen mit. Ich zum Beispiel mein Kopfkissen, das hart sein muss und schmal. Hawo nimmt andere Dinge mit, kann stundenlang in überheizten Zimmern liegen und sich wohl fühlen. Micha braucht mindestens zwei Gitarren. Peter einen durchstrukturierten Tagesplan für den Lauf, die Sauna und dann wieder das Studio und den Wein, welches Restaurant, wann, wie, wo? Stephan seine guten Klamotten.

Mein Bruder Reinhard hat auf seinen langen Tourneen immer ein Überlebensset dabei, ein Seil, einen Bolzenschneider, eine Zange. Er benutzt diese Dinge auch. Für die Heizung, die nicht zuzudrehen geht und dir die Stimme versauen wird. Du wirst austrocknen. Das Seil bei Bränden, wie wir sie im 68. Stockwerk im Hotel in Hamburg befürchten, und den Bolzenschneider, um im Notfall aus der Tür herauszukommen.

Es gibt Tage auf Tour, da steht alles still, ich sehne mich danach, und wenn sie dann passieren, ertrage ich sie nicht. Es sind die freien Tage. Die meisten meiner Kollegen meiden sie wie Höllenschiss. Ich tigere dann durch die Kaufhäuser, um mich abzulenken. Meine Freunde kaufen oft Tinnef und Uhren, ich kenne Gaukler, die sammeln unnütze Sachen aus dem Antiquariat. Die meisten vertreiben sich ihre freie Zeit in den Fitnesstempeln.

Reinhard sagt, lieber singe er hundert Tage durch. Er ist der Einzige, der sechzig Konzerte an einem Stück nimmt. Ohne einen freien Tag. Und ich weiß es von Dylan. Bloß nicht einen Tag ohne den Rhythmus. Denn dann kommen die Schatten, dann drohst du in ein Loch zu fallen. Da kannst du dich noch so oft bei wem auch immer für dein Schicksal bedanken, deinen Traum verwirklicht zu haben, deiner Berufung gefolgt zu sein. Es hilft nichts, du willst nur noch aussteigen.

Weshalb die ganze Plackerei, wofür die durchwachten Nächte, warum der Druck vor den Konzerten? Wozu mit Hawo am Bahnsteig in Frankreich stehen, besoffen vor Glück über den Auftritt gestern an der deutsch-französischen Grenze? Wo sind die Kollegen und Freunde jetzt? Zu Hause hocken sie, feiern den ersten Advent, lieben ihre Frauen, trinken Absinth, und du, was machst du? In Saarbrücken, Aachen oder Ülzen, wozu die Plackerei.

Ich bin ein verdammter Jammerlappen, ich vergesse die Auftritte, die Leute, die extra wegen mir aus Holland anreisen, die kleine Japanerin Keiko, die meinen ersten Roman »Afghana« fix und fertig ins Japanische übersetzt hat und mit ihrem Mann sogar aus Tokio herkommt. Ich vergesse unsere Aufs und Abs. Die Zeit, wo alles blühte.

»Wo nichts mehr geht, fängt alles an.«

Sage ich mutig jeden Abend auf der Bühne. Das Credo meiner Verwandten. Es scheint nicht für angehende Rentner zu gelten.

Das Glück ist viel schwerer zu tragen als das Unglück. Ich bin rausgetreten aus der Reihe meiner Familiendramen. Ich habe es zu etwas gebracht. Ich lebe länger als Vater und Mutter, so Gott will, und nun greine ich nicht mehr.

Irgendwann geht er vorbei, der furchtbare freie Tag. Alle Erkenntnisse und Hochrechnungen werden in die Aktenschränke verbannt, und die Zeit rennt endlich wieder. Bis in sechs Tagen, wenn es wieder heißt, du hast frei.

Dann gibt es Tage wie diesen, wo die Zwänge, festzuhalten, was nicht zu halten ist, weggehen. Immer denke ich, es liegt an etwas außerhalb meiner selbst, dabei liegt und lag es nur an mir, das ohnehin Unhaltbare zu lassen. Es sind die inneren Ermutigungen, du redest mit dir selbst wie mit einem Kumpel: Es wird alles gut. Ja, so wird es.

In Aachen kam ein Typ auf mich zu, der dort im Quellenhof den Concierge gibt. Ich stellte mich erst mehr oder weniger genervt für ein Foto hin, dann entpuppte er sich: Joachim Neumann, 114-mal Bob Dylan besucht, so oft, bis er an Dylan herankam. Was an sich unmöglich ist. Bis Dylan ihn erhörte und ihn auf den Aftershows spielen ließ. Ihn, den unbekannten Concierge aus Aachen. Joachim. Ein Liebender, ein Straßenmusikant, den sie aus der Hotellerie entlassen hatten.

Fünf Jahre on the road. Und nun wollte er ein Foto und schenkte mir seine Aufmerksamkeit und seinen Roman, ein Bändchen, das er schrieb, bevor sie ihn wieder ins Hotel zurückholten. Weil er gut ist und weil sein Herz noch schlägt und weil er liebt und weil er lacht. Ich schämte mich ein bisschen für meine Grantelei.

Und dann bestiegen wir eine mächtige Limousine, so eine, die sich mein Vater und Helmut immer gewünscht hatten. Einen Bentley oder einen Jaguar, mit breiten beigen Ledersesseln, und jeder bekam ein Handy, und zwei Wasserflaschen steckten im Fond, und es gab TV, und wir wurden lächelnd von einem Chauffeur zum Gig gefahren.

Wie viele Straßen, wie viele Bahnhöfe, wie viele Flughäfen haben wir so besucht, gesehen, gemieden, als Vivi noch dabei war, als die Band sich auswechselte, als Micha die Gitarren übernahm und wir von Bouzoukis träumten, Stephan die alten Sticks von Steve Gadd rausholte und Tränen in den Augen hatte. Als man mit einem Kater noch fliegen konnte, als man …

Während wir zum Konzerthaus fuhren, fielen mir diese sentimentalen Bilder ein. Ich konnte meine Erinnerungen an Plätze und alte Freunde nicht mehr auseinanderhalten.

Und dann stolperte ich in die Nacht, einer ging mir voraus, den ich nicht kannte, und ich stieg die Treppen hoch zum Saal, und ein Typ von der Veranstaltung begrüßte mich freundlich und wünschte mir ein schönes Konzert. Und dann ging alles wieder los, ich hatte Bammel, Hawo suchte seinen Anzug, Andy steckte in den Kabeln, und Martino sagte: »Spiel schön«, und dann ging ich raus und versuchte, alles zu geben, was sie an mir gut finden.

In Mainz war es grauenhaft, schon als wir in die Halle kamen. Die Halle ist zu groß, ein Riesenraum, von allem Atmosphärischen entleert, ich weiß es in dem Moment, als wir durch den Nebeneingang in die Stuhlreihen stolpern, Micha mit seiner Bouzouki, Peter mit dem leichten Bass, Stephan mit seinen Sticks und Hawo mit den Noten. Es soll wie immer alles schnell gehen, die erste Treppe rauf zum Garderobenbereich und dann zum Check auf die Bühne, wo unsere kleine Crew Licht und Ton und die PA baut und Andy an der Wand vor der Bühne sein Mischpult bedient. Sie waren erst mit Stunden Verspätung in die Halle reingekommen. Ein Aufzug war ausgefallen, der Zwölftonner konnte nicht leer geräumt werden, die Helfer hatten nutzlos herumgestanden, die Veranstalter gemault und meine Leute zurückgemotzt.

Ich stolpere durch die Stuhlreihen einer leeren Festhalle Mainz. Sie ist mit ihren 6000 Plätzen viel zu groß für Chansons und französisches Cabaret. Willy DeVille käme hier auch nicht durch. Wer hat das gebucht? Ich muss Hauke anrufen. Das ist alles zu groß hier. Es wird ein Wagenrennen, ich befürchte das Schlimmste. Viel zu hohe Decken und die 50er-Jahre-Lüster, dann der Sagrotangeruch und die Schallwände, die dich beim ersten Wort erschlagen wollen, du spürst den Verlauf des Abends voraus und kannst nichts dagegen tun. Das ist pures Leben, ungesichert, ohne doppelten Boden.

Ich hole die gesamte Crew, alle Techniker, den Fahrer und die Roadie-Jungs in meine Garderobe zu einem Umtrunk zusammen. Es ist das erste Mal seit vier Wochen. Jeder von uns fühlt das kommende Elend, aber keiner spricht darüber. Man zieht das Unglück ja nicht noch absichtlich an. Auch Thomas, der zweite Tonmann, spürt die Lawine, die auf uns zurollt. Ich sehe es an seinem Gesicht. Und Uwe, unser Truckfahrer, der uns mit Dylangeschichten unterhält, ist blass. Es ist wie auf einem Schiff, man merkt, wenn etwas in der Luft liegt. Die Stille erzählt davon.

Wir trinken Sekt, ich halte eine kleine Ansprache und sage etwas Nettes, und Andy erzählt Schmankerl aus anderen Tourneen. Wir giggeln die Angst einfach weg. Du kannst es eh nicht aufhalten, wenn die große Lawine rollt, dann geh mit. Lass dich in die Geschichte hineinfallen, und dann kann der Abend einmalig werden. Wenn das Licht wieder angeht, erkenne ich oft zu spät, dass ich immer zu viel mache. Aber jeder Abend ist eben, wie er ist.

Die große Halle kann uns nicht killen, die Jungs spielen, jazzen, atmen mit dem Raum. Bei der Nummer »Wegen dir … Wegen dir, verbrenn ich mich auf diesen Brettern« macht es plötzlich krach, einer meiner Kopfhörer brennt durch und ich muss den Ton ohne Kontrolle die vierzig bis fünfzig Stuhlreihen vor mir in den dunklen Saal schieben. Ich muss abgehen, was ich fast nie mache, renne also in die Seitenbühne, und Hawo kapiert, was los ist, und beginnt mit einer Morricone-Melodie oder was er aus dem »Süßen Leben« an musikalischen Themen improvisieren kann.

Das ist der Moment, den alle hinter der Bühne fürchten. Da gehen keine Sicherungen mehr. Da folgst du nur deinen Füßen, und die Zeit steht still, und alles geht wie von selbst. Ich bleibe so ruhig wie möglich, und Thomas nimmt mir den Ohrhörer ab, an dem der ganze Gig hängt. Über den du mit den anderen verbunden bist wie mit einer Nabelschnur. Nur jetzt keine Eile, und dann auswechseln und den Sender am Gürtel befestigen, alles in zwei, drei endlosen Minuten, und dann wieder zurück. Es geht weiter, im Grunde wird es nach einem Unfall wie diesem immer besser. Du musst es nur laufen lassen.

Von Duisburg aus, noch vor Mainz, hatten Martino, Hawo und ich einen Abstecher nach Essen gemacht. Laura betrieb dort mit ihrem Freund Tonio einen Stand auf dem Weihnachtsmarkt in der Altstadt. Ich brauchte sie gar nicht zu suchen. Ich fand sie sofort, obwohl sie mir keine genauen Angaben gemacht hatte. Ich wusste, dass sie und Tonio in der Nähe der kleinen Kirche sein würden. Sie rief meinen Namen, und da war sie, in dem Mittelalterkostüm ihrer Träume. Wir umarmten uns.

Kaum zu glauben, aber alles war so passiert, wie ich es mir auf der Herfahrt gewünscht hatte. Vielleicht wollte ich den Schöpfer auf eine Probe stellen, durch unser spontanes Zusammenfinden etwas Verlorenes wiedererlangen. Weil wir doch einander immer zu finden hatten. Von Anfang an war es so gewesen, seit dieser furchtbar zerrissenen Zeit nach ihrer Geburt.

Ich hatte lange Jahre keinen Kontakt mit ihr. Sie lebte ein anderes, vielleicht sogar freieres Leben mit Trudi in Spanien. Ich denke oft an sie, an ihr Lachen, ihre Unvernunft, an die paar Briefe, die wir uns schrieben. An die Spaziergänge in meinem alten Schlosspark und mein Bemühen, ihr etwas zu geben, um die Schuld, die ich verspüre, wettzumachen.

Laura hat Geburtstag, es ist ihr dreißigster. Wir stehen vor dem Schmuckstand, Tonio und Laura und Martino und Hawo und ich, und versuchen so schnell wie möglich, uns gegenseitig alles Angestaute zu erzählen.

»Wie geht es dir?«

»Habt ihr genug zu tun? Essen, schlafen? Wie laufen die Verkäufe? Es ist doch saukalt hinterm Stand. Wollt ihr nicht ins Hotel?«

Sie freut sich, mich zu sehen. Ist genauso aufgeregt wie ich. Sie sieht gut aus. Auch wenn diese Kluft nicht unbedingt mein Geschmack ist. Bei unserem ersten Wiedersehen nach den langen Jahren der Trennung lief Laura in weit ausladenden Röcken aus

»Wenn ich sing« © *stille-music*

der Zeit des amerikanischen Unabhängigkeitskriegs herum. Jetzt ist es das Mittelalter. Aber es passt zu den Märkten, die sie jedes Jahr besuchen, um ihren Schmuck loszuwerden. Gute Sachen, ein wenig aus der Welt gefallen, doch es geht. Sie ist ein bisschen wie ich, immer darauf bedacht, die Existenz zu sichern. Tonio ist ihr Gewissen und der Bär, an den sie sich lehnt. Er stammt aus Chile. Ich weiß, dass sie es schwer haben, aber besser so, als auf Rosen gebettet sein.

Wir reden und reden, und dann ist es wieder zu spät, und es sollte ja nur eine Überraschung sein. Aber sie wollen versuchen, in die Show zu kommen, was dann der Schneefall vereiteln wird. Es ging schon mal schwerer, da misstraute einer dem anderen, das hat sich gelegt.

»Pass auf dich auf!«

»Lass uns telefonieren.«

Dann hetzten wir wieder nach Duisburg zurück.

Nach dem Mainzer Konzert, für das wir zwei super Kritiken erhalten, haben wir unsere Adventsfeier, das Bergfest, sitzen noch einmal vor Jahresschluss alle zusammen. Die Techniker, der Fahrer, die Roadies, die Band. Martino hat ein gutes Lokal in der Altstadt aufgetrieben, wir sind nach dem ersten Gang sprachlos vor Müdigkeit. Nach dem gemeinsamen Essen und reichlichen Getränken taumeln wir satt wie Babys an die Bar vom Hilton City, wo die Flieger aus USA hocken und amerikanische Touristen auf Durchreise, dort fallen wir nieder, kommen runter und beenden den Tag mit einem »Habt ein schönes Fest!«, als wären wir alle hier zu Hause.

Ich bin ganz angefüllt mit sentimentalen Gedanken, denke an Laura, weiß, dass der Schnee draußen auf den Straßen pappt und die Weihnachtszeit beginnt, denke an das Adventsfest mit den Jungs, an Malene und an Ferdinand, an zu Hause, und dann endlich kann ich einschlafen. Ohne den altbewährten Leistungsdruck, nur so wegschlafen in dieses Nichts. Ich schlafe durch, denke an Malene und das Kind, das keines mehr ist.

6

»Wo nichts mehr geht, fängt alles an«
(Song »Stadt ohne Namen«)

Mein Entschluss stand fest: Ich wollte weg. Und Sigi war mein Lockvogel, er hatte Erfahrung in diesen Dingen.

Mit Ach und Krach hatte es Schwab, der Prokurist, den ich bei Klöckner am meisten fürchtete, geschafft, mich durch die Abschlussprüfung zu schleusen. An diesem Tag fühlte ich so etwas wie Stolz in mir, die drei Jahre durchgestanden zu haben. Da war etwas von dem Boden, den ich suchte. Aber Außenhandelskaufmann wollte ich um keinen Preis der Welt werden. Ich hatte nun die Pappe, die mir alle Türen öffnen sollte. Ich war frei, was immer das bedeutete. Mutter und Helmut hatten mir versprochen, ich könne ab nun tun und lassen, was ich wolle.

Wir bereiteten den Trip gut vor. Ich weiß, dass wir in den Nachwintertagen bei einer Schneebeseitigungsfirma jobbten, was mir für einen Künstler unmöglich schien. Mitten in der Nacht wurden wir per Funk geweckt und hatten uns an einer Ecke Westberlins einzufinden, um mit einem Schneefahrzeug den Matsch vom Bordstein zu räumen. Während wir den Dreck und schlammigen Schnee beseitigten, sprachen wir von den Abenteuern, die uns in Goa erwarteten. Es war herrlich, mit Sigi etwas aufzubauen, das es eigentlich nicht gab. Irgendwann wurde alles, was wir sagten, zu einem Schwur, es durchzuziehen. Diese Vorbereitungen für die Reise waren an sich das Schönste daran.

Ich schuftete mehrere Wochen auf verschiedenen Baustellen rund um das Europa Center und verdiente mir ein paar Mark. Parallel brachte ich meinen Führerschein zu Ende. Ohne diesen Schein wären wir niemals aus Berlin herausgekommen, denn Sigi besaß nur eine gefälschte Fahrerlaubnis, die er vor Jahren einem

Taxifahrer in Syrien abgekauft hatte. Charly fand meine Pläne, für eine Zeit nach Asien zu gehen, gut. Sie wäre auch gerne getürmt, glaube ich.

Mit einer ungeheuren Akribie begann ich die Ausrüstungsgegenstände für unseren Trip zusammenzutragen: Schlafsack, Kochgeschirr, Taucherausrüstung, Moskitonetze. Ich trug nur noch grobe Hemden und Leinenhosen und ließ mir die Haare kurz schneiden. Ich wurde zum Legionär, ein kleiner Soldat, der in die Ferne schweift.

Aber warum wollte ich die Gitarre nicht mitnehmen? Im Gegensatz zu all dem Expeditionszeug, das wir uns für die Reise anschafften, dem ganzen Plunder, den wir schon nach ein paar Tagen in der Türkei am Fuße des Ararats wieder verloren. – Ich weiß es bis heute nicht. Vielleicht befand ich sie für zu verletzlich, zu filigran, um den Trip zu überstehen. Vielleicht wollte ich, dass sie wie mein versehrtes Ich zurückbleibt. Gleich einem Anker, der mich halten sollte.

Horst wurde in diesen Tagen mein wirklicher Verbündeter. Er riet mir nie von der Reise ab, versuchte aber, mich immer wieder für die Aufnahmeprüfung an der Max-Reinhardt-Schule zu motivieren, von der Susi Tremper gesprochen hatte. Aber da war ich schon ganz weit weg. Außerdem hatte ich zu große Angst, die Prüfung nicht zu schaffen. Ich war froh, meine Kaufmannsgehilfenprüfung und den Führerschein bestanden zu haben.

Helmut unterstützte mich, so gut er konnte, er überließ mir seinen knallroten VW-Käfer, finanzierte mir den Schlafsack und sorgte dafür, dass ich eine ADAC-Autoversicherung abschloss. Mutter verbarg ihre Sorgen vor mir, zog sich mehr und mehr zurück, ließ mich aber machen. Und Stiefbruder drückte seine Begeisterung für mein Vorhaben in endlosen aufgeregten Quatsch- und Spaßbotschaften aus. Er hatte wirklich den Wunsch mitzufahren, er wollte immer alles anfassen, durchsuchte meine Klamotten und bewunderte meine Moskitonetze.

Sie hielten mich nicht, sie konnten es gar nicht. Vielleicht hatte ich mir heimlich sogar gewünscht, dass sie mich aufhalten, aber nun war es zu spät. Sie hatten mir keinen Platz angeboten, den ich akzeptieren konnte. Es gab kein Zurück mehr.

Ich verkaufte einen alten Konzertflügel, den ich über Horst und seine Großmutter aufgetan und bei Charly deponiert hatte, und bekam 300 Mark dafür. Es war der Betrag, der mir noch fehlte. Er ermöglichte mir die Flucht von der Insel, wie es Papillon getan hatte. 1000 Mark waren nun der Wert meiner Kokosnüsse, die mich übers Meer tragen sollten, und Sigi wollte ebenso viel beisteuern.

Am Karfreitag 1969, es war ein sonniger Frühlingsmorgen, packte ich meine Ausrüstung in den Käfer und fuhr einfach los. Helmut und Lothar begleiteten mich auf die Straße, nachdem ich Mutter in den Arm genommen und mich dann schnell von ihr losgemacht hatte. Nun war ich frei. Nun konnte ich meine Träume leben. Ich berauschte mich an diesem Gefühl der Unabhängigkeit.

Ich nahm die Straßen meiner täglichen Busfahrten in die Innenstadt. Über das Zehlendorfer Kreuz und die Clayallee, an den Amisiedlungen vorbei und dann auf den Hohenzollerndamm. Die Stadt war wie ausgestorben – es war ja Feiertag.

Sigi musste ich wecken. Er lag nach einer mittelschweren Party noch völlig ausgelaugt im Bett und wollte nicht mehr weg. Der eigentliche Grund war, er hatte natürlich nicht genug Geld zusammengekratzt. Aber ich blieb hart. Dann müsste meine Kohle halt für uns beide reichen. Zum ersten Mal empfand ich mich erwachsen genug, mein Leben in die Hand zu nehmen und zu handeln. Wir trugen Sigis Sachen in den Käfer und umarmten Muttchen, Horst und die anderen Freunde, die gekommen waren, um uns zu verabschieden.

In der Nacht vorher war das Danny's Pan abgebrannt, man sprach von Brandstiftung. Charly überbrachte die Nachricht, als wir auf der Straße standen. Sie hatte Danny und seine Jungs im Hotel Kempinski beim Frühstück angetroffen, sie hatten schon davon gewusst. Nun war es vorbei mit Danny's Pan. Es war wie ein Zeichen.

Alle winkten uns nach, als wir losfuhren. Unser Aufbruch war ein wenig überstürzt, aber ich wollte nicht mehr warten. Und dann waren wir nur noch zu zweit. Als wir die Uhlandstraße passierten, flatterten zwei Tauben hinauf in den Himmel. Wir nahmen es als ein Omen, dass alles gut werden würde.

Ich werde das Gefühl nie vergessen, das mich ergriff, als wir aufbrachen. Es war einmalig, es war phantastisch. Es war wie ein Fieber, das mich in Besitz genommen hatte. Nie mehr in meinem Leben war ich derart elektrisiert wie an diesem Morgen. Was ich verspürte, war eine kolossale Lebensenergie, die sich über alle Angst legte. Die Kraft, aus dem Wunsch gespeist, abzuhauen und alles zurückzulassen, das mich beengte. Das Ziel war noch nebulös, im Traum war dieses »Etwas« schon vorhanden, aber in den Geschichten, die wir uns permanent erzählten, nicht zu greifen. Es war einfach nur Goa und das Beste, was uns passieren sollte.

Ich habe es tausendfach erlebt, und immer ist es wie beim ersten Mal. Es ist wie bei einer guten Show, wie im Spiel auf der Bühne, wenn man mitten in einer Geschichte steckt und alles gehen lässt. Wenn kein Gedanke mehr da ist, der dich lenkt, und deine Entscheidungen dir immer ein kleines bisschen vorauseilen. Wenn du dich dem Fluss überlässt und nur noch der Beobachter deines Selbst bist. Du steuerst dein Boot, aber der Fluss reißt dich mit, als wäre der Macher deiner Dinge ein anderer, den es augenscheinlich gar nicht gibt. Wir waren sehr naiv und unvernünftig, damals, in diesen Tagen, aber diese Naivität war unsere Chance, sonst wären wir wahrscheinlich nie aufgebrochen.

Das Hochgefühl hielt nicht lange an. Schon die Transitstrecke war so holprig wie die Gedanken und Sorgen, die mich wieder überfielen. Wegen des fehlenden Geldes, das wir brauchen würden, wegen meiner Gesundheit, meiner kaputten Zähne, die ich ignoriert hatte. Es gab richtige Krater in den unteren Reihen, schon eine ganze Weile. Im Grunde wegen allem, was wir zu verlieren hatten. Nur der feste Wunsch, nach Goa zu kommen und dort eine Erlösung von allem Leiden zu finden, machte mir Mut.

Als die Sonne hinter dem Grenzübergang Hof am höchsten

Punkt des Himmels stand und ein Volkspolizist unsere Pässe freigab, als Berlin in unseren Gesprächen immer kleiner wurde und dann völlig verschwand, da war es einfach nur gut, unterwegs zu sein. In Österreich ging es über den Brenner, dann kam der Gardasee, Venedig, Italien überhaupt, von dort ging es durch Jugoslawien nach Griechenland. Wir fuhren am Tag und schliefen nachts im Käfer. Es war gemütlich.

Vor der türkischen Grenze machten wir für ein paar Tage Station, weil uns das Carnet für den Käfer fehlte. Ich musste Helmut anrufen und ihn bitten, es uns zu schicken. Er tat es, er half.

Hier, an dem wunderbar langgestreckten, feinsandigen Strand vor Alexandroupoli hätte ich bleiben können. Die Griechen feierten Ostern. Sogar die Soldaten, die uns immerfort filzten, waren nett zu uns. Es war sonnig und warm, und wir trafen auf Gleichgesinnte. Warum also weiter, wozu immer weiter? Niemand störte den Frieden, da gab es nur das tiefblaue Meer, den grenzenlosen Strand und ein paar Hütten vom Club Méditerranée, die wir bewohnten, weil noch keine Saison war. Es ging uns gut.

Jeden Tag trafen mehr Beatniks und Hippies ein. Sie kamen in ausgedienten, bunt bemalten Bussen, in alten Landrovern, auf schweren Motorrädern, sie kamen aus Amerika, Kanada, Australien, Deutschland, Frankreich, England und Italien. Sie waren alle unterwegs nach Goa wie wir, um dort oder anderswo ihr Glück zu finden. Es schien, als wäre eine ganze Generation vor den Gesetzen und Regeln einer bürgerlichen Gesellschaft getürmt, vor einem Job, der keine Heilung der Seele versprach, vor einem zu strengen, lustfeindlichen Elternhaus und vor der Zukunft, die gar nicht vorhanden schien. Wir waren alle junge Aussteiger, hin und wieder ein alternder Beatnik, auf der Lebensreise zu uns selbst. Asien oder was wir davon zu wissen glaubten, verhieß Lösungen. Alle suchten wir nach diesem »Etwas«, diesem Zauberwort. Und am Abend, wenn wir am Strand zusammensaßen, sang ich meine Lieder: »Sarah« und den »Feuervogel«, und sie bescheinigten mir einhellig eine Riesenkarriere als Sänger. Da hätte ich bleiben können.

Hier wurden wir auf Afghanistan gestoßen. Alle wollten zwar nach Indien, aber mit einem kleinen Abstecher nach Kabul und vielleicht weiter nach Westen in das Tal der großen Buddhas, nach Bamiyan. Kabul war das Hippie-Mekka dieser Zeit. Es zog die Suchenden an wie ein Magnet. Afghanistan war das Land der Kinder, es sollte dort so rein und ursprünglich wie sonst nirgendwo sein. Alle sprachen über Afghanistan wie über ein letztes Stück Paradies. Dass der STERN Monate zuvor Bilder von erschreckender Armut veröffentlicht hatte, dass die Menschen dort Gras aßen, um nicht zu verhungern, dass der Opiumhandel blühte und sich Krieger, sogenannte Mudschaheddin, im Hochland sammelten, um Waffen aus Pakistan ins Land zu bringen, schreckte keinen ab.

Sigi und ich begannen von einem Trip zu Pferde durch das Hochland zu träumen. Wir verfügten zwar nur noch über 800 Mark, aber Pferde waren dort angeblich spottbillig. Keiner von uns konnte reiten, trotzdem malten wir uns die verrücktesten Geschichten mit den Pferden aus.

Afghanistan stand nun in unseren Köpfen geschrieben, ehe es dann über Pakistan weiter nach Goa gehen sollte. Wir warfen mit unserer Zeit herum, als wären wir unsterblich. Es war so unkompliziert, hier vor der Grenze zur Türkei am Strand zu hocken und über ein besseres Leben zu spinnen. Auch wenn es überall Militär gab, auch wenn die Vorschriften, die Quarantänebestimmungen, die Passkontrollen mir eine Heidenangst machten. Am liebsten wäre ich einfach hier an diesem Strand geblieben, vielleicht für ein Jahr, und dann gestärkt zurück nach Berlin gegangen.

Als nach ein paar Tagen das Carnet endlich poste restante ankam, waren alle anderen schon weg, und wir fuhren ihnen nach, überschritten die Grenze in die Türkei.

Es ging nicht nur um unsere Träume. Die Suche war es, die uns bewegte. So unkonkret sie auch schien. Ich glaubte in dieser Zeit aller Magie mehr als den Versicherungen des Abendlandes. Jedes noch so zweifelhafte Versprechen der esoterischen Bücher, die ich mit Sigi teilte, bewegte und band mich stärker als die Ismen unserer Heimat. Wir lebten sowieso in einer Art Zwischenwelt. Wir suchten die Grenze, wollten den existentiellen Rundumschlag. Alles sollte sich ändern, und wenn wir diese Reise überlebten, würde alles Weitere besser sein. So stellten wir uns das vor. Ich wollte einfach nicht begreifen, dass ich selbst der Schließer meiner Burg war.

Ich empfand mich als extrem furchtsam und auf Sicherheit bedacht. Zugleich überaus mutig. Diesen Gegensatz hatte ich schon im Kinderhort mit mir getragen. Vielleicht war es gar keiner. Wir flogen damals ziemlich hoch, wir suchten etwas, das uns zurück auf die Erde bringt.

»Eine Kraft, die alles ändert, eine Kraft, die Lachen bringt. Eine Kraft, die mir gehörte, die nur noch verhalten klingt.«

So oder so ähnlich dachte ich mir das. Und Sigi lächelte nur und sagte oft gar nichts.

Meine Zahnschmerzen wurden zusehends schlimmer, weil ich nicht den Mut gehabt hatte, in Berlin zum Zahnarzt zu gehen. In Istanbul ließen wir den Käfer überholen, aber meine Zähne ignorierte ich weiter. Dann schmissen wir uns auf die schier endlose Straße, die von Istanbul über Erzurum bis zur iranischen Grenze führt. Da geschah es.

Sigi reichte mir die Wasserflasche, und ich zog in diesem Moment das Steuer zu hart nach links. Wir überschlugen uns mehrmals und kullerten in einen Graben. Glücklicherweise kam uns niemand entgegen. Es war am Fuße des Ararat, gerade dort, wo die Arche Noah liegt. Es war ein biblischer Moment, mein Leben stand still, ich registrierte den Überschlag in Zeitlupe und fiel nach hinten. Sigi schoss ebenso durch den Käfer und krachte gegen das Rückfenster. Wir hatten einen Schutzengel. Außer ein paar Schnitten, Prellungen und Stauchungen waren wir unversehrt. Wir stiegen aus und sahen uns in kürzester Zeit von zwei Dutzend Dorfbewohnern umstellt. Ich sagte zu Sigi:

»Wir fahren zurück«, und er erwiderte:

»Nein, jetzt fängt es ja erst an.«

Ich habe danach oft gegrübelt, ob es wirklich ein Unfall gewesen war oder ob ich auf diese Art unserem Trip ein Ende setzen wollte.

Bin aber immer wieder zu der Erkenntnis gekommen, dass nicht alles, was ich tue und entscheide, in meiner Hand liegt. Es war ein Moment, in dem meine Kontrolle aussetzte, irgendwie das Leben pur, die absolute Grenze.

Der Käfer war völlig verbeult und nur noch halb so hoch. Nachdem wir die Reste unserer Ausrüstung zusammengeklaubt und die Schnitte im Gesicht und an den Händen verbunden hatten, halfen uns die umstehenden Türken – Kinder und ernst aussehende Männer –, den Käfer aufzustellen. Als eine Art Gegenleistung für ihre Hilfe nahmen sie uns den Großteil unseres Gepäcks ab. Entsprechend reduziert fuhren wir weiter.

Der Käfer hoppelte, aber es ging. Es waren nur noch sechzig Kilometer bis zur türkisch-iranischen Grenze, doch sie schienen endlos zu sein. Ich klebte hinter dem Steuerrad und konnte den Unfall nicht fassen. Mein ganzes bisheriges Leben lief wie ein Film vor meinen Augen ab. Je näher wir der Grenze kamen, desto größer wurde meine Wut über unsere Zwangslage.

Ich überredete einen türkischen Offizier, den Käfer, oder was von ihm übrig war, als Geschenk anzunehmen. Ich war in diesem Moment überhaupt nicht mehr ängstlich oder verzagt. Ich war sehr energisch und duldete keinen Widerspruch, und der Major zog mit. Ich zeigte auf den Schrotthaufen, der verloren und zerbeult im Innenhof der Grenzstation stand, und er gab mir lächelnd den Stempel. Ohne diesen Stempel wären wir verhaftet worden. Ich fand mich sehr männlich und selbstbewusst in diesem Moment, ganz der, der zu sein ich mir so oft gewünscht hatte.

Nun standen wir an der Grenze zum Iran herum mit nichts als dem, was wir am Leibe trugen, ein paar Hundert Mark und einem schalen Geschmack im Mund. So schmeckte das Leben.

In dieser Nacht erlebte ich ganz bewusst, wie es ist, wenn scheinbar nichts mehr geht. In dem schäbigen Rattenloch, das unser Zimmer war, schlaflos, mit unglaublichen Zahnschmerzen, die erst der Anfang sein sollten, war ich vollkommen auf mich geworfen. Es war ein furchtbarer und auch eigenartig aufregender Zustand. Ich guckte mir selber zu und konnte es nicht fassen. Das sollte also das Ende sein, dachte ich. Ich fühlte mich so hilflos wie in den dunkelsten Momenten nach Vaters Tod. Meine eigene Geschichte schien mir wie ein alter Koffer, den ich bis hierher geschleppt hatte, bloß um ihn nun irgendwo stehenzulassen, damit ihn ein anderer weiterträgt.

Als wir am nächsten Morgen die Typen sahen, die sich bei den Truckfahrern einfanden, um durch die iranische Wüste zu kommen, da wusste ich endgültig, dass es kein Spiel mehr war. Denn es war lebensgefährlich, durch Persien zu trampen. Die meisten Typen wurden von den Truckern vergewaltigt, und wer sich wehrte, der wurde einfach in der Wüste ausgesetzt. Ich hörte später viele dieser Geschichten. Es ging immer um Leben und Tod.

In den nächsten Tagen und Nächten taumelten wir von einer Busstation zur anderen, um voranzukommen. Ein Glück war Sigi an meiner Seite. Auf den Fahrten drehte sich alles nur noch um sauberes Wasser, um Reis, um meine Zahnschmerzen, die von Tag zu Tag zunahmen, und um die Angst vor den Soldaten. Die iranischen Soldaten waren sehr nervös, sie befürchteten einen Umsturz. Der Schah, das gesamte persische System wackelte, und Fremde wurden nur als Touristen gemocht. Alle naselang wurde der Bus gestoppt, und man verlangte nach den Papieren.

Wir hockten mit zirka dreißig Hippies aus aller Welt in verschiedenen Überland- und Pilgerbussen, die durch Persiens Wüste zuckelten und kauten auf unseren Nägeln. Es war ein munteres Völkchen, den ganzen Tag redeten diese Typen über fehlendes Geld und Haschisch bzw. Charras, wie es auf Farsi hieß. Ich sah mir eine Woche lang dabei zu, wie ich mehr und mehr verging. Ich glotzte beleidigt aus dem Fenster auf eine menschenleere Steinwüste. Am dritten Tag begannen die Koliken und Durchfälle, und meine untere Zahnreihe meldete sich immer schmerzhafter.

Jeden Tag aufs Neue rang ich Sigi das Versprechen ab, unsere Reise nach dem Pferdetrip zu beenden. Noch besaßen wir etwas Geld, aber es würde nicht reichen. Es war alles Quatsch, was Kerouac über die Straße und seine Zeit »on the road« geschrieben hatte. Diese Beatnik-Geschichten hingen mir plötzlich zum Hals heraus. Es waren doch alles Lügen, Bob Dylan war nie über sein Mexiko hinausgekommen.

Von Teheran ging es nach Maschhad, der letzten Station vor der afghanischen Grenze. Alle, die seit Stunden schweißgebadet und ausgemergelt in ihren Sitzen klebten, sprachen nur noch von Herat und Kabul und den wunderbar billigen Märkten, wo man alles bekam. Aber ich war nicht mehr dabei. Wenn wir Rast machten, hockte ich mich mit ein paar Pilgern an den Straßenrand, um mich von den Resten meiner selbst zu erleichtern, oder versuchte in einer Taverne Tabletten gegen den Zahnschmerz aufzutreiben. Aß ich wie die anderen etwas Kebap oder Reis mit Rosinen, dann blieben unzählige Essensstückchen in meinen Backenzähnen stecken und scheuerten stundenlang auf den blankliegenden Nerven. Ich war nur mit meinem Körper beschäftigt. Ich hatte Angst, dass mich ein Militärposten aus dem Bus zerren und in ein Quarantänelager verschleppen könnte. Es war irrsinnig und auch komisch. Aber mir war nicht mehr zum Lachen. Ich wollte nur nach Berlin zurück, und Sigi wollte nur immer weiter.

Als wir die iranisch-afghanische Grenze passiert hatten, fielen meine Sorgen plötzlich von einem Moment auf den anderen von mir ab. Es war wie ein Wunder. Nicht, dass ich nicht weiter permanent unter den Schmerzen und den Koliken litt, aber es machte mir nichts mehr aus. Ich war einfach zu zermürbt und geschwächt, um weiter Widerstand zu leisten.

Sobald alle Gedanken an meine Gesundheit, an mein Zuhause, an meine Perspektivlosigkeit von mir wichen, ging es mir besser. Ich war wieder da. Ich sah die versteinerte Wüstenlandschaft Afghanistans und freute mich auf Herat, die Stadt des Mittelalters. Schon die Tatsache, auf Menschen zu stoßen, die uns zu mögen schienen, empfand ich als ein großes Glück. Es beflügelte mich, ich schlüpfte wie ein Schmetterling aus der Puppe.

Wenn du ständig unter Todesangst leidest, dann gibt es irgendwann den Moment, wo alles, was dich quält, von dir abfällt. Wo deine ganzen Selbstkontrollmechanismen versagen. Wo du dich deiner Ohnmacht stellst. Es fühlt sich an wie Schwerelosigkeit.

Du kannst es nicht mehr bestimmen. Du isst, du schläfst, du gehst einfach immer weiter. Du lässt alles fahren und gibst dich nur dem Augenblick hin. Du kannst gar nicht anders, du hast keine Kraft mehr, du bist am Ende.

Da kann nur noch Gott helfen oder die Botschaft oder ein Zufall. Und es funktioniert. Weil nichts anderes mehr greift, kann etwas geschehen, womit du nicht gerechnet hast. Du musst nur vertrauen. Es ist bloße Ohnmacht, nicht zu verwechseln mit wirklicher Verrücktheit, die deine Persönlichkeit spalten kann. Ich sah in Kabul Typen, die hatten diese Grenze von Realität und Irrealität überschritten. Da war nichts mehr, auf das sie sich verlassen konnten. Manche hatten ihre eigene Muttersprache vergessen und redeten in drei verschiedenen Sprachen gleichzeitig. Lachende, gehirnlose Wesen, die sich von gepanschtem Heroin und Charras ernährten. Kabul war Ende der sechziger Jahre ein Friedhof der verlorenen Kinder. Die große Zwischenstation ins Himmelreich. Da wollten wir nicht hin. Wir wollten ins Hochland.

Dafür brauchten wir mehr Geld. Ich hatte Helmut und Mutter deshalb von Herat aus einen wirren und unverständlichen Brief geschrieben und erklärt, dass sie, was immer sie frei machen könnten, poste restante nach Kabul schicken sollten. Nun stand ich täglich an der Post von Kabul um Nachricht an. Eines Morgens fand ich zwischen alten Briefen und Päckchen eine Sendung an mich. Irgendwer hatte sie unter K für Klaus abgelegt. Ich brauchte eine Weile, um sie dem Afghanen aus dem Kreuz zu leiern. Dann stand ich mit der ersehnten Erlösung in der Hand vor dem alten Postgebäude, um mich herum brodelte der Verkehr. Ich riss das Päckchen auf und fand nichts außer einer Tafel Schokolade und einem Brief von Helmut und amerikanischem Tabak für Sigi. Bell's Three Nuns – ich werde den Geruch nie vergessen.

Am Kabul, dem großen Fluss am Ende der Stadt, wo die Frauen ihre Wäsche wuschen und alte Männer ihre Habseligkeiten – ein paar Kupfertöpfe, Löffel und aus Autoreifen gefertigte Sandalen – anboten, das ganze armselige Zeug ihrer Welt, da lief ich dann wie von Sinnen am Ufer entlang. Ich war so enttäuscht von meiner

Familie und zutiefst verletzt, ich hätte kotzen können, aber mein Magen gab nichts mehr her. Da brach eine alte Wunde auf. Sie hatten mich hängenlassen und ich Idiot hatte nicht einmal um Hilfe gebeten. Ich hatte ihnen keinen Klartext geschrieben, sondern wie immer den Helden gespielt.

Von einem Moment auf den anderen war ich auf der Erde angekommen, war zurückgeworfen auf meine kümmerliche Existenz, sah keine Perspektive mehr. Dabei war ich am Leben. Was wollte ich mehr? Meine Leute hatten die Nabelschnur endgültig durchtrennt, und ich schrie innerlich wie am Spieß. War es das gewesen, wonach ich gesucht hatte? Ich fühlte mich völlig hilflos, ich lief einfach immer weiter am großen Fluss entlang und heulte wie ein Kind.

Wäre ich an diesem Vormittag vom Weg abgekommen, es wäre mir wie den vielen anderen ergangen, die ohne einen Cent und krank nur noch auf der Jagd nach einer Pfeife Heroin waren. In den düsteren Fixerstuben gleich hinterm Kabuler Markt, in den Puddingshops und finsteren Löchern, die man für zwei Dollar die Nacht mieten konnte, oben, vierte Etage, hatte ich ein paar von ihnen gesehen. Sie waren nur noch die Schatten ihrer selbst. Die Mädchen verkauften sich an die Afghanen, und die Jungen dämmerten tage-, ja wochenlang mit aufgerissenen Augen in verwanzten Betten dahin. Sie lebten nicht, sie vegetierten. Manche gaben sich den goldenen Schuss, andere schafften es über die Botschaft zurück. Die wenigsten bis Goa. Für viele endete der Trip auf dem Friedhof in Kabul.

Wir hatten ein paar Nächte in einem dieser Hotels geschlafen, dann die Miete geprellt, waren einfach morgens getürmt. Jetzt galt überhaupt nichts mehr. Wir kifften in der Zeit viel. Man bot Haschisch an jeder Ecke, in jeder Hotellobby an. Es war preiswert, und ein Dollarpiece reichte ein paar Tage. Ich konnte dann einschlafen, es beruhigte meine blankliegenden Nerven und betäubte die Schmerzen. Aber ich konnte es auch immer lassen. Ich wusste, wann genug ist, und Geld für andere Drogen besaßen wir glücklicherweise nicht.

Es war aber hauptsächlich meine Angst, die mich vor den ganz üblen Sachen bewahrte. Ich glaube, als ich das Päckchen in der Hand hielt und die Gewissheit hatte, dass es vorbei ist, da war ich der ängstlichste Mensch der Welt, aber auch ganz bei mir. Es ist verrückt, doch die Angst war mein Motor, sie hielt mich am Leben. Immerhin hatte ich es trotz Darmkoliken und offenen Zähnen bis hierher geschafft. Aber mit derart wenig Geld schien mir alles hoffnungslos, gerade so, als ob Geld mein Überleben sicherte. Ein Riesenirrtum, wie ich erst viel später verstand. Ich war doch kein Kind mehr.

Den ganzen Tag lief ich am Fluss. Ich sah nicht nach rechts, nicht nach links. Ich befand mich in einer Art Schockstarre. Dann, als ich kurz davor war, mich aufzugeben, löste es sich wie von selbst. Ich begann plötzlich, all die Möglichkeiten aufzuzählen, die mir blieben, und kam zu dem Schluss: Irgendwie würde es weitergehen.

Am frühen Abend fand ich Sigi in einem kleinen Aussteiger-Restaurant in der Innenstadt, wo wir schon mal Reispudding gegessen hatten. Er hatte zwei Typen aufgetrieben, Kim und Paul, und ihnen von unserem Hochland-Reitertrip erzählt. Sie wollten mit uns nach Bamiyan, zum Tal der großen Buddhas, und von dort zu Pferd weiter. Ich war erlöst, sie waren zwei starke Typen, ich fand die beiden nett. Paul kam aus London, Kim aus dem Vietnamkrieg, ein mächtiger Australier, der anscheinend etwas Geld besaß. Ich entschied mich für den Trip. Alles hatte sich innerhalb weniger Stunden gedreht. Wir erzählten jeder unsere Geschichte, tranken Tee und malten uns den Trip in schönsten Farben aus. Am Abend lachte ich schon wieder.

Wir fuhren von Kabul über die einzige Straße, die in den Himalaya führte, gen Westen nach Bamiyan. Ich werde dieses Tal nicht vergessen. Meine Erinnerungen daran sind mir wie innere Diamanten geblieben. Die großen Buddhas, die damals noch standen, das weite grüne Tal mit den angelegten Feldern. Das Gästehaus, in dem dreißig Hippies und wir vier nächtigten. Die unbeholfene Art der Afghanen, ihre Bauernschläue und die Würde, die ich in den Gesichtern sah. Menschen, die nichts weiter als ein paar Hühner und einen Hund besaßen, eine elende Lehmhütte und vielleicht etwas Land, das sie bestellten.

Ich sehe ein Gesicht vor mir, wettergegerbt, todtraurig mit Falten, wie aus dem Leiden eines ganzen Volkes geschnitzt. Ich schätzte den Mann auf über achtzig Jahre, dabei war er Mitte dreißig. Als wir uns um seine zerschnittene Hand kümmerten und ihm ein paar Aspirin zur Genesung daließen, bedankte er sich so überschwenglich und vollen Herzens, dass ich weggehen musste, um meine Gefühle zu verstecken. Diese Menschen waren Kinder Gottes, ich übertreibe nicht.

Dort ritt ich zum ersten Mal in meinem Leben ein richtiges Pferd. An den Füßen des großen Buddhas vorbei, der sich in der Felswand meterhoch zum Himmel streckte. Ich ließ alle Vorsicht fahren und hielt mich einfach am Sattel fest. Die Schotterstraße hoch und wieder zurück. Mein Kindertraum war Realität geworden. Ich war wie im Rausch.

Ich hätte gerne ein Mädchen gehabt, aber die Hippies waren mir zu sehr auf Äußerlichkeiten und vor allem auf Geld bedacht, außerdem war ich zu scheu, eines anzusprechen. Jeden Morgen lief ich zum Fluss, wusch mich in dem kalten, klaren Wasser und trank dann in einer Hütte Chai, plauderte mit einem alten Mann, den ich mochte, weil er mich an meine Leute erinnerte. Um später, zur Mittagszeit, auf einen der großen Buddhas zu steigen, den schmalen Weg empor, an den verlassenen Höhlen der Mönche vorbei, die hier im sechsten und siebten Jahrhundert in einer Blütezeit der Kultur gelebt hatten. Auch wenn Lord Byron und Goethe die Buddhas scheußlich fanden, für mich waren sie der Inbegriff göttlicher Macht. Von dort oben hatte man einen unbegrenzten Blick über das gesamte Tal, und die ganze Welt schien nur im Frieden miteinander zu leben.

Wir blieben ein paar Tage, bevor wir ins Hochland aufbrachen. In Panjab verschafften uns ein paar Bauern drei Hengste und eine Stute, das Geld schwand gegen null. Wir ritten einfach los, vier Pferde und vier Typen, immer am Lauf des Hari Rud entlang. Und ich lernte die bulligen Hunde kennen, die nach uns bissen und schnappten, egal, in welches Dorf wir kamen.

Es bleiben die Erinnerungen an die Nächte im klirrenden Frost, an meine erste Wache unterm grenzenlosen Sternenhimmel. Und das Geheul von Hunden, vielleicht sogar Wölfen. Die schwerbewaffneten Mudschaheddin, die uns besuchten, mal feindlich, mal freundlich, Sigi seine Ringe abnahmen, uns ziehen ließen, sogar halfen, die ausgerissenen Pferde einzufangen. Die lange Straße am Fluss, die steinige Straße. Immer wieder kamen uns Händler auf ihren Pferden entgegen in dem leichten, schnellen Trab, wo man im Sattel aussitzt, stundenlang trabten sie so dahin. Die Nächte in einem ausgedienten Fort, wo ich nicht schlafen konnte, nur an Charly dachte, an Horst, an meine Familie, die ich doch wiedersehen wollte. Alles, was ich an Berlin nicht gemocht hatte, liebte ich plötzlich. Berlin rückte mir näher, je weiter ich mich davon wegbewegte.

Ich erlebte die Nächte im Hochland wie ein Kind. Ich saß in meinem eigenen Nest, fernab jeder Heimat, mit klammen Händen und kältestarren Füßen. Ich war wirklich bei mir. Und weil jeder von uns die Wache einmal nachts halten sollte, blieb dieses »Etwas« in mir hängen. Die Erkenntnis der Einmaligkeit allen Seins, meine pure Anwesenheit, meine Identität, vor der ich mein Leben lang so viel Angst gehabt hatte. Ich dachte wahrhaftig, ich würde nicht ausreichen, um mein eigenes Leben zu leben, ich würde nicht genug sein. Zu schwach, zu weich, zu sehr in mir verloren.

Ich dachte diese Dinge schon ganz früh, und als Vater starb, da dachte ich gar nichts mehr. Von da an trug ich dieses Loch in mir, das so groß wie ein Brunnen war, in dem ich mich verbarg. Von da an hing ich nur noch an Mutters Schürze, an ihrer Hand, an ihren Gesetzen. Wir mussten ja überleben. Ihre Gesetze waren gut für das deutsche Allerlei, die Sache mit der Pünktlichkeit und der Disziplin und der Anständigkeit, dass man alles wegputzt, was stört, was Dreck macht, was eklig ist. Ich hatte viel Zeit auf unserem Pferdetrip. Und die Nächte verbrachte ich meist schlaflos. Es war

Vor Herat, Afghanistan
© *George Steegers*

gut so, man findet zu Gott, wenn man sich verloren hat, oder man stirbt.

In diesen Nächten erlebte ich mich so, wie ich bin. Mit allen Macken und Fehlern meines Selbst. Ich musste mich mit mir bescheiden, musste lernen, mit mir zufrieden zu sein. Es gab kein Kino, kein Geld, keine Musik und keine Vorbilder mehr. Es gab nur noch diese Stille und meine gotterbärmliche Angst, nicht mehr nach Berlin zurückzukommen. Da war nur noch der kleine Klaus, der große fehlte, er hatte sich abgesetzt. Ich rief nach ihm, er hörte nicht oder war zu schwach, zu feige, mir Tips zu geben, wie man in dieser miesen Gegend überlebt, wo es nichts als Staub, Kälte und Armut gab.

Mir fehlte Selbstvertrauen. Ich durchlitt die Nächte wie damals als Kind, durchlebte Ohnmacht, Hoffnungslosigkeit, meine zerrissenen Gefühle. Ich hockte in der kalten afghanischen Nacht, keine zwanzig Jahre alt, meine Freunde schliefen unter ihren klammen Decken, hinter mir die Straße, die vom Himalayagebiet bis nach

Herat führte, auf der tags die Laster der Mudschaheddin Waffen und Kriegsgerät für die große Revolution gegen die Sowjets transportierten. Ich achtete auf nichts als auf meinen Atem, lauschte angespannt in die Stille hinein, ob sich hinter mir etwas bewegen würde. Was hatten wir eine Heidenangst vor den Typen, die so gefährlich aussahen und zugleich so anziehend. Geschminkt waren sie, die Augen dick umrundet mit schwarzem Kajal, trugen stets große Knarren und Pluderhosen. Ständig drehte ich mich um, bildete mir ein, Motorgeräusche zu hören oder hinter einer Kurve die Scheinwerfer eines Trucks zu sehen.

Immer hatte ich aus Berlin fortgewollt, hatte seit meinem Wegzug aus Charlottenburg auch eine große Faszination für Waffen gehabt und sogar ernsthaft mit dem Gedanken gespielt, zur Bundeswehr zu gehen, um mich zu einem wahren Krieger erziehen zu lassen, dem keiner fehlte und dem keiner imponieren konnte. Nun saß ich hier mit Dreck im Mund und einer Scheißangst vor dem Tod, Angst vor den Kriegern, Angst, nicht mehr zurückzukommen. Dahin, von wo ich immer wegwollte. Afghanistan war meine wahre Lehrzeit.

Über mir waren die sternenklare Nacht und derselbe Mond, den man auch in Berlin sehen konnte. Es klingt verführerisch für Einzelgänger, die glauben, in der Einsamkeit so etwas wie inneren Frieden zu finden, aber ich war mit Sigi und Paul und Kim so verloren wie nur irgendwer. Und manche Nacht heulte ich meine Einsamkeit wie ein junger Wolf zum Himmel hinauf: Der liebe Gott möge uns bitte nicht vergessen.

Meine Gebete wurden schließlich erhört. So wie die meiner drei Freunde. Wir kamen alle nach Hause zurück. Ich zwar mit einer leichten Malaria, dünn wie ein Klepper und mit einer Zyste am Steiß, die operativ entfernt werden musste, und natürlich mit Zähnen, die noch aus Kriegstagen stammten, aber auch mit der Gewissheit, die wundeste Stelle meiner Seele entdeckt zu haben.

Nach den paar Wochen im Hochland war ich völlig ausgemergelt, hatte zwanzig Kilo abgenommen, und meine Kumpels sahen aus wie Filmstars, bärtig und abgemagert. Aber wir hatten es geschafft, wir hatten überlebt. Was ich an mir für bloße Cleverness gehalten hatte, war endlich Handwerk geworden. Es gelang mir sogar, unsere Gäule auf dem großen Markt in Chaghcharan zu verkaufen, und von dem Geld flogen wir zurück nach Herat.

Es sind die Kleinigkeiten, die einfachen Dinge des Alltags, die mich bis heute an diese Stadt erinnern. Die Mädchen und Frauen, von denen wir nur die Augen hinter den Gittern ihrer Burka sahen, die sich um den Innenhof unseres Zimmers in Herat kümmerten. Wir scherzten und lachten miteinander, obwohl sie alle müde und geplagt von dem sich abzeichnenden Krieg waren. In Herat sollte es losgehen. Viele Mudschaheddin trafen dort ein. Es war beängstigend und auch phantastisch.

Wir waren im Mittelalter angelangt. Die ganze Stadt war ein einziger Ort der Vergessenheit allen abendländischen Seins. Aber es begeisterte uns. Die Straßenzüge, die Abwasseranlagen, die noch aus der Zeit Alexanders des Großen stammten. Die Afghanen, die Platanenalleen, die üppige Vegetation, es war berauschend. In Herat herrschte eine Atmosphäre wie im Märchen. Es nahm uns völlig ein. Unsere Bedürfnisse gingen dahin, etwas Anständiges zu essen zu bekommen, ein Bad zu nehmen, einen Arzt zu finden, der die kleinen und großen Wunden heilen sollte.

Ich erinnere mich an einen nächtlichen Spaziergang durch die vom Haschisch völlig benebelte Stadt. Alle kifften. Die afghanischen Soldaten hockten in ihren erbärmlichen Klamotten am Straßenrand und lachten uns zu. Sie besaßen keine Waffen, nur Knüppel. Sie hätten sich aus Angst womöglich gegenseitig erschossen. Die köstlichen Fleischspieße, die Kinder, die in Gruppen um ein paar alte Männer herumsaßen. Ein Schachspiel und die simplen Figuren, mit denen sie spielten. Die weiten Hosen der Männer, ihre Hemden, die ihnen bis zu den Knien reichten, ihre Turbane. Die Pistolen und Knarren der Krieger. Die Märkte vor der Stadt, das Gewusel der Kamele und Pferde und das viele Getier. Das Sattelzeug und der Geruch von Leder. Und die immerwährende Gefahr, die über allem lag.

Nach drei Monaten, ich weiß nicht mehr die genaue Zeit meiner Ankunft, aber es war ein schöner Sommertag, stieg ich in München aus einem Fixerbus, mit dem ein Dutzend verlorene Asienreisende von Istanbul nach Paris geschickt wurden. In Istanbul hatten Sigi und ich uns getrennt. Er hatte seine Kamera, die den ganzen Trip wunderbarerweise unbeschadet überstanden hatte, auf dem Basar verkauft, mir 25 Dollar vom Erlös gegeben, und damit war ich in den Bus gestiegen. Von da an hatte ich mich durchgebettelt, an den Raststätten nach Essensresten gefragt, hatte mein erbärmlichstes Gesicht aufgelegt und war so bis hierher gekommen. Vom Münchner Hauptbahnhof brachte mich ein Taxifahrer zur Autobahn und entließ mich mit den Worten:

»Ich komme in ein paar Stunden noch mal her. Wenn du dann noch hier stehst, kannst du bei mir pennen.«

Am späten Abend erwischte ich einen Bulli mit einem netten Typen, der Walkie-Talkies nach Berlin transportierte und mich nach Dreilinden mitnahm. Wir mussten die ganze lange Nacht an der deutsch-deutschen Grenze verbringen, man schaute mir in den Hintern und beschlagnahmte unsere Sachen, Wasserpfeife und Walkie-Talkies. Da hatten die mich wieder, vor denen ich geflohen war.

Wer das einmal erlebt, dem kann nichts mehr passieren, dachte ich noch lange. Ich kam mit leeren Händen zurück, aber um die Erfahrung reicher, alles schaffen zu können, nicht allein zu sein und auch nicht verloren. Es blieben ein paar Blessuren, die verrückten Geschichten, Bilder und Erinnerungen und eine kleine Kürbisflasche, die Sigi in Kabul in einem Antiquariat geklaut hatte. Sie hatte einen silbernen Verschluss und eine schöne Maserung. Es fehlten ein paar Teile, aber sie hatte den Trip überstanden, wie ich. Schwarzpulver hatte mal in ihr gesteckt, schwarzes Schießpulver.

Vielleicht ging es ja darum, etwas zu finden, das Vater mir nicht mehr zeigen konnte. Wie man unter extremen Bedingungen überlebt, wie man seine eigene Existenz begründet, wie man sich selbst vertraut und auf der Erde läuft. Dafür war ja Mutter immer da gewesen. Wenngleich auch oft zu streng und zu lustfeindlich. Aber ihre Sorgenburg und Disziplin hatten mich am Leben erhalten.

Als mich der Typ mit dem Bulli an jenem Junimorgen 1969 auf der Avus absetzte, ging gerade die Sonne hinter dem Funkturm auf, und ich freute mich auf Berlin. Auf Charly, auf Mutter, auf Helmut und auf Stiefbruder Lothar. Ich verabschiedete mich ohne viel Theater von dem Typen und ging einfach los, meiner Stadt entgegen.

Güstrow

Malene und ich stehen in Güstrow im strömenden Regen vor einem Glas- und Eisenkasten, hinter dem sich ein Gästehaustrakt
verbirgt. Es ist ein ehemaliges Krankenhaus, das sie zum Gästehaus umfunktioniert haben. Die drei Frauen hinter der Rezeption
erinnern mich an alte Ostzeiten, ich tue ihnen vielleicht unrecht,
aber so, wie die eine die Anmeldeformulare umständlich und mit
Engelsgeduld hervorkramt, kommt bei mir einfach die DDR hoch.
Wenn Malene nicht so geduldig wäre, würde ich auf der Stelle
kehrtmachen.

Die Zimmer hier sind klein, dunkel und schlecht belüftet. Eben
umgebaute Krankenhauszellen. Der Fernseher hängt an der Wand,
die Betten sind schmal, und in Malenes Zimmer riecht es nach
abgestandenem Rauch. An jeder Wand hängt eine Hausordnung.
Die Insassen dieses Gästehauses geistern in Trainingshosen durch
die Gänge, suchen nach Rauchgelegenheiten und einer Oase für
die geschundenen Seelen, und das Dienstpersonal gibt Anweisungen. Im Grunde wie im Westen im kleinsten Nest, irgendwo in
der Pampa, aber bei mir springen alle Antennen an. Wo sind die
Grenzer hin, die Uniformen, der Stacheldraht? Was ist aus den
Stasitypen geworden?

Sooft ich mit meinen Eltern auch in den Osten gefahren war, die
Wege über die Grenze blieben eine furchtbare Angstmacherei
für mich. Dazu kam, dass Vater sichtbar abbaute. Mutter und ich
bangten auf jeder Fahrt um sein Leben. Wenn sie die Leute aus
der S-Bahn holten, wenn wir, beladen wie Flüchtlinge, mit Päckchen und Paketen für unsere Verwandten im Ostteil, entlang der

Baracken im Entengang an den Grenzposten vorbeimussten. Geduckt, verängstigt, demütig und nur nicht auffallen. Keinen Ärger machen, keine Schnipsel wegwerfen, und bloß nicht die Ausweispapiere verlieren.

»Um Gottes willen, sei nicht so laut, Kläuschen! Und wenn dich einer was fragt, schau auf den Boden!«

Das grub sich mir ein, die Angst, immer wieder die Angst vor Willkür, vor Gewalt, vor Misshandlungen, Überwachungen und Kontrollen, neben einem Dauergefühl der Verlorenheit. Doch mit der Zeit konnte ich die Angst ersetzen durch die Wut, die ich erst sehr viel später rauslassen sollte. Aber dieses Gefühl der Ohnmacht ist geblieben. Ein Gefühl, das ich an jedem Grenzübergang meines Lebens, in jeder von einem Uniformierten beherrschten Situation empfunden habe:

»Machen Sie mal den Kofferraum auf! Zeigen Sie mal Ihren Personalausweis! Stellen Sie sich mal da hin, und nehmen Sie die Brille ab!«

Die Gebete, es möge glimpflich vorbeigehen. Der Schlagbaum möge sich öffnen, und man käme noch einmal ohne Repressalien davon und nur mit ein paar Stunden Wartezeit. Aber davonkommen, bloß weg aus dieser Demutsfalle.

Ich schieße mich immer mehr ein und dränge Malene zur Abfahrt. Wir hätten am nächsten Morgen zum Frühstück anstehen müssen. Um Brot, Brötchen und kalten Kaffee betteln. Mit leiser Stimme geht man hier durch den Tag. Ich schnappe mir die Koffer und bin schon an der Rezeption. Ich sage, wir würden jetzt lieber wieder abreisen, ehe es zu Schlimmerem käme.

»Hat das etwas mit uns zu tun?«, fragt die eine Dame.

»Nein, aber so weit wollen wir es nicht kommen lassen«, murmle ich.

Sie ist im Grunde nett und schmunzelt, zum ersten Mal zeigt die Dame ein Lächeln. Vielleicht habe ich mir alles gebaut, zurechtgelegt, um nicht bleiben zu müssen. Aber da bin ich schon mit meinem Koffer an der Tür. Malene zögert noch. Sie zögert immer, weil sie alles Negative spürt, aber noch Chancen der Veränderung sieht und nicht so furchtbar unwillig ist wie ich. Ich gehe hinaus. Draußen regnet es. Malene kommt nach, und wir verlassen diesen Ort so schnell wie möglich.

Es war die Art, wie sie uns zwar ansahen, aber nicht wahrnahmen. Nicht gesehen werden, nicht respektvoll behandelt zu werden, würdelos und ohne Freiraum für Eigenes, es musste schlimm, ganz schlimm für meine Verwandten damals im Osten gewesen sein. Es war die alte deutsche Geschichte mit dem Kofferraum und der Mauer und der Demütigung jedweder Kreatur. Die Angst vor Uniformen, die Angst vor den Fistelstimmen, den alten Männern mit den albernen Hütchen und die alte Angst vor Schlägen.

Ich wäre immer aus der DDR abgehauen. Ich wäre durch alle Tunnel gekrochen, über Flüsse, Mauern und Stacheldraht hinweg geflohen. Mich kotzte dieses System so sehr an, wie ich Mutters Strenge aus alter Hitlerzeit zum Heulen fand. Ich differenzierte als Zehnjähriger nicht. Ich verstand erst später, dass sie sich daran festgehalten hatte. Dass sie wie die anderen so wenig Chancen gehabt hatte, sich zu erwehren. Wie denn. Ich Großmaul. Diese ganze furchtbar auf Ordentlichkeit bedachte Erziehung, das faschistische Gehabe und Getue, ich hatte es bis ins Mark verinnerlicht und gehasst. Einer gibt's eben dem anderen.

Und die Marx-Kreise, die ich erlebt hatte, waren in den Ansätzen nichts anderes gewesen als: Einer spricht, und die anderen folgen, wenngleich natürlich stets im Namen des Volkes. Deshalb haderte ich damals so mit den Linken aus meinem Freundeskreis. Sie wollten mir immerfort Stalin und Ho Chi Minh als Befreier verkaufen. Wäre mein Stiefvater Helmut nicht gewesen, ich wäre in meinem politischen Weltbild sehr konservativ geblieben. So strebte ich nach einem romantisch-menschlichen Sozialismus, suchte nach einem Weg für den Einzelnen. Die Erfüllung des Individuums. Sicher wackelig, aber aus meiner eigenen Ansicht heraus. Dem Menschen zugetan …

Am Abend verfliegen meine Dämonen. Die Leute sind unglaublich entgegenkommend und aufmerksam. Ich singe ein paar von den alten Liedern, und es entsteht eine Dichte, wie ich sie ganz selten in einem Konzert erlebt habe. Vielleicht ist das hier so etwas wie meine eigene Wiedervereinigung. Ich nehme mir vor, wieder nach Dresden zu gehen, nach Leipzig und Frankfurt Oder. Die letzten Jahre bin ich dort nicht mehr aufgetreten, irgendwie ging es nicht. Dabei bin ich einer der Ersten gewesen, der im Osten gesungen hat. Noch vor der Wende.

Als wir wieder im Auto sitzen, regnet es auf dem ganzen Rückweg nach Berlin, und Malene erzählt von der Zeit, wo sie als Grenzgängerin für eine schwedische Firma gearbeitet hat. Wir sprechen über die Siebziger und unsere Ängste vor den Grenzern und den Besuchen und den ständig neuen Trennungen von unseren Verwandten und Freunden. Deshalb sind wir wohl zusammen, wegen unserer Eigenart und der Vergangenheit, die so tief in jedem von uns steckt. Malene aus ihrem Dorf, ich aus Charlottenburg. Zwei Deutsche, die sich ihrer eigenen Geschichte annähern.

Nach dem Mauerbau hatte mich erst Fritz Rau wieder in den Osten gebracht. 1983 hatte ich Karsten Jahnke gesagt, ich wolle nur für eine kurze Zeit zu Fritz Rau wechseln. Es sei nicht gegen ihn gerichtet, aber ich wolle mit Fritz jetzt ein paar Tourneen machen. Es war mir furchtbar unangenehm. Es gab in mir keinen Grund, nur dass ich Fritz auf einer Benefizveranstaltung kennengelernt hatte und er mich für alle weiteren Tourneen unter Vertrag nehmen wollte. Karsten hatte geschluckt, mich aber gehen lassen.

Fritz sprach mich gefühlsmäßig an. Er war aufbrausend, emotional, liebte Künstler, konnte aber auch meckern und hatte diese Aura der großen amerikanischen Konzerte, und ich war auf dem Höhepunkt, ein junger erfolgreicher Liedermacher mit Popstarattitüden. Ich verkaufte damals sehr viele Platten und sah mich als Popkünstler. Meine Lieder hatten glücklicherweise so viel inneren Halt, dass ich mich nicht in den Pop-Posen verlor und nach Jahren wieder zu meinem Chanson zurückfand.

Malene gab es schon, nach einer dreijährigen Pause und den vielen Reisen nach Asien und Griechenland und der Trennung von Charly war ich wieder da, und Fritz begann mit Matthias, mir und der Band eine Reihe von großen Tourneen, die leider kommerziell immer kleiner ausfallen sollten. Es war sein Geist, seine Art, mit Verlusten umzugehen – er hatte seine Hildegard verloren –, was mich anzog. Ich erinnere mich an viele Seelengespräche. Unsere Zuneigung für den anderen war warm und fein und von vielen verdrängten Traurigkeiten bestimmt.

Fritz hatte mich zu den »Künstler für den Frieden«-Konzerten gelockt. Vor 80 000 Menschen hatten wir gesungen. Alle waren da, Schauspieler, Sänger, Bands, André Heller, Konstantin Wecker, Harry Belafonte und Ulla Meinecke, Reinhard und ich nur mit der Gitarre. Es waren gewaltige öffentliche Bekenntnisse. Durch Fritz begann ich etwas vom politischen Leben zu begreifen und konnte mein unklares Verständnis für bloße Gerechtigkeit in Lieder umsetzen. Was einige Linke mir mit ihrem Dogma in der 68er-Zeit fast zerstört hatten, brachte er wieder zum Klingen. In mir wuchs wirklich der Widerstand, ich erkannte mich plötzlich in klaren und konkreten Worten.

Ich fühlte mich nützlich. Es gab ein Konzert mit Joan Baez, in Essen, und eines mit Bob Dylan und Santana, an dem ich einmal als Kollege und dann als Botschafter für innere Angelegenheiten teilnehmen durfte. Ich mochte Joan, sie war sehr attraktiv, wir flirteten ein wenig, aber dann war ihr Interesse am Sänger von Santana größer. Fritz war dabei und schnaufte und schrie, als sie in einem Open-Air-Konzert in der Berliner Waldbühne nicht vor ihrem Zögling Bob Dylan auftreten wollte. Er schickte mich zu ihr ins Zelt, und ich war sehr stolz, den Vermittler zu machen. Dylan habe ich leider nicht gesprochen, Joan vermittelte sich ihm selber. Aber es war der große »Stall«, den Fritz anschob.

Fritz' Engagement hatte es möglich gemacht, dass ich mit der Idee zu einem Konzert in Ostberlin schwanger ging. Ich erinnere mich an ein Vorspiel auf einem FDJ-Festival in Frankfurt Oder, das wir mit der Band bestreiten durften. Ich stand auf der Bühne, und vor uns saßen 200 Parteikader und Stasioffiziere. Ich sang mit dem Rücken zu den Typen. Ich hatte unglaublichen Schiss, und es lag ein Nebel der Unmöglichkeit über unserem Auftritt.

Nachts hingen wir im Hotel herum, in Sälen, in denen sich privilegierte Frankfurt-Oder-Bürger und die Hotelgäste zu versammeln hatten. Wir saßen an großen Tischen, hinter verschlossenen Türen, tranken tschechisches Bier und lauschten in den Pausen der Band auf die Schüsse, die von draußen, von der deutsch-polnischen Grenze, zu uns hereindrangen. Schüsse und Hundegebell, die vertrauten Begleiter in den Siebzigern. Mit ein paar Wessis, die wie wir hier abgestiegen waren, fanden wir uns spätnachts in der Kantine ein. Eine tschechische Band spielte die Beatles, und wir bekamen Verzehrbons und gutes tschechisches Bier. Wir waren die Privilegierten. Was habe ich diese Grenzer und Schergen der Macht gefürchtet, meine Ängste und die Ohnmacht gespürt, mein deutsches Erbe.

Als wir dann die erste und einzige große Open-Air-Veranstaltung im Berliner Friedrichshain gaben, kamen 6000 Leute zusammen. Ein einsamer Polizist stand an der Bühne und bemühte sich zu lächeln. Es war ein großes Konzert, und ich sang alle Lieder, die nicht zu singen sie mir nahegelegt hatten. Fritz hatte das mit seiner unbändigen Art in mir entfacht.

»Stehst du vor 'ner Mauer, reiß sie ein …«

Tante Rosemarie zertöpperte auf einer Grenzfahrt ihr Kofferradio, weil ein Grenzer es beschlagnahmen wollte. Lieber kaputtmachen als aufgeben. Vater hätte sich auch gewehrt, aber Mutter lief immer mit. Wie ich es ja auch tat. Sie konnte nicht anders, sie schleppte zu viele Ängste aus ihrer Kindheit mit sich herum. Jede Uniform ließ sie erzittern. Zeitlebens war sie vor der Macht der Männer geflohen, so sollte ich es auch tun. Durch diese Konzerte und im Laufe der Zeit lernte ich, mich nicht mehr gemäß den Gesetzen meiner Mutter zu verhalten.

Aber es blieb ein mühsames Auseinanderhalten, was gehört zu wem, was hat mich bis heute verfolgt. Die eigene Stimme nutzen, singen, um sich einzubringen. Nein, eine Waffe sind meine Lieder nicht, aber ich rege an, ich rege auf, ich unterhalte und tröste, und ein Lied kann etwas in Gang bringen. Unbewusst, wie von selbst.

Als Malene und ich in dieser Nacht nach der Veranstaltung aus Güstrow abhauen, als würden sie uns noch einsperren können, da ist es gut. Lieber weg als in die alte graue DDR-Zeit zurück. Wir gleichen unsere Erinnerungen ab, dann schweigen wir den Rest der Fahrt bis Berlin.

Ich denke an Fritz, den ich nach zehn Jahren wilder Tourneen und toller Gespräche verließ, um zu Karsten zurückzugehen. Nach der »Ciao Bella« war einfach die Luft raus. Er war ein wenig verschnupft, ließ mich aber ziehen. Und auch Karsten war mir nicht gram. Beide waren – und sind – alte Hasen und achteten einander. Wenn dann mal ein Sohn die Seiten wechselte, konnten sie es gelassen sehen.

Fritz besuchte mich später im Schiller Theater. Da hielt er mir zum ersten Mal die Tür auf, was er gar nicht musste, und da wusste ich, dass er mich anders als vorher respektierte. Und ich denke an Horst Lippmann, seinen Freund und Partner aus Frankfurter Tagen, diesen feinen, wunderbaren Mann mit dem großen Herzen für die Poesie. Wir stritten viel und oft über Politik und Menschwerdung, und er machte mir Mut, meine Eigenart zu bewahren:

»Liebschter, bleib bei dir. Schie wollen jeden Künschtler verbiegen. Bleib, wie du bischt.«

7

»Wenn sich alles dreht, wenn's wie von selber geht,
wenn sich der Vorhang hebt und nichts mehr weiter fehlt.«
(Song »Wenn sich alles dreht«)

Nach meiner Rückkehr aus Afghanistan war ich froh, wieder zu Hause zu sein und gleichzeitig ohne Perspektive. In meinen Träumen lief ich wie ein Fremder durch Zehlendorfs Straßen, stromerte an den vertrauten Häuserfassaden vorbei, konnte es nicht lassen. Die Ecken waren immer dieselben. Mal das Zehlendorfer Kreuz oder die Clayallee, dann die Potsdamer Straße und das Rathaus, der Chinese gegenüber. Es waren auch immer dieselben Läden, die mich magisch anzogen: das Kaufhaus, die Modeboutiquen, die Bäckereien. Ich sah mich an der Haltestelle des 10er im Nieselregen stehen, der Bus fuhr ohne mich ab, ich atmete durch, dachte an Mutter, an Helmut, an den Stiefbruder. Sie hatten mich gehen lassen, sie waren okay. Ich trug meine Leute bei mir.

Ich wachte immer schweißnass auf und brauchte ein paar Stunden, um mich wieder meiner selbst zu vergewissern.

»It's all over now, baby blue.«

Ich vermisste meine Familie und die kleine Siedlung, aber zurück ging ich nicht mehr.

»Don't look back«, sang Dylan.

Ich träume diesen Traum noch heute manchmal. Ich fühle mich danach jedes Mal wie erschlagen. Es tut weh zu lassen. Irgendwann sogar die Liebe und das Leben. Léo Ferré singt davon in »Avec les temps«:

»Doch mit der Zeit, mit der Zeit geht alles vorbei. Die Stimme, das Gesicht. Wozu die vielen Fragen, wenn das Glück zerbricht. Lösch nur das Feuer, lösch die Glut, brauchst nicht zu grübeln, es ist gut.«

Ich will es immer noch nicht akzeptieren, dass alle Wesen sterblich sind. Ich will ewig leben. Ich frage niemanden mehr nach dem Sinn, aber ich suche weiter. Vielleicht sogar nach Antworten, deren Fragen ich nicht weiß.

Ich dachte, alles in Afghanistan Gelernte würde mir nützlich sein. So eine Art Weiterführung meiner Pfadfinderära. Aber der alte Hunger blieb: aufgefangen zu werden, wo ich dachte, nicht selbst genug zu sein.

Ich hatte weggewollt, auch von Charly. Aber nach meiner Rückkehr aus Asien sah ich in ihr die Antwort: eine Frau, die alle Wunden in mir heilen konnte. Wir blieben zusammen, und ich zog im Sommer 1969 bei Charly und ihrer Schwester Ela in der Sonnenallee in Neukölln ein.

Ich hatte mich um Jobs bemüht, aber es fiel mir schwer, wieder Fuß zu fassen im normalen Leben. Die Leute waren immer noch so muffig wie vor meiner Reise, die Hunde kackten alles zu, und meine Kumpels saßen in ihren Ämtern.

Eine Zeitlang arbeitete ich als Berufskraftfahrer für die Firma ANZAG, deren Zentrale in Moabit war. Es war eine Kurierfirma für eilige Arzneimittel. Man musste quer durch Berlin rasen und die Apotheken beliefern. Eine sportliche Dame lernte mich auf einem VW-Bulli an und zeigte mir den Routenverlauf, das Timing und wie man sich in der zweiten Spur hält.

Nach 14 Tagen fuhr ich die Tour allein. Der Bezirk, den ich zu beliefern hatte, lag in Neukölln, was unerhört nervig war. Ich konnte oder wollte nicht nachgeben, ich fuhr zu schnell, um es hinter mich zu bringen. Alle paar Tage kratzte ich einen BVG-Bus an, den ich unbedingt in einer Straßenverengung überholen musste, oder trennte den Seitenspiegel eines parkenden PKWs ab. Mindestens einmal in der Woche verursachte ich einen kleinen Unfall. Ich hatte mir die Fahrerei verordnet, um das Trauma meines Unfalls am Ararat wettzumachen. Aber ich blieb ein schlechter Berufsfahrer und gab den Job nach vier Wochen wieder auf.

Jede Nacht trat ich nun in den Clubs auf und schrieb emsig an meinen Liedern. Sie sollten anders sein als alles, was ich von den Liedermachern und im Radio bisher gehört hatte. Ich wollte ein eigenes Lied, eines, das aus mir selbst entstünde. Pop meinetwegen, aber aus der Stille geboren. Bloß keine Politsongs, keine Weltverbessererlieder.

Und die Lieder kamen, als hätte ich sie mir bestellt. Ich verwendete Zeilen, die ich tagsüber in mir gespeichert hatte. Ich notierte mir alles, was mich ansprang. Es gab irrsinnig viele Graffiti in dieser Zeit, die die Politischen an Häuserwände in Kreuzberg oder Neukölln und an die Ufermauern der Kanäle klierten. Politische Losungen, Mutmacherquatsch, Parolen, »Friede den Hütten, Tod den Palästen« und all dieses Zeug. Ich empfand es als Politkitsch. Ich hatte nichts gegen Kitsch, aber in den politischen Parolen hatte er meiner Meinung nach nichts zu suchen.

Ich sah mich ja als politisch, nur nicht in diesem 68er Sturm-und-Drang-Gehabe. Auch ich wollte die deutsche Geschichte meiner Eltern abschütteln, die Verdrängungen der Gefühle, das permanente Schweigen über das, was war. Aber ich war nicht bereit, über Vietnam zu streiten. Ich kannte Vietnam gar nicht. Ich hatte bei den Pfadfindern eine Heimat und ein gewisses Zusammengehörigkeitsgefühl gefunden, damit war mein Gruppendrang befriedigt. Die dogmatischen K-Gruppen waren nicht mein Weg. Ich hatte zu viele Neins in mir. Ich nahm die Thesen von Marx und Engels sehr ernst, aber die Linken waren mir zu spießig, jedenfalls die, die ich kannte.

Vielleicht suchte ich ja nach etwas Spirituellem, nach einem geistigen Vater, der mehr zu bieten hatte als die Einsicht in bestehende Verhältnisse. Nach der Rückkehr aus Afghanistan war ich wirklich gefährdet. Ich wäre mit jedem mitgegangen, der mir Zuneigung versprach. Ich wusste nicht, was ich wollte, und die große Revolution fand für mich nur im Privaten statt. Ich war einfach zu eigen für die Politischen, die ich kannte, war geplagt von meinen Gefühlen, meinen Widersprüchen, meinem Aufbegehren gegen alles Starre, Spießige. Gleichzeitig wollte ich irgendwo andocken, dazugehören.

Die ersten Lieder waren maskiert, als würde ich verfolgt werden und dürfte mich nicht zeigen. Sie kamen direkt aus meinem Bauch, und manche klangen wie versteckte Botschaften aus einer Flasche. Oft verstand ich mein Kauderwelsch selbst nicht, aber ich blieb dran. Ich schrieb in wortgewaltigen Metaphern, so wie es die Liedermacher in der DDR taten. Ich schrieb so verkleistert, als drohte ich durch Klarheit aufzufliegen, als würde man die wahre Intention meiner Lieder entdecken können und feststellen, dass ich im Grunde eine hohle Nuss war, zu blöd, ein eigenes Lied zu singen.

»Nur wer gefangen ist, kann über die Freiheit singen. Nur wer sich bewegt, spürt auch seine Ketten.«

Ich wollte frei sein, bloß frei wovon?

Immer, wenn ich ein Lied begann, stand ich unter einer enormen inneren Anspannung. Anfangs war mein Gitarrenspiel mäßig, was mein Vorteil war. Dadurch war ich nicht gehemmt, brauchte mich nicht unentwegt ins Kreuzfeuer nehmen. Ich war ja froh, überhaupt etwas Brauchbares aus der Gitarre herauszubekommen. Ich verfügte immer noch über nur wenige Akkorde, und meine Stimme klang wie der Versuch eines heiseren Heldentenors. Ich war zu aufgeregt, ich ließ es nicht fließen, ich drückte die Töne, ich presste sie aus mir heraus, als müsste ich einen Krieg gewinnen.

Ich mochte meine Stimme immer noch nicht. Nur wenn ich leise vor mich hin sang, ertrug ich sie. Ich mochte auch mein Gitarrenspiel nicht, ich mochte fast gar nichts an mir. Die ersten Lieder waren nicht schlecht, ich bemerkte es nur nicht. Meine Monologe waren ein still ausgetragener Kampf mit mir selbst. Wenn ich dann abends in einem Club ein neues Lied sang, sollten mir die Leute beweisen, dass ich besser war, als ich es von mir selber dachte. Ich gierte nach Bestätigung. Eine gute Voraussetzung, um reich und berühmt zu werden. Ich hatte schon damals das Zeug zum Popstar.

Wenn ein Lied fertig war, fühlte ich mich satt wie ein Baby. Ich war stolz darauf, etwas wirklich Eigenes geschaffen zu haben. Es war wie eine Erlösung. Ein Rausch, der aber schnell verflog.

So begann ich den Weg mit meinen Liedern. Sie handelten von allem, was ich Tag und Nacht sah, was mir wichtig erschien, was ich den Leuten erzählen wollte. Dinge, über die keiner sonst sang.

Ich hatte keine großartigen Leitmotive, ich wollte auch nicht belehren, geschweige denn irgendwem vorbeten, was er zu tun oder zu lassen habe. Es waren schroffe Songs, sehr einfach, spontan, naiv, und doch wusste ich, dass sie nicht jedermann erreichen würden. Ich hatte derartige Lieder noch nie bei irgendeinem Sänger oder einer Sängerin gehört. Ich weiß, dass ich dafür von vielen verlacht wurde. Ich war das, was David Bowie mit »Absolute Beginner« meinte. Ich tat etwas, wovon ich nur eine Ahnung hatte, und folgte meinen Schritten. So erschloss ich mir Gärten, die kein Mensch vor mir gesehen hatte.

Tagsüber lungerte ich nun in Charlys Wohnung herum, las viel, immer wieder den »Steppenwolf« und »Das Tibetanische Totenbuch«, auch andere buddhistische Schriften, und verließ die Wohnung nur noch nachts, um in den Clubs zu spielen. Jede Nacht trat ich im Go In oder im Steve auf. Aber es stellte sich nicht mehr derselbe Spaß ein wie vor meiner Flucht nach Asien. Die Clubs waren kommerzieller geworden. Danny's Pan war abgebrannt, er und Gilbert waren nach Düsseldorf abgehauen, und das Publikum im Steve und im Go In war mir fremd. Es kamen ja fast nur noch Touristen aus Westdeutschland hierher. Und die meisten Sänger waren mit ihrer Karriere beschäftigt: die Insterburgs, Reinhard sowieso, Hannes hatte seine Plattenverträge, Jürgen von der Lippe wurde bekannter.

Hin und wieder sang ich nun auch bei Naftie Schönberg im Folkpub. Ich mochte die Leute um Naftie. Es war internationaler hier. Es gab einen jugendlich aussehenden Sänger, der Lieder aus Israel mitgebracht hatte. Folklieder aus dem Kibbuz. Ich habe seinen Namen vergessen, aber er sah meine Lieder anders, er sah mich wie ein Ausländer an. Das tat mir gut. Überhaupt hatte ich mehr Berührung mit Holländern und Franzosen als mit meinen Liedermacherkollegen aus dem vermiesten Westberlin. Mir tat alles Fremde gut.

Manchmal heuerte mich ein Pärchen, das gerade in die Stadt gekommen war, für eine Party an. Diese Feste und Feten waren besser als in den Clubs bezahlt. Ich wählte jedes Mal ein spezielles

Abendprogramm aus und bereitete mich akribisch darauf vor. Charly pickte mich dann in den frühen Morgenstunden in einer fremden Wohnung irgendwo im Wedding oder in Moabit auf.

Charly hielt noch eine Zeitlang ihren Job als Hutmacherin, aber der kleine Laden gab dann auf. Die Branche der Hutmacher ging langsam pleite. Charly verlor sich mehr und mehr in Selbstzweifeln, versuchte, auf Partys auszubrechen. Wir tranken viel, holten uns oft Freunde in die Wohnung, Typen, die kein Zuhause hatten, feierten verrückte Feste. Es floss viel billiger Wein, Charly kochte Rouladen, es gab Stampfkartoffeln und dicke Soßen. Am nächsten Morgen kam der Kater, und wir zogen uns auf spirituelle Ideen zurück. Teezeit und Fastenprogramme. Ich schwankte in dieser Zeit zwischen Epikureer- und Mönchtum.

Charly besaß ein starkes Temperament. Sie war extrem in ihren Emotionen, und alles sollte immerfort harmonisch sein. Im Grunde war sie ein großes Kind, so offen und grenzenlos, alles an ihr fesselte mich. Wir suchten beide Liebe und lagen zusammen wie Kinder, die nicht wussten, wohin. Jedem stand die eigene Geschichte im Weg, aber zu zweit war es besser zu ertragen. Wir vögelten einfach unsere Sorgen um die Zukunft weg.

Sie träumte von wärmeren Gefilden, und ich begann mir den Traum eines Vogels zu spinnen, der durch seine Lieder fliegen lernt. Wir liebten uns und lebten sorglos in dieser Zeit. Es war magisch. Sie wurde mein Brunnen, ich versank in ihrer schier grenzenlosen Zuneigung und Liebe. Ich war diese warmen Worte und emotionalen Ausbrüche nicht gewohnt, fühlte mich, als hätte ich mein eigentliches Zuhause gefunden. Und doch zog mich etwas weg von ihr. Ich dachte zu ertrinken. Ich wollte endlich unabhängig sein.

Nachts schrieb ich an den Liedern, meist bis zum Morgengrauen. Obwohl ich nie ein Nachttyp war, gefiel mir die nächtliche Stille, sie bündelte meine Gedanken. Wenn ich dann morgens, übermüdet, aber doch zufrieden mit meiner sogenannten Arbeit, die Fenster zum Hof öffnete, kroch der Dampf der darunterliegenden Wäscherei in unsere Zimmer.

Ich fühlte mich aufgehoben bei Charly und Ela. Die Wohnung war gemütlich, strahlte Wärme aus. Es gab eine kleine Küche und ein Hochbett im hinteren Zimmer, für Gäste, und überall lagen Kissen und Deckchen und Nippes herum. Kerzen waren tägliches Gebot. Ohne Kerzen wäre damals keine WG ausgekommen. Die Möbel stammten allesamt aus Wohnungsauflösungen oder von der Straße, wo die Leute ihre ausrangierten Sachen abstellten und jeder sich bedienen konnte.

Fast alles in der Wohnung war dunkel gehalten, auch die Wände, das war damals angesagt. Ich kannte Wohnungen von Kumpels, die hatten ohne Ausnahme schwarz gestrichene Wände. Das Dunkle half mir, meine Abschiedsmelancholie in Worte zu packen. Alles in mir lebte auf Rückzug und wollte gleichermaßen hinaus in die Welt. Meine Haare wurden länger, und ich war ganz bestimmt der erste Typ in Westberlin, der einen Ring im Ohr trug.

Im Sommer brach Berlin auf wie eine Blume, und die Sonnenallee war laut wie ein Radio. Man konnte das Leben einfach nicht leiser stellen. Ich liebte meine Stadt, mehr als je zuvor. Die Cafés der Türken, die Kneipen und die Supermärkte. Es gab die kleinen Programmkinos rings um den Hermannplatz und in der Karl-Marx-Allee. Am Hermannplatz war die ganze Woche über Markt. Eigentlich hätte ich nie nach Asien abhauen müssen, es gab hier ja alles, was ich suchte: Fremde und Kinos und Teeläden, wo man Chai trinken konnte, Musik und Spiritualität.

In der Karl-Marx-Allee suchten sie Briefzusteller, und ich bekam den Job. Morgens um fünf stand ich auf, lief verschlafen zur Hauptpost hinter der Fuggerstraße und sortierte mit einem Dutzend rauher Männer die Briefe ein, um dann mit der Frühtour zu beginnen. Ich mochte die Arbeit sehr. Ich war an der frischen Luft, kam viel herum und wurde auch ganz gut bezahlt.

In der ersten Woche begleitete mich noch ein sanfter Riese, eine Art Ausbilder, der während der ganzen Tour nie ein Wort mit mir sprach. Er war nett und erinnerte mich an meinen Vater. Verschlafen, aber gutgelaunt zogen wir also jeden Morgen unsere Runden um die Laubenkolonien in Neukölln und Rixdorf und brachten den Leuten ihre Post. Es tat mir gut, an seiner Seite zu gehen. In mir waberten so viele Gefühle und Lieder. Ich machte mir immerfort Notizen, und der Typ neben mir sagte nichts dazu, ließ mich aber gewähren.

Wir zogen schweigend und mit der Tagespost beladen durch Berlins ältesten Bezirk, kamen in Rudow heraus und liefen zügig zurück. Ich sah in den Gesichtern so viele Geschichten meiner Eltern. Ich hörte die Sprüche der armen Leute und sah die Kinder, die lachend und schreiend von der Schule nach Hause kamen. Hier war es lebendig und friedlich. Ich fühlte mich auf diesen Touren frei, obwohl ich so wenig Perspektiven für mein weiteres Leben sah.

Der erste Halt war jeden Morgen eine Eckkneipe, in der sich die Ehemänner einfanden, um die Post entgegenzunehmen. Natürlich war das Anlass, ein Bier zu zischen, derbe Witze zu reißen, Unterleibsgeschichten zu erzählen, sich über die Politik zu streiten und die Amerikaner zu loben. Alle waren sie für Amerika, nie für die Russen. Sie waren ein lustiges Völkchen, diese Männer, die reichlich Trinkgeld gaben, manchmal im Bademantel kamen oder noch ungewaschen und unrasiert, um für eine Postkarte anzustehen. Ich war unter den einfachen Leuten. Ich mochte das sehr.

Mein Job als Briefzusteller hatte etwas Klassisches. Ich konnte so herrlich dabei träumen und machte mich nützlich. Immerhin brachte ich die Post. Außerdem war ich bei jedermann willkommen. Die meist alten Damen waren sehr freundlich und gaben mir viele Tips als Dank für die Fernsehzeitungen, die ich ihnen aushändigte. Zu alldem sah ich hinreißend aus. Ich war nach Afghanistan dünn wie ein Bäumchen, hatte blondes, wallendes Haar, das mir bis auf die Schultern reichte. Ein Engel, der Liebesbriefe und Rentenbescheide zustellte. Der perfekte Schwiegersohn.

Nach einer Woche machte ich die Tour nur noch allein, und es veränderte sich. Ich wurde gieriger. Ich hoffte, dass während der Touren, die ich nun immer langweiliger fand, etwas mehr Leben für mich abfallen würde. Man sprach auf der Post von einem Laden, wo die Heilsarmee untergebracht war. Man munkelte, dass es dort Oswalt-Kolle-Filme zu sehen gäbe, um die jungen Leute aufzuklären. Ich lief oft an dem Laden vorbei und hoffte, mir würde aufgetan, aber es endete stets mit dem bloßen Zustellen der Tagespost. Ich bekam nie die Gelegenheit, mir einen Film anzusehen, und fragen wollte ich nicht.

Ich fühlte mich magisch angezogen von den Mädchen und jungen Frauen, die ich auf der Straße sah, und denen, die Charly nachts in einem Club aufgegabelt hatte. Ich war gerne bei Charly, aber ich wollte auch zu anderen. Ich gierte nach fremden Frauen, nach Küssen und nach Berührungen. Ich empfand mich noch zu jung für ein ganzes Leben mit Charly. Sie sprach vom Heiraten. Ich wollte sie nicht heiraten, aber sie meinte, es gäbe immer nur einen, wenn man wirklich liebte.

Mein Problem war ich selbst. Ich wollte neu beginnen. Es sollte etwas mit meinem Leben geschehen. Ich lief stundenlang durch die Straßen. Ein Sommermorgen in den Siebzigern in der geteilten Stadt war nicht zu toppen. Frühaufsteher, Typen in Polyesterhemden und Schlaghosen, das geblümte Volk der Hippies, die Mädels in Miniröcken, die alten Frauen an den Marktständen, die Treber, die Säufer, die aus den Kneipen kamen, das war meine Welt, da kannte ich mich aus. Man brauchte nur zu schauen und sich gehenzulassen. Mir stand ja alles offen, ich war ein Glückspilz, am Leben zu sein in dieser Stadt.

Berlin brach auf, es war Sommer, und die Straßen glitzerten im Sonnenschein, die Kneipen hatten geöffnet, in den Biergärten saß man abends bis in die Nacht, hörte die Bands aus Neukölln und Kreuzberg. Sprach über die bestehenden Verhältnisse, rauchte Haschisch und trank warmes Bier. An den Kanälen hockten die Jungen und Mädchen aus Bielefeld und Münster mit ihren Gitarren. Bands spielten nachts ohne Ende, die Lofts hatten noch keinen Namen, und die Mauer wurde von einigen Mutigen mit Graffiti besprüht.

Westberlin war eine wirkliche Alternative und zog junge Leute, Kreative und Verrückte aus der ganzen Welt an. Der Austausch hier war immens. Die Mieten waren günstiger und die Lebensmittel preiswerter als anderswo. Die Kunst manifestierte sich noch in Ideen, und man konnte etwas Eigenes schaffen. Immer wieder bewies diese Stadt, dass sie die Kraft und den Willen hatte, etwas anzuschieben. Und wenn es nur im Verborgenen war. Es herrschte Sympathie für alles Fremde und eine ungezügelte Bereitschaft, Farbe an die Mauern zu bringen. Ein bunter Spaß, Berlin war im Werden.

Nach zwei Monaten schmiss ich den Briefträgerjob, ich hatte genug. Ich suchte nach einer Perspektive. Tag und Nacht schrieb ich an meinen Liedern. Kupferte mir Ideen von Bach- und Pachelbelplatten ab, die ich mir von Horst auslieh, hörte klassische Musik und nahm mir bei den alten Meistern Akkorde, Liedbeispiele und Kompositionslehre, so wie ich es gerade brauchte. Ich machte das ganz intuitiv, ich folgte einfach meinen Einfällen und hörte nur, was mir gefiel: Schubert, Grieg, Bach und immer wieder die Beatles und natürlich die Franzosen.

Allen voran Jacques Brel, den mir Danny zugesteckt hatte. In einer Leihbücherei fand ich einen Damokles-Band mit seinen Gedichten und Chansons, übersetzt von Heinz Riedel. Es waren die ersten Übertragungen, die ich singbar fand. Riedel verhalf mir dadurch indirekt zu dem Lied »Adieu Émile« und einer guten »Geh nicht fort von mir«-Version. Ich übernahm die beiden Lieder in mein Nachtprogramm, sie kamen sofort an. Es war verrückt, obwohl doch fast niemand Jacques Brel kannte.

In der Sonnenallee entstanden ein paar gute Lieder. Ich wollte unbedingt einen eigenen Stil und nahm mir aus allen Musikrichtungen, was mich ansprach: Klassik, Folk, Chanson und Rhythm & Blues. Es waren einfache Songs, sie erzählten vom Kiez, von meiner Suche nach Liebe und eben all diesen Dingen, die ich ohne Musik nicht geäußert hätte. Für mich war es die Erfüllung einer Sehnsucht.

Ich schrieb damals sehr schnell an einem Lied. Kaum hatte ich ein, zwei Akkorde, die mir gefielen, jagte ich durch eine Melodie. Ein paar Zeilen, und ich war gefangen, erfüllt von diesem Vorgang. Ein Lied zu machen elektrisierte mich derart, dass ich mich für Stunden darin verlor und es nicht eher verließ, als bis es fertig war. Es interessierte mich nicht, ob es gut oder schlecht war. Diese Wertungen kamen erst viel später. Wenn ein Lied fertig war, liebte ich es, wie man ein neugeborenes Kind liebt. Kitsch und Sentiment machten mir nichts aus. Im Gegenteil, ich wollte die Bürgerlichen provozieren. Nur eben nicht mit Politkitsch.

Hauptsache, ich stand in der Chansontradition von Brel und Brassens, der Piaf und Aznavour. Das war mir wichtig. Das Vaudeville, mit seinen akustischen Gitarren, den Streichern und dem ganzen volkstümlichen Sound, beeindruckte mich. Vielleicht waren mir aus diesen Gründen Bob Dylan und auch die Beatles so nahe. Sie machten alles akustisch, und ihre Lieder erzählten oft von skurrilen Geschichten: »Sgt. Pepper's Lonely Hearts Club Band« beeindruckte mich sehr und immer wieder Dylans bodenständige Gitarrensachen.

Dazu gehörten nun mal Gefühle, Traurigkeiten, auch Herz und Schmerz, eben Schmalz und meine immerwährende Sehnsucht. Es durfte alles raus, was aus mir rauswollte, ich mochte mir keine Regeln setzen. Meine Lieder sollten meinen eigenen Weg beschreiben. Sie sollten theatralisch sein und meinetwegen auch mit Sentiment, am besten in der Art der italienischen Sänger Renato Zero oder Adriano Celentano oder der Franzosen, immer wieder hörte ich die Franzosen, obwohl ich kaum ein Wort verstand.

Bei Jacques Brel konnte ich mich in mich selbst fallen lassen, in meine Trübsal und Traurigkeit. Ich wusste gar nicht, dass ich so traurig war. Es war wie ein Brunnen, in den ich stieg. Brels Stimme, sein Ausdruck und sicher auch seine Traurigkeit nahmen mich völlig ein. Vielleicht war ich ihm ähnlich, auch wenn er aus gutbürgerlichen Verhältnissen kam und ich bemüht war, meine kleinbürgerliche Erziehung abzulegen. Seine Themen ähnelten meinen. Sein »Ces gens-là« hatte mich sofort gepackt. Es war mein Lied. Diese Leute waren meine Leute, diese Rebellion war meine Rebellion.

Ich hatte mich von meiner Familie aus dem Lupsteiner Weg verabschiedet und war nun auf mich gestellt. Meine Einsamkeit gehörte zu mir wie ein alter Mantel. Sie färbte meine Lieder. Nur selten gab es lustige, die meisten waren grau. Sie erzählten von Krähen, Raben und vom Tod. Von der Stadt und wie ich die Welt sah. Immer wollte ich wie jemand singen, wie Frank Sinatra oder auch Charles Trenet, der Vater aller französischen Chansonniers, glücklicherweise gelang es mir nie, einen Sänger zu kopieren. Es fiel mir nicht leicht, mich zu akzeptieren, ich klang so unfertig, dann gewöhnte ich mich mehr und mehr an meine Stimme, an die kleinen Manierismen, die sich einschlichen, weil ich nicht sicher genug war. Ich kam ja aus Charlottenburg und nicht aus New York oder London. Ich brauchte eine eigene Form für die Lieder. Je leiser ich sang, desto besser ging es.

Anfangs war es nicht leicht für die Leute in den Clubs, meine Songs, zu ertragen, aber ich verstand es, sie gut zu interpretieren. Vielleicht ging es sowieso mehr um die Art, wie ich die Lieder vortrug, jedenfalls wurde es mit der Zeit besser. Sie merkten sich Songs, und ich schrieb für sie, stellte mir einen imaginären Raum mit Leuten vor, wenn ich ein Lied begann. Manchmal klaute ich mir eine Gedichtzeile für den Anfang. Es war gut, so einen Anwerfer zu haben. Die Texte waren immer noch sehr vage, es ging mir meistens um Freiheit und um diese Sehnsucht, von der Horváth schrieb, man käme zurück mit gebrochenen Flügeln. Aber mir war wichtig, was unter dem Lied lag. Ich machte die Songs ziemlich schnell, brauchte nur zwei, drei Tage dafür. Manche hatten Bestand, andere waren nur Vogelschiss. Aber die Sehnsucht herauszukommen blieb.

Dann endlich fand ich den Schlüssel, der eine längst vertraute Tür öffnen sollte. Horst, zu dem ich den Kontakt gehalten hatte, schaffte es, mich zu überzeugen, bei einer Schauspiellehrerin an der Volkshochschule vorzusprechen: Ciliane Dahlen, die an der Max-Reinhardt-Schule szenischen Unterricht erteilte. Ich nahm allen Mut zusammen. Ich hatte ein paar Gedichte von Tucholsky vorbereitet und etwas aus dem »Kleinen Testament« von François Villon. Damit stellte ich mich auf das Podest der Schulaula und lege los. Es war ganz furchtbar, ich donnerte und wallte, aber ich hielt durch. Und obwohl mich alle ihre Schüler als arrogant und viel zu laut und unbegabt empfanden, riet mir Ciliane, die Aufnahmeprüfung an der Max-Reinhardt-Schule zu versuchen.

Ciliane Dahlen war es, die mich auf die Schauspielschule brachte. Sie war es, die aus meinen Träumen etwas Konkretes formte. Sie schob mich in die richtige Richtung, endlich hatte ich ein Ziel. An dem Tag, als sie sagte, versuch es, du musst dieses und jenes bei der Prüfung beachten, entschied ich mich: Ich will Schauspieler werden.

Susi Tremper hatte mir zwei Rollen zum Vorsprechen empfohlen, den Don Carlos und den Romeo. Ich selbst hatte mich für Kean aus Jean-Paul Sartres gleichnamigem Bühnenstück entschieden. Tausend Jungen und Mädchen bewarben sich damals an der Max-Reinhardt-Schule, und ich war einer unter den vielen. Ich gab mir kaum Chancen, angenommen zu werden.

Ich hatte mir sicherheitshalber einen Notfallplan zurechtgelegt. Es gab eine Schauspiellehrerin, Else Bongers, von der mir Susi erzählt hatte. Bei ihr würde ich vorsprechen, wenn es an der Schule nicht klappen sollte. Ich hätte dann kein BAföG bekommen, aber das war mir egal. Mit meinen Liedern hätte ich mir das Geld für den Unterricht verdient.

Als ich am Tag der Prüfung vor dem alten Gebäude in der Joachimsthaler Straße stand und auf das ehrwürdige Haus mit dem imposanten Eingangsportal blickte, schlug mein Herz bis zum Hals.

Es waren vierzig Studenten und Dozenten im Raum 202 versammelt. Es gab eine kleine Bühne und etwas Licht. Die Geprüften gaben sich hier die Klinke in die Hand. Am Nachmittag war ich dran. Mein Mund war völlig ausgetrocknet und mein Gesicht eine Maske. Ich stellte mich auf die Bühne, und Peter Simhandl, mein späterer Dozent für Theatertheorie, fragte mich, ob ich eine Alternative zum Beruf des Schauspielers sähe. Mir fiel nichts dazu ein. Ich wusste nicht, was er von mir wollte. Ich kannte das Wort »Alternative« nicht. Ich war einfach zu ungebildet, ich dachte, er meinte eine besondere Spielform. Ich sagte: »Ja, sehe ich«, und machte weiter.

Sie dachten wahrscheinlich, ich sei ungemein von mir selbst überzeugt, dabei starb ich gerade innerlich und versuchte, die letzten Atemzüge mit etwas Eleganz über die Bühne zu bringen. Nur durch die Intervention des damaligen Direktors Moritz Milar bekam ich eine zweite Chance. Er schlug mir eine Improvisation vor. Ich solle einen Schiffbrüchigen darstellen, der auf hoher See auf einem Floß umhertreibt. Und nach Wochen irrsinniger Seelenqual, fast wahnsinnig vor Hunger und Durst, endlich ein Schiff am Horizont sieht und sich bemerkbar machen muss. Ich solle um mein Leben rufen, raunte er mir zu. Ich solle alles tun, um das Schiff auf mich aufmerksam zu machen.

Ich schnappte mir einen Stuhl, setzte mich und murmelte etwas Unverständliches vor mich hin. Ich dachte, das sei Kunst und würde von einem Schauspieler verlangt. Die ersten Dozenten winkten ab. Aber Milar gab nicht auf, er musste irgendetwas in meinem Blick, in meiner Art, mich zu verbergen, gesehen haben, was ihn veranlasste, an mich zu glauben. Noch einmal führte er mir die ganze elende Situation vor Augen.

Das war's. Ich stellte einen inneren Schalter um und ließ es gehen, und es kam alles wie von selbst. Ich spielte, als ging es um mein Leben. Kann sein, dass mein Spiel auch weiterhin grauenhaft war, aber wenigstens war ich nun vorhanden, und man konnte mir ansehen, was mich ausmachte. Wieder war es die blanke Not, die mich zu mir selber trieb. Ich war ja dieser Schiffbrüchige, es war ja meine eigene Story. Ich sah an der gegenüberliegenden Wand das Schiff und fiel dann auf die Knie und schrie und winkte um mein Leben. Ich weiß bis heute nicht, ob mich das Schiff gesehen hat, aber dazu musste es nicht mehr kommen. Sie nahmen mich, ich war drinnen. Ich sollte dazugehören.

Zusammen mit meinen liebsten und besten Mitstreitern aus dieser Zeit, mit Gerda Gropper (Annagerlinde Dodenhoff), meinen bald besten Kumpels Bernd Köhler, Franz Georg Stegers, genannt George, und Helmut »Helli« Stauß, mit Wilfried Labmeier, meinem geliebten Willi, und mit Marieke, Vreni und Hans, war ich unter tausend Bewerbern angenommen worden. Zwei Wochen lang atmeten, stritten, liebten wir einander und rauften uns die Haare. Deklamierten Shakespeare und Brecht. Zogen mit Degen und Gitarren durch das alte Schulgebäude und sollten auch noch monatlich Geld dafür bekommen. 400 Mark BAföG, als Kredit vom Staat. Ich war im Himmel angelangt, ich war überglücklich. Hier sollten wir spielen dürfen wie die Kinder. Die folgenden vier Jahre wurden das, wovon ich nie zu träumen gewagt hatte: Ich war endlich angekommen.

Jeden Morgen fuhr ich nun mit dem Rad zur Max-Reinhardt-Schule. Die Sonnenallee hoch bis zum Hermannplatz, dann quer durch die Stadt bis zum U-Bahnhof Spichernstraße. Ich liebte es, im Fahrtwind zu erwachen, wenn die ganze Stadt »Guten Morgen!« sagte. Die Straßen, die Leute, die Hunde, alles war gut, sogar der Himmel war uns gewogen. Unentwegt schrien mir die Wolken zu: »Hey, Mann, du wirst Schauspieler.« Ich konnte es immer noch nicht glauben, ich wurde wirklich Schauspieler. Wie Marlon Brando, wie Steve McQueen, wie Curd Jürgens, die ich als Kind im Amor-Kino bewundert hatte. In meinem Kopf schwirrten tausend Spinnen und Käfer. Ich trat in die Pedale und spürte: Es ging los. Ich fühlte mich unglaublich gut.

Meine schönsten Stunden verbrachte ich so auf dem Rad. Morgens um acht zur Schule, abends wieder zurück in Charlys Hinterhausbude. Ich brauchte weniger als eine Stunde für den Weg. Die Yorckbrücken, dann bis zum Wittenbergplatz, am KaDeWe vorbei, manchmal genehmigte ich mir einen Umweg, bog in die Augsburger ab und fuhr, wenn ich noch Zeit hatte, durch die Fuggerstraße. Mich zogen die Rotlichtläden an. Die Schwulenkneipen, die zweifelhaften Etablissements, die Clubs für notgeile Touristen und Geschäftsreisende, auch Romy Haags Club, den ich erst viel später kennenlernen sollte. Ich hatte Zeit, ich war jung und wild und trug eine Arbeiterhose, die ich in einem Berufsbekleidungsladen auf der Karl-Marx-Allee erstanden hatte, und ein grobes Leinenhemd.

Bis auf Gerda, Georg und Vreni kamen alle aus unserem Jahrgang aus kleinen Verhältnissen. Wir hielten zusammen, von Anfang an, das war die Grundlage für unser Spiel. Ich fühlte mich wie unter Brüdern und Schwestern.

Das Lehrpensum war lässig. Auch wenn wir über die morgendliche Plackerei auf der Matte ächzten und stöhnten. Nach dem Warm-up gab es szenischen Unterricht, meistens bei Ruth Preller, die »die Methode« aus New York mitgebracht hatte, oder Moritz Milar trieb uns in sensorische Übungen. Improvisation wurde großgeschrieben. Aus dem Stand etwas machen, nur einen Satz haben und dann hineinspringen, sich von einem Moment auf den anderen von dieser Welt lösen. Martin Häupl und Moritz Milar waren unsere Meister darin.

In täglichen Workshops behandelten wir Schauspieltheorien von Jerzy Grotowski, Max Reinhardt und immer wieder Bertolt Brecht, den ich anfangs nicht mochte. Mir gefielen sein abgerissenes Gehabe und seine gestellte Sprache nicht, seine Stücke waren mir zu sozial gefärbt. Erst als ich die »Hauspostille« las und sah, was Brecht von Villon geklaut hatte und wie nah er am Menschen und den »Verhältnissen« klebte, bekam ich Vertrauen und nahm mir aus seinen Stücken und Anleitungen zum Spiel, was ich brauchen konnte. Samuel Beckett, Ödön von Horváth und Georg Büchner wurden meine Favoriten unter den Autoren, viel später auch William Shakespeare, zu dessen Stücken ich erst durch Erich

Frieds Übertragungen einen sinnlichen Zugang fand. Den Theorieunterricht erteilte Peter Simhandl, dieser wunderbar kluge Mann aus Wien. Er führte uns vor, was es heißt, Literatur als Lebensmittel zu begreifen, fegte unseren angelernten Respekt vor »großen« Autoren vom Tisch und gab nicht auf, uns zum Widerspruch anzustacheln. Wir fraßen Literatur und spielten wie die Kinder, es war wunderbar.

Martin Häupl war in seinen Anfängerjahren Meisterschüler bei dem legendären Jacques Lecoq in Paris gewesen und lehrte die Improvisation und alles, was die Körper-, Bewusstseins- und Clownsarbeit betraf. Ganz früh erzählte er uns vom japanischen Kabuki- und No-Theater, vom Zen, von den Versenkungsübungen der Buddhisten. Es gab Tage, da schlossen wir uns im Raum 202 ein, nahmen keine Nahrung zu uns, wollten sehen, wie lange wir ohne Kontakt zur Welt auskämen, gaben nach ein paar Stunden auf, aber immer mit dem Vorsatz, diese Erfahrung weiterzuentwickeln.

Martin war ein kleiner, zerbrechlicher, französisch aussehender Typ, der mit einer Improvisation die Zeit anhalten konnte. Er ging alles leicht an, er tanzte förmlich das Spiel. Er brachte etwas mit, das ich schon als Kind erfahren hatte: das achtsame Spiel. Lass es fließen! Sei aufmerksam allen Dingen gegenüber, mit denen du arbeitest! Nichts ist unwichtig, alles ist vergänglich. Nur der Moment zählt. Ich war vernarrt in das absurde Theater, in die Stummfilmclowns und tragischen Figuren der Antike. Ohne Martin wäre meine Arbeit am Sänger zufällig geblieben.

In den Mittagspausen holten wir uns eine Dose Ravioli vom Krämer an der Ecke und wärmten sie auf einem Zweiflammkocher auf. Wir schliefen in den Räumen, wir waren immer hungrig. Gerda sprach oft nur vom Essen. Wir waren ein wilder Haufen. Unser Spiel war pures Leben. Commedia-dell'Arte- und Shakespeare-Kurse wechselten sich in haarsträubender Schnelligkeit ab. Brecht und Beckett und immer wieder Horváth, dessen Stücke ich regelrecht verschlang. Ich las in dieser Zeit so viel wie in keinem Jahr danach.

Als ich Jahre später beim SWF unter der Regie von Rolf von

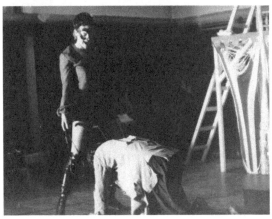

Commedia Berlin
beide © Archiv Freie
Volksbühne Berlin

Sydow den TV-Film »Des Doktors Dilemma« drehte, traf ich Samuel Beckett einmal im Fahrstuhl eines alten Hotels in Baden-Baden. Beckett war mein Übergott. Seine Romane »Molloy« und »More kicks than pricks« waren meine Bibeln, ich konnte ganze Passagen auswendig daherbeten. Nun stand er leibhaftig vor mir und sah wirklich so aus, wie ich ihn mir vorgestellt hatte. Nur schmaler, zerbrechlicher und in seiner ganzen Erscheinung sehr aristokratisch. Ich nahm allen Mut zusammen und erbot ihm die Hand zur Begrüßung. Weil er nicht wusste, wohin mit dem Whiskyglas und der Zigarette in seinen Händen, entstand ein kleines Hin und Her, und ich rang ihm ein Lächeln ab.

Für Jean Genet wäre ich nach Paris gegangen, für Henry Miller in die USA, für Peter O'Toole nach London, und wegen der großartigen Theatermacherin Ariane Mnouchkine vom Pariser Théâtre du Soleil wollten wir eine eigene Theatertruppe gründen, was wir im vierten Jahr auch taten. Willi und ich riefen eine Catch-ascatch-can-Gruppe ins Leben nach dem Motto, man solle nicht so viel lesen, lieber auf die Matte gehen. Es war fast alles in dieser Schule möglich. Ich war davon verzaubert.

Und dann gab es Ilse Middendorf, sie lehrte »Erfahrbaren Atem«, hatte ein Institut am Viktoria-Luise-Platz und eine Dozentenstelle an der Max-Reinhardt-Schule. Ilse lenkte viel Aufmerksamkeit auf den inneren Halt, auf das Kommen und Gehen des Atems, seinen Fluss, auf dein Selbst. Ihr Unterricht, den wir oft belächelten, war reine Nahrung. Aber bei aller Spiritualität blieb Ilse weltlich, versteckte nie das verrückte Mädchen in ihr, und wenn es eine Flasche Champagner gab, so wurde sie geköpft.

»Du selbst setzt die Grenze, kein anderer. Nur du selbst.«

Alle wichtigen Veränderungsanstöße kamen von ihr. Sie führte mich in das Zen und in die japanische Sitzmeditationstechnik Zazen ein. Ich las Schriften von Krishnamurti und Sri Aurobindo, in dessen Dorf Auroville Ilse gelernt hatte. Als ich einmal am Ende war, zeigte sie mir einen neuen Anfang. Sie legte ihre Hände auf meine Augen und verwandelte so alles Negative in mir zu neuem Leben.

Professor Gutkelch war ein älterer, feiner Herr, der immer im Anzug und mit Krawatte unterrichtete. Er war der erste Psychologe, der mich zu einer Analyse aufrief. Ich sprang sofort an, mich interessierte es, mehr über mein Innenleben zu erfahren. Er bat mich, einen fremden Text auf ein Tonband zu sprechen und meine Aufnahme anschließend selbst zu kommentieren. Dann folgte seine Interpretation. Er verortete mich im 19. Jahrhundert, was ich verwegen, aber nicht abwegig fand. Diese Zeit, der Beginn der Industrialisierung, die Mode der Dandys, die britische Lebensart kamen mir entgegen. Ich war nach dieser Anhörung absolut der Meinung, mein ganzer geistiger und moralischer Hintergrund stamme von dort, aus meinem vorherigen Leben.

Später sollte mich die Beschäftigung mit Freud und Jung, mit Adler und Reich nicht mehr loslassen. Das psychologische Spiel, das Ausschlachten meiner Wunden, die Schatten, die ich mitschleppte, stellte ich mir selbst aufs Tablett meiner Spielmöglichkeiten. Ich wollte so ziemlich alles von mir einbringen, was auch manches Mal in die Hose ging. Das Private vom Persönlichen zu trennen, die Wildheit eines Augenblicks nicht ohne Verstand und Korrektur zu spielen, das Messer zu führen und fallen zu lassen, anstatt es in blöder Begeisterung deinem Spielpartner in den Bauch zu rammen – das musste ich erst lernen.

Am späten Nachmittag schleppte ich mich meistens zu Erwin »Buffo« Dobler, unserem warmherzigen, schwulen Professor für Stimmbildung. Wir lachten viel in seinem Unterricht. Er war eine Koryphäe auf seinem Gebiet, bildete die Opernklassen aus. Viele Sänger kamen zu ihm, wenn nichts mehr mit der Stimme ging. Ich hatte immer mit meiner Stimme zu tun. Ich bellte zu viel, riss an den Stimmbändern, achtete nicht auf mich, wir galoppierten ja alle durch die Unterrichtsstunden wie junge, übermütige Pferde.

Sehr einfühlsam versuchte Buffo, aus meinen überstrapazierten Stimmbändern so etwas wie eine brauchbare Singstimme zu formen. Wir summten uns durch die Tonlagen, bis ich irgendwann begriff, dass Singen nichts mit Druck zu tun hat. Jedenfalls nicht mit Existenzdruck und Ängsten. Es geht mehr um eine Umwandlung, die Bereitschaft, sich dem eigenen Ton anzuvertrauen. Erst Jahre später, als ich die vierzig weit überschritten hatte, wendete sich das Blatt, ich ließ es laufen, ich drückte den Ton nicht mehr. Da begann der Ton zu klingen. Aber die Angst, die Stimme könnte versagen, ist geblieben. Der Horror für jeden Sänger. Fast alle Gaukler leben von der Stimme, diesem Spiegel der Seele.

Moritz Milar erlaubte mir, Abstecher mit den Liedern zu machen, und ich fuhr wochenweise nach Düsseldorf. Dort hatte Danny seinen dritten Laden etabliert. Ich schlief im Keller des Clubs, der sich in der Graf-Adolf-Straße gegenüber dem Kaufhaus Horten befand. Der Keller war ein dunkles, feuchtes Loch, wo das Wasser an den Wänden herunterlief. Mittlerweile verfügte ich über ein eigenes Liederprogramm und sang jeden Abend im 20-Minuten-Takt. So konnte ich mein BAföG auffrischen. Es war hart.

Danny hatte den Laden in einem ehemaligen Bordell oder Sexclub eröffnet, und es kamen oft wilde Gestalten zu den Auftritten. Ich erinnere mich an den »Duisburger Hans«, eine stadtbekannte Milieugröße, der sich in meine Gesänge verliebt hatte und mich einmal zu einem Geburtstag in eine Kneipe in der Altstadt holte. Ich sang vor Zuhältern und ihren Mädchen. Immer wieder wollten sie »Nathalie« von Gilbert Bécaud hören. Ich tat ihnen den Gefallen, und sie stampften im Takt dazu. Es gab Tage, da war das Flair im Pan wahrhaftig reines Rotlicht. Wenn der Gong ertönte und die Musik von Pat Metheny verklang, sagte mich Gilbert an:

»Messieurs dames, die Hoffmannsche.«

Mein Alkoholkonsum stieg merklich. Ich brauchte jeden Abend mehr Calvados, um meine Schüchternheit zu überspielen. Ich sang gerne im Pan, aber die Gigs rieben sich an dem, was ich an der Max-Reinhardt-Schule lernte. Ich verstand es noch nicht, den Sänger und den Schauspieler unter einen Hut zu bringen.

Es gab Mädchen in diesen Wochen, die sich in meine Auftritte und in mich verliebten. Einige warteten, bis ich geendet hatte, und blieben dann einfach so lange sitzen, bis ich eine bat, bei mir zu übernachten. Es war wie ein Zwang, ich konnte selten nein sagen. In meinem kalten, fensterlosen Kellerraum erfuhr ich stundenweise das kleine und große Glück und verlor mich in den Armen eines fremden Mädchens. Meistens kannte ich nicht einmal seinen Namen, und ich glaube, sie meinten auch mehr das Bild des jungen Sängers als mich.

Nicht immer waren es schöne Momente, ich sprang herum. Suchte, meine Einsamkeiten durch Sex zu stillen. Manche Mädchen vergaß ich, und wenn wir uns durch Zufall wieder trafen, wussten wir nichts zu sagen. Aber es war die Zeit, alle suchten nach etwas und waren haltlos. Die Schuldgefühle und der Calvados taten das Übrige.

Es gab eine Clique um Rosa Tränert, die aus Hilden fast jeden dritten Tag in den Club kam: Rainer und Astrid und Lore und die vielen anderen wunderbaren Menschen, die mich sahen, in meinem Traum ermutigten und anschoben. Die mir oft hilfreich und mit guten Worten zur Seite standen. Wir unternahmen gemeinsame Wochenendausflüge ins Umland, liehen uns Pferde, trabten über Felder und durch die schönen Wälder. In Rosy, die später eine Künstleragentur leiten sollte, verliebte ich mich.

Manchmal holte mich Rosy nach einem Gig in ihrem Sportwagen ab. Während der Fahrt sank ich sofort in einen tiefen Schlaf. Die leeren Straßen, Düsseldorf, der Rhein und das Glück, bei Rosy aufgefangen zu sein, machten mich schlagartig müde. Ich mochte sie sehr, ihre grazile, aber auch geschäftstüchtige Art gab mir Selbstvertrauen. Rosy hatte Lust, mit mir über Kunst zu streiten, interessierte sich für meine Lieder. Wir liebten uns, es war ein Geheimnis. Rosy, ihre Freunde und das kleine sympathische Städtchen Hilden wurden meine Zuflucht. Es war für mich eine freie Zeit, frei von Charly, von Berlin, von der Schauspielschule. Im Grunde war es harmlos, aber ich fühlte mich schuldbeladen.

Die Gespräche mit Danny wurden seltener, er bezog einen weiteren Laden in Düsseldorfs Altstadt. Er heuerte viele Sänger und Komödianten an. Mit Otto Waalkes trat ich einige Male auf, er gehörte für mich schon damals zu den größten deutschen Komikern, neben Heinz Ehrhardt und Loriot. Otto schlug auf der Conga, und ich spielte Gitarre dazu, wir sangen die Beatles, er gab Tiny Tim zum Besten. Nach den Gigs aßen wir in einem Mandarin-Restaurant diese sagenhaft riesigen Frühlingsrollen, und er brachte mir Chinesisch bei.

Gemeinsam mit meinem alten Freund Winfried Siebert, der in Düsseldorf studierte, begann ich, die Berliner Lieder zu etablieren, Otto Reutter, Fredy Sieg und andere Kamellen. Als der WDR einen Übertragungswagen schickte, um mich eine Stunde lang in den Funk zu bringen, da spürte ich, dass es nun ernst würde.

Ich ließ mir in dieser Zeit einen Vollbart stehen, wohl, um nicht erkannt zu werden, und das war mehr auf meine inneren Zustände bezogen als auf meine Popularität, die sich in Grenzen hielt. Und sehr kurze Haare. Ich war tagsüber immer müde und schrieb Tag und Nacht an neuen Liedern.

Im Herbst 1971 zog ich bei Charly aus. Ich hatte oft versucht, von ihr fortzukommen, war aber nie richtig entschlossen gewesen. Jetzt ging es nicht mehr. Wir klammerten einander zu sehr, ich wollte weg aus Neukölln. Horst bot mir an, bei ihm einzuziehen. Er hatte in Charlottenburg, unweit des Hebbelparks, wo meine frühere Schule war, eine Wohnung gemietet. Ich wollte unbedingt in meinen alten Kiez zurück.

Ich liebte Charly sehr, aber ich fühlte mich zu jung, um mich für immer zu binden. Ich dachte an meine Zukunft und wusste plötzlich, dass ich dieses Leben hier nicht wollte. Charly war auf einem anderen Weg, sie suchte Halt bei den Leuten, eine Sicherheit, die ich ihr nicht geben konnte. Ich brauchte selber Nestwärme und hatte sie auf der Max-Reinhardt gefunden.

So entschloss ich mich zu gehen. Es sollte eine lange Kette von Verabschiedungen werden. Nie schafften wir es, ganz voneinander zu lassen. Immer kam einer wieder zurück, und meistens war ich es.

Kloster Schärding

Es sollen nur acht Tage werden. Es soll mich wieder zu mir bringen. Eine kleine Kur, ein paar Ayurveda-Anwendungen und wenig, aber gesundes Essen und viel Erholung. Ich habe mir eine Woche Entschlackung bei den Barmherzigen Brüdern verordnet. Einem katholischen Kloster mit Kurhotel. Schon auf dem Hinweg würde ich am liebsten sofort wieder umkehren.

Es ist ein schlossartiges Gebäude mit friedlich einladenden Fensterchen, einem Spitzdach, und links vom Eingangsbereich liegt die Sakristei. Es ist noch Winter. Keine Bäume schlagen aus. Ich höre Baulärm, hinter mir restaurieren sie das Hotel von gegenüber und buddeln in der Straße. Aber überschaubar, friedlich. Ich wuchte meinen Koffer aus dem Auto und gehe hinein.

Mir geht es nicht gut, ich bin sauer, übersäuert, habe zu hohen Blutdruck und Übergewicht und trinke zu viel, und ich weiß, es ist eine Chance. Ich nehme mich an der Hand und folge meinen Schritten. Nachdem sich die Eingangstür hinter mir geschlossen hat und ich die paar Stufen zur Rezeption hochgestiegen bin, habe ich mich endlich entschieden: Ich bleibe. Aber nur diese paar Tage.

Als ich den Koffer ins Zimmer stelle, muss ich heulen. Das Zimmer ist wie aus dem Mittelzimmer meiner Kindertage geschnitten. Der Fußboden erinnert an die Siebziger. Das schmale Bett in der Ecke, der kleine Raum, alles riecht wie damals. Aber es hat einen Balkon mit Blick auf die Altstadt.

Ich weine, während ich meine Sachen in den Schrank hänge. Es ist sauber hier, doch viel zu dunkel, und die Uhr werde ich abnehmen und in den Flur hängen, das Bad ist klein, und für alles muss ich Licht machen. Und zu alldem hängt über dem Bett ein großes

Kruzifix. Aber ich bin entschlossen, ich werde nicht türmen. Ich halte mich aus. Es gibt ja einen Fernseher und eine kleine Couch, und wenn man die Heizung drosselt, dann geht es vielleicht.

Die Menschen sind nett hier. Ich stelle mich im Speisesaal an, lasse mir einen Einzeltisch zuweisen, und alles ist okay. Abends trinke ich unten im Café den letzten Rotwein. Am nächsten Morgen erwache ich mit meinem Sorgenkatalog und der alten Angst zu verarmen. Zu wenig Geld, zu wenig Einsätze, zu niedrige Chartseinstiege, zu alt, zu krank, zu sauer. Was für eine Zukunft!

Ich muss an Michael Ende denken, den ich einmal in einer Fernsehshow bei Wim Thoelke traf. Michael war sehr charmant, und nach dem Auftritt schrieben wir uns. Stritten über Sinatra, den er unmöglich fand. Wollten ein gemeinsames Musical schreiben, teilten unsere Begeisterung für François Villon. Aber in Erinnerung geblieben ist mir vor allem eine Geschichte, die er mir erzählte:

Ihm wurde in München, als er noch ein unbekannter Schriftsteller und Schauspieler war, die Bude gekündigt. An dem Tag, als die Miete fällig war und er keinen Ausweg mehr sah, bekam er einen Preis für sein erstes Kinderstück. Der Postbote brachte ihm das Preisgeld, und er war in einem anderen Raum. Diese Geschichte hatte mir gefallen. Wie schnell sich alles drehen kann. Ich habe immer gegen mein Schicksal angesungen, aber auch dem Glück gedankt, das ich hatte, wenn's scheinbar nicht mehr ging.

Ich mache Yoga, und es geht gut. Dr. Bhalla, er ist gewieft, ein Ayurveda-Arzt, ordnet eine Pulsdiagnose an. In fast jeder Minute des Tages empfinde ich meine Verspannungen. Ich muss mich seit Monaten im Kreis gedreht haben. Gegrübelt, gefeiert, gerechnet und mir die Realität erkämpft haben. Nun bin ich verschlackt und muss alle naselang pinkeln und das andere sowieso. Zwischendurch esse ich zwar, und das alles ist mir vertraut, auch die Ayurvedakost, aber was habe ich alles verdrängt. Dr. Bhalla eröffnet mir, was ich längst weiß:

»Sie sind nicht im Gleichgewicht. Zu viel Feuer die letzten Wochen.«

Bei der ersten Ayurvedakur in Traben-Trarbach ging es mir schlecht. Da überfielen mich die Erinnerungen an den Lupsteiner Weg wie eine verdrängte Krankheit. »Wenn«, mein Schlüssellied aus Kindertagen, entstand dort. Nach zehn Tagen hatte ich es verdaut, aber es war hart. Vergeben, vergessen, verzeihen, was denn? Dass es alles so war und ist? Und diese Dauervorwürfe, doch kein anderer als ich selbst zu sein. Kein Lied hätte es geschafft, kein Ring, kein Geld, kein Preis. Nach vierzehn Tagen Panchakarma fuhr ich nach Haus zurück.

Eben laufe ich bei minus acht Grad in klirrender Kälte am Inn entlang, der ruhig und klar wie ein See daliegt. Ich mache mir Vorwürfe, mit Helmut nicht genug erlebt zu haben. Ich sehe ihn in dieser Klosterstille ganz anders. Er war immer gut zu mir gewesen, ich hatte ihn nach einer zwölfsaitigen Gitarre gelöchert, er hatte mir das Ding möglich gemacht. Für 220 Mark. Und den Käfer sowieso.

Ich habe Helmut wirklich gemocht. Nur hatten wir so selten die Möglichkeit, uns auszutauschen. Es war den ganzen Tag zu viel los in der Wohnung, Mutter störte, sein Sohn störte, die Enge machte uns alle nervös.

»Helmut, wir müssen mal zusammen ein Bier trinken gehen.«

Wir nahmen es uns immer wieder vor. Getan haben wir es nie. Es waren zu wenige Chancen, für Helmut und für mich. Wir kannten uns ja nicht, und ich verbarg mich, so gut ich konnte.

Helmut starb, nachdem er mit der Busfahrerei aufgehört hatte, beim Eintritt ins Rentenalter, er muss 65 gewesen sein. Ich fuhr nach Bad Oeynhausen, wo er zur Kur war, um ihn noch einmal zu sehen. Da wollte er von meiner Mutter schon nichts mehr wissen, da war er bereits in diesem anderen Zustand der Endlichkeit, der Wahrheit, die so fest und klar ist, dass ich hätte heulen können, wie viel Zeit wir vertan hatten. Wie viele verklemmte Umwege. Ich stand an seinem Bett und murmelte nur:

»Das wird schon.«

Er war hager und eigenartig gesichtslos, so zerbrechlich in seinem Krankenbett, er lehnte mit dem Rücken an der Wand in diesem schmucklosen Zimmer der Intensivstation.

»Nein, es geht zu Ende. Nimm bloß deine Mutter mit, sie ist zu nervös.«

Und als ich ihm noch sagte, dass sein Sohn käme, winkte er nur ab. Aber gegen die Ärzte wehrte er sich noch einmal. Er wollte partout nicht am Herzen operiert werden. Keinen Eingriff am Herzen bitte! Die Ärzte akzeptierten es.

In der folgenden Nacht hatte er sich in einem letzten Moment des Aufbegehrens die Schläuche vom Körper gerissen und war einfach gestorben, so wie er jeden Tag in seinem Bus gehockt hatte: bescheiden und ergeben, diszipliniert und demütig. Ich war damals so dumm, es wirklich zu glauben. Dabei muss er ziemlich randaliert haben. Man geht nicht so kampflos aus der Welt, auch dann nicht, wenn man sich ein Leben lang in Demut geübt hat.

Noch Jahre später machte ich mir Vorwürfe. Obwohl ich vor Ort gewesen war, hatte ich ihm nicht beigestanden. Hatte den Anordnungen der Ärzte gehorcht und mich an die blöden Besuchszeiten gehalten. Warum war ich nicht in der Nacht, als ich von seinem Sterben träumte, einfach in die Klinik gefahren?

Helmut vor seinem Bus
© *privat*

Klosterzeit, Stille, ich laufe am langen Fluss entlang, es ist kalt, und meine Gedanken purzeln in meinem Kopf wie Sternenstaub. Meine scheißdeutsche Erziehung. Dabei hätte es schlimmer kommen können. Ich hätte wie viele der Hippies in Kabul zugrunde gehen können. Und was bewahrte mich davor? Alles, was Mutter mir an harter Forderung an mich selbst mitgegeben hatte, meine Disziplin, meine Pedanterie, meine Kontrollen und auch diese Zwänge, unter denen ich noch heute leide. Weil ich nicht lassen kann.

Ich rede auf mich ein, als könnte ich das Rad noch mal rückwärts drehen. Hätten wir mehr Zeit gehabt und wäre ich ein anderer gewesen, dann hätten wir eine Familie wie aus einer amerikanischen Vorabendserie abgegeben. Mit Hund und einem starken Vater und einer liebreizenden Mutter und einem Stiefbruder, der es allen recht macht. Es war, wie es war. Es war nie genug Zeit für Versöhnung, für Wärme. Was hilft's, manchmal ist es, wie es ist. Ich werde mich schon noch an mich gewöhnen. Ich werde ja erst sechzig. Anders geht's nicht.

Als ich eine Stunde am Inn entlanggelaufen bin, kommt endlich die Sonne heraus. Ich denke noch immer zu viel, sorge mich, als müsste ich die Kohlen aus dem Keller für meine Mutter und Oma Müller holen. Ist genug da, sind alle gesättigt?

Rechts von mir fließt der Fluss und mit ihm meine ganzen komischen Energien, die mir Mutter mitgab, ihre Strenge und Enge und Vaters Spiel und … all das, was mich selber ausmacht. Ich werde weiterleben, wenn sie schon drüben ist, und Mutter und Vater leben in mir fort.

Ich laufe und schiele auf die Uhr, bald sitze ich wieder an meinem Einzeltisch und werde freundlich sein und Lauchgemüse und Reis und Bohnen zu mir nehmen. Und am Nebentisch wird der Pfarrer aus Nürnberg sitzen und sagen: »Jetzt habe ich den Faden verloren.« Und ich werde höflich sein und so tun, als hätte ich es nicht gehört. Mutters Gesetze, sei freundlich, duck dich weg, bloß nicht auffallen, und wenn einer sagt, steh auf, gib mir deinen Platz, dann tu es!

Ich bin damals auf dem Rückweg aus Persien mit Kim, unserem Australier, in einer türkischen Kneipe an den Koch geraten. Kim stand schäumend vor Wut vor ihm und wollte einfach mehr Reis. Und der Typ, ein untersetzter Türke, hielt ihm ein Messer an den Bauch, weil so was in der Gegend um Erzurum gar nicht geht. Wenn Kim einen Zentimeter weitergegangen wäre, hätten wir ihn raustragen müssen. Ich habe die beiden dann auseinanderbekommen. Ich hatte Durchsetzungskraft, weiß der Teufel woher. Da gab es keine Höflichkeiten mehr, da ging es nur noch um den Moment, die direkte, ungeschminkte Ansage.

So wie ich Sigi in Finnland mal aus dem Wasser geholt habe. So wie ich mein Pferd in Chaghcharan verkauft habe, so wie ich die Finanzen kläre und uns manches Mal aus der Scheiße helfe. So wie ich Malene zur Seite war, als ihr Krebs kam und wir es gemeinsam schafften. Natürlich sie, aber ich war doch bei ihr, auch wenn's hart auf hart kam. Warum sehe ich diese Anteile nicht? Warum kann der Deutsche in mir nur das Schlechte annehmen, warum so wenig an sich selbst anerkennen?

So war es immer. Ich spulte mich zu sehr auf, wenn die Existenz zu wackeln drohte, dabei hatte ich immer Glück, setzte mich durch, fand Hilfe bei den Partnern.

Auch als Brigitte und ich die stille-music von der Virgin zu Jörn Heinecker und zu Indigo rüberzogen. Ein eloquenter, gerader Kaufmann, er und Peter Stelling und die vielen netten Typen von Indigo, unserer Hamburger Vertriebsfirma. Sie stehen hinter mir und meinen Liedern, auch wenn sie jetzt mit Adele einen Superwurf gemacht haben. Welcher Künstler kann es schon behaupten? Drei bis fünf Jahre, okay, aber vierzig?

Mein Gott, vierzig Bühnenjahre, über dreißig Platten und Tonaufnahmen, die Filme und die Stücke, dazu die jährlichen Tourneen, mir ist ganz schwindlig. Und für die Kohle war's doch nie wirklich gewesen, obwohl ich dem Geld immer etwas hinterherlief, schon als ich die Wäsche auf dem Fahrrad ausfuhr. Chaplin soll geizig gewesen sein. Kann ich mir denken, wo er herkam, drehte man jeden Penny dreimal um.

Ich lass mir meine Zeit und laufe am Fluss entlang. Heute gibt es Reispudding mit Erdbeergelee. Mach's dir nicht so schwer, kleiner Legionär!

Unterm Stirnenguss, den mir Dr. Bhalla am späten Nachmittag ansetzt, unter dem heißen Öl und mit geschlossenen Augen, da kommt es zusammen, und ich sehe meinen Vater und meine Mutter wieder vereint. Es ist wirklich so, ich sehe beide, wie sie mich anlächeln und mir Ruhe versprechen. Sie haben sich augenscheinlich wiedergefunden. Es ist kein Spuk, kein Film. Erst denke ich, das Öl, das mir auf die Stirn tropft, entwerfe derartige Bilder, dann ist es aber doch die Stille. Und meine Bereitschaft, mich hinzugeben.

Die Sonne scheint in diesem Moment durchs Fenster, und ich habe die Gewissheit, dass hier, in Niederösterreich, fernab von Berlin, alles in eins fällt: Vater, Mutter, Kind … Man nimmt sich immer mit. Als ich Mutter heute Morgen anrief, um zu wissen, wie es ihr geht, klang sie so, als hätte sie auf meinen Anruf gewartet. Sie war kaum zu verstehen.

»Ich bin sehr zufrieden«, sagte sie.

Ich sagte, ich sei noch im Kloster und käme am Sonntag zurück. Dann legten wir auf, einer nach dem anderen. Jahre waren wir auseinander gewesen. Da ging nichts. Ich musste Distanz halten. Erst mit Hans, ihrem dritten Mann, wurde es besser. Und nach seinem Tod war sie frei. Wir haben wieder Nähe gefunden. Es gibt Tage, da kann ich es nicht ertragen, vor ihr aufzulegen. Dann bin ich traurig, weil alle andauernd Abschied voneinander nehmen müssen. Ertrage das so wenig. Es geht wirklich alles vorbei. Schulden gelten nicht, Übelnehmen gilt nicht, es bleibt das Gute.

Irgendwann sehe ich dann am Ende des Tunnels ein altes Haus. Unser Haus. Mit all den Zaubereien und dem täglichen kleinen und großen Theater. Angefüllt mit alten und neuen Sachen und vielen Büchern und Instrumenten und den Katzen, die alles überlebt haben. Die kleinen und großen Kriege, die Sorgen und die Lieder, die wir sangen. Mimmi, Paulchen, Müller, Johnny, Ferdinand, Julius und ein Hund und ein Pferd und ein Esel oder zwei Schweine. Grad wie es kommt. Es ist ein Haus mit vielen Räumen. Es tut gut, unter Bhallas Händen zu liegen und das zu sehen. Das alte Haus mit den vielen Räumen. Davon handeln fast alle meine Lieder. Von der Suche und der Sehnsucht, bei mir zu Hause zu sein.

Blicke ich heute in Mutters Gesicht, ihre Heiterkeit – mit ihren 89 Jahren ist sie seit einem Schlaganfall an den Rollstuhl gebunden –, so ist es gut für mich. Ich reagiere nicht gleich panisch auf ihr Befinden, wie es ihr geht und warum sie so drauf ist und all die Vermutungen, die ein Sohn anstellt, wenn er in das Gesicht seiner Mutter schaut. Ich sehe die Welt nicht nur durch ihre Augen. Und es geht ja auch weiter.

Sie war immer auf der Suche nach einem, der sie auffängt, erst im hohen Alter ist sie gelassen geworden. Ich hatte vor zehn Jahren im Haus unserer Freunde in Athen einen Traum, der mich völlig umhaute. Ich sah Mutter tanzend und glücklich lachend sterben. Ich war wirklich geschockt. Geht es auch so? Lachend? Ich wünsch es ihr und mir, dass ich sie gehen lassen kann. Es wird so sein und völlig anders.

Natürlich war ich doch der, der vor ihr floh. Die Beatles hatten in den Sechzigern »Nowhere Man« geschrieben. Ich hätte diesen Typen leicht spielen können. Ich fühlte mich immer so, als wäre ich nicht vorhanden. Ich floh vor Mutter und suchte mich im Nirgendwo und verlor mich im tiefsten Grund des Meeres. Alles Konkrete machte mir Angst, die Filme, die Geschichten und Tagträume waren viel realer für mich als die sogenannte Realität. Meine wirklich wichtigen Reisen waren meist unspektakulär. Manchmal war ich nur eine Nacht weg, haute einfach ab, schlief in einem abgeranzten Hotel, in Braunschweig oder Bonn. Warf mich unter die Leute, unter Araber und Nutten und wollte selbständig spielen, wollte auf diese Art mit meiner Einsamkeit Frieden schließen. Mit mir und meiner Geschichte. Zum Piepen. Aber mit der Zeit wurde es besser.

Für viele Jungs, mit denen ich später sprach, war das Kriegspielen mit sich selbst immer der Weg, den sie suchten. Die innere Grenze finden, und wenn schon keiner da ist, der einen festhält, dann auch mal durch die Wand. Konstantin Wecker war so in den Anfangsjahren, ich hab ihn immer sehr gemocht, auch für seine Ausschreitungen.

Malene und ich trafen ihn einmal in Wien in einem kleinen, völlig überfüllten Club. Er stand inmitten eines Hexenkessels von schreienden Frauen und sang, als müsste er buchstäblich zugrunde gehen. Er gab ihnen alles und verlangte auch alles zurück. Er verbrannte sich in diesem Konzert mit Haut und Haaren. Kann sein, dass er gekokst hatte. Später am Abend besuchten wir ihn im Hotel. Seine Mutter wachte in einer Hotellobby über den Andrang der Mädchen. Wecker kam und ging, und mit ihm gingen die Mädchen, und seine Augen waren so groß wie seine Lust am Leben. Er sah aus wie Lenz, der über alle Berge stob, beim Verbrennen des Frühlings.

Ich mag Konstantin, den ich durch Vivi Eickelberg kennenlernte. Ich mag seine Vitalität, auch wenn er über Grenzen geht. Seine Lyrik und wie er sucht und unablässig sich selbst in Frage stellt. Wir sehen uns ab und an. Dann klopfen wir einander ab wie zwei Seelenbrüder, deren Wege sich zufällig kreuzen.

Die Lieder sind doch nur der Subtext für den Weg, den man alleine geht. Und trifft man auf einen oder eine, die dasselbe Lied singt, ist es gut, wie ein gemeinsamer Code.

Irgendwann hörte ich auf, Mutter von meinen Liedern zu erzählen oder sie ihr vorzusingen. Es ging nicht mehr, war auch nicht nötig. Wir entließen einander. Später hob sie jedes Zeitungsinterview mit mir auf, baute sich auf dem Tisch mit meinen Bühnenfotos einen kleinen Altar. Da machte sie sich keine Vorwürfe mehr, und ich tat es auch nicht. Wir hatten doch genug füreinander gehabt. Die Lücke, ohne Vater gewesen zu sein, bestimmte fast alles. Und dann die Sorgen und die Männer, die nach Vater kamen. Irgendwie war es gut so, schlimm wäre es gewesen ohne ihre Lieben.

Ich denke oft an Mutter und an Vater, und beide sind immer da. Sie wohnen in meinem Haus mit den vielen Räumen.

»... bloß nicht halten, nicht verwalten, nicht erkalten
du brauchtest nichts,
denn wer nichts hat, verliert auch nicht so viel.«
(Song »Frei«)

An dem Abend, als ich Charly verließ, fuhr ich zu Horst in die Fritschestraße, und er bot mir sein Zimmer an. Ich konnte bleiben und war froh, bei ihm zu sein. Als ich auf dem kleinen Balkon stand und auf die gegenüberliegenden Häusertrümmer sah, da wähnte ich mich an einem Neubeginn und begriff nicht, dass der Weg das Ziel ist. Diese Trümmer waren nicht meine Vergangenheit, und jeder Krieg führte unweigerlich zum Tod. Wie alles Leben, wie alle Liebe, für immer gab es nicht. Ich atmete erst einmal tief durch. Ich fühlte mich angekommen.

Wir bewohnten zwei Zimmer im Vorderhaus, Horst hatte sein Atelier mit Balkon zur Straße hin und ich meine Matratze im hinteren Raum. Es war ein altes Haus in einer alten Straße, die noch Kopfsteinpflaster hatte, gelegen im sogenannten »nassen Dreieck«, einem Abrissviertel. Es war lustig, morgens auf dem Balkon zu sitzen und der Abrissbirne zuzusehen. Sie donnerte in die windschiefen Häuser, die aufgrund des zu hohen Grundwassers abgesackt waren. Hier fiel das Schwere meiner Vergangenheit von mir ab, und wir lebten eine Art Boheme. Es gab einige Künstler in den Nachbarhäusern, und der Sohn der Besitzerin unseres Hauses brachte mir das Klavierspielen bei.

Ich hatte mir mein Charlottenburg zurückgeholt. Der Schlosspark war nicht weit, die Mieten waren billig, immer mehr Studenten bezogen hier ihre eigene kleine Bude. Helli hatte eine Parterrewohnung in der Gierkezeile gefunden, andere Kommilitonen folgten. Das Estaminet in der Haubachstraße, Ecke Kaiser-Friedrich-Straße, wurde unsere Kneipe. Mungo und Ulli hießen die

Wirte. Dort hingen wir abends ab, es gab einen Tisch speziell für uns, es wurde viel getrunken und geträumt. Schon nachmittags verzog ich mich mit der Gitarre in die Kneipe, weil die Akustik so gut war. Ich war ein Kneipensänger und schrieb jeden Tag ein neues Lied.

Im Estaminet entstand die Idee zu den Scheißwürfeln. Ich glaube, es war Helli, der damit anfing. Er trieb immer die Spinnereien voran, schrieb fremden Mädchen im Kiez Liebesbriefe oder stand in einer Kneipe plötzlich vom Tisch auf, um einer Frau am anderen Tisch einen Kuss zu geben und sie dann zu bitten, mit ihm für eine halbe Stunde in seine Wohnung zu verschwinden. Jedenfalls entwickelten wir über mehrere Abende diese Idee, Hundescheiße in kleine Plastikwürfel zu gießen. Wir benutzten dazu leere Aschenbecher. Einer brachte den Quarz und ein anderer die Hundekacke, die ja vor der Tür lag. Der Gießvorgang war einfach, die Würfel sahen gut aus. Die Kacke glitzerte wie Bernstein, stank aber zum Himmel.

Wir wollten mit den Scheißwürfeln groß rauskommen, sozusagen aus Scheiße Gold machen, einen Riesenwürfel am Ernst-Reuter-Platz installieren, der sich im Scheinwerferlicht drehen sollte. Nach einiger Zeit steckten wir es auf. Die letzten paar Würfel gingen gut weg. Ich glaube, wir nahmen 15 Mark das Stück, der Preis

Mit Horst
© Horst
Beese

hing von Größe und Gewicht ab, aber dann stellten wir die Produktion ein.

Mein Name wurde bekannter, die Leute in den Clubs mochten meine Lieder. Die ersten Fans tauchten im Estaminet auf. Ich war nicht mehr unbeobachtet. Es gab wunderbare Feste und ausladende Feten, die wir im Kiez alle naselang feierten. Auch wenn das Geld knapp war, so wurde doch viel gegessen und getrunken. Charly war auch dabei, ich konnte sie einfach nicht lassen.

Ich erinnere mich an eine Party im Hochsommer. Wir hatten ein ganzes Lamm beim benachbarten Türken bestellt, es kamen mehr als achtzig Leute, was damals keine Seltenheit war. In der Nacht fehlte es an Wein, und ich schnappte mir den blauen Ford 17 M, den Charly damals fuhr, ein wunderbares Auto mit riesigem Lenkrad und ausgeleierten Stoßdämpfern. Um die Ecke, in der Wilmersdorfer Straße, hatte die Berliner Kneipe Hoek noch geöffnet, und ich kaufte ein paar Flaschen billigen Obstwein.

Als ich damit wieder auf der Straße stand, stellten sich mir zwei Polizisten in den Weg und verlangten nach den Fahrzeugpapieren, die ich nicht bei mir trug. Ich hatte Fahrzeug- und Führerschein auf der Party gelassen und bat die Polizisten mitzukommen. Was damals noch möglich war. Ich fuhr also los, und die beiden folgten mir in ihrem Streifenwagen. In der Wohnung angekommen, zeigte ich ihnen dann die Papiere. Sie blieben höflich in der Wohnungstür stehen, wir scherzten ein bisschen miteinander, die beiden Uniformierten drohten mir neckisch mit dem Zeigefinger, und nach zehn Minuten zogen sie wieder ab. Ich hatte Glück gehabt.

Als ich am nächsten Morgen Charlys Wagen in die Sonnenallee bringen wollte und vor dem Auto stand, bemerkte ich, dass es gar nicht ihr Ford gewesen war, den ich in der Nacht zuvor gefahren hatte. Ich musste in einen völlig fremden Wagen gestiegen sein und es geschafft haben, ihn mit Charlys Schlüssel zu starten. Keiner der beiden Polizisten hatte den Fahrzeugschein mit dem Nummernschild verglichen, keiner meine Fahne bemerkt. Nur die Dokumente zählten. Ich war betrunken in einem fremden Auto

Wein holen gefahren, und zwei Bullen hatten mich nach Hause gebracht. Ein starkes Stück.

Es gab viele dieser Geschichten. Berlin in den Siebzigern war ein Alkohol- und Haschischparadies. Fast keine Nacht verging, ohne dass man auf der Flucht vor der Polizei war. Kumpels von mir fuhren dermaßen betrunken Auto, dass sie froh waren, von einer Streife angehalten zu werden. Es war ein böses und riskantes Spiel und eigentlich nicht zu verantworten.

Nach zwei Jahren zog ich bei Horst aus. Er musste die Wohnung aufgeben und kam in einer großen Altbauwohnung im ersten Stock über Hoek unter. Er malte viel und verkaufte die Bilder und hatte nun genug Platz für seine Träume. Ich konnte bei Helli in der Gierkezeile im ersten Seitenflügel eine Einzimmerwohnung mieten, mit Innenklo und Küche, für 100 Mark. Unter mir wohnte eine Prostituierte, wenn ein Freier sich nachts betrogen wähnte, flogen die Fetzen. Immer kam die Polizei, einmal landete eine Axt auf dem Hinterhof. Charly mietete eine Zweizimmerwohnung im vierten Stock. Wir waren immer noch irgendwie zusammen. Doch mehr und mehr ging ich meine eigenen Wege.

Es war eine Übergangszeit, alle naselang zogen wir um, Freunde kamen und gingen, manchmal wusste man nicht mehr, in wessen Bude oder mit wem man gerade lebte. Unser Studium war zu Ende, aber wir schafften es, ein viertes Jahr dranzuhängen, gründeten mit Martin Häupls Hilfe eine Commedia-dell'Arte-Gruppe, nannten sie Commedia Berlin. Ich schrieb Songs für unseren Jahrgang, und wir wollten niemals auseinandergehen.

Es ging mir gut auf der Max-Reinhardt-Schule. Das Spiel, der Schutz, den uns die Dozenten boten, das tägliche Miteinander mit meinen Kommilitonen. Es war gut so, ich konnte erstmals bleiben. Aber die alte Unruhe gärte in mir. In den Frühlingsmonaten empfand ich es besonders stark. Es konnte das Pflaster der Straße sein, das mich zum Träumen brachte, das Sonnenlicht, das auf den Dächern lag, ein Typ, der ungezwungen lachte. Da war sie wieder, die alte Goa-Sehnsucht: Noch einmal den Abflug wagen, den unmöglichen Traum träumen, der einen hinausträgt über alle Grenzen.

Ich schaffte es, Bernd, George und Horst zu dem Trip zu überreden. Ich entwickelte eine ähnliche Strategie der ungebundenen Sicherheit, stellte die Mannschaft und unsere Klamotten zusammen und zog die Freunde mit. Wir wurden ein Team. Bernd hatte Bundeswehrerfahrungen, George war der Mediziner und für den Impfstoff gegen Hepatitis B zuständig, Horst kannte die Route auswendig und hatte einen klaren Kopf.

Ich wollte Herat noch einmal sehen, die lange Allee mit den Wacholdersträuchern, die Platanen, die Afghanen, die Burkas, die Kinder, noch einmal eintauchen in den ganzen Traum von Menschwerdung. Genau so, wie ich es damals beim ersten Trip mit Sigi erlebt hatte. Nur sollte ich diesmal mündiger, selbstbewusster und reifer sein. Wie einer, der sich den Kopf an der Tür gestoßen hatte, wollte ich noch mal mit dem Schädel ran. Um das, was beim ersten Mal so weh tat, auszulöschen. Das alte Leid sollte für immer gehen. Ich wollte das Glück bestechen und bemerkte erst viel später, dass es so nicht geht. Der alte Traum von einem Freiland war ausgeträumt, was vorbei war, war vorbei. Meine eigene Geschichte ließ sich nicht bestechen.

Professor Gutkelch fragte mich einen Monat vor der Abreise, was meine eigentlichen Gründe für diese zweite Reise nach Afghanistan wären, und ich antwortete ziemlich arrogant:

»Ich muss fünf Kilo abnehmen.«

Es stimmte schon, aber es war auch eine Lüge. Im Grunde suchte ich wie ein Hund die alte Erde meiner Kindheit. Es sollte alles so armselig und zerlöchert sein wie die Häuser aus meinem Nachkriegsberlin. Und ich wollte mit diesem Trip ganz und gar neu beginnen.

Aber es war nicht mehr dasselbe. Herat war schon abgeriegelt, mehr als dreißig Kilometer kam man nicht mehr aus der Stadt heraus. Horst wurde krank, trotzdem kauften wir uns Pferde, realisierten noch einmal den Reitertraum, zogen mit den Pferden umher, spielten dieselben Spiele und kamen an innere Grenzen. An einem kleinen See fanden wir, was wir suchten: Stille und so etwas wie Harmonie und ein paar nette Afghanen, mit denen wir uns anfreundeten, und die Aussicht auf ein abenteuerliches Leben, das der Westen nicht zu bieten hatte. Hier wollten wir bleiben.

Doch nach einem Monat gaben wir auf, Bernd und George zog es weiter nach Pakistan, und Horst und ich machten uns in einem irrsinnigen Tempo auf den Rückweg.

In Düsseldorf angekommen, liehen wir uns ein Auto von Marianne, die die Kneipe Dä Spiegel in der Düsseldorfer Altstadt betrieb, und fuhren mit Winfried Siebert und zwei Mädels weiter nach Westen, bis an den Atlantik, in ein Haus bei Arcachon, wo wir den Rest unseres »Urlaubs« verbrachten. Es war eine gute Zeit in Frankreich, fernab jedes Drucks. Der lange Strand, zwei Mädchen, die uns mochten und das alte Haus unweit der Küste. Ich aß zum ersten Mal King Crabs und wollte dort für immer bleiben. Es war der letzte Trip, den ich so erlebte, alle weiteren waren organisierter und ordneten sich meiner Karriere unter.

Meine Zenzeit begann. Ich aß nur noch vegetarisch, trank keinen Tropfen Alkohol und las alles, was ich über Buddhismus, Zazen und spirituelle Lehren bekommen konnte. Meine Meister und inneren Väter hießen Harada Roshi, Suzuki und Taisen Deshimaru.

»Wenn du essen musst, dann iss, wenn du schlafen musst, dann schlaf!«

Mein Zimmer war karg. Es gab eine Matratze und eine selbstgezimmerte Sitzbank. Mein Zengarten – etliche Steinchen und Steine, die mir ein Bauarbeiter in Eimern hochgeschleppt hatte, von schmalen Zierleisten umrahmt – krönte die Mitte des Raums. Ich brauchte nicht viel zum Glücklichsein. Eine Handvoll Reis, etwas Gemüse, grünen Tee und Leitungswasser. »Pumpengesänge« nannte ich das Procedere meiner täglichen Säuberungen. Ich wollte mich von aller Vergangenheit reinwaschen, die mich nachhaltig pikte. Klar wie ein Spiegel wollte ich werden. Ich konnte nun allein sein, ich fühlte mich unabhängig.

Jeden Tag um sechs Uhr morgens setzte ich mich im halben Lotus vor meinen Zengarten und ließ die Gedanken kommen und gehen. Ich meditierte. Ilse Middendorf hatte mir eine Technik beigebracht, die ich, sooft ich konnte, praktizierte. Und sie hatte mir die Adresse des buddhistischen Zentrums in Frohnau gegeben.

Dorthin fuhr ich, wann immer es meine Zeit erlaubte. Gegen fünf stand ich auf, nahm mein Rad und war zwei Stunden unterwegs. In Frohnau angekommen, gesellte ich mich zu zwei Mönchen, die mich in ihre Morgenmeditation einbezogen. Ich fühlte mich hier aufgehoben, verbrachte viel Zeit in der Bibliothek, lauschte den Vorträgen der Mönche, pflegte meine Zweifel und entschied, dass der liebe Herrgott kein guter, alter Mann mit weißem Bart war, sondern etwas Größeres, ein Geist, der über uns wachte und mich Erdenkind beschützte.

Ich fühlte mich in dieser Zeit sehr wohl in meiner Haut. Ich wollte nichts anderes, hatte weder Karrierewünsche noch Geldprobleme. Meine alte Teppichtasche, die ich aus Kabul mitgebracht hatte, war einem feinen Beutel aus Fallschirmspringerseide gewichen. Ich wog ganz wenig, die Haare hingen mir in Locken auf die Schultern, und ich kam mit drei Mark am Tag für Reis und Rosinen aus. Was brauchte ich mehr?

Federleicht lief ich durch den Tag, und die Lieder, die ich in der Butze schrieb, hießen nun »Stille« und »Estaminet«. Es waren Songs, die aus dem Jetzt entstanden, nicht unüberlegt, aber sie kamen wie Vögel, sie setzten sich zu mir auf das Fensterbrett, erzählten mir etwas und flogen dann weiter.

In der kleinen Einzimmerwohnung in der Gierkezeile hatte ich

Zenzeit
© privat

meine innere Heimat gefunden. Ich mochte es, so wie es war. Die Straßen meiner Kindheit, die Leute, die ich kannte, die Gemüsehändler an den Ecken, meine Kirche am Luisenplatz und natürlich der Schlosspark, wo ich im Sommer auf der großen Wiese vor dem Teehäuschen sang. Auf der dortigen, von Naftie Schönberg eingerichteten Bühne durfte jeder, der ein Lied hatte, es vortragen.

Ich verliebte mich kurzzeitig in Verena, eine schöne, hochgewachsene Frau, die immer barfuß ging und unter ihrem indischen Kleid keine Unterwäsche trug. Sie jobbte in der Theatergruppe »Rote Grütze« und schlief fast jede Nacht in einer anderen Wohnung bei Freunden. Ihre scheinbare Unabhängigkeit erregte mich sehr. Wir versuchten es eine Zeitlang miteinander, aber etwas trennte uns. Wir waren einander zu ähnlich, keiner ließ sich ganz und gar auf den anderen ein. Sie war sehr stolz und verletzbar wie ein Reh. Unsere Trennung war nicht schön, ich war sehr roh und immer ängstlicher geworden, je mehr sie von mir wollte.

Der Abschied von der Max-Reinhardt-Schule rückte näher. Was würde aus uns werden? Wohin würden wir gehen?

Theater- und Filmregisseure besuchten unseren Jahrgang. Wir spielten den »Diener zweier Herren« von Goldoni. Unsere Truppe war gut. Die Akademie der Künste lud uns zum Theatertreffen ein. Am Abend der Aufführung lief ich nervös vor der Akademie hin und her. Ich sah die vielen Studenten und das Theatervolk. Ich war überzeugt, dass wir die Truppe nicht halten konnten, es wäre ein Fiasko geworden. Es gab zu viele Theatergruppen, die im Kollektiv durch die Lande zogen. Die zusammenlebten und politisches Theater machten und letztendlich an »den Verhältnissen« scheiterten. An dem Abend entschloss ich mich, allein weiterzugehen. Ich wollte spielen und singen. Noch in derselben Nacht gaben wir den Traum einer freien Gruppe auf, und in den Folgewochen bemühte sich jeder von uns um ein Engagement an den staatlichen Bühnen in Köln, Wiesbaden, Hannover und anderswo.

Ilse Middendorf hatte mir von Peter Shaffers Stück »Equus«

erzählt. An der Freien Volksbühne suchten sie für die Hauptrolle des Jungen eine Zweitbesetzung. Kurt Hübner inszenierte, Dieter Borsche spielte den Psychiater Martin Dysart und Bernd Seebacher den Jungen Alan, der den Pferden die Augen aussticht, als er eine Liebesnacht mit einem Mädchen im Stall verbringt. Ich bekam die Rolle, Dieter und ich wurden Freunde. Er wollte, dass ich die Premiere spiele und Bernd Seebacher alterniert. Es gab ein Gerangel, aber ich hatte Glück, und es wurde der große Einstieg für mich.

Ich kannte Dieter Borsche ja nur aus der Kinozeit meiner Eltern, den alten UFA-Filmen mit Ruth Leuwerik und Maria Schell. Er war mir als kalt und deutsch im Gedächtnis, ich hatte Angst, zu wenig rational für ihn zu sein. Aber Dieter war warmherzig, klug, mit einer großen Liebe für Details und einfach theaterversessen.

Allein mit Dieter Abend für Abend in der muffigen Garderobe der Volksbühne zu sitzen und den gesamten Text noch einmal durchzugehen, war ein Geschenk. Er wollte es so, und es war gut, ich habe es auch später beibehalten. Text und Form, den Stuhl, das Memorieren und die Sache mit dem Körper. Tägliches Dehnen und auf die Matte gehen, dem Körper die Energie und Kraft zurückgeben, die man ihm entzogen hat. Ich vergaß mich oft, bei Dieter fand ich mein Handwerk. Die Erde, die für die »Fliegerei« auf der Bühne so nötig ist. Ich wurde sein Schüler und Dieter mein Meister. Ein Star, der sich nur mühevoll bewegen konnte. Er litt unter Muskelschwund und konnte nur noch im Rollstuhl auf die Bühne.

Er lehrte mich Grenzen zu setzen, mich zu bewahren, den eigenen Ton zu finden. Je näher ich ihn kennenlernte, desto mehr lernte ich über die berühmten Film- und Theaterschauspieler wie Klaus Kammer, O. E. Hasse, Helmut Käutner und die Giehse. Die wirklich Großen blieben immer bescheiden und auf dem Boden.

Es entwickelte sich eine stille, echte Freundschaft zwischen uns. Er besuchte mich oft in den Clubs, wollte mich von Hübner fernhalten, was sehr schwierig war. Ich war Anfänger, Kurt formte und schrie und polterte, Dieter war ein Filmstar und weise und erfahren und krank. Ich klebte zwischen zwei Riesen und wollte wachsen. Conny Diem spielte das Mädchen und Elisabeth Wiedemann meine Mutter. »Equus« war die perfekte Folie meiner Pubertät, nur dass ich niemals so weit gegangen wäre wie Alan.

Es gab eine Nacktszene, die ich mit Conny im zweiten Akt direkt an der Rampe spielen musste. Ich hatte kein Problem damit und Conny auch nicht. Die Leute kamen in erster Linie, um Dieter im Rollstuhl zu sehen. Aber es war eigentümlich, jedes Mal, wenn wir uns entblätterten, wurden die Operngläser hochgerissen, und es herrschte eine Intensität, die unvergleichbar war. Wir schützten uns durch die sogenannte vierte Wand, ließen einfach innerlich den eisernen Vorhang herunter und zogen es durch. Zum Glück hatte ich mich auf 62 Kilo runtergehungert. Nach den Phasen der Völlerei war ich schlank, sah durchtrainiert aus und trug eine gewisse rebellenartige Arroganz zur Schau. Es passte mir gut, vor den Spießern nichts als meine Haut zu tragen.

Kurt besuchte jede dritte Vorstellung, und nach der ersten Woche bat mich Randolf Kronberg, sein damaliger Lebenspartner, ich möge mir die Eier schminken.

»Hat er das wirklich gesagt?«

*Mit Dieter
Borsche*

»Ja, du sollst dir die Eier schminken, sie glänzen.«

Ich war geschockt, aber ich tat es. Wegen den engen Jeans glänzten meine nackten Hoden wie elektrische Birnen. Sie leuchteten aus dem Dunkel der Bühne, und in den ersten Reihen wurde regelmäßig getuschelt.

Wir spielten pur, etwas altmodisch, aber mit Hingabe. »Equus« wurde ein großer Erfolg, wir waren wochenlang ausverkauft. Kurt hatte es geschafft, seinen Stil und die Liebe zu den Schauspielern in ein lebendiges Theater umzusetzen. Es war schwer gewesen, das auf einem Intendantenposten zu bewerkstelligen, wo er jeden Groschen dreimal umdrehen musste. Aber es war ihm gelungen.

Ich freute mich jeden Abend auf meinen Auftritt. Dieters akribische Textarbeit hatte die Lust am Handwerk in mir geweckt. Ohne diesen Bühnenboden wäre ich sicher in Posen erstarrt. Dieter brachte mir Theaterspielen und wahrhaftiges Spielen mit der Intuition und dem Verstand bei. Nicht das eine ohne das andere. Er tat es immer mit einer gewissen Distanz zur Rolle, verlor sich nicht in Eitelkeiten, sah seinen Partnern beim Spielen in die Augen und hatte einen leisen, feinen Humor.

Es war gut, dass wir einander für ein paar Monate hatten. Es war ein großes Geschenk, ich der junge Anfänger und er der alte Meister. Dieter brachte die ganze deutsche Vergangenheit mit auf die Bühne. Die Leute liebten ihn dafür und fürchteten ihn sicher auch ein wenig. Er spielte mit kleinen Mitteln und nicht nur um den Preis, bei jedem ankommen zu müssen.

Kurt und er versöhnten sich am Ende der Spielzeit wieder. Sie gaben sich auf der Bühne die Hand. Kurt kerzengrade, wie er immer vor einem stand, und Dieter aufrecht sitzend in seinem Rollstuhl. Zwei alte Gaukler, die einander respektierten. Ernst und ohne die üblichen Bühnenanekdoten sprachen sie dann ein paar Minuten über Kollegen und Ulm und über die Zeit, die hinter ihnen lag.

Nach dem Erfolg von »Equus« nahm mich Toni Mackeben, die große alte Dame der deutschen Schauspielagenten, unter ihre Fittiche. Sie war elegant, gebildet und mit einem großen Einfühlungsvermögen unterwegs. Für mich verkörperte sie alles, was ich mit dem alten Berlin, den dreißiger Jahren, Bertolt Brecht, bei dem sie als Sekretärin gearbeitet hatte, und Stars wie Harald Juhnke oder der Knef in Verbindung brachte. Götz George, Horst Buchholz, Martin Held, Berta Drews, Hilde Krahl, Georg Thomalla, Viktor de Kowa – Toni hatte sie alle in ihrer Kartei. Ich war beeindruckt von dieser Welt und stolz, von Toni vertreten zu werden. Sie mochte mich und meine Lieder, aber vor allem wollte sie, dass ich ins große Rollenfach schlüpfe. Entschlossen nahm sie meine Karriere in die Hand.

Ich liebte Toni, sie wurde meine geistige Heimat. Einmal in der Woche ging ich zu ihr in ihre Villenetage in der Douglasstraße, um mit ihr und ihren Schauspielern zu plaudern. Ute Nicolai war schon damals ihre Assistentin und übernahm später nach Tonis Tod die Agentur. Und es gab Hanni, eine kleine, immer freundliche Person, die für Toni kochte, sich um das Haus und die Gäste kümmerte. Hanni hatte ein Geheimnis, sie trank sehr gern Likör und schleppte in ihrer Handtasche ihr gesamtes Vermögen herum, in Form von ein paar Goldbarren und der Versicherungspolice ihrer bevorstehenden Rente.

Wenzel Lüdecke, der Leiter der Berliner Synchron, und Horst Wendlandt kümmerten sich um Toni. Gerade später, als es für Toni knapp wurde, als sie oft ins Krankenhaus musste, halfen sie ihr, damit das Büro und die Agentur finanziell über die Runden kam. Wenzel und Horst inszenierten einmal in der Woche eine Pokerrunde und ließen Toni gewinnen. Ich liebte diese Runden. Das sollte nun alles zu mir gehören, es war ein großes Glück, eine Welt zu betreten, die schon meine Eltern bewundert hatten.

Horst Buchholz traf ich bei einem der Schauspielertreffen, die Toni einmal in der Woche bei sich veranstaltete. Horst war ein Weltstar, sprach einige Fremdsprachen fließend, kam aus dem Berliner Stall. Wie Karin Baal, Juhnke, Pfitzmann und die Knef. Ich wusste damals noch nicht um seine Lebenshintergründe, auch nicht von seiner Homosexualität. Er schien ein Sonnenkind zu sein. Frech und clever und immer lachend. Ich mochte seine zerbrechliche Art, die unter all den jugendlich wirkenden Salti lag, diese Berliner Urkraft, die den Kriegskindern so anhaftete, das Ungestüme und dieses »Hoppla, jetzt komme ich«-Verhalten.

Als es ihm am Ende seiner Karriere dreckig ging und sich Ute Nicolai so rührend um ihn kümmerte, sahen wir uns nur noch selten. Es war seine Einsamkeit, die ihn mehr und mehr verinselte. Sie kroch ihm buchstäblich durch die Haut, trotz dieses furchtbaren Mantels, den er überall und zu jedem Anlass anhatte. Eine Mischung aus Otter und Grizzly, er sollte ihn wohl vor Verletzungen schützen. Er sprach nie über Gefühle und auch nicht darüber, was ihm fehlte. Er lachte alles weg. Das war dieser Generation zu eigen, keine Gefühle zu zeigen, zu verschweigen, was da innen tobte, und sich immer durchzubeißen, egal, was kommen mochte, und immer gegen den Wind.

Götz George begleitet mich seit dieser Zeit, wir sehen einander manchmal, und ich verehre ihn noch heute. Obwohl wir älter geworden sind, sehen wir immer noch den »Jungen« im anderen. Er schob mich einige Male an, wenn ich zweifelte, ob der Sänger oder der Schauspieler obsiegen sollte. Er ist wohl der bodenständigste deutsche Star, den ich kennenlernen durfte.

Einmal besuchte ich Götz in seinem Haus am Schlachtensee. Ich hatte mir von meinem ersten Honorar eine italienische Vespa gekauft, und bei meiner Abfahrt probte ich einen Blitzstart. Die Vespa stieg, und ich krachte hinunter. Götz stand in der Haustür und sah dem Spektakel erstaunt zu. Er glaubte, ich hätte das alles so geplant, um ihm zu imponieren. Aber ich war einfach nur auf die Fresse gefallen. An Händen und Armen blutend, musste ich ins Haus zurück, und er verband meine Wunden. Er glaubte doch wirklich, es wäre ein Stunt gewesen. Er dachte oft in diesen großen Sprüngen und Ansprüchen an sich selbst, dabei ist er so fein und sinnlich und gefühlvoll geblieben wie kaum ein anderer Schauspieler.

Ich war nun da. Ich war an der Freien Volksbühne. Ein kleiner Stern am Himmel. Hier hatten sie alle gespielt: Kinski, die Hoger, Quadflieg. Alles lief wunderbar, und ich konnte es nicht fassen.

Nach den Vorstellungen hingen wir im Estaminet ab, und ich war der Hahn im Korb!

Kurt Hübner bot mir den Romeo an, und Conny Diem sollte die Julia spielen. Ich akzeptierte, obwohl ich ahnte, dass es eine Holzerei werden würde. Ich wusste um seine Regiearbeit und hatte Angst, dem Shakespeare-Text nicht gewachsen zu sein. Die Inszenierung, Kurts spröde Übertragung, es wurde eine Schinderei.

Ich stolperte als Romeo mit rot gefärbten Haaren, in zerschlissenen Strumpfhosen und mit Brokatwestchen über die Bühne, eine Rose in der Hand, und versuchte, den ganzen unselig übersetzten Text zu kapieren. Ich war noch nicht so weit, und Kurt hatte ein bestimmtes Bild von mir. Es misslang, schon im ersten Satz unterbrach er mich:

»Bebebebe ...«

Er schnatterte wie eine Ente. Sobald ich wieder einsetzte, unterbrach er mich, indem er mich lächerlich machte. Ich hielt es aus, bis ich nicht mehr konnte und schrie:

»Kurt, lass das!«

Er legte immer wieder los.

»Bebebebe ...«

Das ging so eine Weile hin und her, bis ich endlich genug hatte.

»Ich komme jetzt runter. Ich hau dir eine rein. Ich schwöre es dir, ich pell dir eine ... «

Er lachte nur, sein meckerndes Lachen klang aus dem Dunkel heraus. Randolf saß neben ihm. Er kapierte es als Erster und sprang auf, wollte schlichten. Aber da war ich schon in der Reihe, und als Kurt erkannte, dass ich es ernst meine, ergriff er die Flucht. Ich folgte ihm durch die Reihen und dann die Treppe hinauf, bis ins Sekretariat, wo er sich in einem Schrank versteckte und die Tür von innen zuhielt. Ich war bereit, ihn zu töten, ich fühlte mich so verletzt und gedemütigt. Wir mussten auseinanderkommen, darum ging es. Ich sagte ihm, er solle mich die Premiere in Ruhe spielen lassen, und dann wäre Schluss. Von dem Tag an ließ Kurt mich in Ruhe.

Töten oder beten, damals kannte ich kein Dazwischen. Obwohl ich Kurt nach diesem Zwischenfall noch mochte. Ich hatte eine Autorität gesucht, jemanden, der mich auffängt, und er hatte dadurch Macht über mich bekommen. Die Arbeit mit ihm war von diesen Dingen überschattet. Aber er war eine Autorität, immerhin hatte er Bruno Ganz entdeckt und Peter Zadek und Hans Neuenfels nach Bremen geholt und Peter Stein und all die Großen, aber in Berlin schrumpfte er, und ich wurde in diesen zwei Jahren an der Freien Volksbühne sein Opfer. An jenem Tag schnitt ich dieses Abkommen gewissermaßen wie ein altes, unbrauchbares Halteseil durch. Ich befreite mich von ihm und konnte ihn von da an besser sehen und auch wieder mögen.

In seinem blauem Anzug mit der unvergleichlichen geraden Haltung stand er jeden Morgen vor den Schauspielern, die maisgelbe Gauloises zwischen den Lippen, und brachte uns das Küssen bei:

»Wenn's mal nicht besser geht, wenn du mal nicht in Form bist, dann leg ihr einfach die Lippen auf den Mund und press!«

Und das Verrückte war, er hatte recht, es klappte, es transportierte sich auch ohne psychologischen Unterbau. Aber diese Art der Bühnenarbeit entfremdete mich.

Wenn ich abends im Bühneneingang stand, betete ich um mein Leben, um die Texte, diese unaussprechlichen hölzernen Monologe eines Suchenden. Bloß keine Hänger, bloß keine Versprecher, bloß alles richtig und glatt machen. Ich betete, Gott möge mich vor dem Absturz ins Höllenloch bewahren. Ich möge nicht stolpern, nicht versagen und nicht straucheln in diesen lächerlichen Strumpfhosen, die uns Hübner verabreicht hatte. Es waren furchtbare Sekunden, bevor ich die von Götz Loepelmann entworfene Holzbrücke betrat. Blöde lächelnd, mit einer Rose in der Hand, betrat ich die schwankende Brücke und war froh, wenn ich lebend drüben angekommen war.

Ich war zutiefst unglücklich, konnte es jedoch nicht ändern. Kurt gab sein Bestes, aber es war oft nur Mittelmaß. Dazu kamen seine langweiligen Regieeinfälle, die furchtbar weltfremd, altbacken, hölzern und unecht waren. Er hatte ein Ideal vor Augen, das aus einem anderen Jahrhundert stammte. Ich hasste in diesem Augenblick alles Spiel. So machten sie uns Schauspieler fertig. Wären da nicht die alten und neuen Kollegen gewesen, ich wäre wahrhaftig gestorben.

Ein Glück war mein Kommilitone Klaus Pohl, der später Dramatiker wurde und heute noch am Wiener Burgtheater spielt, dabei und Manfred Meihöfer als Mercutio, die reinste Spielfreude, und eben Conny. Sooft es ging, versuchten wir, den festen Inszenierungsgesetzen auszuweichen und ein bisschen frischen Wind in diese Inszenierung zu bekommen. Kurt hatte es überspannt. Hätte er mehr Freude an der wahrhaftigen Welt gehabt, wären vielleicht mehr Fragezeichen bei den Leuten entstanden, aber immerhin Fragen. So blieb alles kunstfertig und konventionell abgezirkelt und einfach nur mühsam für uns Schauspieler. Wir flohen, sooft wir konnten, in spontane Albernheiten und eigenwillige Verrenkungen. Wir schnappten förmlich nach Leben.

Die Bühnenarbeiter machten mit. Bühnenarbeiter sind ein wunderbares Korrektiv blöder Einfälle am Staatstheater. Ich orientierte mich immer an den Inspizienten und an den Beleuchtern und Arbeitern im Bühnenboden. Wenn eine Inszenierung aus dem Ru-

»Romeo und Julia« an der Freien Volksbühne
© *Archiv Freie Volksbühne Berlin*

der zu laufen drohte, weil vor lauter Anstrengung, das Richtige machen zu wollen, kein Leben mehr zu sehen war, bekamen die Typen im Schnürboden, die Damen in der Maske und Buchhaltung lange Gesichter. Sie spürten ganz intuitiv, wenn das Echte aus dem Theater zu verschwinden drohte.

Ich hatte genug. Genug von diesen Übervätern, die uns Anfänger quälten, den dämlichen Inszenierungen, den holprigen Versen und meiner Unsicherheit, diesem Spektakel etwas entgegenzusetzen. Ich nahm immer häufiger kleine TV-Rollen in Vorabendserien an, um mich auszuprobieren, und trat weiter als Sänger auf, schrieb meine Lieder.

In seiner Not, noch irgendein Talent zu finden, das seinen Gedanken folgen wollte, bot Hübner mir den Tempelherren aus »Nathan der Weise« an der Seite von Will Quadflieg an. Ich verehrte Will Quadflieg, aber ich hatte Angst vor Kurts Regieeinfällen. Trotzdem ließ ich mich auf eine letzte Probe ein. Wir gingen wie immer in den Malersaal, und Kurt rannte sofort mit einem Reclam-Heft in der Hand voran, spuckte und kotzte die Worte auf seine Art heraus. Er deklamierte und rezitierte den Text wie ein alter Schulmeister, und ich lief ihm derweil wie ein Entenjunges hinterher.

»Sag es so, pointiere es so …«

Ich konnte, ich wollte nicht mehr.

»Lassen wir es, Kurt, es wird doch wieder nur schaurig.«

Wir gingen in eine Bar, und er entließ mich mit den Worten:

»Du willst frei sein, Klaus. Ich verstehe dich. Dann geh nach Hamburg ans Thalia.«

Er sagte es ganz ruhig, er mochte mich wirklich. Ich glaube, er sah ein, dass ich nicht zu erziehen war und einen anderen Weg gehen musste. Meinen Weg.

»Du hast den Marschallstab im Tornister«, sagte er mir zum Abschied.

Ich habe Kurt gemocht und seine Ausfälle gefürchtet. Er war ein guter Begleiter und letzten Endes ließ er mich frei, kritisierte nicht an meiner Sensibilität herum, wollte mich doch nicht verdrehen. Ich wäre damals gerne an der Freien Volksbühne geblieben, aber ich konnte diese altbackene Regie, den Modder, das Vorgeführtwerden und die Unfreiheit nicht mehr ertragen. Bis auf »Equus« war es entfremdeter als jeder Job, den ich nach der Rückkehr aus Afghanistan angenommen hatte.

Ich flüchtete nach Hamburg und in meine Musik. Danny hatte mich in seinem alten Laden dort für zwei Wochen verpflichtet. Es war ein übler Schuppen, man musste eine halbe Treppe hinuntersteigen, dann stand man in einem ehemaligen Kontor, wo es eine kleine Bühne gab. Es war ein finsteres Loch. Hier hatte Danny begonnen, die City Preachers, Otto Waalkes, Mike Krüger, viele Songschreiber aus Amerika hatten hier ihren Einstand gehabt.

Max und seine Freundin nahmen mich mit, und ich erinnere mich noch heute, wie ich mich in der Nacht nach der Autofahrt fühlte. Max fuhr zuerst zu seiner Oma, irgendwo in Hamburg. Es war, als wäre ich nach Hause gekommen. Die gemütliche Küche, die alte Dame, die uns ein paar Eier in die Pfanne schlug, der Regen und der frische Wind. Hamburg traf mich mitten ins Herz.

Jürgen Pohlmann, Hannes Waders ehemaliger Manager, sah mich auf der Bühne und sprach mich nach dem Auftritt an, dann ging es wie von selbst. Bei der RCA war ein Platz vakant, und Georg Baum suchte einen Liedermacher. Jürgen vermittelte mich an die RCA, kassierte 20000 Mark, und ich bekam meinen ersten Plattenvertrag über drei Alben. Das war damals so üblich, es war die Zeit der großen Verträge und Ablösesummen.

Es war unglaublich, wie viel Geld mir Georg damals bot. Als ich den unterschriebenen Vertrag in der Hand hielt, fühlte ich mich, als hätte meine ganze Straße einen Lotto-Gewinn gemacht. Aber ich war auch froh, dass der Riesenbatzen Geld nur mir gehörte.

Und dann ging es los. 1975 bauten wir das erste Album im Windrose Studio von Peter von Zahn. Rolf Soja, ein sympathischer Typ, der mit Lale Andersen und anderen großen Sängerinnen gearbeitet hatte, arrangierte die Lieder und stellte ein kleines Orchester zusammen, und ich sang um mein Leben. Es war wunderbar, es war wie im Rausch. Es klang alles großartig, und ich verlor mich in den Liedern, aber es war eindeutig. Ein Typ mit langen roten Haaren, den die Mädchen liebten und der zu Streichern und Bläsern eigenartige, schwermütige Lieder in deutscher Sprache sang.

Rolf war durch und durch Musiker und ging völlig anders an Lieder heran. Er war es auch, der mich später ermunterte, »Die blinde Katharina« zu schreiben. Er sagte, du darfst nicht warten, es fällt nicht vom Himmel, ein Lied beginnt, wenn du es machst. Ich war angefüllt mit einer Zeile – »Katharina, mach mir Mut und halte mich« – und nur der Refrain war in meinem Kopf. Ich nahm es mir vor, so wie ich später immer wieder Lieder vor mir sah und nach ihnen griff. Das eigentliche Ausführen war dann nur noch Handwerk. Viele Lieder entstanden auf diese Weise, sie flatterten einfach aus mir heraus, als hätte ich eine Tür geöffnet.

Die erste Platte wurde von den Leuten so angenommen, als hätten sie auf mich gewartet. Obgleich es kantige Texte waren, sehr roh und direkt und die Musik sich an die Schlager der Siebziger anlehnte. Aber ich hatte noch keine große Erwartung, ich wollte nur singen. Das Cover war scheußlich, ich noch als Romeo mit rot gefärbten Haaren. Ich fand es ganz furchtbar, bekam aber viel Fanpost. Ich mochte die Rückseite lieber, das Foto, das wir in der U-Bahn gemacht hatten, wo ich mit einem Apfel in der Hand stehe und mittendrin bin im richtigen Leben.

Hamburg wurde meine Insel. Fast jedes Wochenende fuhr ich nun zur RCA. Gab Interviews, hing bei den Plattenleuten herum. Ich war wie befreit in dieser Zeit. Ich machte Yoga – sooft ich konnte, stand ich auf einem Bein –, ich meditierte und belehrte die Journalisten über gesunde Ernährung. Mädchen fuhren mir nach, aber Charly und ich kamen nicht auseinander. Ich fuhr immer wieder nach Berlin zurück – die alten Kumpels und meine Studienfreunde Helli, Willi und Bernd waren doch meine Ersatzfamilie. Wir brauchten einander.

Und dann passierte das, wovon jeder junge Schauspieler träumt. Bernd gab mir den Tip. Sie suchten für einen Fernsehfilm unter der Regie von Eberhard Itzenplitz, in dem Bernd die Hauptrolle spielte, die Besetzung eines Stadtstreichers. Es war nur eine Tagesrolle. Itzenplitz wollte mich kennenlernen, und ich hatte gehört, dass er im Anschluss Ulrich Plenzdorfs »Die neuen Leiden des jungen W.« drehen würde. Ich kannte den Stoff, hatte »Die neuen Leiden des jungen W.« schon am Schlossparktheater gesehen, Wolfgang Unterzaucher spielte den Edgar und trug eine Afroperücke, was ich total daneben fand. Trotzdem wusste ich sofort, dass es meine Rolle war. Unterzaucher machte es gut, aber ich sah so viele Ähnlichkeiten zu meinem Leben. Ich war ganz versessen auf die Rolle, von Anfang an.

Ich sagte für den Stadtstreicher zu. Wir drehten am Ernst-Reuter-Platz, und ich mochte Eberhard Itzenplitz sofort, er arbeitete sehr gezielt, war gut vorbereitet und fair zu den Anfängern, stand jedem von ihnen hilfreich zur Seite. In meiner kleinen Szene sollte ich einen Passanten um etwas Geld bitten. Das war auch schon alles. Ich spielte es etwas übertrieben, mehr das Klischee eines Trebers, aber schon in der Haltung des Edgar Wibeau, und war sehr frech, und alle lachten. Es war ja nichts, ich machte ja nur, was ich schon auf dem Weg von Kabul nach Hause gemacht hatte: Leute anbetteln, ohne das Gesicht zu verlieren. Sie befanden es für gut, und Eberhard hatte seinen jungen W. gefunden. Er meinte, wir versuchen es. Ich müsse nur Harald Müller, den Produzenten der Artus-Film, überzeugen, der den Stoff für den SWF realisieren sollte.

»Die neuen Leiden des jungen W.« war die Chance meines Lebens. Ich las das Drehbuch an einem Tag in der Sauna an der Heerstraße. Der Text war wie aus meinem Leben gestanzt. Ich lag sofort drauf. Und Edgar nannte seine Charlotte Charly! Ich nahm es als ein Zeichen. Für mich verkörperte Edgar keine spezifisch ostdeutsche Problematik. Mich packten seine persönliche Rebellion gegen das Spießige, das Uniforme und sein Drang, aus der Enge zu fliehen, abzuhauen, woanders sein Glück zu suchen. Darin erkannte ich mich wieder. »Die neuen Leiden des jungen W.« entsprach meinem nach Freiheit schreienden Geist, der über alle Mauern hinwegwehte. Ich musste die Rolle nur noch kriegen.

Ich sollte Harald Müller und Eberhard im Café Kranzler am Kurfürstendamm treffen. An diesem Vormittag strahlte der Ku'-damm in Osterfarben, so hell und frei. Ich trug eine zerlöcherte Jeans und ein abgegriffenes T-Shirt und kam in meinem schwarzen VW-Käfer. Er war ehemals weiß gewesen, aber ich hatte ihn umspritzen lassen, um mich mit einem Hauch von Genialität und Trauer zu umgeben. Da ich pünktlich sein wollte und keinen Parkplatz fand, fuhr ich einfach direkt vor dem Kranzler auf den Bürgersteig und ging hinein. Die Aktion musste auf Harald Müller Eindruck gemacht haben, denn er begrüßte mich fröhlich meckernd.

Es wurde eine lockere Runde. Eberhard brauchte mich nicht anzuschieben, es lief so, als wären wir zu einer ersten Rollenbesprechung zusammengekommen. Harald Müller lachte bei jeder Gelegenheit, hatte zu allem und jedem Bedenken, benannte die Widrigkeiten, wie meine Unerfahrenheit und seine sehr geringe Gagenvorstellung. Nach einer halben Stunde schoss er den Vogel ab, indem er Eberhard ansah und sagte:

»Aber er hat ja rote Haare, wie soll er das spielen?«

Ich traute meinen Ohren nicht.

»Wir färben ihn um«, antwortete Eberhard.

Ich bekam die Rolle. Ich war überglücklich. Ich fraß die Dialoge, als wären sie aus meinem Leben, und hatte den Stoff in wenigen Tagen inne, ich setzte mich in die Rolle, der Text kam von selbst, es waren meine Inhalte, und die Worte hätten meine eigenen sein können. Ich wusste um jede Szene im Voraus, ich wusste um den Untertext und um das, was ihm noch fehlen könnte.

Meine Klamotten brachte ich zur Kostümprobe gleich mit. Wir nutzten meine Sachen, die Pullis, die zerlöcherten Jeans, die Turnschuhe. Ich war der Erste, der Turnschuhe trug, lange bevor Götz George den Schimanski spielte und Joschka Fischer den Bundestag enterte.

Am ersten Drehtag, wir drehten an der Havel in Spandau, war ich viel früher als die anderen da. Ich hatte in der Nacht vor Aufregung nicht geschlafen, außer Eberhard kannte ich nur Leoni Thelen, die die Charly spielte. Ich hielt mich hinter den Häusern versteckt und wartete, bis alle zusammen waren, dann erst ging ich zum Team und sagte: »Guten Morgen!«, und meine Angst verwandelte sich in Lust. Aber ohne Eberhard hätte ich mehr Mühe gehabt hineinzukommen. Er ließ mich machen und lenkte mich, ohne mir die Spielfreude zu nehmen.

Wir drehten in Berlin und die Innenaufnahmen in Baden-Baden. Ulrich Plenzdorf hatte eine Reiseerlaubnis bekommen, er war der privilegierte Zonenheini. Die ZEIT schrieb im Vorfeld Gutes, aber einige Kollegen im Osten hassten ihn für seinen Sonderstatus. Uli saß zwischen den Stühlen. Wir trafen uns beim Dreh in Baden-Baden, erkannten einander sofort als Brüder im Geiste und verbrachten viel Zeit zusammen, er besuchte mich auch auf meinen Konzerten. Später sagte er mir einmal, dass ich im Grunde ihn gespielt hätte und dass der Edgar jetzt uns beiden gleiche.

Leoni Thelen spielte die Charly sehr zerbrechlich und brachte eine Facette in die Rolle ein, die ich nie wieder bei einer Schauspielerin erlebt habe. Es war ihr Spiel, das kindliche Spiel, das sie

Der junge W.
© *SWF Szenenfoto*

293

durchschimmern ließ. Damals hätte ich es nicht sagen können, aber es gab etwas außerhalb ihrer Rolle, eine unantastbare naive Aussage. Sie füllte die Charly mit Unschuld an, das war es. Und ich erwiderte es mit einer ähnlichen inneren Haltung. Wir machten das vollkommen unbewusst, es kam einfach so. Und Eberhard muss es gesehen haben, denn er ließ das Spiel immer laufen, so als wäre alles schon vorher festgelegt worden. Keine Zauberhand, aber ich glaube, das machte den Film so gut. Er war im höchsten Maße »menschlich«, und das sogenannte Politische verschwand hinter den Figuren.

Keine andere Rolle, die ich später in Filmen und TV-Produktionen spielen durfte, reichte an den jungen W. von Ulrich Plenzdorf heran. Und ich sage bewusst, es war sein junger W... Es war seine und meine und die Geschichte derer, die nicht verlieren können. Ich hatte eine Rolle gefunden, die das ausdrückte, was ich in meinen Liedern sagte:

»Es geht, du kannst fliegen, aber es wird nicht einfach sein.«

Finanziell war ich seit meinem Plattendeal unabhängig. Meine Karriere als Sänger und Schauspieler hatte an Fahrt aufgenommen. Ich war jung, begehrt und erfolgreich. Und nun trug mich der junge W. ganz weit in die Filmlandschaft hinaus. Ich erhielt dafür die Goldene Kamera und ein Bambi, und Regisseure aus dem In- und Ausland wollten mit mir drehen. Ich hätte die ganze Welt umarmen können.

Unterwegs

Die Felder sind verschneit. Am Fenster fliegt die Landschaft vorbei. Ich kann es gar nicht halten, wie auch. Die Baumkronen sind verschneit, hier und dort eine Hausansammlung, eine Ortschaft. Dann wieder verschneite Felder. Die erste Klasse ist angenehm leer. Ich bin unterwegs zu unseren letzten Konzerten.

Gestern war es schwer, Malene zu lassen. Ein Tag nach Lübeck, wunderbare Vorstellung von der hohen Kante der Bühne mitten ins Herz der Leute, und heute diese dämliche Kritik, ich sei zu weich, zu versöhnlich, zu soft. Nur aufgehängt an dem Titelsong »Die Welt ist schön«. Sie verwöhnen mich dennoch, sie sehen mich. Schließe ich die Augen, nimmt mich keiner wahr?

Ich schaue aus dem Fenster und träume, es ist ein bisschen so wie damals, als ich früh im 10er zu Klöckner fuhr. Was ich mir damals wünschte …

Ich muss oft an meine sogenannten Fans denken, die Hörer meines Herzens, die ich nur wenig kenne. Was hatte ich mitunter Schiss vor ihnen! Einmal – ich schlug die E-Gitarre, und sie waren auf Folk eingestimmt – wollten sie mich wahrhaftig wie den großen Dylan aussperren, brandmarken. Ein anderes Mal, nach dem provokanten »Ciao Bella«-Album – nur Joni Mitchell und Brel hatten bislang über ihre Eltern gesungen, und dann kam ich –, schickten mir einige Verrückte prompt eine Todesanzeige.

Mit dem Unbekannten leben, den Augen aus dem Parkett, den Zuschauern meines Weges. Ich wollte mich immer bedanken, immerhin waren und sind es meine Arbeitgeber. Bei manchen gelang es mir, für andere hatte ich kein Ohr, aber täglich lese ich die Zuschriften. Ich bin heute viel mehr bereit, dem Glück die Hand

Mittendrin
© privat

zu geben. Ich hatte immer Angst, so viel Nähe nicht zu ertragen. Manche kamen zu kurz bei mir. Sie mögen es verzeihen, ich konnte nicht allen danken.

Ich sehe in die Winterlandschaft hinaus. Ich mag es, einfach nur dahinzutreiben und zu schauen. Der Taugenichts, den ich so liebe, meldet sich.

Komisch, ich muss in letzter Zeit oft an Holland denken, an Montreux. Wir nahmen die »Ciao Bella« unter der Ägide von David Richards in den dortigen Mountain Studios auf. Das den Queen-Leuten gehört hatte. Das fand ich schon toll. Freddie Mercury war ein Vorbild für mich. Seine Bühnenpräsenz, seine Art zu singen, erschien mir wie Operette. Und später ließ uns David mit seinem jungen, englischen Assistenten Justin Shirley-Smith die »Sänger« aufnehmen. Curt Cress, Ken Taylor am Bass, und die Kick Horns kamen aus London. Oh Gott, wo seid ihr hin?

Als die Produktion fertig war, fuhren Hawo, Micha und ich mit einem Rest Benzin zum Berg hinauf. Da gab es eine kleine Eisbahn, und wir liefen Schlittschuh, wie Kinder, zu den Klängen eines Musette Akkordeons. Mein Gott, wie lange das her ist.

Ich habe immer gerne im Ausland aufgenommen. In Holland, in der Schweiz, in Paris. In London wollte ich in die Abbey Road Studios, weil ich die Beatles so verehre. Die Luft der großen, alten Studios schnuppern. George Martin schrieb mir einen netten Brief, er hätte es gerne gemacht, hatte aber zu viel zu tun. Ich habe mir den Brief an die Wand genagelt. Einfach weil ich alles Englische liebe. John Lennon besonders. Über The Who hatte ich den Posaunisten Peter Thoms und die Kick Horns kennengelernt, und das allein war es wert, nach London zu düsen, wann immer ich konnte.

Die Landschaft fliegt am Fenster vorbei. Es tut gut, so zu fahren. Ich wollte immer wie Mark Twain reisen, mit einem eigenen Bett und einem Diener, der mir die Tickets in Indien auf dem überfüllten Bahnhof kauft. Schnösel-Dialoge, denke ich.

Hilversum. Wieso fällt mir Hilversum jetzt ein? Das erste Mal waren wir ins Studio gefahren, um die Preise zu erfragen. Es lag verwunschen in einem Waldstück unweit der kleinen holländischen Gemeinde Hilversum. Alle Großen hatten hier aufgenommen, Elton John, die Rolling Stones. Ron Prent, der Toningenieur, war freundlich zu uns, aber mit einer gewissen holländischen Zurückhaltung. Ich war ja ein Beginner. Vielleicht war ich auch zu verschlossen und sang Sachen, die man im Pop-Sektor nicht so leicht findet. Nicht in Europa. Und Ron war verwöhnt und berühmt – er hatte die Stones gemischt. Trotzdem nahmen wir mit ihm zwei Scheiben auf.

Unser kleines Hotel mochte ich besonders. Es lag direkt an einem See. Ich bewohnte ein großes Zimmer, das im Stil der Siebziger gehalten war und etwas muffig roch. Nachts schlugen die Seile der Segelboote an die Masten. Morgens waren wir in dem kleinen Frühstücksraum nur unter uns, weil die Saison noch nicht begonnen hatte. Immer kurz vor Frühlingsbeginn nahmen wir auf, und die Boote schaukelten auf dem See vor dem Hotel, und ihre Masten bewegten sich im Wind. Es war ein guter Ort, um sich zurückzuziehen, jede Platte ist so. Man geht zu sich und dann wieder heraus, wenn man Glück hat, mit einem Sack voller Lieder. Wir aßen morgens süßes weißes Brot, und abends tranken wir gemeinsam Cognac in der Bar. Alles sehr harmonisch.

Holland war schon früh wichtig für mich gewesen. Hier, in Amsterdam, hatte ich mit Otto Draeger und Arnica Elsendoorn den Fernsehfilm »Das Duo« gedreht, im Grunde war Otto der Erste gewesen, der mich mit Brel auf die Leinwand brachte. Ich kam immer wieder, versank auf den Trödelmärkten, trebte durch die Gässchen und Grachten. Oft traf ich mich mit Herman van Veen, den ich verehrte, der ähnliche Theatergesetze lebte. Ich besuchte seine Shows, wann immer ich konnte. Herman, der große Clown mit dem weinenden Herzen. Er ist ein Jahrhundertkünstler, ein Seelensänger und das Aushängeschild der Holländer. In den Siebzigern war ich ihm auf der Spur, später sahen wir uns seltener.

Ich war gerne in Amsterdam, war auch mit dem Mietauto kreuz und quer durch ganz Holland gefahren, von einem Kreisverkehr zum anderen. Aber ich war dort stets etwas heimlich unterwegs, als hätte ich Schuldgefühle, mich frei zu erleben. Anders als in Deutschland, enthemmter, lustvoller, nicht so preußisch und diszipliniert.

Der Zug fährt ruhig und gleichmäßig. Es ist schön, so zu dämmern. Ich schaue aus dem Fenster und denke an die vielen Konzerte, die ich in letzter Zeit erlebt habe. Ich bin ganz erschöpft vom Singen und Reisen und Treben.

Die Bahnfahrten auf Tournee sind nicht zufällig gewählt. Als Karsten Jahnke uns vor Jahren mit der gesamten Band auf die Bahn schicken wollte, als wir reduzieren mussten, um die Kosten reinzubekommen, revoltierte ich. Weg aus dem großen Bus, dem Tourneebus mit den Betten, der Bar und den anderen Accessoires eines Rock-'n'-Roll-Zirkus? Undenkbar.

Es schmerzte, als wir es Dieter Knieps mitteilen mussten, der über Jahre und Tausende von Kilometern, die wir von Halle zu Halle zurücklegten, unser Fahrer, guter Freund und Ratgeber, ja unsere Mutter gewesen war.

»Dieter, wir nehmen ab heute kleinere Autos.«

»Macht, wie ihr wollt, ihr werdet schon sehen.«

Es war traurig, aber es ging. Ich hatte immer gedacht, nur im Bus, nur mit der Band käme ich runter. Wir hatten Liegen und einen kleinen Salon und TVs, brauchten aber für die Strecke von Hotel zu Hotel Stunden länger. Viele verrückte Filme hatten sich auf diesen Fahrten abgespielt, aber jetzt mussten wir es ändern. Es war der richtige Zeitpunkt. Wir waren weiter. Alles hat seine Zeit.

In Malenes Kindergegend, in Beverungen, ihrem Geburtsort, den wir nur wegen ihrer Familie und später wegen des exzellenten Caterings und netten Veranstalters mehrmals zu Konzerten aufsuchten, da stolperte ich eines Morgens aus dem Bett, joggte an der Halle vorbei, blieb vor zwei riesigen Trucks stehen und fragte verwundert den Trucker, der sich verschlafen aus dem Führerhäuschen quälte:

»Wem gehört der ganze Fuhrpark? Wer tritt hier heute auf?«

»Es ist doch euer Kram. Der Truck und die Autos, ist doch alles deins.«

Ich war wie vom Donner gerührt. Wir hatten über Jahre diese Riesenherde mit uns herumgeschleppt.

Ich brauchte lange, um mich von diesen scheinbaren Sicherheiten zu befreien. Wir gaben zwei Trucks auf, entließen unter Trä-

Mit Arnica
Elsendoorn
© SWF

nen die Roadies, die Lichtleute. Andy Wegener blieb. Wir mieteten zwei Langkühler an, Martino übernahm das Steuer, und ich schlief im Auto. Genauso geruhsam wie in Dieters Betten. Er hat es uns verziehen, er fährt zwischen Helsinki und Frankfurt die Kollegen. Wir telefonieren nicht oft, meist nach einer Veröffentlichung. Seine Kritik ist mir heute noch wichtig:

»Du bist auf dem richtigen Weg. ›Das süße Leben‹ ist ganz Hoffmann. Ich höre sie jeden Tag. Irmchen auch.«

Draußen hat dichtes Schneetreiben eingesetzt, der Zug verlangsamt die Fahrt. Ich starre in die wirbelnden Flocken und erinnere mich an einen Horrorflug mit Jim, der wegen Schneefalls zehn Stunden dauerte.

Wir waren nach Rom gefahren, um das Cover für die Platte »Es muss aus Liebe sein« zu fotografieren. Wir bezogen ein kleines Apartment unweit der Spanischen Treppe. Mit Blick über die Dächer von Rom taute Jim auf. Wir durchstromerten die goldene Stadt. Und sahen den Jungs und Mädchen zu, wie sie sich mit Rasierschaum besprühten, Karneval in Rom.

Das erste Mal war ich in meiner Jugend allein mit dem Fahrrad nach Rom gekommen, von Civitavecchia aus. Das süße Leben sollte es sein, aber in dem von Mönchen geführten Männerwohnheim, in dem ich abstieg, herrschten strenge Regeln und Auflagen, um 22 Uhr war Schluss mit Lust. Ich schwieg zwei Wochen lang, sehnte mich nach einem Mädchen und schrieb pubertäre Gedichte und eine Kurzgeschichte von einem Herzen, das auf Reisen geht, für Hannes, der kurz danach heiratete. Ich war verstummt und wollte schreien. Die Lieder haben mich auch damals schon befreit. Nach vierzehn klammen Nächten in Einsamkeit und leichter Grübelei verließ ich Rom, an Erfahrungen reicher: Wenn du dein Leben nicht in die Hand nimmst, es gibt keinen, der es für dich tut.

Später hatten wir einen Teil von »Henry Angst« hier gedreht. Da war ich schlaflos, weil ich Charly im Kopf hatte, taumelte nachts ins Kolosseum, um jemanden zu finden, der alle Zweifel

Mit Jim
© *Jim Rakete*

und Irrungen für mich klärte, stromerte oft bis zum Morgengrauen durch die schönste Stadt der Welt, schloss mich den anderen jungen Leuten an, die auf einem Brunnenrand hockten und zur Gitarre sangen.

Nun, mit Jim, konnte ich Rom endlich entspannt genießen. Ich suchte nicht mehr nach einer Hand, ich war bei mir. Wir fanden sogar den Knast, wo wir unbedingt Spaghetti essen mussten, das war Jims Bedingung gewesen. Spaghetti in der Knastkantine. Was für ein Irrsinn. Es war eine gute Zeit mit Jim, er wurde auch ruhiger.

Wir blieben drei Tage und machten verrückte Fotos, bis wir an einer Hauswand das Cover fanden. Ich kaufte einer Frau ein paar Rosen ab und stellte mich an die Wand, und Jim schoss das Foto, einmal, zweimal, das war's.

Aber auch jetzt vergab ich die Chance, Federico Fellini zu besuchen. Er und Giulietta Masina hatten des Öfteren einen offenen

Sonntag, meine Freundin Alice Franck hatte es mir gesteckt. Sie wusste um meine Verehrung für ihn. Bis heute hole ich mir von Fellini, seinen Interviews und Filmen die Erlaubnis, die Psyche sowie alle Märchen- und Kunstformen zu nutzen, die ich für meine Lieder und Geschichten brauchen kann. Zusammen mit Ingmar Bergman staffiert er – und ganz besonders sein »Amarcord« – meine inneren Räume aus.

Der Rückflug war grauenhaft. Es begann schon am Flughafen. Ein paar eilfertige Carabinieri wollten Jims Canon öffnen, und wir entgingen mit Ach und Krach der Verhaftung, weil er nicht nachgeben kann, weil ihm seine Kameras wichtiger als alles andere sind. Der Flug war ein einziger Horrortrip. Wegen des starken Schneetreibens brauchten wir zehn Stunden. Dann hatte Deutschland uns wieder.

Der Zug hält auf freier Strecke. Es geht nicht weiter. Ein Unfall. Es schneit immer noch. Ich döse in einem fort, es tut gut. Runter vom Gas, die Zeit vergeht so schnell. Ich war immer viel und gern unterwegs und hoffe, dass das auch noch eine Weile so bleibt. Vielleicht ist das Reisen Ausdruck meiner inneren Unruhe, vielleicht auch eine Fluchtbewegung.

Ich wollte immer raus aus meiner eigenen Geschichte, raus aus den Gesetzen meiner Kindheit. Ich suchte mein Leben lang nach einem Ort, an dem ich mich aufgehoben und sicher fühlte. Ich wollte frei sein, von meinem Mittelmaß, meiner Ängstlichkeit und den Selbstzweifeln. Ich begriff einfach nicht die Chancen meiner Unruhe, meiner eigenen Geschichte, die ich als unvollkommen empfand. Wie den erbärmlichen Sonntagsanzug, der ein Loch im Jackett hatte, das ich kunstflicken ließ.

Ich schämte mich meiner Herkunft. Ich war so dumm und unerfahren. Reinhard schrieb einmal in einem Lied:

»Ich schäme mich dafür, mich dafür geschämt zu haben.«

Das saß, ich zitierte die Zeile später immer wieder und hatte doch lange keine Ahnung, wovon ich sprach.

Und dennoch war in meinen Anfangsjahren jedes Konzert meinen Eltern gewidmet. Ich wollte von ihnen gesehen werden. Das Publikum stand stellvertretend für meine Leute aus der Vergangenheit. Ich war getrieben von der alten Angst, ihnen nicht gerecht werden zu können. Es war kindisch. Die Schule der Clubs half mir dabei, diese Angst abzulegen, obwohl ich heute noch manches Mal daran denke, wenn ich einer schweigenden Menge gegenübersitze, die mich an die leeren Momente in meinem Leben erinnert. Irgendwann überwand ich den Wunsch, von jedem im Publikum anerkannt zu werden, egal, zu welchem Preis. Da wurden die Auftritte angenehmer.

Die Siebziger waren nur der Beginn, die wirkliche Emanzipation erlebte ich mit anderen Frauen und Männern. Die den langen, manchmal mühevollen Weg zu sich selbst akzeptierten, ohne in Dogmen oder Parteiprogrammen zu versinken. Für mich waren die Westberliner Clubs in diesen hochideologischen Zeiten eine oft angstmachende Welt. Das war grobe Schule. Ich fühlte mich nie wohl bei den ersten Auftritten, aber ich wollte es wissen.

Nach einer Weile hörten sie mir zu, ich hatte Glück. Vielleicht wegen der vielen Frauen, die mich mochten. Die Frauen rochen mich immer schneller als die Typen. Sie nahmen mir das ab, von dem ich noch nicht wusste, es zu besitzen: Einfühlungsvermögen, Sanftheit und Sensibilität – meine weiblichen Seiten eben. Dazu sah ich so verloren aus, war zerbrechlich und scheu. Das war gut für den Anfang.

Aber nach zwanzig Jahren wird es zur Pose, wenn du dich nicht immer wieder veränderst. Zuallererst suchte ich nur Bestätigung, dann wollte ich nützlich sein. Jetzt ist es mein Weg. Ich bin versöhnt mit meiner Herkunft, meinen Anforderungen an mich selbst, obwohl ich mich immer noch piesacke, über Soll und Haben grüble. Das wird sich nie ändern.

Es ruckt, der Zug fährt wieder an. Und durch den Lautsprecher wird verkündet, dass wir aufgrund des Unfalls einen großen Umweg fahren müssen. Schon schießt in mir die Panik hoch, es heute nicht mehr bis Freiburg zu schaffen. Ich telefoniere mit Martino und bitte ihn, mich am nächsten Bahnhof, in Braunschweig, aufzugabeln.

Am Abend, nach fast neun Stunden Autofahrt und einem Nachtmahl im Panorama-Hotel hoch über Freiburg, falle ich schwer ins Bett. Auf meinem Nachtkästchen steht der kleine Buddha, der mich die ganze Tour über begleitet. Vaters Augen fehlen mir, Mutters Hände. Das Programm lockt meine Kindheitserinnerungen hervor. Ich bleibe lange wach, ecke mit meiner Geschichte an, bin an der Quelle meines Herzens, dort, wo mir Vater so sehr fehlt. Und ich lebe mit der Lücke und aller Kunst, und jedes meiner kleinen und großen Glaubensbekenntnisse stammt daher.

Ich liege wach und klammere mich an Klogänge und zwanghaftes Verdrehen von Kleinigkeiten. Was wird als Nächstes kommen? Ist Hawo noch dabei, was macht Stephan? Was wird aus den Jungs, wenn ich andere Wege gehe? Nach Freiburg werden wir uns trennen, und ich freue mich auf Berlin, aber ich bin nicht frei, ich will es auch nicht sein. Scheiß Freiheit.

Seine Augen, ihre Hände. Es ist ein wenig kindisch und ist es nicht. Ich liebte und liebe auch jetzt meine beiden verrückten, eigenartigen, traurigen, fröhlichen Eltern. Ich liebe sie so sehr, dass ich denke, ohne sie nicht sein zu können. Diese Nacht beschwört ein Kindergefühl herauf, von dem alle Gaukler leben: Abschied und Neubeginn.

Die Vorbereitungen für das große Geburtstagskonzert bestimmen die letzten Gigs. Wir sind nach Syke bei Bremen gefahren. Nachdem wir in Luxemburg ohne Stephan am Schlagzeug auskommen mussten, sind wir nun nur noch zu zweit unterwegs: Hawo und ich, und Martino fährt, und Andy steuert aus. Es tut gut, sich immer wieder zu reduzieren. Man hat dann keine Chance zu erstarren.

In Syke gelingt es wieder. Es ist gespenstisch. Ich überlasse mich einer anderen Kraft. Das Handwerk ist das eine, der große Geist das andere. Ich will nicht abheben und sehne mich nach der Echtheit des Ganzen. Die Leute hängen an den Liedern, das macht den

Weg einfacher. Da steht der Hoffmann, der ihnen sagt, wie sie sich aufzustellen haben, die Damen rechts, die Herren links, und in diesem Procedere führe ich sie durch die Gärten des Konzerts und jeder nimmt sich, was er brauchen kann. Meine Geschichte ist doch nur ein Beispiel. Ich provoziere ein wenig, damit sie nicht zu sehr dämmern, und der Rest ist Phantasie, und dann bring ich sie nach Haus.

Mein politisches Weltbild passt auf einen Lappen. Aber ich gebe nicht auf zu kämpfen. Ich bin für die Rettung des Einzelnen, ich glaube, in jedweder Musik sind heilende Kräfte. Wenn ich einem Sänger zuhöre, einem Lied, das meinem gleicht, und es ist stark und auch still und echt, und es berührt mich, ist es gut. Dann ist es, als würde ich für Minuten an mich selbst erinnert. Aber bitte kein Dogma, keine Belehrungen, und wenn, dann auch nur als Angebot.

Lieder können nicht viel erreichen. Lieder können trösten, mahnen, begleiten. Sind manchmal wie Schattenspiele deiner eigenen Seele. Wecken auf oder schläfern ein. Ein gespielter Witz kann dir das Herz öffnen. Sie schrieben einmal, ich sei eine singende Wärmflasche, eben der Botschafter für innere Angelegenheiten. Na und! Es sind eben immer solche Typen und Lieder zur Menschwerdung. Was sonst? Unterhaltung.

Nach dem Konzert sitzen wir mit dem Veranstalterehepaar zusammen und sprechen über Berlin, als wäre es ganz weit weg. Ich muss vor die Tür, ziehe die Landluft ein. Fühle mich genervt, ich habe Angst vor dem anstehenden Spektakel. Morgen geht es nach Haus. Ich rufe Malene an, ich brauche ihre Nähe. Und wir tasten uns an das Großereignis heran, zu dem alle meine ältesten Freunde kommen werden, und dann die Gäste und, und … Als Martino mich vom Parkplatz aufgabelt, ist es schon Nacht. In der einen Hand halte ich eine Weinflasche, in der anderen ein Glas. Wir packen die Gitarren und gehen.

Sie ist wieder da, steht im Halbdunkel, die Frau aus Fischerhude. Die im Norden immer nach den Konzerten kommt. Ich kenne sie über Jahre, ich habe ihren Namen nicht vergessen. Sie sagt nicht viel, will mir nicht zu nahe treten. Keiner der sogenannten Fans tut das. Sie kennen mich wohl besser, als ich es vermute.

»Wie geht's dir jetzt? … Es war dicht heute. Auf bald, ich komme zu dem großen Abend.«

Dann sitzen wir im Benz, lassen Syke hinter uns, wie auch Luxemburg und Ida Oberstein und Frankfurt und Freiburg und fahren in die Nacht. Ich bin immer noch angespannt, trotz Telefonat und Wein. Ich muss mir in Erinnerung rufen, wie es auch anders geht.

Der große Hannes Messemer, mit dem zusammen ich in Eberhard Itzenplitz' Historienfilm »Der Weilburger Kadettenmord« spielte, fragte mich einmal, wie ich es machen würde. Ich verstand ihn nicht.

»Na deine Tricks, die Art, wie du in die Rolle einsteigst, wie du dich ihr näherst.«

Ich wusste nicht, ob ich von der Bemerkung geschmeichelt sein sollte, ich fühlte mich ein bisschen ertappt, so als wenn man das Geheimnis eines Menschen entdeckt, der sich eine lange Zeit versteckt gehalten hat und nun die Maske fallen lässt.

»Es ist kein Trick.«

Ich spielte einfach, wie ich mich fühlte. So, wie ich es immer tat, wenn ich mich einer Figur näherte. Trotz aller Vorbereitungen war es der Augenblick, der zählte, ob auf der Bühne oder beim Dreh. Man musste sich ihm nur hingeben.

Damals fand ich das Eingeständnis etwas peinlich, als hätte ich kein Recht dazu, mich selbst anzunehmen. Dabei war's doch immer so. Ohne vor- und nachzudenken, ganz bei mir und ohne Tricks die Erzählung gehen lassen. Ich muss lächeln, was für ein Beruf! Endlich kann ich loslassen. Martino fährt den Benz ruhig durch die Nacht. Ich liebe diese Nachtfahrten. And I think to myself, what a wonderful world.

9

»Ich will Gesang, will Spiel und Tanz,
will, dass man sich wie toll vergnügt«
(Song »Adieu Émile« von Jacques Brel)

Durch Tonis Vermittlung machte ich 1976 so viele Filme wie in keinem Jahr danach. Etwa »Die Fastnachtsbeichte« und den »Weilburger Kadettenmord« mit Itzenplitz oder den Musikfilm »Das Duo«, den Otto Draeger mit mir und Arnica Elsendoorn in Frankreich drehte. Grundlage waren meine Lieder und eine Reise durch Südfrankreich. Ich mochte den Film, aber die FAZ verriss ihn und meinte, ich müsse nun überlegen, wohin es mit mir gehen solle. Und in dem wunderbaren TV-Film »Des Doktors Dilemma« von Rolf von Sydow mit Andrea Jonasson spielte ich einen schwindsüchtigen Maler. Das Wichtigste dabei waren mir die Begegnungen mit den Großmimen Paul Dahlke, Karl-Michael Vogler und Fritz Tillmann. Ich lauschte und sah zu, ich lernte so viel Gutes, und was sie in ihren Pausen erzählten und was sie nicht taten, war die reine Schauspielkunst.

Aber die Rollenangebote wurden immer beliebiger, jeder hätte sie spielen können. Die Sender besetzten mich stets als melancholisch-heiteren Liebhaber, und ich wurde immer blasser. Meine Spielweise verkümmerte zu einer fast unsichtbaren Mattscheibenpräsenz. Gleichzeitig hatte ich große Angst, den Anforderungen nicht zu genügen. Ich litt. Ich sehnte mich nach Afghanistan und dem echten Leben, vermisste meine alten Kumpels, vor allem Sigi und unsere ganze verspielte Leichtigkeit des Seins – die Filmerei trennte uns.

Peter Beauvais hatte mich für »Die Soldaten« von Lenz engagiert. Er war der Härteste, bekannt für seine Endloseinstellungen und dauernden Wiederholungen. Ich sollte den Schneider Stolzius spielen, nachdem er mich erst für eine kleine Eimerrolle, wie man das nennt, verpflichtet und ausprobiert hatte. Einen Segelboot-Jugendlichen mit prächtigem Haar an der Seite von TV-Starlets, deren Namen ich vergessen habe.

Eine Nacht vor Drehbeginn lag ich in meinem Turm und hatte irrsinnige Angst, die Szene mit dem Fernsehstar Anita Lochner zu spielen. Ich hatte ein Solo, musste Genuss und jugendliche Geilheit des Schneidermeisters Stolzius, für mich eine Woyzeck-Figur, simulieren. Ich konnte das nicht, ich wusste, es würde mich verbiegen, ich würde mich verlieren, hätte keinen eigenen Ton, und die Geschichte von Lenz wäre zu anspruchsvoll.

Am nächsten Morgen, unausgeschlafen und innerlich am Boden, begegnete ich Beauvais auf der Straße. Wir begrüßten uns nur flüchtig und wollten wieder auseinander. Da getraute ich mir, mich ihm zu zeigen.

»Ich habe die halbe Nacht vor Aufregung nicht geschlafen, Herr Beauvais.«

Er blieb stehen, musterte mich. Ein kleiner, drahtiger Mann in den Sechzigern. Kurzgeschorene Haare, schmale Lippen, versteckt in seinen Gefühlen, ein Intellektueller. An seiner Seite stand seine Frau Sabine Sinjen. Schmal, zart, mit einem Schauspielerkopf, die Haare nach oben gebunden wie eine griechische Göttin, zeitlos schön, lächelnd, mit theatralisch übergroßen Augen und wund wie ein Reh. Immer staunend, immer leise, immer da, auch wenn nichts weiter war. Er machte mir Angst. Fühlte der was? Oder lebte er nur in Fakten?

Ich hatte die verrücktesten Geschichten über Peter Beauvais gehört. Einmal sollte er seine Badehose völlig aufgeräufelt haben, weil die ganze Mannschaft im Wasser stand und er vor Nervosität an einem Faden zog, bis nichts mehr von der Hose übrig war. Ein schönes Bild. Peter Beauvais war ein Irrer, ein Genie, oh Himmel, und ich war für die nächsten Tage sein Opfer.

»Das macht nichts.«

Beauvais zögerte, wollte weggehen. Dann drehte er sich plötzlich um, ging einen Meter auf mich zu, machte wieder kehrt und kam doch wieder zu mir zurück.

»Sie sind ja doch Schauspieler«, raunte er mir zu und sagte dann noch:

»Haben Sie keine Angst, es geht von selbst. Nur nicht so viel proben.«

Es wurde hart. In einer Szene, in der ich einen dicken Pelz und Winterklamotten tragen musste, verpatzte ein Kollege – der nette Sohn eines bekannten Regisseurs – immer wieder seine Sätze. Irgendwie hatte er einen Dauerhänger. Vielleicht hatte er dieselbe kolossale Ehrfurcht vor dem Meister wie vor seinem Vater. Ich weiß es nicht, es gab ja keinen Platz für andere Gespräche. Beauvais wurde fast irrsinnig und ließ diese Szene 50-mal drehen! Ich hielt durch. Dann schmiss Beauvais hin und gab den Set an die Assistentin ab. Der Kollege hatte ihn geknackt.

Nach den »Soldaten« schmiss auch ich hin und floh nach Bali. Ich wollte diese furchtbaren Nächte nicht mehr, wo du denkst zu sterben, mochte mich nicht mehr dem Druck aussetzen, das perfekte C zu erreichen, die Texte zu können und alle Verhaltensweisen vor der Kamera zu kontrollieren, als ginge es um Leben und Tod. Ich hielt meinen eigenen Anspruch einfach nicht mehr aus. Ich musste weg. Ich brauchte einen Monat Überlegung, und dann kaufte ich das Ticket, ohne Rückflug.

Auf Bali, in Kuta, wurde ich bei dem Versuch, endlich einmal frei und völlig losgelöst auf einer großen Welle zu reiten, von den Wassermassen mitgerissen. Ich ersoff, die Brandungswelle drückte mich hinunter, und ich wäre beinahe ertrunken. Für ein paar Sekunden wollte ich wirklich unten bleiben, dann hob mich eine andere Kraft, und ich kämpfte um mein Leben. Ich tauchte wieder auf, ging erneut unter und so fort. Ein Franzose, der mich von seinem Board aus sah, warf mir sein Seil zu, das die Verbindung zum Brett hielt, und zog mich raus.

Ich hatte Glück gehabt. Ich war zu weit gegangen, und eine größere Kraft hatte mich am Leben erhalten. Nach wenigen Tagen flog ich mit einem Schock und einem Sack voller Erfahrungen wieder nach Hause.

Im Frühjahr 1977 offerierte mir Tom Toelle die Rolle des Armand in seiner Verfilmung der »Kameliendame« von Alexandre Dumas mit Erika Pluhar. Ich tat mich schwer damit, das Angebot anzunehmen. Ein furchtbares Hickhack ging den Drehtagen voraus. Nur Tom war es zu verdanken, dass ich bei der Stange blieb.

Dreimal sagte ich die Rolle ab, und dreimal sagte ich sie wieder zu. Meine Zweifel waren so groß, ich fand einfach keinen Standpunkt. Ich wollte nicht Stichwortgeber für die Damen sein, andererseits lockte mich Toms Arbeit. Ich hatte von ihm gehört, und dann war da noch die Aussicht auf Erika und Frankreich. Ich war hin- und hergerissen.

Beim SDR dachten sie, ich hätte Starallüren und spiele mit ihnen. Nur Tom hielt zu mir, wir telefonierten einige Male, und dann holte er mich nach Hamburg, und wir liefen einmal um die Alster. Danach sagte ich ja, obwohl ich spürte, dass der ganze Film für mich ein Fiasko bedeuten konnte. Es war nicht so, wie ich es wollte, ich fügte mich.

Der Produzent, ich habe seinen Namen leider vergessen, spielte verrückt, nachdem ich mich nun endlich entschloss mitzumachen. Er hatte ja recht, ich war nicht bei Sinnen. Als wir zum ersten Gespräch in Stuttgart am Produktionstisch saßen, platzte es aus ihm heraus:

»Was haben Sie sich eigentlich dabei gedacht? Dreimal diese Rolle abzulehnen!«

Ich biss mir vor Wut und Scham auf die Zähne, und irgendwann begann ich wie ein Kind zu heulen. Es war ein furchtbar peinlicher Moment. Tom und Erika schwiegen, nicht aus Opportunismus, eher, um es dabei zu belassen. Jeder von uns kannte doch dieses Hin und Her. Und ich wusste im Laufe der Zeit, dass sie beide, wie auch Tatjana Iwanow und Friedrich von Thun sowie einige Männer aus der Crew Wege suchten, dieses Spiel mit dem Leben zu verbinden. Vielleicht sogar von da heraus Türen zu öffnen. Es klingt groß, aber so sah ich es damals, und deshalb konnte ich mich in diesem Moment zeigen, ohne mich verstellen zu müssen.

Als der Film fertig war und wir ihn beim SDR anschauten, entschuldigte sich der Produzent bei mir:

»Die Kameliendame« mit Erika
© SWF

»Tut mir leid. Sie haben es ganz toll gemacht. Sie sind nicht ausgestiegen.«

Erika und ich erlebten während der Dreharbeiten eine Liebesgeschichte. Schon als ich Erika in Hamburg auf dem Foto sah, verliebte ich mich in sie. Gestand es mir aber nicht ein. Wir erkannten einander wie Kinder, die sich gesucht hatten. Die Tage mit ihr
vergingen wie im Traum.

Erika war hinreißend, sah ganz wunderbar aus, hatte für alle
aus dem Team ein großes Herz und eine große Lebenslust. Obwohl sich ihr Lebensgefährte Peter Vogel kurz vor Drehbeginn
das Leben genommen hatte, war sie offen für das Leben, die Liebe,
den Film. Die Presse und Medien waren hinter ihr her, wir rannten oft von einem Schwimmbad in das nächste, um den Paparazzi
zu entkommen.

Ich glaube, diese kurze Zeit der Leidenschaft hing auch mit der
Suche nach einem anderen Lebensgefühl zusammen. Erika wollte
raus aus dem Burgtheater und den Filmrollen, den Klischees, den

überhöhten Erwartungen, die man in der Öffentlichkeit an sie stellte, und ich war sowieso der Junge, der mit einer großen Sehnsucht unterwegs war. Wir trafen einander in einer bestimmten Phase, auf demselben Weg. Es war eine Zeit der Zauberei, ich empfand es ganz stark, begriff aber erst später, welch ein Geschenk es war. Tom, Erika und die gemeinsamen Wochen in dem Stoff von Dumas.

Die Dreharbeiten an der »Kameliendame« waren eine Oase für Erika und mich, und Tom wurde unser Aufpasser und Spielmacher. Wir versteckten uns förmlich hinter der Wucht der Literatur und liebten einander wie Geschwister. Wir flogen für die Außenaufnahmen nach Bordeaux, drehten dort in einem alten Schloss. Ich wollte unbedingt reiten, zeigen, was ich kann, und einer besorgte mir ein Pferd. Ich hatte Mühe, es zu halten, und ging mit dem Gaul in die Rosen. Schon beim ersten Take zertöpperte ich den filigranen Mosaiktisch aus der Zeit Louis XIV. Wir lachten viel, der Text lag nur obenauf. Wir hatten ein Schloss, etwas Brot und Wein, und der Tag begann mit einer Liebesgeschichte, deren Ende von Anfang an feststand.

Ich hätte viel mehr große und kleine Rollen spielen können in dieser Zeit. Irgendetwas hielt mich zurück. Ich wollte meinen inneren Weg nicht verlassen, und ich hatte nicht die Erfahrung der älteren Kollegen, um den Schauspieler zu tragen. Vielleicht verebbte auch meine Sehnsucht, von einem Vater gelenkt und getragen zu werden, und ich suchte nach meiner eigenen Kraft, ich wollte echt sein. Sobald ein Angebot kam, lief ich zu Toni und bat sie um Rat. Wir stritten darum, nie war es das Richtige. Es schien wie verhext, nach dem »jungen W.« kamen nur noch mittelmäßige Angebote. Nicht dass ich um jeden Preis das Besondere gesucht hätte, es sollte nur nicht beliebig sein. Ich war 25 und hatte schon so viel gemacht.

Mit meiner Musik hob ich ab. Unter der Regie meines Konzertveranstalters Karsten Jahnke organisierten wir meine erste Tournee, Georg Baum finanzierte uns die Band. Ich trommelte dafür die alten Kumpels aus Berliner Clubzeiten zusammen. Wolfgang Heinze, der Gitarrist der Schastroffs, spielte den Spanier, er konnte diesen typischen Flamencoschlag und war ungeheuer improvisationsfreudig, der fabelhafte Klaus Gutjahr spielte sein Bandoneon und ein netter Typ den Kontrabass. Für die Violine holten wir uns die wunderbare Gesine Brachmann.

Auch neue Weggefährten waren dabei. Durch Jürgen Pohlmann hatte ich Matthias Raue und Jörg Suckow kennengelernt. Matthias spielte Geige, studierte Komposition an der Uni in Frankfurt, war dort Meisterschüler, was mir sehr imponierte, und Jörg spielte Cello und pickte die Martin-Gitarre. Er war ein sensibler, musikverliebter Virtuose. Beide wurden neben Stefan Warmuth, der den Kontrabass spielte und erst später zu uns stieß, meine eigentlichen, festen Freunde und Begleiter. Sie setzten meine Lieder um, staffierten sie mit Folkanteilen und Klassik aus, nahmen fremde Musiker hinzu. Wir waren rund um die Uhr füreinander da. Wir bauten einfache Arrangements, lehnten uns an Leonard Cohens Lieder an, es blieb alles noch sehr volksliedhaft, und dadurch hatte ich weniger Mühe, auf der Bühne stimmlich durchzukommen.

Wir stellten für die erste Tournee die größte akustische Gruppe zusammen, mit der ich jemals unterwegs war, und mieteten einen Bauernhof, irgendwo hoch im Norden. Georg sagte zu allem ja und finanzierte die Probenzeit. Einmal tauchte er spontan bei uns auf, und ich setzte mich ans verstimmte Klavier und sang ihm die ersten Strophen des Lieds vor, das ich in der Nacht geschrieben hatte: »Hanna«. Georg hatte Tränen in den Augen und prophezeite mir eine tolle Karriere als Liedermacher. Er hätte mich lieber im Schlagerbereich gesehen, aber er war im Herzen zu groß, um mich kleiner zu machen. Er hätte es auch nicht geschafft.

Wir probten vierzehn Tage auf dem Bauernhof, und dann waren wir eine Truppe. Der STERN wollte damals die ersten Fotos von der Tour, und Jim Rakete besuchte uns und schoss richtige Landfotos. Wir sahen aus wie Leute, denen es gutgeht.

Es begann, ich spürte es, wenn ich morgens mit der Tochter des

Hofes über die Felder ritt. Sie machte Witze über meine Enthaltsamkeit, sie hätte es lieber anders gesehen. Charly besuchte uns, es gab viel Streit und wieder Versöhnung.

Der Beruf schenkte, was er an Träumen vorausgeschickt hatte. Wir waren jung, und die Lieder purzelten aus mir heraus wie Perlen einer Kette. Den ganzen Tag klingelte das Telefon. Wir schliefen kaum noch, nahmen aber keine Drogen. Die Jungs kifften ein wenig, und ich hielt mich an meine innere Verabredung, unbedingt gesund den ganzen Zirkus zu überstehen. Wir wollten nur Musik machen.

Hier entstand das Album, das mich innerhalb kurzer Zeit sehr bekannt machen sollte. Jürgen Pohlmann fand den Titel, als wir gemeinsam über die Wiesen liefen:

»Nenn es: ›Ich will Gesang, will Spiel und Tanz‹, nach einem Titel von Jacques Brel.«

Wir machten es so, und es wurde meine erfolgreichste Platte. Wir nahmen sie während der Tour auf. Einfach als Live-Mitschnitt, und das Cover, das später preisgekrönt wurde, schoss Jim Rakete im Schauspielhaus.

Alles passierte wie nebenbei und dennoch ungeheuer intensiv. Wir verkauften dieses Album über 300 000-mal, eine enorme Zahl für einen Newcomer. Ich konnte mein großes Glück nicht fassen. Meine Lieder wurden im Radio gespielt. Sie waren anders als das, was man von den deutschen Liedermachern kannte. Ich hatte immer von einem Chanson geträumt, von einer Vaudeville-Musik mit schrägen Bläsern, Streichern und Becken. Wie ich es mir bei den Franzosen abgeguckt hatte. Dazu Inhalte, die jedem vertraut, aber nicht politisch waren. Innenleben, Geschichten und Poesie. Ich wurde verlacht und doch gemocht, und als ich das erste Mal »Gerda« im NDR hörte, habe ich geheult.

Nach der ersten Platte bauten wir die Band um. Stefan Warmuth stieß dazu und war so zerbrechlich wie die Musik, die er liebte. Er kam von der Berliner Hochschule der Künste und spielte erst Klassik, dann Pop, dann Jazz, dann wieder Klassik. Er liebte seinen Bass wie eine Frau und litt an der Rohheit der Welt, ließ sich aber nichts anmerken. Er wurde mein künstlerischer Begleiter und Seismograph.

Schon damals übernahm ich selbst die Produktion meiner Lieder, und wir reduzierten die Musik aufs Nötigste. Es sollte minimal werden, ich liebte damals die Kompositionen von J. J. Cale, und wir schnitzten viel an den Folkeinflüssen herum. Ich schwankte zwischen Dylan und Aznavour, und mehr und mehr entwickelte sich mein eigener Stil. Ich hatte nie das Problem, als Liedermacher angesehen zu werden, es war gut für die Plattenhülle, ein Etikett zu haben, aber im Herzen war ich doch ein Schauspieler, der mit seinem eigenen Text und Musik unterwegs war. Das war neu.

Und kam an. Karsten Jahnke buchte jetzt die großen Hallen für mich. Mit ihm und seiner kulturbegeisterten wunderbaren Frau Girlie verbrachte ich viele Abende. Wir wurden Freunde. Auch wenn ich die Zusammenarbeit mit Karsten in den Achtzigern wegen Fritz Rau für einige Jahre unterbrach, so blieb er doch immer mein Mentor, Freund und erster Konzertveranstalter. Treu, unbestechlich, eloquent und knurrig, wenn er anderer Meinung war.

Die erste Band © privat

Immer kritisch im Betrachten eines jeden Kunststückchens und unglaublich enthusiastisch, wenn es ihn dann packte.

Auch mit meinem Manager Jürgen Pohlmann verband mich eine Freundschaft. Ich wohnte oft bei ihm in dem kleinen Anbau und sehnte mich nach einem eigenen Haus. Er war mit Primi verheiratet, einer wunderschönen Indonesierin, und ihr Sohn Surianto kam damals auf die Welt. Ich genoss die kleine Familie, ich fühlte mich dort wohl. Hamburg erfüllte mir alles, was ich mir gewünscht hatte.

Es war eine verrückte Zeit. Mein Foto blickte mir aus Zeitschriften entgegen, die Mädchen liefen mir nach, bedrängten mich regelrecht. Ich war völlig berauscht von meinem Erfolg, schrieb unermüdlich an den Liedern und wollte immer nur auf die Bühne, vor die Leute, die mehr und mehr kamen. Das musikalische Gewand entstand aus dem, was wir mochten. Spontan und mit ein paar Partituren für die Streicher, der Rest war dann meist improvisierter Zufall.

Ich habe anfangs alles aus der Hand gemacht. Es war pure Not, weil ich zu wenig Ahnung von Komposition und Liedermachen hatte. Wenn ich nicht weiterwusste, musste ich etwas erfinden. Das war mein Glück. Wäre ich ausgebildeter gewesen, hätte ich es wahrscheinlich hingeschmissen. Wir hatten alle in dieser Zeit unglaubliches Glück. Später, als der ganz Trubel losbrach, wir in die Sporthallen und großen Messehallen zogen, wurde der Druck größer. Tom Holm kam dazu mit seinem jüngeren Bruder Stefan, sie übernahmen die Percussion und das Drumset. Jörg musste über Nacht auf E-Gitarre umsteigen.

Ich erinnere mich an einen glanzvollen, ausverkauften Abend im Hamburger Congress Center. Zwei Tage vorher hatten wir für Jörg eine wunderschöne, blutrote E-Gitarre gekauft. Er sollte ein paar Riffs spielen, doch als wir auf der Bühne standen, raunte er mir zu:

»Mein Gott, da kommt nichts raus.«

Er hatte vor lauter Panik vergessen, das Kabel einzuklinken, nun spielte er Luftgitarre. Mein Berliner Freund Bernhard Lubowski sagte nach dem Konzert, er würde mir den Gefallen tun, nichts darüber zu schreiben. Es war wirklich sehr schlecht. Wir waren mutig, mehr aber auch nicht.

In dieser Zeit reifte mein Entschluss, aus Charlottenburg wegzuziehen. Es hatte viel mit Charly zu tun. Mit meiner Geschichte, die mir folgte wie ein Hund, wenn ich aus dem Haus ging. Ich steckte voller gemischter Gefühle und Zweifel. War es richtig, was ich tat, wo ging es hin, was würde bleiben? Ich kam mit dem vielen Erfolg nicht klar, ich brachte es nicht zusammen: meine Lieder, die ausgebuchten Konzerte, den jungen W., die Preise und Auszeichnungen, das ganze Theater.

Beim letzten Dreh hatte ich mich in die Standfotografin verliebt. Sie war schön und groß und mochte Kunst. Ich nannte sie Mecki, wir flirteten ein wenig miteinander. Aber ich traute mich nicht, eine Geschichte mit ihr zu beginnen und sie wohl auch nicht. Durch unser Zögern wurde alles schwer. Vielleicht war es meine anerzogene Scheu und Verklemmtheit, vielleicht lag es an meinen Schuldgefühlen gegenüber Charly. Ich hätte so gerne alles treiben lassen, wie es die meisten in Berlin machten, aber ich konnte es nicht. Ich fühlte mich anders als die anderen.

Charly wusste um meine Liebeleien, sie war sehr eifersüchtig, wir hatten furchtbare Streitereien, und danach fühlte ich mich noch beschissener. Sie hatte ein Verhältnis mit Otto Zonschitz begonnen, dem Leiter der Berliner Theatermanufaktur, für die Charly Kostüme nähte. Eines Morgens, als ich nach Hause kam, trat Zonschitz verlegen aus der Haustür. Wir sagten einander »Guten Morgen!«, mehr nicht. Es verwirrte mich sehr, ich fand es schrecklich, ich erlebte Freiheiten, die keine waren.

Es war alles furchtbar viel im Moment. Ich trat schon in großen Hallen auf, und der erste Gig in der Berliner Philharmonie stand an. Die Philharmonie, mein Gott, dort hatte ich mit Horst zwei Jahre zuvor Gustav Mahler gehört und Jacques Loussier. Ich weiß nicht, was in Karsten gefahren war, aber er hatte die Philharmonie gemietet.

Da kam der Schauspieler Mathieu Carrière, er wollte Dosto-
jewskis »Spieler« mit mir verfilmen. Wir sprachen über den Stoff,
während ich meine Gitarre in den Kasten packte. Ich musste los,
zum Soundcheck. Ich tat Mathieu gegenüber so, als würde mich
sein Angebot nicht weiter beeindrucken. Schließlich spielte ich
jetzt in der Philharmonie.

Das Konzert wurde ein Flop. Nicht nur, dass Bülent Ates, der
türkische Jazzmusiker an den Drums, gerade mal eine Probe mit
uns gehabt hatte, nein, ich kam mit der Rundumbeschallung nicht
zurecht. Die Leute hörten nichts, jedenfalls oben in den Rängen
und vor uns auf der rechten Seite und hinter uns sowieso. Dazu
kam, dass wir viel lautes Zeug spielten. Ich probierte mich an der
E-Gitarre aus. Es war ein bisschen wie bei Dylans Wechsel vom
Folk zum Rock. Die Leute waren aus dem Häuschen, sie schrien
und riefen mir Drohungen zu. Die Akustik war einfach grauenhaft. Unser Tonmeister Zacher versuchte sein Bestes, den Laden
auszusteuern.

Wir hatten wirklich ein Klassenproblem. Wir machten raue Ar-
beitersongs für ein Publikum, das ein Folkkonzert erwartete und
in einem Salon saß. Es war nicht mehr komisch. Ich kam gerade
mal so über die Runden. Die Band stand wie ein Mann hinter mir.
Aber ich musste alleine durch.

Ich wollte diesen ganzen Hype nicht. Oder ich wollte ihn doch,
aber litt darunter, nicht alle meine Kumpels auf diesem Weg mitnehmen zu können. Viele meiner Schauspielkollegen fanden mein
Pathos abscheulich. Willi war nach Köln gegangen. Helli hockte
nur noch in seiner Bude und feilte an seinen Rollen. Sigi trebte
durch die Welt, hatte viele Frauen, es zog ihn nach Frankreich, auf
einen Hof. Horst hatte sich abgesetzt, er malte, wollte Künstler
werden. Es war okay, er musste Distanz zu mir haben, für eine
kurze Zeit verhielten wie uns damals wie Rivalen. Vielleicht, um
die Auflösung unserer WG besser verkraften zu können. Wenn
das Geschäft zuschlägt, verändern sich die Menschen, hat Dieter
Borsche immer gesagt.

»Pass auf, je höher du steigst, desto dünner wird die Luft.«

Es wurde mir alles zu viel: der Erfolg, die Entfremdung von meinen Kumpels, die Frauen, die Lieder und Charlys Flehen und Sehnen. Ich musste hier raus. Ich musste zu mir selbst kommen.

Am Set bei dem großen Ingmar Bergman begriff ich dann, was ich vorher so wenig beachtet hatte. Wir drehten »Das Schlangenei« in den Kulissen, die später auch für Fassbinders »Berlin Alexanderplatz« Verwendung fanden, Horst Wendtlandt hatte mir eine winzige Rolle als SA-Mann an der Seite von Liv Ullmann und David Carradine vermittelt. Meine Garderobe war mit Rokoko-Stühlchen ausgestattet und einer Liege, auf der eine samtene Decke lag. Auch die Verpflegung war superb. Volker Kraeft, der ebenfalls mitspielte, kümmerte sich liebevoll um mich, aber ich fühlte mich allein.

Drei Tage saß ich in meiner Garderobe auf dem Set in der Münchner Bavaria, wartete auf meinen Auftritt und dachte über mein bisheriges Leben nach. Was sollte jetzt aus mir werden? Ich konnte mein Glück nicht fassen. Ich fühlte mich noch nicht reif genug, mir fehlte Boden. Dazu kamen die Zweifel, ob ich das alles verdient hatte. Meine Gefühle waren immer noch die eines Jungen, der vor seiner eigenen Geschichte flieht. Es war mit Erfolgen nicht wettzumachen.

Kurz bevor ich dran war, wurde ich plötzlich ans Telefon gerufen und erfuhr, dass ich für »Die neuen Leiden des jungen W.« den Bambi bekommen würde. Ich war überglücklich und verpatzte beinahe meine Szene. Bergman nahm mich in den Arm und gratulierte mir, die Ullmann mixte später für Volker und mich eine Schlangenei-Bowle in ihrer Garderobe, und alle waren nett zu mir.

Doch an diesem Tag wusste ich: Hier ist die Grenze. Ich suchte eine innere Heimat, einen inneren Halt, ich wollte keine Erlebnisse mehr mit Regisseuren und Vatervorbildern, ich wollte meinen eigenen Weg gehen. Ich wollte meine Kunst, und die Fehler sollten nur aus mir kommen. Keine Umwege mehr, keine Erlaubnissätze. Ich wollte schlicht zu mir!

Ich musste etwas ändern, ich empfand mich als zu beliebig, und ich wollte mein Leben und den frühen Erfolg zusammenbringen. Ich suchte nach einer Lösung, etwas Neues zu beginnen, ohne das Alte lassen zu müssen. Erst später begriff ich, dass das unmöglich ist.

Bei der Bambi-Verleihung kam der junge W. in mir noch einmal hoch, der immer wegwollte, aus der Enge fliehen, frei sein und glücklich werden. Ich war ganz erfüllt von dem vielen Trubel, und gleichzeitig wollte ich weiter. Das Bürgerliche war für mich nicht angesagt oder eben nur ein bisschen. Ich glaube, an dem Tag waren Eberhard und ich schon besoffen von dem vielen Glück. Glück ist nicht so leicht zu tragen.

Als ich aufgerufen wurde, lief ich auf die Bühne, stellte mich vor das Mikrophon und murmelte nichts weiter als »Danke!«. Ich stand etwas verloren vor den Leuten, die alle den Film gesehen hatten und sich nun an sich selbst erinnerten. Ich konnte nichts weiter sagen, es war alles zu groß, zu viel und zu echt. Ich hätte nur Unsinn gestammelt, und das wollte ich nicht. So gab ich mich als schweigsames Geheimnis meiner selbst.

Mit Harald Müller bei der Bambi-Verleihung
© *Margret Tenbuß*

320

An diesem Abend wollten die Götter sehen, ob es mich gibt, und die Knef stieg als Erste vom Olymp. Ich ließ mir nicht anmerken, wie aufgeregt ich war. Mutters Gesetze schlugen an:

»Nicht zeigen, wer du wirklich bist! Halte dich gerade und mach keinen Mist!«

Die Knef strahlte mich mit großem Augenaufschlag und nervösem Lächeln an, gab mir die Hand und fragte mich, wie es mir gehe. Ich war erschlagen von ihrem Wesen, ihren kolossal langen Wimpern, ihrem goldenen Haar. Meine Muse stand leibhaftig vor mir und war viel zarter und zerbrechlicher als in meiner Phantasie. Ich murmelte etwas Unverständliches, was hätte ich sagen sollen, aber ich lächelte bedeutungsvoll. Ich stand also vor ihr, mit meinem Bambi in der Hand, und machte fürs Erste einen guten Eindruck.

Später hatten wir einige Male beruflich miteinander zu tun. Immer wieder gab es ein Lied in einer kleinen Show, meistens beim NDR, und wir kamen uns näher. Flüsterten verschwörerisch vor den Auftritten, die sie quälten, und sie mochte mich. Vielleicht mehr den Jungen in mir als meine zerbrechlichen Lieder, möglicherweise auch, weil ich damals sehr lange Haare trug.

Um meinen Willen nach Veränderung und Unabhängigkeit auch äußerlich zu manifestieren, mietete ich eine kleine Zweizimmerwohnung im vierten Stock in Halensee, in der Nähe des Ku'-damms, sagte meinen Kumpels adieu und trennte mich von Charlottenburg und den alten Straßen. Es sollte ein Neubeginn sein, ohne meine Vergangenheit, meine schlechten Gefühle und meine Erinnerungen. Ich wollte wirklich ein großes Fenster öffnen. Ich war verzweifelt. Immerhin war Charlottenburg mein Nest gewesen, und meine Kumpels und die vertrauten Ecken und Häuser waren doch ein Teil von mir. Aber ich musste gehen.

Ich erinnere mich an den Tag, an dem ich im Hausflur der Gierkezeile stand, die Haustür öffnete und auf die Straße hinaustrat. Ich hatte einen Koffer in der Hand, das andere Zeug sollte später nachkommen. Keiner meiner Kumpels war zum Abschied erschienen, auch Charly nicht. Es regnete. Ich fühlte mich wie ein Ausgestoßener, dabei hatte ich doch diesen Weg freiwillig gewählt. Meine Einsamkeit legte sich wie ein Laken über mich und überschattete mein ganzes Tun und Handeln. Ich machte gute Miene und verbarg meine wahren Gefühle.

Die Freiheit, von der ich geträumt hatte, gab es in Halensee nicht. Ich verstand nicht, dass ich nach einer Freiheit suchte, die in mir selbst war und nur dort. Denn was ich in mir spürte, war ein dicker Trauerklops, den ich nicht verdauen konnte. Und der lag dort schon sehr lange, wie ein Stein aus uralter Zeit.

Eine Journalistin der BRIGITTE besuchte mich damals in dieser Wohnung. Ich machte uns Tee, zündete ein Räucherstäbchen an, und wir sprachen über das, was man in den Siebzigern so diskutierte: Seele, Gefühle, Emotionen. Zum Schluss sang ich ihr ein Lied vor, das ich gerade geschrieben hatte: »Berlin«. Und sie fragte mich, warum ich so traurig sei. Ich wusste nichts darauf zu sagen.

Die Umzieherei hatte nichts gebracht. Vor mir selbst konnte ich nicht davonlaufen. Ich merkte, dass ich mich mir selber stellen musste. Es war an der Zeit, es ging nicht mehr. Ich hoffte, zu mir zu kommen durch eine Theaterarbeit, die mich lenkte.

Da meldete sich Gerd Heinz, ein freier Regisseur, der am Thalia Theater inszenierte, und bot mir zwei Rollen in Hamburg an: den Darkie im »Irren« von Edward Bond und den Ferdinand in Schillers »Kabale und Liebe« an der Seite von Lisel Rath. Das Thalia Theater in Hamburg sollte es sein. Ich war froh, ein wirkliches Angebot bekommen zu haben, das mich nun an ein festes Haus brachte.

An einem sonnigen Frühlingstag 1978 fuhr ich mit einem kleinen Kombi, in dem meine paar Möbel, die Sitzkissen, die beiden Gitarren und meine wenigen anderen Habseligkeiten untergebracht waren, nach Hamburg hinein. Als ich vor dem gediegenen Klinkerhaus im Kornträgergang stand, wo es unten einen Krämerladen gab und an der Hauswand eine Tafel mit den Namen sämtlicher hier ansässiger Rechtsanwälte, musste ich erst einmal tief durchatmen. Ich war ganz aufgeregt über das, was kommen sollte. Ich fühlte mich endlich unabhängig und frei von allem, was mich belastete und war richtig froh, bei mir zu sein.

Durch Jürgen Pohlmanns Vermittlung war ich hier im Gängeviertel, einem Szene- und Studentenkiez, untergekommen. Meine Wohnung im obersten Stock hatte zwei Zimmer, eine Küche und einen großen Balkon mit einer Plastikbrüstung. Ich thronte über der Stadt, unter mir gab es nur noch die Anwaltskanzleien. Wenn nach 20 Uhr der Fahrstuhl ging, wusste ich, jemand wollte zu mir.

Die Inszenierungen waren mau. Wären nicht Lisel Rath, Loni von Friedl und die netten Kollegen um Manfred »Manni« Steffen gewesen, ich wäre vorzeitig verblasst. Ohnehin passte ich mich irgendwie nur an, ich wollte nicht durch den Sänger in die Verlegenheit einer Sonderbehandlung kommen. Ich war der nette Junge.

Ich flog und konnte nicht laufen: Meine erhoffte Unabhängigkeit blieb aus. Ich konnte nicht schlafen, wälzte mich nachts im Bett umher, litt unter meiner Einsamkeit, kam nicht mit meinen Gefühlen zurecht. Ich hatte Heimweh. Ich konnte Charly nicht lassen. Wir hätten uns längst trennen müssen. Ich war hin- und hergerissen zwischen einem Neuanfang mit mir selbst und ihrer Sinnlichkeit und dieser grenzenlosen Bereitschaft sich zu verlieren. Ich wollte hinaus und kam nicht zu mir, der Widerspruch meines damaligen Lebens.

Es gab Lichtblicke, Ulrich »Ulli« Kuhlmann, der den Irren spielte, war einer davon. Er ist einer der sensibelsten Schauspieler, die ich kenne. Er wurde ein väterlicher Freund in dieser Zeit. Ulli war in einer ähnlichen Situation wie ich. Er war vor einer bösen Scheidung nach Hamburg geflohen, hatte es am Magen und versuchte, mit Rollkurübungen vor dem Fernseher in seinem Apartment an der Mundsburg ein neues Leben zu beginnen.

Wir verbrachten viel Zeit miteinander, er war es auch, der mich zu dem schönsten Auto meines bisherigen Lebens überredete, einem knallroten Alfa Romeo Giulia Super, den Jean-Paul Belmondo in »Außer Atem« fuhr und der in allen Gangsterfilmen auftauchte. Ein wunderbares Auto mit Ledersitzen und Holzlenkrad, für 6500 Mark.

Ulli kannte sich in diesen Dingen aus. Wenn er nicht gerade Text paukte, schossen wir durch die abendliche City, hingen in den Weinstuben und Studentenkneipen im Karolinenviertel ab und versuchten, uns die kommenden zwei Jahre so unterhaltsam wie möglich zu gestalten.

Monika Baumgartner war der Stern, der für Ulli und mich hinter der Bühne aufging, sobald wir freihatten. Sie war frech, hatte keinen unnötigen Respekt vor den Regisseuren, und wir stritten viel und lustvoll über Posentheater und das ganze hölzerne Gehabe. Beim »Irren« hatte sie eingangs eine Liebesszene mit Ulli, bei der sie keine Unterwäsche unter ihrem Rock trug. Da sollen immer viele Bühnenarbeiter im Schnürboden zu sehen gewesen sein.

Trotz der dürftigen Inszenierungen mochte ich das Thalia, es gab mir eine gewisse Struktur. Ich mochte Gert Heinz und auch den Intendanten Boy Gobert, der sich mir gegenüber sehr fair und freundschaftlich verhielt.

»Wissen Sie, dass ich mich in Sie verliebt habe …?«

Er saß kerzengrade hinter seinem Schreibtisch. Rechts und links führten Tapetentüren in ein angrenzendes Separee. Ich war so verdattert, dass ich nichts weiter sagte als:

»Ach, das ist doch schön, Herr Gobert.«

Wir wechselten schnell das Thema. Er war gut zu mir, er liebte Schauspieler. Er vereinte so viele große Namen: Sabine Andreas, Peter Striebeck, die Liste war lang. Er wollte wie Gründgens sein, glaube ich, sein »Richard III.« war großes Theater. Seine beiden Assistenten Gerhard Blasche und Eberhard Witt hielten ihm den Rücken frei. Auch als er später nach Berlin ans Schiller Theater ging, wo die Kulturpolitik ihm das Genick brach.

Lisel und ich spielten »Kabale und Liebe«, und bis auf die Szenen mit Loni von Friedl gab es nur furchtbares Über-den-Abend-Kommen. Ich war manchmal so geplagt, dass ich mir wie fremdbestimmt vorkam. Es war nicht mein Weg, es war ein zu großer

Kompromiss. Wir freuten uns auf die letzte Szene, wo Luise und Ferdinand das Gift nehmen, da waren Lisel und ich ganz große Klasse.

Sicher tat ich den Bemühungen am Thalia unrecht. Meine Nächte waren gegen mich. Ich trieb mich aus Einsamkeit in den Kneipen des Gängeviertels herum, saß bei den Wirtinnen, hörte mir ihre Männergeschichten an. Mädchen stellten mir nach. Die Frauenzeitschriften hatten mich doch mit Hochglanzfotos porträtiert. Es gab weibliche Fans, die sogar vor meiner Tür schliefen. Aber es war auch lustig.

»Loni, wir werden verfolgt.«

»Jaja, bilde dir nur nichts ein!«

»Loni, bitte wende!«

»Mein Gott, wirklich, derselbe Käfer hinter uns, schon seit einer Stunde.«

Da war ich dann wie im Rausch, mir schwindelte richtig körperlich.

Wenn ich morgens aus dem Haus trat, um zur Probe zu gehen, begrüßte mich die nette Frau im Krämerladen mit den Worten:

»Ach, Herr Hoffmann, es hat eine junge Frau nach Ihnen gefragt. Sie will wiederkommen.«

Eines Nachts öffnete ich einem bildhübschen Mädchen die Tür, das sich mir als Kommunistin vorstellte und eine ganz wichtige Frage zum Thema Dialektik im Klassenkampf mit mir ausdiskutieren wollte. Wir landeten im Bett und sprachen nicht viel. Eine andere brachte mir Ginseng, sie hatte als eine der Ersten ein Tattoo auf dem Oberarm, ihr Freund saß im Knast. Während wir uns berührten, dachte ich daran, dass er uns auflauern könnte und beeilte mich, sie loszuwerden. Aber es gab auch ein Mädchen, in das ich mich endlich verliebte und bei dem ich bleiben wollte. Es trug kurzgeschnittenes Haar, war frech und hatte einen wunderschönen knabenhaften Körper. Aber ich quälte mich mit Schuldgefühlen herum, und nach ein paar Tagen und Wochen schnitt ich unsere kurze Zeit der Verliebtheit ab.

Danny, den ich oft in seinem Kontorkeller besuchte, lotste mich ins Salambo, einen Cabaret- und Sexclub auf der Reeperbahn. Sein französischer Freund René Durand war der Inhaber. Beide kannten sich aus Marokko. Das Salambo war ein Schuppen für Touristen, mit einem angegliederten Puff. Es gab eine Bühne und Sitzreihen und kleine Séparées für die Zuschauer. Ganze Kolonnen fielen an den Wochenenden hier ein: Reisebusse, Wandergruppen, Matrosen und Kompanien der Bundeswehr.

Im Unterschied zu anderen Läden wurde hier alles auf der Bühne gezeigt. Es war Kleinkunst. Ficken als inszeniertes Kunststück oder das, was René dafür hielt. Es gab Orgien, Männer, die immer konnten, Frauen, die von Zwergen geliebt wurden, Nonnennummern, Sadomasogeschichten, und alles im Vaudeville-Stil inszeniert. Sie trieben es zu zweit, zu dritt, in Gruppen, lehnten während des Aktes an Laternen, sangen dabei und boten sich in aufreizenden Posen den ersten Reihen dar.

Im Salambo sah ich zum ersten Mal die bunte Hölle, die nachgestellte Lust am Sex, am Spiel und viel Schamloses, furchtbar Verlorenes. René holte die Darsteller aus Brasilien und Asien und gab ihnen Kost und Logis irgendwo in einem Apartment nahe der Reeperbahn. Es waren traurig anzusehende, oft wunderschöne Jungen, die Mädchen sein wollten, und Frauen, die vom Himmel gefallen schienen.

Ich ging oft nachts zu den Vorstellungen, sah die Transvestitengruppen aus Rio und Thailand. René inszenierte die Shows, gab sich intellektuell, trug langes graues Haar und einen Don-Quichotte-Bart. Er sprach sieben Sprachen und wohnte in einem Wohnwagen mit extragroßem Bett, inmitten von Spiegeln. Danny und ich mussten eines Nachts bei ihm wie bei einem Paten vorsprechen, um die Erlaubnis für meinen Song über das Salambo zu bekommen. René gab mir freie Hand und seinen Segen, und ich schrieb das Lied.

René war dann ganz vernarrt in das Chanson und furchtbar stolz darauf, es wurde die Visitenkarte seines Ladens. Als Dank wollte er mein Konterfei an der Bühnendecke aufhängen und in dem

Moment herablassen, wenn zehn kleinwüchsige Pornodarsteller zu den Klängen meines Liedes mit einer Riesin Sex hatten. Ich reagierte panisch auf seinen Vorschlag, nicht wegen der Zwerge, sondern wegen meines Fotos. Glücklicherweise hängten sie es nicht auf, aber den Song spielten sie jeden Abend während der Vorstellung.

Dem Salambo angeschlossen war ein Puff für die High Society. Man konnte sich in Themenzimmer zurückziehen, also in Berghütte, Klosterzelle, Folterraum und so weiter. Sehr viele Politiker kamen damals. Man zahlte 1000 Mark pauschal, um mit einem Mädchen oder einem Jungen in eines der Zimmer zu verschwinden.

Viel buntes Volk trieb sich hier herum: Künstler, Professionelle, Spieler, Zocker und natürlich auch Schauspieler, Theatermacher. Peter Zadek schickte seine Truppe zum Workshop her. Ulrich Wildgruber kam und die unvergleichliche Eva Mattes. Sie holten sich Ideen für ihre Stücke und Inszenierungen am Schauspielhaus.

Was sie auf der Bühne darboten, war nie wirklich gut, aber das ganze Tingeltangel zog mich magisch an. Die Grenzenlosigkeit, die Art und Weise, wie sie das Intimste zeigten, ohne das Gesicht zu verlieren, fand ich aufregend und abstoßend zugleich. Eigentlich waren es bitterarme Kinder. Aber mir zeigten sie die andere Seite des Mondes.

Tom Toelle hatte hier in Hamburg am Thalia seine letzten Theaterinszenierungen und suchte meine Nähe. Doch ich ließ mich nicht auf ihn ein. Ich war zu sehr mit mir beschäftigt. Ich glaube, er war genauso allein in Hamburg, aber ich suchte den Alleingang absichtlich, wollte eben ein völlig neues Leben beginnen. Ich hatte mich getäuscht. Frei sein will gelernt sein. Dazu bekam ich meine ganze alte Kinderkacke aufs Konto. Wie Staub, der sich auf meine Wohnung, auf die paar Möbel, auf meine Matratze legte. Ich war nicht mehr offen für die Vergangenheit.

Dabei hätte ich gerne einen Freund wie Tom gehabt. Aber ich floh damals regelrecht vor den Leuten, die mir wichtig waren. Ich wollte kein aufgesetztes Rollenspiel, und zugleich hatte ich Angst vor allem Echten und vor Nähe. Einmal sahen Tom und ich uns noch spontan an einem Fährschiff an der Alster, aber ich stob davon. Es sollte nicht sein. Jeder zog in Hamburg von Schiff zu Schiff, und was blieb, waren nur Erinnerungen.

An einem dieser Tage rief der berühmte Produzent Luggi Waldleitner mitten in der Nacht bei mir an. Zuerst dachte ich, ein Kollege würde mir einen Streich spielen, aber er war es wirklich. Hollywood live! Er bot mir die Rolle des schönen, armen Gigolo im Regiedebüt des legendären David Hemmings mit internationalem Staraufgebot an. Angeblich sollte auch die Dietrich noch einmal in diesem Film spielen. Ich war geehrt, ich war verwirrt, ich wollte es machen. Aber Gobert verhinderte es, er ließ mich nicht aus dem Vertrag. Ich war frustriert, verbittert.

Ich musste eine Entscheidung treffen. Ich ahnte, dass ich so nicht weitermachen konnte. Beim NDR hatte ich eine eigene Fernsehshow bekommen, einen Singabend unter der Regie von Otto Draeger. Charles Regniers Bruder Henri, der damalige Unterhaltungschef des NDR und ein enger Freund von Rudolf Augstein, hatte es realisiert. Augstein hatte mein Lied »Gerda« auf einer gemeinsamen Fahrt mit Willy Brandt im Autoradio gehört und Regnier auf mich aufmerksam gemacht. Ich spielte und sang, und mein Konterfei hing auf unseren Tourneeplakaten und sollte in den Spätshows des Salambo von der Decke baumeln. Es war genug.

In einer Eppendorfer Klinik kam ich zu mir. Ich war ein paar Tage dort, weil ich an einer Varicozele litt und eine Ader stillgelegt werden musste, sonst drohte mir Schlimmeres. Als ich in der Nacht vor der OP nicht schlafen konnte, lief mein bisheriges Leben in Bildern vor mir ab. In dieser Nacht entschied ich mich: Der Sänger sollte es sein. Er war, was ich am meisten liebte und was mir die direkteste Ausbildung auf der Bühne versprach.

Gleich nach der OP rief ich Vivi Eickelberg an, die ich noch in Berlin kennengelernt hatte. Sie war lange Zeit die Managerin von Schobert & Black, einem Liedermacherduo der ersten Stunde, gewesen und kannte den Musikmarkt von der Pike auf. Am nächsten Tag war sie da, und ich sagte Jürgen Pohlmann noch am Nachmittag adieu. Ich kehrte dem Thalia und Hamburg den Rücken und zog zurück nach Berlin.

Vivi wurde für fast dreißig Jahre meine künstlerische Begleiterin und Managerin. Sie war die »Mutter« vieler deutschsprachiger Liedermacher. Wir lehnten uns aneinander an, und sie begleitete mich in vielen Entscheidungen. Unsere Autofahrten waren legendär, und alles, was sie mir durch ihre frankophile Art vermittelte, ihre Großzügigkeit im Denken und ihr lustbetontes Lebensgefühl, war pures Spiel. Wir waren lange Zeit auf derselben Spur. Bis das Leben uns trennte und jeder allein weitermusste.

Nach Haus

Berlin rückt näher. Der Zug fährt durch den Osten, das Branden-
burger Land, der Schnee liegt wie eine Decke über allem. Berlin,
warum immer wieder Berlin?

Weil dort die Bäume meiner Kindheit stehen. Weil ich dort »du«
zu den Leuten sage. Weil ... es ist eben so.

Sie haben geschrieben, Berlin wäre für mich eine Art Hassliebe.
Was für ein Quatsch! Ich habe zu Berlin dieselbe Zuneigung wie
zu meiner Vergangenheit. Und das ist kein Zustand. Liebe ist nicht
immer nur ein säuselndes Verehren. Es sind Widersprüche, es sind
Klagen und eben beides. Wie kann man den ganzen Tag nur her-
umrennen und schreien, ich bin verrückt nach dir. Ich habe den
Muff und den Mutterwitz der Leute nie gemocht. Das Vorlaute
und Arrogante. Ich gebe zu, auch die Armut nicht. Die Eisenträ-
ger, die ganze deutsche Geschichte, die Mauer.

Wie kannst du alles nur lieben. Wenn ich unterwegs bin, auf den
Autobahnen der Welt, ertappe ich mich oft dabei, die Reisezeitun-
gen nach Alternativen durchzublättern. In Hamburg träumte ich
von einer Insel. Eine Firma bot Inseln zum Verkauf. Ich träume
mich eh zu viel weg. Dieses Berlin, es steckt in mir drin. Ich bin
selbst so muffig wie arrogant und vorlaut. Aber geliebt habe ich
meine Stadt immer. Ich wollte nur immerfort weg. Nach irgendwo,
ins Freiland. Ist wohl noch ein Stück Mauer in mir, die ich abbaue
ein Leben lang.

Wenn ich bei Arcino's, unserem Lieblingsitaliener in Gatow,
sitze, wenn Gigi und Francesco und Guiseppe und Gianni von
ihrer Heimat in Italien sprechen, dann träume ich mich bei Spaghetti al dente in ein südliches Dorf. Und bin ich in Italien, dann

sehne ich mich nach Charlottenburg oder an die Havel, zu Rita Tannier, die das Blau Rot Restaurant hat, wo der Blick so weit übers Wasser geht. Die Boote, die mich forttragen sollten, weg aus der dunklen, ummauerten Stadt. Bei Rita gingen die alten Gaukler ein und aus, und Malene und ich essen und trinken, und immer viel zu viel, und reden über Pfitzmann und Juhnke und Edith Hancke, die aus der Zeit fallen und uns in unseren Träumen unterhalten. Es ist schon verrückt, dieses Hin und Her. Kaum bin ich hier, will ich weg, kaum bin ich weg, habe ich dieses sentimentale Berlin-Gefühl. Ich brauche es, es ist nötig, es ist auch schön. Ich bin wohl der personifizierte Widerspruch.

Ich schaue zum Fenster hinaus. Hoffentlich haben nicht wieder ein paar Autonome die Leitungen angesägt oder ein Kupferkabel geklaut. Dann steht der Fahrplan. Dann heißt es erinnern, sich besinnen. Dann ist Stau auf der Seelenfahrbahn ins heimische Glück.

Ach könnt ich doch, ach wollt ich doch, ach wäre nichts geschehen, ich wäre nur ein Vögelein und würde nach dir sehen. Weiß nicht, woher ich es habe. Brentano?

Mein geliebter Uwe Genkel. Als ich eine Pause einlegte, als ich nach dem Thalia Theater alles für eine Weile hinwarf, da kam es über mich wie ein Wirbelsturm. Uwe hat mich aus dem inneren Meer gezogen, mehr als einmal, der lag bei mir. Uwe und Marita Ransohoff, sie waren zwei Psychotherapeuten und halfen mir. Uwe lernte ich durch Marita kennen. Er war Arzt, vertraute mir, ich vertraute ihm. Er lenkte unsere Gruppe. Er fehlt mir so.

Malene und ich besuchten ihn, sooft wir konnten, in seinem Sonnenhaus auf Lanzarote. Er hatte ganz früh mit harten Drogis in den USA im Knast gearbeitet. Seine Methode war die Mattenarbeit und eine Schreitherapie. Er ließ morgens die Knackis antreten und sich leer schreien, um allen inneren Ballast abzuwerfen. Sonst hätten sich die rauhen Kerle wahrscheinlich schon vor dem Frühstück gegenseitig umgebracht.

Vor einem Jahr ist Uwe gestorben, und als ich es durch Verena, seine Lebensgefährtin, erfuhr, war's schlimm. Ich dachte, der letzte Unvernünftige ist gegangen. Die Gruppe um Marita gab ich vor

Jahren auf. Aber es war gut, es half mir, an Land zu kommen. Immer wieder. Jetzt sind sie schon drüben, und meine Gruppe ist in alle Winde verstreut.

Der ICE daddelt mit 220 Sachen dem Bahnhof Berlin-Spandau entgegen. In einer halben Stunde werde ich aus dem Zug springen, dann die Taxe mit einem vermieften Innenraum und einem schrulligen Fahrer nehmen, die Potsdamer runterzuckeln, an den verschneiten Feldern der Gatower Heide vorbei, nach Kladow, wo ich mit Malene und Ferdinand, unserem Chefkater, zu Hause bin. Es ist Sonntag, und wie Reinhard es besang auf einer seiner besten Scheiben, manchmal, da fallen mir Bilder ein ...

Die Knef, Harald Juhnke und Günter Pfitzmann, Horst Buchholz, Edith Hancke und Helen Vita und Evelyn Künneke, Paul Kuhn. Sie alle kamen aus Berlin oder waren Berliner, und alle traf ich in meinem Leben an, was für ein unglaubliches Glück! Es waren alles Künstler, die meine Eltern beeindruckt hatten. Ich übernahm sie einfach und liebte und verehrte sie weiter. Vittorio de Sica bis heute. Er sah meinem Vater so ähnlich, er hatte dieselben melancholischen Augen. Sie mochten mich auch, wenigstens glaube ich das.

Ich bin fest davon überzeugt, dass alle mehr oder weniger den Anteil ihrer eigenen Biographie, eines zerdepperten Berlins, eines Jungen oder Mädchens auf der Suche nach einem eigenen künstlerischen Ausdruck in mir sahen.

Mit Hilde bei uns in Kladow
© *privat*

Hilde war in meinen Augen von allen Berliner Schauspielern und Sängern die Eigenständigste. Ihre Lieder, ihre Texte, diese kantigen Liebesreime, immer an Ringelnatz angelehnt, ihre Bekenntnisse und Hoffnungen und wie sie die Welt sah, waren Momentaufnahmen einer ungemein wachen und klugen Frau. Sie sang identisch, oder zumindest glaubte ich das. Sie sang von dem, was sie umtrieb, wonach sie suchte, woran sie hing, was sie schmerzte und worunter sie litt. Mit ihrer unnachahmlich knarzigen Stimme berührte sie ungemein viele Menschen, die den Krieg miterlebt hatten. Das passte, umso mehr wurde sie von den Intellektuellen der Nachkriegsgeneration verehrt. Egal, ob sie Schlager oder Chansons sang.

Vor ihrem Tod kam sie noch einmal mit Paul von Schell für eine Dokumentation zu uns nach Kladow. Ich sprach ein paar Sätze in die Kamera. Es war gut, weil ich meine Zuneigung zeigte. Dass sie die größte noch lebende deutsche Chansonette sei und eine Dichterin und dass sie intellektuell weit höher als der deutsche Schlager stehe und diese Sachen, die man sagt, wenn's echt ist mit den Gefühlen. Dann holte ich meine Gitarre und sang ihr ihre eigenen Lieder vor. Ich glaube, es gefiel ihr. Später schnitten sie mich aus dem Film heraus. Eine der Kränkungen, die ich Mühe hatte zu verzeihen. Hilde schrieb mir zwar noch etwas Nettes, aber ich blieb gekränkt.

Und dennoch: Es gibt ein Band zwischen uns Berlinern. Bei Klaus Wowereit habe ich es gleich gespürt. Wir mochten einander vom ersten Moment an, als er und sein Lebenspartner Jörn Kubicki in meine Insellieder-Show am Ku'damm kamen. Die beiden hatten sich speziell in diese Platte verstiegen. Jörn hatte sie auf eine Urlaubsreise in die Ägäis mitgenommen. Sie hatten sie jeden Abend gehört, und es gab keine andere von mir, die ihnen so entgegenkam. Klaus war dann oft bei den Premieren dabei. Er ist ein Treuer, wir teilen eine Menge, versuchen, die Realitäten auseinanderzuhalten, und sind uns in der Biographie ähnlich. Er Berliner Kind, ich Berliner Kind. Wir kennen einander, müssen nicht das Politbarometer ablesen, um uns wichtig zu sein.

Später zog ich in einem der seltenen Momente in seinen Wahlkampf und näherte mich wieder einmal der SPD. Nur Willy Brandt habe ich derart gemocht, persönlich gestimmte Annäherung zugelassen. Bei Brandt war es Bewunderung und ehrliche Zuneigung, bei Klaus und auch Jörn ist es das Echte, das Unbestechliche, und es entschied sich in einem Augenblick.

Auch Harald Juhnke und ich hatten eine gute Zeit miteinander gehabt. Ich hatte ihm einige Lieder für die Shows geschrieben, und wir waren gemeinsam durch die Stadt gefahren. Er mochte mich als Schauspieler, und ich mochte Harald als Gaukler, als einen, der alles hat und nach Wegen sucht. Er war ein großer Komödiant. Wir mussten uns nicht einmal zusammen betrinken. Es reichte aus, wenn wir Quatsch miteinander machten oder über Rollenangebote und die Lieder sprachen.

In der furchtbaren Zeit, als die Presse sein Haus in der Lassenstraße belagerte und Haralds Eskapaden der Aufmacher in den Tageszeitungen waren, hatten wir einen Studiotermin. An dem Tag war er gestürzt, und seine Frau Susanne wollte ihn nicht gehen lassen. Ich packte ihn dennoch ins Auto, und wir karrten ihn ins Studio. Er trug ein Riesenpflaster mitten im Gesicht.

»Die erkennen mich eh nich ...«

Mit Harald
© privat

Als wir in der Sonnenallee ausstiegen, liefen gleich ein Dutzend Passanten zusammen. Sie hatten ihn sofort erkannt. Am Hut, an seinen ausladenden Gesten, an seiner Lust, sich ihnen zu zeigen, an seinem ganzen Theater, das er für jeden von uns spielte. Tag und Nacht.

Einmal haben sie Harald mir gegenüber den Vorzug gegeben. Ich habe es verstanden, aber es hat mich sehr gekränkt.

Harald Müller, dem alten wunderbaren Produzenten der »Neuen Leiden des jungen W.«, war es damals gelungen, der Witwe Falladas die Rechte für den »Trinker« abzukaufen. Und mit dieser Rolle wollte er mein Comeback als Schauspieler starten. Darauf hatte ich gewartet. Es war wie eines dieser Hollywood-Telefonate: William Wyler ruft an, will Hoffmann für »Ben Hur«. Wunderbar. Das verstand ich, so etwas lässt man nicht los.

Aber der WDR geizte, es war nicht genug Geld da, und Harald Müller wollte den Stoff in die Sechziger umschreiben lassen, wegen der Kostüme, wegen der bezahlbaren Kulissen und Orte. Ich schlug Tom Toelle als Regisseur und Uli Plenzdorf fürs Drehbuch vor, das alte Team, und es ging los. Dann kam der Anruf: Der WDR hatte sich für Harald Juhnke entschieden, der auch viel besser, lauter und echter für die Rolle sei. Und ich schnappte ein und kotzte und fluchte. Weil ich aber Harald so mochte und er mich auch und ich ihm schon zwei Lieder auf den Leib geschrieben hatte, versuchte ich, meinen Frieden damit zu machen. Aber eine Kränkung war es doch.

Ich habe Harald vor seinem Tod nicht mehr besucht, ich traute mich nicht. Er hätte mich vielleicht auch nicht erkannt. Aber er fehlt mir oft. Wenn ich Susanne manchmal auf Premieren oder in meinen Konzerten treffe, sprechen wir, als wäre er noch immer da. Er ist ja auch da, er bleibt.

Ich gucke auf die Gleise, der ICE zittert wie meine Seele. Manchmal weiß ich das Glück zu singen gar nicht so recht zu schätzen, und es gibt Tage, da bin ich ganz bei mir. »Berliner Sonntag« werde ich die nächste Scheibe nennen. Und ich werde das tun, was ich schon als Achtjähriger tat. Ich werde meine Stühle mit auf die

Bühne nehmen, die Band oder ein kleines Orchester, und der Stadt meines Herzens einen neuen Blumenstrauß verpassen. Diesmal als Sechzigjähriger. Mit Couplets, mit Schnulzen und Chansons. Mir ist ganz blümerant. In ein paar Minuten werde ich zu Hause sein und Malene und unseren Kater in die Arme schließen.

Ich fahre heim und denke an meine Verwandten, die alle verschwunden sind. Ich trag die Erinnerungen an sie wie Poesiebüchlein mit mir, öffne mal das eine, mal das andere. Brunos Witz und seine Schnelligkeit im Denken, Trudchens Beobachtungsgabe, ihr Mut, die eigenen Gefühle zu zeigen, Rosemaries Intellekt, ihrer aller innere Haltung und Ilschens und Brunos unbestechliche Sicht auf Großmäuligkeit und Machtgehabe. Sie haben mich ausstaffiert. Ich merkte es erst richtig, nachdem sie alle weg waren: Bruno, Rosemarie, Ilschen und Rolf starben, Volker zog nach Kanada, und der Kontakt zu Trudchen schlief nach Brunos Tod ein. Einmal kam sie noch zu einem Konzert in Kiel und sagte, ich sähe aus wie mein Vater. Besonders, wenn ich lachen würde. Es war wie ein Segen. Meine Verwandten waren meine Bank gewesen, und in jedem Lied leben sie ein Stück weiter. Irgendwie habe ich das, was sie ausmachte, in mein Leben hinübergerettet. Es war wohl Liebe, was ich da mitnahm. Nicht für jeden sichtbar, aber mich hat es bis heute ernährt: die Gewissheit, nicht allein zu sein.

Der ICE fährt in den Bahnhof Spandau ein. Halleluja! Es geht mir gut. Sei froh und dankbar, kleiner Klaus!

10

»Man hat oft so eine Sehnsucht, und dann kommt man zurück
mit gebrochenen Flügeln. So, als wäre nichts geschehen.«
(Aus dem Stück »Kasimir und Karoline« von Ödön von Horváth)

1979 kehrte ich nach Berlin zurück. Ich freute mich auf meine
Stadt, ich wollte und brauchte eine Spielpause, Geld hatte ich mehr
als genug aus dem Vertrag mit der RCA. Im Grunde wollte ich
mein Leben da fortsetzen, wo ich in Halensee ausgestiegen war,
um nach Hamburg zu gehen. Aber ich machte mir etwas vor.
Schon nach meiner Ankunft in Trudis Wohnung in der Gierkezeile wusste ich, dass es eben nur ein Umweg gewesen war. Ich
war einfach zu müde von den vielen Reisen und dem ganzen
Theaterspiel. Ich wollte nur noch eine kleine Wohnung mieten
und abends früh ins Bett und all die Dinge tun, die normale Menschen machen.

Es sollte genau dort wieder ansetzen, wo wir aufgehört hatten,
wir konnten nicht voneinander lassen. Trudi hatte keine Perspektive für sich gefunden, sie sehnte sich nach einer Zeit frei von
allem Existenzdruck. Und wollte eine Atemausbildung beginnen.
Sie stellte mich vor ein Ultimatum: entweder Zusammenziehen
oder Trennung. Ich gab nach, obwohl ich kein gutes Gefühl dabei
hatte. Ich dachte, sie zu brauchen, so wie sie an mir festmachte.
Ich ahnte Schlimmes auf uns zukommen. Bis auf die Zeit in der
Sonnenallee hatte jeder in seinen eigenen Räumen gelebt. Nun
waren wir an einem Wendepunkt.

Trudi, die für mich immer Charly gewesen war, das Mädchen,
das die ganze Welt umarmen wollte, die für jedermann da zu
sein schien, aber so viele eigene Probleme mit sich und ihrer Geschichte hatte, war doch meine erste Liebe gewesen. Bis auf die
Frauen, denen ich während unseres Zusammenseins begegnete,

war sie mein Hafen. Sie schützte mich vor meiner Vergangenheit, ich schützte sie vor der harten Realität. In meinem Beruf lebte ich ein Stück Traum, ihre Träume vom Leben in der Sonne hingegen waren nie über das Drehbuchstadium hinausgekommen. Jetzt waren wir erwachsen, und alles Kindliche war uns geblieben. Die Schwüre, die Hoffnungen, das Verstecken vor der Welt.

Als ich an dem Tag meiner Ankunft in Berlin vor ihrem Bett mit der bunten Decke, den Hippieklamotten, inmitten ihrer ganzen Gemütlichkeit stand, war es besiegelt: Wir sollten es noch einmal miteinander versuchen. Horst Buchholz vermittelte uns eine Sechszimmerwohnung in einer gutbürgerlichen Gegend im Westend, und wir zogen ein. Im Grunde war es der Anfang vom Ende, alles Verdrängte kam auf den Tisch.

Dem Theater hatte ich den Rücken gekehrt, aber das Filmen konnte ich noch nicht ganz lassen. Ich nahm die Rolle des Henry in Ingo Kratischs und Jutta Sartorys »Henry Angst« an. Es war eine Flucht, irgendwie war ich froh, zu drehen und beschäftigt zu sein, sehnte mich aber nach einem anderen Leben, fernab von diesem mörderischen Leistungsdruck am Set.

Ich hatte ja schon in Hamburg gespürt, dass ich so nicht weitermachen konnte. Tagelang hatte ich die Biographie von Montgomery Clift mit mir herumgeschleppt. Monty und James Dean, die ich beide so liebte, hatten nie ihren Boden im richtigen Leben gefunden. Der eine wurde tablettenabhängig, der andere fuhr sich zu Tode. Aber sie hatten die Rebellion der Jugend gegen die Spießigkeit der Erwachsenen so feingeistig, sensibel und widersprüchlich gezeigt, wie ich es mir auch für den jungen W. und den Alan in »Equus« gebaut hatte. Ein Spiegel der aufbegehrenden Jugend gegen die Lügen einer erwachsenen Welt. Da wollte ich weitergehen.

Im Grunde verehrte ich ja nur zerrissene Typen. Was hatte ich mit James Dean zu tun. Ich brauchte Boden unter den Füßen, die Zeit lief mir davon. Ich wollte kein Mittelmaß mehr, keine halben Sachen, nicht mehr auf irgendeine Rolle warten, die mich blasser machte. Ich musste mir also selbst die Rolle schreiben.

Ich würde ab jetzt den Weg des Sängers gehen. Mit eigenen Texten, mit all meinen Widersprüchen und in der Maske eines Chansonniers, so wie es Montand in Frankreich gemacht hatte, wie die Knef und all die anderen, aber auf meine Art. Und der Schauspieler sollte das Handwerk tragen und der Sänger die Lieder. Ich wusste, irgendwann würde ich die beiden zusammenbringen. Ich liebte das Theaterspiel zu sehr und wollte mir meine Bühne bewahren, aber nicht in einer x-beliebigen Rolle. Es sollte etwas mit mir und meinem Leben zu tun haben. Der Sänger sollte die Rolle meines Lebens werden.

Als Trudi und ich in die Württembergallee einzogen, schien alles noch ganz wunderbar. Aber schon nach ein paar Tagen wendete sich das Blatt. Im Grunde war die ganze Wohnung zu groß, zu prächtig, zu leer und zu leblos. Vielleicht lag es auch an dem vielen Geld, das ich damals besaß. Wir versuchten, so gut wie möglich damit umzugehen, liefen aber auf getrennten Wegen, lebten immer noch so eine Art Hippiedasein. Ich verzog mich in den hinteren Teil, während Trudi versuchte, sich in den vorderen Räumen zu verwirklichen. Sie wollte eine Atempraxis etablieren. Was nett, aber eine Illusion war. Wir hatten einfach zu viel von allem, auch voneinander, und jeder brauchte vom Leben etwas anderes.

Es war die Zeit des allgemeinen Aufbruchs. Berlin gewann an Attraktivität, viele, die Lust auf Veränderungen hatten, zogen hierher, mieteten sich eine kleine Bude und legten los. Freunde aus aller Welt und mit großen Hoffnungen auf Selbstverwirklichung gingen bei uns ein und aus. Das Thema hieß, bei sich selber ankommen. Trudi legte vielen die Karten, Spiritualität wurde großgeschrieben, im Grunde spielten wir weiter, als hätten wir unseren Kiez nie verlassen. Ich ging morgens um sechs aus dem Haus zum Dreh, und Trudi kam in der Nacht aus ihrer bunten Welt zurück, oder sie holte mich aus Tegel ab, von einer Promotiontour oder einer Konzertreise.

Das Haus in der Württembergallee war ein Jahrhundertwende-Kasten, furchtbar still und gediegen. Schon beim Einzug hatte man uns Hammer und Sichel an den Hausbriefkasten gemalt. An sich ein Kompliment, aber die Luft im Haus war eisig, es war ein spießiges Miteinander. Jeder beäugte jeden, und ich fürchtete mich davor, abends heimzukommen. In mir brannte es, ich wollte meine Unabhängigkeit zurück und kam nicht von unserem gemeinsamen Leben los. Der Traum vom Glück hing wie eine unausgesprochene Mahnung in jedem Zimmer.

Im Februar 1980 wurde Trudi schwanger. An sich hätte ich es wissen müssen. Denn alles führte ja dahin, eine wirkliche Familie zu gründen. Das war ihr Traum gewesen, seit sie Berlin erobert hatte. Frei sein, aber doch eine große Familie haben, mit vielen Freunden und einer Welt, die durch nichts beschädigt werden kann.

Ich wollte kein Kind mit Trudi, doch nun war es geschehen. Im Grunde wurde es der sichtbare Grund unserer späteren Trennung. Die kommenden Monate waren eine furchtbare Zeit der inneren Zweifel und Zerrissenheit. Dazu kam, dass Trudi eine völlig andere Vorstellung von Leben hatte als ich.

Trotz alledem gingen wir sehr behutsam miteinander um, was ich heute als Glück ansehe. Ich erinnere mich an viele Gespräche, an die alten Wege im Schlosspark, die wir gingen, es waren Abschiedsgespräche, auch wenn wir es nicht so benannten. Keiner wollte dem anderen weh tun, wir waren darauf bedacht, keinen Zorn zwischen uns aufkommen zu lassen, und Trudi schob ihren Bauch wie ein mahnendes Zeichen unserer gemeinsamen Vergangenheit vor sich her. Ich fühlte mich schuldbeladen und schwankte innerlich zwischen Flucht- und Verantwortungsgefühlen. Die Hoffnung auf eine paradiesische, harmonische Welt war geplatzt.

Eines Tages sah ich plötzlich für mich klar. In der Wohnung über uns wohnte ein altes Polizistenehepaar, das sich oft lautstark stritt. Beide waren Quartalstrinker, alle halbe Jahre nahmen sie die Wohnung auseinander und gaben einander die Schuld an ihrem vertanen Leben.

Ich lag auf meinem Bett und lauschte dem Geschrei über mir. Sie hatte ihm die Bilder zerschnitten, die er das letzte halbe Jahr gemalt hatte. Ich hörte seine Klagen und ihr Wimmern, als er sie schlug. Die beiden waren grausam miteinander. Sicher hatten sie sich einmal geliebt, aber jetzt waren es zwei verlorene Seelen in einer organisierten, sicheren Welt. Die Lieblosigkeiten, der viele Alkohol und die verpatzten gemeinsamen Jahre. Es war nur eine Frage der Zeit, bis einer aufgeben würde.

Ich wusste an diesem Tag, wenn ich länger bei Trudi bliebe, würde es uns ebenso ergehen. Oder noch schlimmer, einer von uns würde sich aufgeben, um den anderen zu halten. Vielleicht waren wir längst auf diesem Weg. Ich musste meine Freiheit wagen, auch wenn mein Wunsch nach einem Zuhause dabei draufgehen sollte. In dieser Situation riet mir mein Stiefvater Helmut, zu dem und Mutter ich den Kontakt stets gehalten hatte:

»Fahr mal für ne Zeit weg, und lass es alles sacken!«

Malene steht an einem Brunnen in Griechenland, auf der Peloponnes. Es ist Mai, die Luft riecht herrlich, es duftet nach Zitronen und Gras und Meer. Wir sind auf einem Campingplatz, und bis auf ihr kleines Zweimannzelt und unseren Bus ist alles wie ausgestorben hier. Sie wäscht ein paar Klamotten und sieht bezaubernd aus. Sie ist irrsinnig dünn, wie nach einer langen Reise abgespannt und trägt ein blau-weiß gepunktetes Marlene-Dietrich-Kleid. Ihre Haare hängen ihr über die Schultern, und sie raucht eine selbstgedrehte Zigarette. Ich bemerke es, weil sie alle paar Sekunden die Reste vom Tabak ausspuckt und sich über die Lippen wischt, so wie es nur Frauen machen, wenn sie Selbstgedrehte rauchen.

Ich bin von dieser Frau total beeindruckt. Ich traue mich aber nicht, sie anzusprechen. So war es immer, wenn es ernst wurde, richtig gefährlich, machte ich bei Frauen meist den Rückzieher. Doch diesmal ist es stärker als ich.

Ich stapfe auf ihre Freundin zu, die ebenfalls am Wäschewaschen ist, und spreche sie an. Es fällt mir nicht leicht, ich habe den Ernst der Situation sofort gespürt, als ich Malene da stehen sah. Aber mit ihrer Freundin geht es. Jörg ist dabei. Er plaudert jetzt mit Malene, fragt sie nach Zigaretten, und wir verabreden uns für den Abend in einer Taverne auf der Platia.

Unser VW-Bus steht in der Sonne, die schon mächtig heiß ist. Im Fond liegen meine Gitarre, ein paar Klamotten, unsere Schlafsäcke und was man sonst noch so braucht, wenn man für ein paar Wochen abgehauen ist, um sich zu spüren und zu sich zu kommen, was in Berlin für mich nicht mehr ging. Die beiden Frauen sind schon seit Monaten in Griechenland unterwegs. Sie nennt sich Malene, von Magdalene, und ihre Freundin heißt Annegret. Sie sind etwas sperrig, ich glaube, sie agieren so vorsichtig wie wir, um sich keinen Ärger einzuhandeln.

Als ich mich entschlossen hatte, mit Jörg wegzufahren, um über das nachzudenken, was nicht mehr zu ändern schien, war mir, als hätte ich meinen letzten Trip angetreten. Die Schuldgefühle und die Aussichtslosigkeit auf eine Lösung dominierten mein ganzes Sein, ich war wie gelähmt. Ich hatte schon begonnen, mich innerlich mit allem abzufinden und ließ es laufen. Die Zeit sollte der Faktor sein, der mich und Trudi erlösen würde.

Jörg und ich waren über Brindisi nach Griechenland gefahren und hatten nach zwei Wochen in der Einöde der Peloponnes diese beiden Frauen getroffen. Auf einem Campingplatz, der Eros Beach hieß und noch völlig menschenleer war. Am Abend saßen wir gemeinsam in der Taverne, das ganze Dorf von den Alten bis zu den Kindern hatte sich versammelt, hockte um uns herum und guckte uns beim Essen zu.

Wir aßen und tranken und zum ersten Mal seit Tagen konnten Jörg und ich frei lachen, und ich verliebte mich in diese schöne zarte Frau, die später meine Zukunft sein sollte. Das Verrückte war, wir mussten nichts bezahlen, die Wirte luden uns dazu ein und lachten immer mit, wenn wir lachten, auch wenn sie nicht verstanden, worum sich unsere Gespräche drehten. In der Nacht gingen wir dann ans Meer, und es wurde so, wie ich es mir nie geträumt hatte.

Am nächsten Morgen verabschiedeten wir uns, als wäre es für immer, und die beiden Frauen fuhren auf einem Apfelsinenlaster fort. Jörg und ich winkten ihnen nach wie zwei gute Bekannte. An diesem Tag begann die Odyssee meines Lebens. Es war reine Intuition und doch auch ein wenig gesteuert. Ich hatte mich in diese Frau mit den langen blonden Haaren und den selbstgedrehten Zigaretten verliebt. Es hatte gezündet wie nie zuvor in meinem Leben. Ich brachte sie nicht mehr aus meinem Kopf. Ich fuhr ihr nach, wusste nicht, wie, nahm Fährte auf. Erzählte anfangs Jörg nichts von meiner inneren Situation, aber er wusste eh alles. In Sparta wurde es dann Tagesgespräch, und irgendwann gab ich es auf. Vielleicht war es doch eine Lüge gewesen, eine Flucht, um mich aus der Berliner Welt zu stehlen.

Dann geschah das Wunder, wir fanden uns wieder, vierzehn Tage später auf der Insel Korfu, gerade als ich den Bus von der Fähre hinunterfuhr. Jörg und ich hatten uns vorgenommen, vor unserer Rückkehr nach Brindisi noch diese letzte griechische Insel anzulaufen, und ich hatte innerlich gebetet, dass Malene und Annegret es auch tun würden. Es war idiotisch, auch unmöglich, denn keiner wusste ja vom anderen, und die Frauen hätten längst wieder in Deutschland sein müssen. Aber es war eine letzte Chance, für uns beide.

Malene erzählte mir später, dass Annegret von unserer Ankunft geträumt hatte. Ich glaube an diese Dinge, ich weiß, dass mein Leben bis heute von diesen Zufällen abhing und ich immer danach schielte, ob sich irgendwo über mir ein Stern bewegte, mir zuliebe, weil ich es mir so wünschte. Es war naiv und kindlich, aber seit ich meine Geschichten unter dem Tisch im Mittelzimmer erfand, gehörten diese Wünsche zu meinem Drehbuch. Und als sich die Luke der Fähre vor uns öffnete und ich den Bus hinausfuhr, stand Malene mit ihrer Freundin hinter dem Drahtzaun, und ab da hörte es nicht mehr auf.

Malene und ich waren uns von Anfang an ähnlich. Sie war eigensinnig, schon in der Namensgebung, ein wenig trotzig und in ihrer Haltung innen wie außen kerzengerade. Sie sah im ersten Moment, dass wir eine gemeinsame Geschichte beginnen würden, und hielt sich anfangs zurück. Dann nahm alles seinen Lauf. Je länger wir zusammen waren, desto mehr ergänzten wir uns, als hätte jeder auf den anderen gewartet. Es war Glück, und es war Leben.

343

Griechenland, wo ich doch mit 18 schon einmal hatte bleiben wollen, vor Alexandroupoli, war sicher ein zusätzlicher Schlüssel, das freie Sosein hier, die schönen Strände, die guten Menschen.

Dennoch war es kein kurzweiliger Trip, dafür war jeder von uns zu skeptisch, was die Liebe betraf. Sie war ja auch aus Berlin getürmt und wollte keine Probleme, und sie kapierte, dass ich viele hatte. Wir blieben noch eine Zeit auf der Insel, dann trennten wir uns, und jeder fuhr allein nach Berlin zurück. Dort trafen wir uns wieder, trennten uns abermals, trafen uns erneut und so fort, und alles wurde sehr, sehr schwierig. Jeder wollte vernünftig sein, aber dann ging es seinen Gang, als wäre es vorbestimmt, dass wir zusammengehören.

Die Geburt meines Kindes stand bevor. Ich hetzte die Treppe hinunter, wir stützten Trudi, die Wehen dauerten schon Stunden. Die Fruchtblase war längst geplatzt. Ein Glück hatte ich die Hebamme in die Küche gebeten. Brigitte und eine Freundin von Trudi, die ich nicht kannte, waren ebenfalls da.

»Was ist nun, das kann doch unmöglich eine Hausgeburt werden.«

»Ja, es sind Schwierigkeiten aufgetaucht. Besser, du holst jetzt ein Taxi.«

Wir schafften es ins Martin-Luther-Krankenhaus, und dann ging alles, wie es gehen muss, und Trudi brauchte die ganze Nacht, bis sie durch eine Rückenmarksspritze zur Ruhe kam.

Ich wachte am Bett, und als Laura dann das Licht der Welt erblickte, war es gut, und ich weinte und lachte, und Trudi freute sich, dass ich da war, und im Grunde sollte es so bleiben.

Nach zwei Tagen holte ich beide ab und brachte sie nach Haus, und die Wohnung strahlte in neuem Glanz, und das Kinderzimmer mit der Wiege stand bereit, und unser Glück hätte perfekt sein können. Nur ich stolperte durch den Tag, konnte nicht bleiben, konnte nicht gehen. Es war die furchtbarste Zeit, seit ich den Lupsteiner Weg verlassen hatte.

Gudrun, eine Freundin aus dem Charlottenburger Kiez, ging

mit mir in Endlosgesprächen durch meinen alten Schlosspark. Sie kanzelte mich nicht ab, sie tat mir gut und wollte nichts zusammenzwingen, was schon längst getrennt war. Auch Ilse Middendorf war für mich da. Es gibt eben diese stillen Momente, du weißt im Grunde alles, willst aber nicht das Arschloch sein und stehst dir selbst im Weg.

»Vielleicht wirst du nicht fliegen, vielleicht wirst du nur gehen. …«

Die üblichen Zerrungen und Kränkungen begannen. Wann kann ich Laura sehen? Warum vor fremden Leuten? Wann sprechen wir miteinander? Eben all das Unschöne an Realität, wenn ein Kindertraum geplatzt ist. Ich hatte ja selbst nie genug Vater gehabt, wie sollte ich Laura lassen können.

Als Brigittes damaliger Mann Georgios, ein wahrer Grieche und zu jener Zeit auch Freund, mit mir die paar Möbel aus der Wohnung trug, da fühlte ich mich schuldig, aber frei. Ich hatte Trudi alles gesagt und ging. Ich stellte einfach den Zweifel ab und nahm meine Füße in die Hand. Nach all den Grübeleien war nun alles verflucht leicht, was vorher so schwer ausgesehen hatte. Ich drehte den Schlüssel um und trat aus der Tür. Trudi wollte es nicht akzeptieren, machte innerlich zu, so lange, bis es nicht mehr zu übersehen war. Der Schmerz, die Jahre, die uns verbanden, Laura, alles kam zusammen. Jeder war nun für sich.

Matthias und Stefan boten mir ein Zimmer in ihrer WG in der Gneisenaustraße in Neukölln an. Ich floh zu meiner damaligen Band. »Veränderungen« hieß die Platte, die dort entstand. Ich mochte sie nie, wir waren auf dem Rocktrip. Es tat gut, Dampf abzulassen, aber das Theater mit den Posen und den Lederjacken und dem ganzen Jugendspiel war nicht meine Form. Die Platte verkaufte sich gut, mit ein paar guten Liedern aus einer bewegten Zeit.

Ich wohnte in dem kleinen Zimmer zur Straße raus und lauschte morgens auf die Bierfahrer, die mit ihren Kästen alle Mieter auf Trab brachten. Malene und ich trafen uns zögernd und gingen durch ein neues Berlin. Es war hart.

Erst als ich es aufgab, Laura bei fremden Leuten zu besuchen, erst als eine Frau vom Jugendamt mir den Tip gab, klare Verhältnisse zu schaffen, und ich auf Laura verzichtete, erst da wurden alle Seile gekappt. Trudi zog mit Laura nach Spanien. Sie hatte immer von einem Leben im Süden geträumt. Es war ein furchtbares Hin und Her. Ich kam nicht nach, ich gab auf, ich setzte eine Grenze. Ich hätte ihnen in den Folgejahren von einem Bergdorf ins andere hinterherziehen müssen.

Eine Journalistin vom SFB fragte mich eines Tages in einem Fernsehinterview unvermittelt, warum ich Frau und Kind verlassen hätte. Ich brach das Gespräch ab. Mied den Kontakt mit Freunden, die heiß auf Sensationen waren, und zog mich gekränkt zurück. Ich wollte nur noch, dass es keine Kramer-gegen-Kramer-Geschichte wie im Kino würde.

Es waren meine Schuld, meine Freiheit und mein Verlust. Wenn ich später Laura davon erzählte, blieben Reste von Unverständnis. So richtig klären konnten wir es nie. Es ging eben nicht besser, ich hätte Trudi viel früher verlassen müssen, aber unsere Verbindung war so dicht, so abhängig, so eng und süß.

Nach einem halben Jahr fand Malene durch eine Zeitungsannonce ein Haus in Kladow, und ich verließ die Gneisenaustraße. Fortan lebte ich, anfangs noch mit Stefan Warmuth, in dem alten Haus mit dem großen Garten. Kladow wurde meine Zuflucht, hier konnte ich endlich durchatmen.

Ich war an einem Sommertag mit einer Matratze und einem Kofferradio dort eingezogen und hatte mich im obersten Stock eingerichtet. Als ich am nächsten Morgen erwachte, schien die Sonne direkt in das Fenster des leeren Raums, in dem ich schlief. Ich werde diesen Moment nie vergessen. Das Licht, die klare Luft, meine Matratze und das Kofferradio, das einen Song von Cat Stevens spielte. Ich wusste, dass es alles richtig war.

Ich war durch einen Tunnel gegangen. Ich hatte meine Liebe bewahrt, meine Flügel waren etwas verbrannt, aber ich war noch am Leben, und mein Herz war voller Lieder. Ich war nicht beschädigt.

Später zog Malene nach, und wir unternahmen viele Reisen

nach Griechenland, und die Lieder entstanden aus meiner eigenen Geschichte und aus den Wünschen, die noch nicht erfüllt werden konnten. Es gab ein Schlüssellied: »Durchs Tor der Schatten«. Ich schrieb es auf Kreta, als Malene und ich an einem Ostertag durch die Samaria-Schlucht liefen:
»Ich ging durchs Tor der Schatten
und sah in ein Gesicht,
doch als ich es mir ansah, doch als ich es mir ansah,
erkannte ich mich nicht.«
Es sollte von dieser Häutung erzählen, von meiner Unvollkommenheit, von unseren Begegnungen mit denen, die uns auf dem Weg für eine Zeit entgegenkommen. Und von dem Festhalten, dem leidvollen Einander-festhalten-Wollen.

Hier, nahe Kladow, wo so viele Künstler gelebt hatten, unweit des Glienicker Sees und der Havel kam ich zu mir. Ich brauchte diese Zeit. Trudi schrieb mir nach einer Weile einen letzten Brief, da lebte sie schon das Leben, das ihr von Anfang an gefehlt hatte. Wir begegneten uns nur noch einmal, nach einem Konzert.

Mehr war nicht möglich. Sie wollte das Kind nach unserer Trennung nicht teilen, weder mit einer anderen Frau noch mit mir. Ich verstand vieles damals nicht, aber mit der Zeit wurde es besser. Ich glaube, ihr ging es ebenso.

Irgendwann schrieben Laura und ich uns. Es gab erste, vorsichtige Annäherungen, dann kam sie nach Berlin und blieb ein paar Tage bei uns in Kladow, und von da an wurde es mit uns besser. Wir fanden zögernd Vertrauen zueinander.

Malene und ich heirateten am 23. August 2001, nach mehr als zwanzig Jahren, in Ribe, einem der ältesten Orte Dänemarks. Außer Reinhard und Hella war keiner unserer Freunde oder Eltern dabei. Wir wollten es so. Wir hatten so viele Jahre unter den Trennungen und Dünkeleien und Verdrehungen gelitten, es sollte nur uns gehören.

Ich hatte eine Kutsche mit einem richtigen Kutscher gemietet, und als wir aus dem Rathaus kamen und zum Meer fuhren, winkten uns ein paar fremde Leute nach. So, wie man es macht, wenn zwei sich trauen. Ich erinnere mich an eine Wegstrecke quer durch das flache Land, da standen verbrannte Häuser, Ruinen, wie die aus Malenes und meiner Kinderzeit, und als wir an ihnen vorbei waren, wusste ich: Mit jedem Meter, den wir dem Meer näher kamen, ließen wir die Vergangenheit hinter uns.

Keinem Journalisten hatte ich erlaubt, mich wegen Laura anzusprechen, erst nach dieser verrückten Heirat in Ribe konnte ich freier über diese Zeit reden. Es gab nun kein Geheimnis mehr.

Heute ist Laura 31, und wir sehen uns öfter. Sie ist mir so ähnlich, furchtbar eigensinnig und auf Selbständigkeit bedacht. Trudi lebt wieder in Deutschland. Nach all der Treberei hat sie an den Platz zurückgefunden, den sie einst als Kind verlassen hatte, um nach Berlin zu gehen. Mutter fragt manchmal nach ihr, aber immer weniger, sie ist in einem anderen Blau, und es geht ihr gut.

Malene ist die Sonne meines Herzens. Das alte Haus in Kladow, unweit des Sees, ist unsere Heimat. Es hat uns zusammengeschweißt und Jahre später, als sie Krebs bekam, ihr die Kraft zum Überleben gegeben. Mir hat es meine Wunden geschlossen und meine Sünden verziehen. So viele Lieder sind hier entstanden, und der Geist unserer Katzen, Biche, Paulchen und Müller und Mimmi und Johnny und Max und Ferdinand und Julius, steckt in

Malene
© *privat*

jedem Winkel. Sie waren große Persönlichkeiten, die alles sahen und mitbekamen. Sie wurden meine Lehrer und Musen.

Die Jahre in Kladow und das Haus und die Wanderungen in den Feldern der Gatower Heide waren das, was ich gesucht hatte. Es tat gut, hierherzuziehen, so bekam ich Abstand zu meiner eigenen Geschichte und meiner Vergangenheit.

Aber ich sehnte mich nach einem Ort, der mir gehört. Ich suchte lange Jahre nach einem Haus, das unserem Haus gleichen sollte. Ich wollte endlich einen festen Platz, wo ich mich anbinden konnte. Eine Heimat. Ich suchte, aber ich fand es nicht. Die Makler flohen schon vor mir, wenn sie mich kommen sahen. Dann, eines Tages, überließ mir Bertram, der Sohn des alten Besitzers Wieland, das Haus in Kladow. Und ich kaufte, was ich schon längst besaß.

Griechenland wurde Malenes und meine zweite Heimat. Naxos, die Freunde um Roubina, Kyriakos und Dimitri und Stefanos in Athen, wir vertrauen einander und sehen uns. Und da ist noch Abram, das Tal der Sehnsüchte, das unweit der Chora von Naxos liegt. Wo wir die wilden Jahre erlebten, inmitten der großen Familie um Panagiotis und Evangelica.

Hier, auf Naxos, hat sich mir ein Traum erfüllt. Hier schrieb ich das Musical »Brel – Die letzte Vorstellung«. Ich setzte mich in das Haus einer Freundin, hoch über dem Meer. Und wartete auf einen Einfall. Der Wind pfiff um das Haus, und ich war oft verzweifelt. Ich wusste nicht, wie und wo den Anfang machen.

An einem dieser Tage fuhr ich mit dem Jeep meines Freundes Panagiotis nach Naxos-Stadt, und hinter einer Kurve sah ich auf einem Stück Ackerland eine Kuh kalben. Ich war so aufgeheizt, dass ich ein Zeichen des Lebens suchte. Ich sagte mir: Wenn die Kuh bei meiner Rückkehr in einer Stunde ihr Kalb geboren hat, dann schaffe ich es auch, Brel zu einem One-Man-Musical zu schreiben.

Nach einer Stunde war das Kälbchen da, ich durfte weiterleben, und meine Idee wurde wahr.

Danny hatte mich damals angeworfen, ich solle zu Brel auf die Marquesas fliegen. Ich hatte es nicht getan. Ich habe ihn nie persönlich getroffen. Mort Shuman war der Erste gewesen, der mir riet, ein Musical über Brel zu schreiben. In einem Taxi in London hatten wir darüber gesponnen. Mort hatte sein erstes Musical »Jacques Brel is Alive and Well and Living in Paris« in New York herausgebracht, eine Art Hippie-Singspiel mit vielen Hits von ihm. Noch heute spielen sie es.

Wir hatten eine kleine Brel-Tour miteinander gemacht. Mit Lydie Auvray, meiner liebsten und besten Akkordeonistin, mit Hana Hegerová und vielen anderen. Da sah ich Mort Shuman das erste Mal. Er wollte wieder ins Geschäft zurück, hatte kaum noch Stimme und wohl schon diesen furchtbaren Krebs, der ihn zerfraß. Er hatte mit Otto Draeger, meinem Freund und Regisseur aus Baden-Badener Tagen, viele Filme über Brel gemacht. Er weckte in mir den Traum, Brel auf die Bühne zu bringen. Als Mort zwei Jahre später an Leberzirrhose verstarb, holte ich den Traum wieder hervor.

An einem Nachmittag im Sommer 1993 saß ich mit Vivi Eickelberg in meinem Nissan, einem Sportcoupé, das ich mit Begeisterung fuhr. Man konnte zwei Dachfenster abnehmen und hatte so ein Cabrio. Wir hörten Brel. Mehrere englische und französische Arrangeure hatte ich angefragt, mir Vorschläge für Arrangements zu senden. Es war nichts dabei. Alles klang zu glatt, zu konventionell. Shirley Bassey, Barbra Streisand und auch David Bowie hatten »Amsterdam«-Adaptionen veröffentlicht, und nun kam der kleine Klaus aus Charlottenburg und wollte Jacques Brel auf Deutsch singen.

Aber als ich mich richtig einließ auf das Abenteuer Brel, lief es wie von selbst, ich musste nur meinen eigenen Schritten folgen, es war ein großes spirituelles Erlebnis. Manchmal dachte ich, wie die Blues Brothers im Namen des Herrn zu handeln. Es war verrückt. Alles kam zusammen.

Wir flogen nach Brüssel, und Brels Witwe Thérèse überließ mir im ersten Anlauf alle Rechte an den Übertragungen seiner Lieder, gewährte mir Einblicke in seine Briefe und stellte mir das gesamte Archiv zur Verfügung. Es war wie ein Wunder, alle hatten mich

Mit Mort Shuman

doch vor Thérèse gewarnt, sie hatte sich weder von dem großen Sting noch von David Bowie beeindrucken lassen.

Georges Moustaki empfahl mir dann François Rauber, den langjährigen Arrangeur und Mitkomponisten von Brel. Georges hatte ich durch Reinhard auf den Sommerfestivals in Staffelstein kennengelernt. Moustaki, der den Welthit »Milord« für die Piaf geschrieben hatte, sah mich und verstand meinen Wunsch, Brel näherzukommen. Was so viele in Deutschland nicht kapierten, begriff er sofort. Er fädelte alles Weitere ein.

Als ich mir die Arrangements von François auf Kassette anhörte, war es entschieden. Ich kam nicht an ihm vorbei. Monate zuvor hatte ich ihn im französischen Fernsehen gesehen: ein kleiner, leicht gebeugter Mann mit den wachen Augen eines Fuchses. Er war der Einzige, der Brel nicht nur hochlobte, sondern auch Kritisches zu seinem Lebenswandel, ihren Tourneen, seiner Streitlust, seinem Machogehabe und seinen Frauen erzählte. Er konnte mir den jungen Brel geben. Ich schickte François meine Arbeiten zu und bat ihn, mir seine Meinung zu schreiben.

Er und seine Frau Françoise sahen und hörten sich in einer Nacht sämtliche Arbeiten von mir an, und gegen fünf Uhr früh hatte er sich für mich entschieden:

»Mon cher ami, isch heiße Räuber, isch komme aus dem Elsass,

François Rauber
© *Archie Kent*

und Françoise hat mir gesagt, du wärest einer, der es kann. Isch mache mit, aber es wird hart.«

Viele Stunden verbrachte ich mit François Rauber in Paris, um die Fragen meines Lebens von ihm beantwortet zu bekommen. Wie hatte Brel gelebt? Wie war er gestorben? Welche Frauen hatte er am heftigsten geliebt? Warum verbrannte er sich immer so bei seinen Auftritten? Was geschah, als seine Mutter starb? Wann war er mit seinem Latein am Ende? Hatten sie beide wirklich, als er von den Inseln zurückkam, schwerkrank und dem Tode nahe, in zwei Tagen die ganze Platte eingespielt?

François beantwortete mir alles sehr liebevoll und brüderlich. Wir aßen sein Lieblingsgericht: Kaninchen mit Pflaumen, und er erzählte von seiner Arbeit mit den Beatles, von Sting, von Léo Ferré und Gilbert Bécaud und den alten Chansonniers. Einmal stand er lachend auf, führte mich zum Fenster, das in den Hof hinausging, und sagte:

»Da hinten wohnte mal eine hübsche Frau, dort, im zweiten Haus. Sehr elegant, sehr fragil. Frag mich mal, wen Mitterand dreimal die Woche dort besuchte!«

352

François stieg ein und leitete unser Orchester, bestehend aus dreißig jungen, talentvollen und brennenden Musikern. Er beließ alle Lieder in ihrem historischen Brel-Arrangement und studierte sie mit den Musikern ein. Dann gingen wir ins legendäre Hansa Studio – wo wir mit Edu Meyer an den ersten Platten gearbeitet hatten, als David Bowies »Heroes«-Album dort entstand – und nahmen die Brel-CD unter der Regie von Ron Prent auf. Wenn Rauber nach einer Session den Taktstock weglegte, stellten sich alle Musiker an, um diesen großen Mann nach Änderungen in den Partituren zu befragen. Es war ein Ritual, er gab jedem eine Minute und trank dabei sein Bier.

Peter Kock, mein Studienkollege und Freund aus der Max-Reinhardt-Schauspielschulzeit, führte Regie. Der immer beflissene und mit allen dramaturgischen Wassern gewaschene Rüdiger Behring spielte den Bühnenaffen, den Requisiteur. Hawo Bleich übernahm die musikalische Leitung, und nachdem ich das Stück in den drei Monaten auf Naxos geschrieben hatte, brachten wir »Brel – Die letzte Vorstellung« im Sommer 1997 unter der Ägide von Peter Schwenkow am Schiller Theater in Berlin heraus.

Ich selbst spielte Brel. Ich wollte keine Folie, ich wollte eine Bühnenfigur schaffen, keine Travestie oder das übliche Kopieren eines Stars. Ich wollte das Element Brel zeigen, etwas Sterbliches zu neuem Leben erwecken. Brel sollte noch einmal auf die Bühne, und ich wollte bestimmen, wann und wie er sterben und was er hinterlassen würde. Nach anfänglichen Rangeleien gelang es.

Als Peter Schwenkow das erste Mal einen Durchlauf sah und realisierte, was auf ihn zukam, übermannte ihn die Angst. Alles war so dunkel und schwarz, und niemand tanzte, und dann diese minimalisierte Form. Es gab kaum Dialoge, nur eben den Abgesang, den Monolog Brels und die Stationen seines Lebens. Ein Musical, das keines war und das vom Sterben handelte und vom Tod und von einem, der wie eine Fackel brennt und der bis an die Grenze geht.

Doch nun gab es kein Zurück mehr. Wir hatten den üblichen Produzenten-und-Spieler-Krieg, stritten viel, und erst Jahre später fanden wir wieder in aller Freundschaft zusammen. Ich habe Peter Schwenkow dieses Abenteuer Brel zu verdanken, er hat es mich trotz aller Zweifel machen lassen.

Ich war sehr stolz auf dieses Projekt, aber noch mehr auf die Nähe zu François Rauber. Alles an französischen Einflüssen schien in der Arbeit an Jacques Brel zusammenzukommen, und Rauber war mein Meister. Er baute mir den Rücken zu Brel.

Am Morgen nach der Premiere las ich die Verrisse in der Berliner Presse und kotzte und heulte über die undifferenzierten Kränkungen, die in erster Linie an Peter Schwenkow gerichtet waren, der es wagte, als letzte Vorstellung des ehrwürdigen Schiller Theaters ein Musicalprogramm zu bieten. Aber auch darüber, dass sie meine Form und die Spielweise nicht verstehen wollten.

»Brel – Die letzte Vorstellung«
© Video Pit Weyrich

Sie führten mit Schwenkow einen Krieg um das Schiller Theater, und sie hassten mein Stück und seine minimalistische Form.

Es war eben kein gewöhnliches Musical. Ich spielte Brel, wie ich ihn zeitlebens gesehen hatte. Anfangs noch hölzern, dann wurde es gut so. Wir gaben das Stück drei Monate, und jede Vorstellung war ein Seelenbad der Gefühle, ich spielte wie um mein Leben. Die Leute waren berührt und hingerissen. Die Presse schwenkte um, FAZ und SZ lobten unser Werk, und der mächtige Musicalproduzent Cameron Mackintosh schickte einen Mr Gibbs nach Berlin, um unser Stück nach London zu holen.

Nur einmal hat Rauber uns während dieser Zeit im Schiller Theater besucht, bei der Derniere, obwohl wir drei Platten mit ihm eingespielt hatten. Am Tag unserer letzten Aufführung stand er plötzlich hinter der Bühne, als ich schwitzend aus der Kulisse kam, und sagte:

»Ich wusste nicht, dass du so eine Rampensau bist. Ich hätte früher kommen sollen.«

Er hatte Angst gehabt, ich würde es nicht stemmen und seine Liebe zu Brel würde durch unser Stück einen Knacks bekommen. Er gab mir seinen Segen, ich war erlöst.

»Brel – die letzte Vorstellung« war der große Wurf. Das Projekt war aus echter Liebe und Begeisterung und dank einer einzigartigen Zusammenarbeit vieler Menschen entstanden. Wir bekamen die Goldene Europa für das beste Theaterstück des Jahres, Menschen aus aller Welt wollten die Vorstellung sehen, und man empfing uns in der belgischen Botschaft. Später ging ich mit den Musikern und danach allein mit Hawo auf Tour. Es war immer mein Brel, und Lubowski und Rauber steckten in jedem Chanson, das ich sang.

Ich hatte nun Brel hinter mir und konnte weitergehen. Brel war immer mein beschützender Bruder gewesen, mein Meister und Verbündeter im Geiste. Obwohl ich ihn nie persönlich getroffen hatte. Die Chance war da, Danny hatte seine Kontaktadresse auf den Marquesas, aber ich traute mich nicht. Ich dachte, er würde mich ablehnen.

Nach dem Schiller Theater war ich Brels legitimierter Nachfolger, wenigstens in deutschen Landen. Die FAZ krönte meine Übertragungen seiner Lieder, die ich im Grunde nur singbar gemacht hatte. Übersetzungen waren es nicht, und wenn, dann reichten sie nicht an Brels Original heran. Vielleicht teilten wir dieselbe Verletzbarkeit, die Ängste und Zerbrechlichkeit des kleinen Prinzen. Wer weiß das schon, vielleicht treibt es ja alle Sänger dazu, derart die Hosen vor den Zuschauern runterzulassen. Verletzbarkeiten, Kränkungen, Widersprüche und Zweifel.

Nun musste ich aufs Neue allein weiter, wie ich es schon vor dem Abenteuer Brel getan hatte. Wieder meine Geschichte aufgreifen. Ich glaube heute, hätte ich nicht so viele starke Vorbilder gehabt, ich wäre schneller zu mir gekommen.

Am Abend nach der Derniere trugen wir die Klamotten aus der Garderobe. Malene, Hawo, Peter Kock und die vielen Mitstreiter des ganzen Orchesters. Malene und ich griffen uns die Bananenstaude, einen wilden Strauch, der bei mir in der Garderobe überlebt hatte. Er sollte mich an die Marquesas, an das Eiland am Ende der Welt erinnern. An mein Afghanistan im Geiste. Gegen alle deutsch-deutsche Verblödung, die ganze Vergesslichkeit, die Härte der Gefühle, das Wegsehen und Ducken. Dafür stand ja mein Brel.

Wir hatten es ihnen gezeigt, mit einem Typen, den wir Brel nannten. Ich schnappte mir meine Gitarre und ging einfach zur Tür hinaus. Einem Abenteuer entgegen, in dem ich selbst die Hauptrolle spielte.

Frühling

Und dann brandet der Applaus auf, und zweitausend Menschen weinen und lachen und rufen uns zu. Und ich laufe an der Rampe des Friedrichstadtpalasts entlang, bin völlig aus dem Häuschen und winke und schüttle Hände und schau in die Augen derer, die mir so vertraut sind, die meinen Sechzigsten mit mir feiern. Die seit vier Stunden meine Freunde hochleben lassen. Hannes Wader ist gekommen, er steht neben Lydie Auvray, der Akkordeonistin aus frühesten Tagen, neben ihr im Paillettenkleid Romy Haag und Rolf Kühn mit der Klarinette.

Und ich laufe zurück, und meine Band, die beste aller Formationen, jazzt und funkelt, und an der Seite, zum Flügel hin, kommt Herman van Veen mit Edith Leerkes und Robert Kreis in seinem Frack, den Koffer mit den Schellackplatten in der Hand, und Caroline von Brünken gesellt sich zum Finale. Irgendwer bringt Rosen, Reinhard wirft die erste ins Publikum. Wir haben es hinter uns. Wochen und Monate für diesen Augenblick geplant, und nun will der Vorhang nicht mehr runtergehen.

Ich bin völlig überwältigt von mir. Ich habe es geschafft, die alten und jungen Gaukler nach Berlin zu locken. Bislang hatte ich immer nur auf deren Geburtstagen gesungen und war es, der die Geschenke brachte. Nun sind sie alle da. Ich war gut, weil sie gut waren, und das Publikum kam mit einer riesigen Erwartung, aber schon nach dem ersten Lied, nach dem Intro, da warf ich alles über Bord. Nachdenken gilt dann nicht mehr. Es ist nur eine Sekunde einer Entscheidung, und dann geht alles von selbst. Ich packte die Texte und Geschichten, meine Biographie, die gelogene und die echte, die witzigen und die weniger witzigen Anekdoten …

»Komm, lass uns irgendwohin gehen, wo ich noch nie war, Schatz.«

»Dann geh in die Küche!«

Und die Leute spielten mit. Hannes und Reinhard, Caro und Romy und Lydie und Robert. Wir bauten ihnen ein Varieté, das die Welt noch nicht gesehen hatte.

Um ein Uhr begannen wir mit dem Soundcheck, um fünf Uhr nachmittags waren die Jungs warm, fast jeder, auch Herman, der mit Edith Leerkes direkt nach ihrem Konzert aus Aachen gekommen war, machte mit. Wir bauten die Lieder, als wären sie aus dem Nichts entstanden, die Auf- und Abgänge waren das Schwerste. Der leicht ansteigende Zuschauerraum aus DDR-Schicksalstagen fasst 2320 Zuschauer und ist der beste aller Berliner Varietés, weil man von jedem Sitz aus den Künstler packen kann, es ist sehr intim, eine Wohnzimmeratmosphäre. Und wir sind seit Monaten ausverkauft. Hinzu kommt, dass Wolfram Deutschmann, mein Freund und Kumpel aus alten Tagen, mit sechs Kameraleuten die Gänge verstopft. Aber die Jungs sind derart diskret, dass es mich nicht kümmert. Sabine Carbon dreht für Arte ein Porträt, der Zuschauerraum ist jetzt schon viel zu voll.

Malene ist da. Wir haben Blickkontakt, sie fotografiert zögernd, selbstbewusst. Wir haben uns in der Nacht gestritten, es war furchtbar, ich war allein, als sie alle ins Bett gingen, nach unserem Bauernpicknick im engsten Kreis. Ich hatte die Energie im Haus nicht mehr ertragen und Ekke und Peter und Horst und Lisa und Lilo und Karl, Schwester und Schwager, es war doch alles viel zu wenig Zeit. Im Bett weinte ich und knetete mir vor Nervosität die Hände, wie bei einer Geburt. Oder wie als Kind, wenn ich meine Hände vor einer Schularbeit rang. Ich dachte, es nicht zu schaffen.

Und dann ist alles anders. Sie werfen Rosen auf die Bühne. Reinhard singt das finale Lied: »Schenk mir diese Nacht«. Jeder von uns ist am Limit, nur Hannes bleibt cool. Ein Finale ist meistens großer Quatsch, weil alle nur wie blöd in der Reihe stehen und ohne Zeichen dasselbe Grundgefühl ausstrahlen müssen wie

*Mit Reinhard und
Hannes*
© stille-music

Mit Robert
© stille-music

Mit Lydie
© stille-music

die Zuschauer. Aber diesmal war es wirklich toll. Dankbarkeit, Freude, Stolz und innige Verbundenheit mit dem Publikum. Sie stehen auf, übernehmen das Lied, ich habe es geschafft, wir haben es geschafft.

Der Baumläufer ist oben, ganz oben im Geäst. Als ich nach Hermans letztem Lied die Sache mit dem Stuhl erzähle, dann »Als wenn es gar nichts wär« beginne, nach vier Strophen auf den

Mit Rolf Kühn
© *stille-music*

*Herman und
Edith*
© *stille-music*

Stuhl steige, der mich seit Jahren begleitet, zitternd, wackelig,
nicht einsam, nicht wie als Kind, eher wie als Junge, der ich einmal
war, und übertrieben die Arme hebe, da fliegen 2320 Menschen
durch die Kuppel des Varietés: Sternstunde der Menschheit. Der
Baumläufer kann wieder runter, wir gehen jetzt trinken, die ganze
Nacht, und feiern das Wunder des Lebens.

Als ich hinter die Bühne stolpere, stehen Karsten und Girlie da.
Er, der mich entdeckte. Damals in Hamburg. Wie nach dem ersten
Auftritt im Malersaal. Er, der Helmut so ähnlich ist. Echt, treu und
mit großem Herzen.

»Du warst noch nie so gut. Echt eben.«

Da weiß ich, der Kreis ist geschlossen. Ein neuer beginnt …

Nachher sind alle dabei, Frank-Walter Steinmeier und seine
Frau Elke und Martin Hoffmann, der Intendant der Berliner Phil-
harmoniker, und Rolf Budde, mein Musikverleger, der mir immer
aus der finanziellen Patsche half, einer der ganz Guten, und seine

Frau ist dabei, und Christian Schertz, mein Anwalt, neben Peter Schulz, der mich vor Jahren zu ihm trieb, weil wir ein Problem lösen mussten, und natürlich Jim und seine liebe Julia, sicher auch mein Deutschlehrer Woelki und meine alten Kumpels aus Lehrlingstagen um Ed Koch. Alle sind da, und die Zeit steht still, und niemals wieder wird es so sein wie heute, wie in diesem Augenblick … Alles Zuviel fällt von mir ab.

Was für ein Tag! Als wir nach Hause fahren, ist es vier Uhr früh. Berlin schläft nicht, es ist immer wach. Zitternd komme ich zu mir.

Ich war gestern in meinem alten Schlosspark. Wie immer, wenn sich alles in mir staut. War müde, ließ es laufen. Verrückter Abendhimmel, die Bäume waren so voller Laub. Hatte an Mutter gedacht, sie kam in Pflege, sie hat es gut überstanden. Darin ist sie eine Königin. Immer noch straft mich ihr strenger Blick, wenn ich mich langmachen will. Dann an Vater gedacht, an seine Geige. Ich liebe mein Charlottenburg. Ich bin eben eine Westberliner Tante, auch wenn es Mitte gibt. Na und … Wenn Rogacki und die alten Kieswege nicht wären, was wär ich ohne dich.

Und dann sehe ich plötzlich das Teehaus. Und vielleicht zwanzig

Finale © stille-music

Meter davor steht eine Gruppe von drei Tannen. Carl Blechen lässt grüßen. Was bin ich für ein hoffnungsloser Romantiker! Sie stehen so stark und behütet zusammen. Ein schönes Bild meiner kleinen vergangenen Familie. Und ich dachte einmal, wenn sie gehen werden, dann geht alles mit.

Zu Hause las ich meine alten Zeugnisse aus der Oberschule und dann die Dokumente aus der Zeit, als Vater noch lebte. Seine schöne, etwas penible Handschrift fiel mir auf, und dass man ihn immer für seine Pünktlichkeit und Zuverlässigkeit lobte. Ich wünschte, Vater wäre ein längeres Leben beschieden gewesen. Wir hätten Reisen unternommen, wären Angeln gegangen, ich hätte ihm meine erste Freundin vorgestellt, er hätte mir Noten beigebracht. Aber ich glaube, das Wichtigste wäre mir gewesen, er hätte mich darin bestätigt, den anzunehmen, der ich wirklich bin.

Am Abend sah ich mir die Geburtstags-DVD an, den Mitschnitt aus dem Friedrichstadtpalast. Das war pure überströmende Liebe, was für ein Geschenk! Nicht nur, weil die Leute im Publikum so außer Rand und Band waren, dass sie den Baumläufer hin und her rennen sahen, meine Band und Freunde waren es, die das Glück brachten. Die Kollegen, Hannes, Reinhard, Romy, Caro, Robert, Rolf, Lydie und dann natürlich Herman und Edith. Mein Sechzigster war das eine, aber die Leute kamen, um mit uns das Leben zu feiern. Und alle waren da, auch die, die keine Tickets mehr ergattern konnten.

Vor fast dreißig Jahren hatte ich Romy, der großen Berliner Chansonnette, »Die Blaue Gitarre« geschrieben, da wussten wir nicht, wohin das Lied uns tragen sollte:

»Da hängt meine blaue Gitarre
und es riecht nach Kaffee und Zimt
und ich weiß nach all den Jahren
nun endlich, wer ich bin ...«

Was rangelten wir um die Sätze, um die Wahrheit, die unter den Worten durchschimmern sollte. Und als ich mit ihr dann in der zweiten Hälfte des Abends das Lied sang, da war mir klar, dass die Suche nie aufhören wird. Dieser Geburtstag, meine Sechzig, war nicht so wichtig, der Augenblick war und ist es, das, was wir im Moment erleben, nur das.

Die Leute schreiben mir immer wieder von Liedern, die sie aufrichten, ihnen Trost geben, sie begleiten, mein Gott, dabei waren sie doch oft in erster Linie für mich selbst gemacht. Ich habe meine Lieder früher nie besonders gemocht, zu starkes Über-Ich, zu hoher Anspruch an mich selbst. Heute liebe ich sie fast alle, kann sogar darüber lachen. Ich wollte nicht vergessen, darum ging's mir wohl in jedem Lied.

»Avec les temps« – dieses wunderbare Chanson von Léo Ferré – kommt mir hoch. Kurz vor seinem Tod, es muss Anfang der Achtziger gewesen sein, wir drehten eine gemeinsame Fernsehsendung in Mainz, wollte er es mir verkaufen. Der große Léo Ferré. Er hatte mir beim Proben zugesehen, brauchte damals Geld, weil er alt war und sich mit seinem Plattenboss Barclay angelegt hatte. Das ist lange her.

Die Geburtstags-DVD liegt vor mir auf dem Tisch. Ich kann es noch gar nicht begreifen. Mein Sechzigster war doch nur ein Anlass, um mit meinen Freunden und meinem Publikum zusammenzukommen. Die ganze Welt sollte sich mit uns freuen, und nun habe ich die berüchtigte Grenze überlebt, und es geht weiter.

»Avec les temps ...«, doch mit der Zeit ...

Alles, was ich von früher weiß, sind Kleinigkeiten. Ein paar Dinge, Gerüche, Bilder. »Was bleibt?« hieß meine zweite Platte, meine Güte, was für eine Frage! Die Straßen meiner Kindheit tragen noch dieselben Namen, die Gerüche sind wie damals, und vielleicht gibt es den Laden, wo ich mir meinen ersten Kurzhaarschnitt abholte, immer noch. »Wella« stand auf dem Schild, das über der Tür hing.

Die Rollen, die ich spielte, hatten alle etwas gemeinsam. Irgendwie waren es alles schwererziehbare Typen. Ob der Alan in »Equus«, der sich durch die Augen der Pferde gefährdet sah, oder der junge W., auch der Romeo und später sogar Ferdinand. Hätte ich doch bloß den Ferdinand und auch den Armand nach meiner eigenen Vorstellung gebaut. Aber ich hatte noch nicht genug

Selbstwertgefühl, um mich gegen die Regel durchzusetzen. Hätte, hätte, hätte ich … Ich werde wieder spielen. Solange es geht. Alles hat seine Zeit.

Viele meiner Rollen glichen mir oder dem, wonach ich suchte. Sie waren Puzzlesteine meiner Suche nach mir selbst. Ich hatte sie mir unbewusst gewählt, aber wer weiß das schon! Später kamen dann die Liebhaber, und dann wurde es blasser, bis ich mich für den Sänger, die Rolle meines Lebens, entschied. Aber ich will wieder spielen, immer noch. Die Rollen kommen auf dich zu, hatte Dieter Borsche immer gesagt. Sie suchen dich aus, nicht umgekehrt.

Heute Nacht träumte ich von Hildegard Knef. Sie streichelte mir den Arm und sagte mit ihrer unnachahmlich rauchigen Stimme:

»Sag deinem Schatten, er soll sich umdrehen, und dem Typen im Buch sag, er soll endlich gehen!«

Vor dem Fenster bewegen sich die Blätter der alten Linde. Der Baumläufer ist nicht mehr zu sehen. Sicher hockt er irgendwo im Geäst oder ist schon wieder unterwegs. Vor mir liegt der ausgedruckte Text. Mir ist ganz blümerant, so ein fettes Leben bisher, so viel Spiel und Gesang und Tanz.

Ich muss an die drei Tannen im Schlosspark denken. Sie standen so friedlich zusammen, so gesund und hochgewachsen. Wie in einem Bild von Blechen. Ich dachte sofort an Vater, Mutter, Kind. Nach ein paar Minuten drehte ich mich dann um und ging.

Ich bin ein Träumer, ich weiß, aber die sogenannten Realisten imponieren mir immer noch nicht. Gut, wenn man ein paar Lieder und Träume im Gepäck hat, so kommt man besser durch den Wald.

Es ist spät, ich muss ins Bett, Morgen früh habe ich eine Probe. Ich will unbedingt den Sketch mit dem Stuhl ausbauen, ich nehme es mir ernsthaft vor. Ich werde es so machen, wie ich es im Hort gemacht habe, einfach aus der Lamäng heraus. Wie aus dem Nichts werde ich mir etwas schaffen, als wenn es gar nichts wär.

Danke

an Malene, an Laura, an Horst. An Brigitte, Natalie und Hawo. Danke an Agnes Neuhaus für ihre Begleitung. Danke an Julia Kühn für das Lektorat. Danke meinen geliebten Katern Ferdinand, der zu früh ging, und Julius, der seinen Platz einnahm. Danke an meine Mutter, die mich sah, wenn ich mich nicht mehr sah, und danke an die, die meine Lieder hören, wenn ich es schon nicht mehr vermute.

Danke an Danny in memoriam und François Rauber und Lubo und Tom und Kurt. Und danke meinem Vater, ohne den es nicht gegangen wäre.

Inhalt

Mathias Richling
Deutschland to go

726 Seiten. Gebunden mit Schutzumschlag
ISBN 978-3-550-08003-6
www.ullstein-verlag.de

Wollen wir diese Republik bewahren oder leben wir in einer Wegwerfdemokratie?

Dem Wutbürger wird einiges geboten in unserem Land: Vetternwirtschaft, Inkompetenz, Wählerbetrug, Verfassungsverstöße ohne Ende. Doch es tut sich was! Denn die Deutschen sind zu allem fähig. Man kann ihnen alles zumuten. Zur Not auch eine richtige Demokratie! Streitlustig und pointiert seziert Starkabarettist Mathias Richling unsere Gegenwart und wagt einen Ausblick in die Zukunft.

»Kaum einer packt so viele Erkenntnisse in gigantische Wortstrudel. Richlings Texte sind brillant und hintergründig.« *Süddeutsche Zeitung*